本书的研究和出版得到复旦大学政治学
上海市高峰学科二期建设项目经费资助

政说春秋系列·第一部

刘勋——著

春秋国际新秩序的建立

称霸

齐桓篇

中华书局

图书在版编目(CIP)数据

称霸:春秋国际新秩序的建立/刘勋著. —北京:中华书局,2019.8

ISBN 978-7-101-13914-3

Ⅰ.称… Ⅱ.刘… Ⅲ.中国历史–研究–春秋时代 Ⅳ.K225.07

中国版本图书馆 CIP 数据核字(2019)第 106536 号

书　　名	称霸:春秋国际新秩序的建立(全二册)
著　　者	刘　勋
责任编辑	贾雪飞
装帧设计	毛　淳
出版发行	中华书局
	(北京市丰台区太平桥西里 38 号　100073)
	http://www.zhbc.com.cn
	E-mail:zhbc@zhbc.com.cn
印　　刷	北京市白帆印务有限公司
版　　次	2019 年 8 月北京第 1 版
	2019 年 8 月北京第 1 次印刷
规　　格	开本/880×1230 毫米　1/32
	印张 23¾　插页 8　字数 380 千字
印　　数	1-8000 册
国际书号	ISBN 978-7-101-13914-3
定　　价	78.00 元

王者之迹熄而《诗》亡，《诗》亡然后《春秋》作。晋之《乘》、楚之《梼杌》、鲁之《春秋》，一也。其事则齐桓、晋文，其文则史，孔子曰"其义则丘窃取之矣"。

——孟子

出 版 说 明

　　"政说春秋"系列，是以学术研究为背景，从国际政治博弈和国内政治演化视角解读春秋历史的大众读物。《称霸：春秋国际新秩序的建立》为"政说春秋"系列第一种，分为"齐桓篇""晋文篇"上下两册，本册为"齐桓篇"。

　　本册围绕"齐桓霸业"这一春秋政治关键词，从西周旧秩序崩溃说起，展现春秋前期诸侯强国探索和构建中原新秩序的历程，重点讲述齐国四代君臣不懈努力，最终由齐桓公团队成就称霸伟业的史事，并细致剖析成就齐桓霸业的管仲改革。

　　在体例上，叙事性正文为宋体大字，大段基于古文翻译的正文及依据各种史料重构的史事正文用仿宋体大字排版；正文中需要强调的文句，在文字下加着重号；正文中所涉古文的精彩文句，用楷体小字排在边栏；正文注释用楷体小字排在边栏底部，特殊情况则排在边栏上部。

　　书中所用示意地图一至地图六，为作者根据相关地图史料重新绘制而成；示意地图七为雷晋豪教授提供并授权使用。特此说明。

中华书局编辑部

二〇一九年六月

目　录

前　言

　　中华传统文化的主体是儒家文化,儒家文化的核心典籍是《诗》《书》《礼》《易》《春秋》五经。五经之中,孔子最重视的是《春秋》,所以他说:"知我者其惟《春秋》乎! 罪我者其惟《春秋》乎!"《春秋》三传中,《左氏传》以阐明史事为主,代表了先秦史学的最高成就,贺循所谓"左氏之传,史之极也,文采若云月,高深若山海",是非常中肯的评价。《左传》为主体,辅以《国语》《史记》等其他传世文献以及出土文献里的补充史料,构成了叙述春秋时期历史的基本文献依据。

　　但是,《左传》又不只是一本史书。《左传》作为孔子"春秋讲习班"史事部分的讲义(根据《史记·十二国诸侯年表》的说法),记载了大量阐明孔子政治理念的有关天下各国内政外交的案例,虽然不像《公羊传》《穀梁传》那样细致地分析每一句、每一字的微言大义,但是其取舍、详略、评论是明显地体现了"春秋大义"的。如果套用当代的说法,《左传》不仅是一本讲事实、讲内幕、讲真相的书,更是一本讲政治、讲正气、讲大局的书。作为科举制下古代士子的必读书,《左传》里的许多故事已经不仅仅是春秋时期的具体历史记载,

1

而且成为了具有永恒借鉴和警示功能的"政治寓言",在古典政治教育中起着任何其他史书所不能替代的作用。

目前,关于春秋史的普及白话文读本主要有两大类,一类是配白话译文的《左传》全文或选段读本,一类是以贾志刚《说春秋》、龙镇《其实我们一直生活在春秋战国》为代表的"戏说"类作品。讲春秋史,还有没有第三条路?这是我一直在考虑的问题。我从小嗜好文史,专业却选择了理科,中山大学生物化学本科,加拿大渥太华大学生物化学硕士,英国牛津大学生物化学博士,二○○八年回国后先后在中国科学院上海生命科学研究院担任科研项目主管,中国科学院上海生命科学院生物化学与细胞生物学研究所担任所长秘书,上海科技大学校长办公室担任文宣主管,现在供职于上海科技大学通识教育中心,担任教学助理教授,主要讲授"中华文明通论"和"中华文明经典导读"课程。回国之后,我在一套被称为"Landmark(地标)"的国外古希腊史学经典现代读本的启发下,设计编纂了一套《左传》全文注解读本——《春秋左传精读》,试图营造一种全新的阅读体验(详见《文汇报》报道《当牛津理工男遇上〈左传〉》),于二○一四年正式出版。与此同时,从二○一○年起,我成为上海国学新知传统文化学习中心"正说春秋"《左传》读书会的领读,秉持"帮助普通人读先秦大书"的理念,带领以城市白领为主体的学友一字不漏地细读《左传》,至二○一六年已经完成第三轮。目前,我正在多所大学和多个读书会讲解《左传》,并从二○一六年起在上海科技大学为本科生开设《左传》导读课。

在将近十年围绕《左传》的研读、讲习和写作过程中,我有了这样一些发现和认识：

一、《左传》中最能引起学友共鸣、让他们觉得受益匪浅的，并不是那几大战役的打打杀杀，而是国家之间、君臣之间、卿大夫之间的政治博弈和斗争，王室、诸侯国和卿大夫家族的内部治理，以及像齐桓公、晋文公、楚灵王、秦穆公、子产、晏婴、夏姬这样记载较多、形象较为丰满的历史人物。

二、学友普遍认同这样一种叙述方式：充分尊重文本，不做无根据的虚构，而是根据合理分析，把碎片化的史事衔接起来，运用合理想象补足中间的一些缺失，从而客观、清晰地揭示出历史发展的脉络和走向，从中总结国家兴衰和个人成败的经验教训。实际上，这种"正说"的方式在西方普及史学读物中是相当普遍的，我们所熟知的黄仁宇、史景迁的很多作品就是这样做的。

三、从《左传》(辅以其他文献)中可以剥离出几大块内容丰满、脉络清晰、学友反响好的"故事群"，包括齐桓、晋文称霸，郑国子产改革，晋国卿族政争，三桓分鲁，陈氏代齐，南方楚、吴、越争霸等。这几个故事群集中了读书会三轮通读实践总结的大多数精彩"段子"，同时也覆盖了春秋时期国际、国内政治的几个重要命题。

为了将《左传》及相关文献中所蕴含的中国古典政治经验和智慧介绍给更广泛的读者，我下决心做一种不同于白话译文和"戏说"的普及尝试，依循我在国学新知读书会讲解《左传》过程中逐渐形成的"正说"风格，把上面所提到的这几个故事群写成一套小书，叙述力求端正而不乏味、深入而不晦涩，每种书讲清楚一个方面，合起来又能呈现出春秋时期政治理念和实践的全貌。孔子说："政者，正也。"本丛书取名"政说春秋",一方面点明它脱胎于国学新知"正说春秋"《左传》读书会,另一方面强调本书"讲政治"的内容特色。

《称霸:春秋国际新秩序的建立》是这套丛书的第一种。本书围绕"称霸"这一春秋时期国际政治的关键词,详细叙述了西周灭亡、平王东迁之后,国际秩序从顶层管控缺位后的"迷茫期",到齐国、郑国小霸中原的"探索期",到齐桓公称霸建立中原国际秩序"新常态",到晋文公称霸与楚成王共创天下国际秩序"制衡态"的全过程,并深入探讨了春秋霸政的历史渊源和大国称霸/争霸的动力来源,希望能够帮助读者深入细致地了解春秋早中期大国称霸/争霸的理念和实践,在头脑中建立起西周时期"礼乐征伐自天子出"演变为春秋时期"礼乐征伐自诸侯出"的动态历史图景。

在本书写作过程中,我得到了原上海图书有限公司但诚先生,中华书局上海公司贾雪飞女士,同济大学中文系、国学新知负责人徐渊先生,上海博物馆葛亮先生的无私帮助,以及夫人朴玲玲的全力支持,借此机会向各位师友和亲人表示最诚挚的感谢。我还要特别感谢香港浸会大学历史学系访问教授雷晋豪博士提供了他的专著《周道:封建时代的官道》中周道路线示意图的高清彩色原图,作为本书的地图之一。

刘　勋

2019 年 1 月于上海

东迁

周王室管控的天下国际旧秩序走向终结

平王立，东迁于雒邑，辟戎寇。平王之时，周室衰微，诸侯强并弱，齐、楚、秦、晋始大，政由方伯。

——司马迁

从妖女祸国到二王并立

探寻西周灭亡、平王东迁的历史真相

公元前七二〇年三月，在中原地区雒水、谷水交汇处的王城①，周平王驾崩，他的孙子嗣位，就是周桓王。四月，周王室内部政争公开化，遭到周桓王排挤的王室首卿郑庄公②出兵侵犯河水两岸的王畿，抢掠农田里尚未收割的庄稼。秋天，周王室派使者到达鲁国，请求鲁人贡献财货，帮助王室操办周平王的葬礼。此时的周王室，已经成为一个政治上动荡不安、经济上需要诸侯接济的"破落户"。

由此回溯五十一年，我们来到了周朝历史决定性的转折点。前七七一年，(西)申人、缯人和犬戎联军在骊山③脚下杀死了周平王的父亲周幽王，洗劫了周王室常驻的西都镐京④(今陕西省西安市)，西周灭亡。周平王以及在王室供职的卿大夫家族逃离西都，在晋、郑等国军队的护送下迁往东都雒邑(今河南省洛阳市)⑤，定都于王城，开启了中国历史的一个新时期，即以王室衰微、大国称霸、卿族专权、礼崩乐坏为特征的东周春秋时期。

① 王城见地图一、地图四。
② 郑庄公身兼二职，他一方面是郑国的君主，另一方面又是周王卿士，也就是周王室官僚体系的首卿。
③ (西)申、犬戎、骊山见地图一。
④ 镐京见地图一，西周时的西都。镐京所在的王畿核心区又被称为"宗周"。
⑤ 雒邑见地图一，西周时的东都。雒邑所在的王畿核心区又被称为"成周"。

西周灭亡的"正统"版本

关于西周灭亡和平王东迁的叙述，最为人们所熟知、影响力最大的版本来自于《史记·周本纪》：

周幽王三年（前七七九年），周幽王宠爱褒姒。褒姒生下儿子伯服，幽王想要废掉太子。太子的母亲是申侯的女儿，是王后。后来幽王得到了褒姒，宠爱她，想要废掉申后，并除去太子宜臼，立褒姒为王后，伯服为太子。

周太史伯阳读史册，感叹说："周王室要灭亡了。"史册上有这样的记录：

从前，夏后氏衰落之时，有两条神龙从天而降，停留在夏帝的庭院里，说："我们，是褒国的两个君主。"夏帝占卜是应该杀掉它、赶走它还是留下它，都不吉利。夏帝见神龙口中吐出涎沫，于是卜问是否可以请求龙的涎沫并将其收藏起来，才得到吉兆。于是陈设币帛，把请求写在简策上，向龙祷告，龙离开后涎沫还在，被盛在匣中收藏起来。夏朝灭亡后，把这个匣子传给了商王室。商朝灭亡后，又把这个匣子传给了周王室。接连三个朝代，都没人敢打开它。

到了周厉王末年，才打开观看。涎沫流到庭院里，无法去除。厉王让妇人裸体而大声呼叫，涎沫化为黑色蜥蜴，钻入王的后宫。后宫有个童妾刚满七岁换牙，遇上了它，到了十五岁行过笄礼后就怀孕了，没有丈夫就生下了孩子，感到害怕就把孩子抛弃了。

周宣王时有童女唱歌谣说："山桑木弓和箕草箭囊，这两样东西让周国灭亡。"当时宣王听说了，正好有夫妇卖这两样东西，宣王派人把他们抓起来杀掉。他们逃亡在路上，看见了此前后宫童妾抛弃在路边的孩子，听到孩子夜里啼哭，出于怜悯收养了她。夫妇最终逃亡到了褒国①。

后来褒国人犯了罪，请求献上当年童妾所抛弃的女子给周王用以赎罪。这个被抛弃的女子来自褒国，就是褒姒。到幽王三年时，幽王到后宫，见到褒姒就爱上了她，生下儿子伯服，最后废黜了申后和太子，立褒姒为王后，立伯服为太子。

太史伯阳说："灾祸已形成了，没有办法了！"

褒姒不喜欢笑。幽王想尽一切办法逗她笑，她却偏偏不笑。幽王设置了烽燧和大鼓，有入侵者就举烽火。诸侯都来了，来了却没有入侵者，褒姒才大笑。幽王很高兴，为褒姒多次举烽火。后来失去信用，诸侯也渐渐不再来了。

幽王任用虢石父为卿，主持政事，王都地区的国人都怨恨他。虢石父为人能说会道，善于阿谀奉

① 褒国见地图一。

5

承，贪图财利，幽王重用他；幽王又废黜申后，除去太子。申侯发怒，与鄫人和属于西夷的犬戎攻打幽王。幽王举烽火征发诸侯军队，诸侯军队都不来。于是在骊山下杀死了幽王，掳走了褒姒，把周人的财物抢掠一空后离去。当时诸侯都亲附申侯而共同拥立从前的幽王太子宜臼，就是平王，以奉承周王室的宗祀。

平王即位，东迁到雒邑，以躲避戎人的侵犯。平王在位时，周王室衰微，诸侯中的强国兼并弱国，齐、楚、秦、晋开始壮大，政令出自各方诸侯之长。

平王之时，周室衰微，诸侯强并弱，齐、楚、秦、晋始大，政由方伯。

《史记》中关于褒姒离奇身世的故事，在《国语·郑语》中也有记载。而在《国语·晋语一》中，还有一个褒姒惑国的"梗概版"，"周幽王讨伐褒国，褒人进献褒姒。褒姒有宠，生下儿子伯服，于是与虢石父朋比为奸，驱逐了太子宜臼而立伯服为太子。太子出奔到申国，申人、鄫人招来西戎讨伐周，周于是灭亡了"，与《史记》所载也基本符合，并点明褒姒和虢石父之间还有勾结。

我们可以梳理出《史记》中政治斗争的两个派别：一边是周幽王、褒姒以及王子伯服、虢石父，另一边是申侯、申后以及太子宜臼、申侯盟国鄫和犬戎。在司马迁的笔下，这是一场正义与邪恶的斗争。周幽王宠爱由前朝神龙涎沫所化的妖女褒姒，

6

并为她废申后、废太子宜臼、烽火戏诸侯，此外还任用奸臣虢石父，俨然形成了一个昏君、妖后、奸臣俱全的"邪恶轴心"。按《国语·晋语一》的说法，褒姒在生下伯服之后与虢石父勾结，这更使人猜测，伯服被立为太子一事背后，有虢石父的促成和助力。周幽王的岳父申侯出于对周幽王一系列倒行逆施之举的义愤，联合鄫国、犬戎讨伐位于镐京的周王室，杀死幽王，掳走褒姒，劫掠王都而去。申侯的举动得到了诸侯的认可，他们共同拥立本来就应该继位的太子宜臼为王。由于西都镐京在劫掠之后已经衰落破败，为避免戎人再来劫掠而可能导致的灭顶之灾，即位后的周平王立即迁至东都雒邑。

《史记》对太子宜臼/周平王着墨甚少，却从多个角度烘托了平王即位的正当性：首先，宜臼是周幽王正妻申后所生，当时已被立为太子，本来就应该继承王位；第二，宜臼被幽王所废黜，出逃到申国，因此在政治上与昏庸无道的父王划清了界限；第三，宜臼本人没有对父亲的废黜举动做出任何的反抗；第四，宜臼登上王位并非自己主动谋求，而是接受了诸侯的拥立。

不仅如此，《史记》实际上包含了一个推卸西周灭亡政治责任的"神逻辑"。没错，幽王必须为西周灭亡负领导责任。然而，幽王之所以会一再做出昏庸无道之事,是由于褒姒和虢石父的蛊惑,其中罪魁明显是"红颜祸水"褒姒。《诗经·小雅·正月》说"赫赫宗周,褒姒灭之",说明将责任推给褒姒在春秋初年已经成为东都王城贵族的共识。然而,一个弱女子怎么能有那么大的能量颠覆一个强大的王朝?周太史伯阳所读到的那段情节诡异曲折的"三代秘史"就是要提供一个"神解释":褒姒本是夏代神龙涎沫所化,她蛊惑幽王的魔力来自于神灵。整件事说到最后,终极罪魁是那两条赖着不走、一定要将邪恶涎沫留在人间的神龙。一切都是宿命,太史伯阳也只能废书兴叹:"灾祸已形成了,没有办法了!"

简而言之,《史记》将西周末年的政治恶斗简化成教化意义浓厚的"正邪之争",将西周灭亡的政治责任推卸给褒姒和神龙,并成功地塑造了一个法统端正、值得同情、没有任何道义污点的周平王形象。从政治宣传和教化角度来说,这个版本对于东迁后的周王室极为有利,对于后来打着"尊王"旗帜号令诸侯的霸主大国也极为有利,是一个春秋时期统治阶层"喜闻乐见"的版本。我们有理由相信,在被司马迁采择写入《史记》之前,这个版本在官方的支持下已经长期在民间流传,其中那些如小说般惊险曲折的细节可能就是在流传过程中逐渐增添的。由于司马迁尊崇孔子"称赞善人，批判恶人，推崇贤人，贬斥辱没祖先之人"的春秋笔法，这个善恶分明、教化意味浓重的版本也是司马迁所乐意采用的。然而，事情的真相果然如此吗？

善善恶恶，贤贤贱不肖。（《史记·太史公自序》）

传世文献留下的真相线索

《国语·郑语》记载了幽王八年（前七七四年）郑桓公担任周王室司徒之后，与太史伯（应该就是《史记》中的太史伯阳）探讨时局的对话。在这段对话中（全文见页 69—75），太史伯不仅讲述了褒姒的离奇身世，还"预言"了接下来会发生的灭顶之灾：

申国、鄫国和西戎正强盛，周王室正扰乱不安，君王想要凭借这种形势放纵私欲，不也是很难吗？君王想要杀掉太子来成就伯服，必然从申国去要人。申国不交，君王一定会去讨伐。如果君王讨伐申国，而鄫国与西戎会合起来讨伐周王室，周王室就保不住了。鄫国与西戎正要报答申国，申国、吕国正强盛，它们深爱太子也是可以预料的。君王的军队如果讨伐申国，它们去救授申国也是必然的。君王心中愤怒了，虢公跟从了，周朝的存亡，不出三年就可见分晓了！

由于太史伯在整段对话中所作的其他多个"预言"与后来发生的史事都高度契合，因此我认为，这篇文字并非是当时对话的实录,而是春秋战国时期的学者根据已经发生的史事"倒编"而成。如果按这个思路,将上面这个"预言"翻译成史事,就会是这样:

幽王决心杀掉在申国流亡的太子宜臼,前往申国要求交出宜臼。申人不交,幽王讨伐申国,申国联合鄫国、西戎反攻周王室,宗周陷落。

如果是这样,那么先动手的就从申侯变成了幽王,他并非是在镐京坐以待毙,而是主动出击,未达目的,被申、鄫、西戎联军反扑攻灭。简言之,周幽王并不是"等死",而是"找死"。

又据《春秋左传·昭公二十六年》(以下简称《左传》)记载,前五一六年,在周王室内部政治斗争中失败的王子朝在逃往南方楚国避难的时候,为了号召中原诸侯继承和发扬西周时期匡扶周王室的优良传统、帮助自己夺回政权,发布了一篇公告,其中提到了西周灭亡、平王东迁之事:

到了幽王之时,上天不保佑周朝,幽王昏乱不顺,因此失去了他的王位。携王干犯天命,诸侯废弃了他,建立了合于法统的王室继承人(指周平王),因此迁都到东都郏鄏之地,这就是宗亲兄弟能够为王室效力的典型事例。

从文风、内容上看,《左传》所记载的这篇文告应该非常接近于王子朝当年所发布的公告原文。

由于王子朝是通过回顾西周史事褒扬诸侯,从而求得他们的支持,文告中所叙述的史事必然不能有悖于当时各诸侯国所掌握的周史内情,因此可信度很高。上文所引的这段文字虽然简短,却又爆出了一个《史记》《国语·郑语》都没有提到的重要情况,那就是在周幽王死后,先有一位"携王"上台。诸侯废了"携王"之后,才拥立了周平王,随后迁徙到东都。

《竹书纪年》"二王并立"说

这位"携王"虽然在传世典籍中仅此一见,他的存在却得到了出土文献强有力的支持。西晋初年,汲郡有人盗掘了战国魏安僖王(一说应为魏襄王)墓,得到了大量魏国王室竹简,其中包括一种编年体史书。魏国的前身是春秋时期的中原霸主晋国,因此这部史书的西周、春秋部分很可能来自于晋国公室的内部史籍。这部出土史书由西晋学者转写整理成书,也就是后人所说的《竹书纪年》(以下简称《竹书》)。这部书历经南北朝纷乱直至唐朝,一直有完整的官方藏本,并为当时研究古史的学者广泛引用。

到了宋代,这部书的官方藏本卷数锐减,到明代已经散佚,这可能与它所记录的史事常与正统说法相悖,从而受到宋、明官学排斥有关。此后,《竹书》就有了两个版本：一个是原本已不存在、部分内容散见于各种著述引文中的"古本"；一个是元、明间出现的，首尾俱全的"今本"。古本《竹书》来源较为可靠，但是它的文字可能已经被引用者改写过；今本《竹书》来源不明，真伪一直争议不休。我同意《〈竹书纪年〉与夏商周年代研究》一书的分析，认为今本《竹书》是由唐代至明代的学者根据本已残缺不全的古本《竹书》改编、增补和纂辑而成，绝非《竹书》原本，但其内容绝大多数都有文献依据，而且不少文献依据我们现在已经看不到了，可以当作一本编年简史来看。无论是古本还是今本，在其关于西周灭亡的记载中都明确提到了"携王"，以下做一具体讨论。

先来看古本《竹书》甲种：

平王出奔到西申，而幽王立伯盘为太子，和幽王一起死在了戏地①。在幽王被杀之前，申侯、鲁侯和许文公在申国拥立了平王，因为本来就是太子，因此称为"天王"。幽王死后，虢公翰又在虢国携地立了王子余臣，周出现了二王并立的局面。二十一年后，携王被晋文公所杀。因为本来不是嫡子，所以称为"携王"。

这段基于古本《竹书》的文字引自唐代经学家孔颖达为《左传·昭公二十六年》正文所作的疏文。

① 戏见地图一。

其中所说的"伯盘"就是《史记》所说的"伯服","伯盘"应该是正确的写法。不过,这段文字本身有两个明显的错误:第一,杀携王的人只可能是春秋初年的晋文侯,而不可能是春秋中期的晋文公,"晋文公"应该是抄写过程中发生的讹误。第二,"携王"得名缘由,前面说是地名,后面说是因为不是嫡子,前后两种说法有异。

如果分析古本《竹书》甲种所叙述的史事,那么在西周末年,周王室出现过两次"二王并立"的情况:第一次是在周幽王在世时,申、鲁、许三国在申拥立平王,幽王、平王父子二王并立;第二次是在周幽王去世后,虢立携王,平王、携王兄弟二王并立。携王立二十一年后被晋文侯所杀,"二王并立"的状况最终结束。如果甲种所述是事实的话,那么周平王就是在诸侯支持下公然"另立中央",与仍在世的父亲周幽王分庭抗礼,明显是犯了"目无君父"的头等大罪,这与《史记》所塑造的"小白兔"形象形成了极大的反差。

再来看古本《竹书》乙种:

> 周幽王死后,申侯、鲁侯、许文公共同在申拥立平王,虢公翰立王子余,二王并立。后来王子余被晋文侯所杀,就是携王。

这一段基于古本《竹书》的文字引自北宋史学

家刘恕的《通鉴外纪》。甲、乙两段文字应该是来自于同一段古本《竹书》原文，详略、细节却有多处不同，这正反映出，后人在引用古本《竹书》时加入了自己的理解和诠释。最重要的区别是，在乙种的说法里，"二王并立"，也就是平王、携王并立，只出现在周幽王去世之后。如果乙种说法是事实的话，由于周平王本来就是正牌太子，幽王死后他被诸侯拥立为继任周王，在礼制上讲并无不妥；而携王则是与平王争权的庶子，被晋文侯杀掉也可以说是死有余辜。

虽然存在这个重大差别，上述甲、乙两种古本《竹书》引文在两点上是一致的，可以认为是再现了古本《竹书》原文的内容：一、在周幽王去世之后，出现了携王、平王"二王并立"，这种状况直到携王立二十一年后被晋文侯所杀才宣告终结。有意思的是，《国语·郑语》有一段概述周平王早期史事的话，其中提到"晋文侯在这时确定了天子（指周平王）的地位"，正可呼应《竹书》晋文侯杀携王、定平王之位的记载。二、平王是申侯、鲁侯、许文公拥立的，而王子余（臣）是虢公拥立的。

再来看今本《竹书》：

周幽王

元年（前七八一年）庚申，春正月，幽王即位。晋国太子仇回到晋国，杀了篡夺君位的殇叔。晋人立仇为国君,就是晋文侯。幽王赐命给太师尹氏、皇父。

二年(前七八〇年),泾水、渭水、洛水断流,岐山崩塌。周王室开始增加赋税。晋文侯和王子多父一同讨伐鄫国,取得胜利,王子多父于是住在郑父之丘,就是郑桓公。

三年(前七七九年),幽王公开宠爱褒姒。冬天,雷电大作。

四年(前七七八年),秦人讨伐西戎。夏六月,降霜。陈夷公去世。

五年(前七七七年),王太子宜白出奔到申国。皇父在东都的向地修筑大城邑。

六年(前七七六年),幽王命令伯士率领军队讨伐六济之戎,王室军队战败逃跑。西戎灭了盖国。冬十月初一,发生日食。

七年(前七七五年),(西)虢①人灭了焦国②。

八年(前七七四年),幽王赐命给司徒郑伯多父。幽王立褒姒名叫伯服的儿子为太子。

九年(前七七三年),申侯访问西戎和鄫国。

十年(前七七二年)春,幽王和诸侯在东都附近的太室山③下会盟。秋九月,桃、杏结果。王室军队讨伐申国。

十一年(前七七一年),春正月,太阳周围出现光晕。申人、鄫人和犬戎攻入宗周镐京,杀了幽王和郑

① (西)虢见地图一"(西)虢2"。
② 焦见地图一。
③ 太室山,今河南嵩山,见地图一。

15

桓公。犬戎杀了王子伯服,抓住褒姒回去了。申侯、鲁孝公、许男、郑子(服丧期间的郑武公)在申国立宜白为王,虢公翰在(西)虢国携地立王子余臣为王。

周平王

元年(前七七〇年)辛未,平王东迁到雒邑。赐命给晋文侯。晋侯会合卫武公、郑武公、秦襄公,率领军队跟从护卫平王,进入东都成周。

二年(前七六九年),秦国建筑了祭祀白帝的西畤。鲁孝公去世。王室将西部邠、岐①地区的土田赐给秦国、晋国。

三年(前七六八年),齐人灭亡了祝国②。平王赐命给司徒郑武公。

四年(前七六七年),燕顷侯去世。郑人灭亡了(东)虢国③。

五年(前七六六年),秦襄公率领军队讨伐戎人,在军中去世。宋戴公去世。

六年(前七六五年),燕哀侯去世。郑国迁徙到溱水、洧水④流域。

七年(前七六四年),楚子仪去世。

八年(前七六三年),郑国杀了大夫关其思。

十年(前七六一年),秦国迁徙到汧水、渭水⑤流域。

十三年(前七五八年),卫武公去世。

十四年(前七五七年),晋人灭亡了韩国⑥。

① 邠、岐见地图三。
② 祝见地图五。
③ (东)虢见地图三。
④ 洧水见地图三。
⑤ 汧水、渭水见地图三。
⑥ 韩见地图三。

十八年(前七五三年),秦文公在岐山地区大败戎人军队,前来周王室归还岐山以东的土田。

二十一年(前七五〇年),晋文侯在(西)虢国携地杀了王子余臣。

今本《竹书》在"二王并立"问题上显然与古本《竹书》乙种相同,也就是只存在过平王、携王并立,该局面持续了二十一年,因晋文侯杀了携王而告终。此外,今本《竹书》提供了不少西周末年政治乱局的细节:

九年,申侯访问鄫国与西戎,应该是与这两股势力结盟,准备与幽王决战。

十年,幽王与诸侯在中原太室山下结盟,应该是在为与申侯决战做准备。幽王可能通过太室之盟获得了诸侯表面上的效忠,认为时机已到,于是在同年主动出兵讨伐申国。然而此举并未取得预期效果,反而为申国讨伐周王室提供了理由。

十一年,申侯与鄫人、戎人攻入镐京,杀了幽王、郑桓公,戎人杀了王子伯服,俘虏了褒姒。

特别值得注意的是,今本《竹书》中所述幽王先主动出击不成功、被申侯联军反攻的情节,与前面所引《国语·郑语》中太史伯的预言高度一致。此外,耐人寻味的是,郑桓公被杀之后,郑国继任君主

17

郑武公并未与申侯结仇，而是参与拥立了申侯外孙、王子宜臼为平王。因此有学者认为，郑武公与他的父亲郑桓公政见不一致，郑桓公支持周幽王，而郑武公则支持周平王①。

此外，从今本《竹书》平王章节的记叙中，我们可以看出晋、郑、秦在春秋初年十分活跃，可以说是东迁行动的主要组织者和受益者。

先看晋国：元年，晋文侯获得平王赐命，率诸侯护送平王进入成周；二年，晋获得平王赐土田；十四年，晋人灭韩，扩大领土；二十一年，晋文侯杀了王子余臣，结束了"二王并立"的乱局。

再看郑国：元年，郑武公参与护送平王行动；三年，郑武公获得平王赐命；四年，郑人攻灭（东）虢国，扩大领土；六年，郑迁到溱水、洧水流域，定都新郑。

再看秦国：元年，秦襄公参与护送平王行动；二年，秦作西畤，并获得平王赐土田；五年，秦襄公伐戎，身死军中；十年，秦人东迁到汧水、渭水流域；十八年，秦文公大败戎人，稳固地占据了岐山以西的周人故地。

此外，齐人也浑水摸鱼：三年，攻灭祝国，扩大领土。

由此我们可以看出，在春秋早中期，郑庄公、齐

① 参见王红亮：《清华简（六）〈郑武公夫人规孺子〉有关历史问题解说》，复旦大学出土文献与古文字研究中心网站，2016 年 4 月 17 日。

僖公小霸中原，齐桓公、晋文公相继称霸，秦穆公称霸西土，都是从两周之际的形势发展而来。

清华简《系年》揭示的新信息

二〇〇八年，清华大学校友赵伟国向母校捐赠了二千三百八十八枚战国竹简（简称"清华简"）。此批竹简为楚简，年代为战国中晚期。这批竹简由赵伟国从境外拍卖购得后捐赠给清华，由于文物商有拒绝透露上家的"行规"，因此这批竹简的具体出土时间、地点及流散过程已不得而知。《清华大学藏战国竹简（二）》（以下简称"清华简二"）中有一种编年体史书，整理者定名为《系年》，其中也记载了西周灭亡、平王东迁之事：

周幽王从西申娶了正妻，生下平王。又娶了褒人的女子，就是褒姒，生下伯盘。褒姒受到幽王的宠爱，幽王亲近伯盘，驱逐了平王，平王出走到西申。幽王起兵，在西申围住了平王。申人不交出平王，鄫人于是和西戎一起攻打幽王，幽王和伯盘被杀，西周灭亡。"邦君诸正"在虢立了幽王的弟弟余臣为王，就是携惠王。携惠王立二十一年后，晋文侯在虢杀了携惠王。"周亡王九年"，邦君诸侯开始不到宗周来朝见，晋文侯于是从少鄂把平王迎接出来，在京师（指宗周）立为王。三年后，才向东迁徙，在成周定居。晋人于是开始在京师（指成周）附近发展，郑武公也开始征讨东方的诸侯。

清华简二《系年》印证了《竹书》诸如幽王先起兵讨伐西申、携王立后二十一年被晋文侯所杀等记载，同时也提供了一些新的重要细节，引出了一些新的争议：

首先，《系年》与《竹书》所描述的诸侯拥立携王、平王的情况大不相同。在《系年》中，携王是幽王的弟弟（应该是庶弟），在幽王死后由"邦君诸正"所立，而平王是在"周亡王九年"后由晋文侯所立，平王得到的支持似乎不及携王。值得注意的是，在《系年》中，携王还得到了一个"惠"的美谥。而在《竹书》中，携王是由虢公翰所立，而平王是由申侯、鲁侯、许男、郑子等重要诸侯所立，平王所得到的支持远超过携王。

这个重大差异可能与两种出土文献的国属有关。《系年》是楚国文献，楚国在春秋时期一直与周王室和中原诸侯作对，其历史叙述体系自然倾向于"揭露"春秋始王周平王的丑事，而同情落败的携王。《竹书》是战国时的魏国文献，其来源应该是西周、春秋时的晋国，而晋国当年是周平王最重要的支持者，称霸之后打着"尊王"的旗帜获得了巨大的战略利益。作为晋国公室／魏国王室的"内部材料",《竹书》保留了对于携王的记载,不像《史记》将平王粉饰得毫无瑕疵,但是其基本政治立场一定是回护平王的。

其次,在《系年》公布之前,史学界对于平王东迁中原的年份是没有争议的,因为无论是《史记》还是今本《竹书》,都将其年份定在幽王去世后一年,即前七七〇年。《系年》的公布引发了对于平王东迁年份的热烈争议,而争议的焦点在于如何理解"周亡王九年"这句话。简单说来,如果理解为"周携惠王死后九年",那么平王东迁在前七三八年;如果理解为"周幽王死后,周没有王九年",那么平王东迁在前七五八年;如果理解为"周幽王九年",那么平王东迁仍在前七七〇年。这几种说法各有依据,也各有不足,还没有形成统一的意见。①

勾勒西周灭亡真相的轮廓

到此为止,我们已经较为细致地梳理了关于西周灭亡、平王东迁的主要史料。虽然仍有不少无法厘清的疑点,但至少可以跳出《史记》的"脸谱式"叙述,试图勾勒一个可能更加接近于真相的西周灭亡、平王东迁史事:

周幽王娶申侯女儿为嫡妻,是为申后,生王子宜臼,立为太子。后来,幽王又娶褒人之女褒姒为

① 关于"周亡王九年"和平王东迁年份各种说法的综述,参见王伟:《清华简〈系年〉"周亡王九年"及其相关问题研究》,《中原文化研究》2015年第6期。

妃,生子伯盘。幽王宠爱褒姒及伯盘,废黜申后,驱逐宜臼,立伯盘为太子。

幽王五年(前七七七年),宜臼出奔至西申。幽王九年(前七七三年),申侯访问鄫国及西戎,结成同盟。幽王十年(前七七二年),幽王与诸侯在中原太室山下会盟,同年主动出击讨伐西申,要求申人交出宜臼,遭到拒绝。幽王十一年(前七七一年),申人、鄫人、戎人反攻周王室,杀幽王、伯盘,戎人虏褒姒、劫掠西都镐京而去。

在幽王去世之后,以申侯为首的诸侯集团(《竹书》)或晋文侯(《系年》)拥立宜臼为王,是为平王;虢公翰(《竹书》)或"邦君诸正"(《系年》)在携地拥立王子余臣为王,是为携王。周二王并立。在晋、郑等诸侯军队护送下,平王东迁至东都雒邑,以躲避来自于戎人和携王的威胁,东迁年份可能是传统认为的前七七〇年,也可能迟至前七三八年。无论平王东迁年份如何,携王即位二十一年后(前七五〇年),被晋文侯所杀,"二王并立"局面结束。

周王室为姬姓,(西)申国为姜姓。从族姓角度来看,幽王之乱实质上是姬姓、姜姓这两大周政权支柱族群之间的一次恶性"火并"。[①]古公亶父(即周太王)率领周人在周原定居之后,便与居住在周原

① 关于姬、姜关系的概述,参见刘芳:《姬姜关系与西周的兴亡》,《周原》第 1 辑,三秦出版社,2013 年。

南面的姜姓部族联姻，娶了太姜做妻子。到确定君位继承人时，古公亶父绕过长子太伯、次子仲雍，而立了太姜所生的三子季历为继承人，很重要的原因可能就是为了巩固姬姜联盟。①据《国语·周语中》，"齐、许、申、吕由于太姜而得利"，这几个姜姓国应该都来自于太姜所属的族群，由于太姜得宠而获得了好处。西伯昌称王、周武王灭商过程中，吕国君长吕尚发挥了重要的作用，《诗经·大雅·大明》中的"太师尚父，在牧野战场上像雄鹰飞扬，辅助那武王，快速攻伐大商，一朝天下清明"，就是描述吕尚在牧野之战中的英姿。

维师尚父，时维鹰扬。凉彼武王，肆伐大商。会朝清明。

周朝建立之后，周王室将吕尚分封至东海之滨建立齐国，并赋予他征伐周边诸侯的特权，成为周王室镇抚东土的方伯大国。与此同时，位于宗周的王室也一直与姜姓国家联姻，武王、康王、穆王、懿王、厉王、宣王、幽王的王后都是姜姓女子。②周厉王王后是姜姓（西）申国公室的女子，他的儿子周宣王将大舅申伯（周厉王王后最大的兄弟）分封到今河南省南阳市一带，建立（南）申国以稳定南土、控御楚国，《诗经·大雅·崧高》记载了分封时的盛况。（西）申国势力之大，由此可见一斑。

在这种背景下，我们可以推测，周幽王之所以

① 参见江林昌：《周先祖古公亶父"至于岐下"与渭水流域先周考古学文化》，《考古与文物》2000年第2期。
② 参见谢乃和：《金文所见西周王后事迹考》，《华夏考古》2008年第3期。

下决心要废申后、逐太子、宠褒姒、立伯盘，部分原因可能是忌惮当时强大的(西)申国君申侯通过申后、太子操纵王室内政，想要换成母家实力不那么强大的褒姒和她的儿子，以绝后患。周幽王的行动进展顺利，却在最后一步杀废太子宜臼时功亏一篑，不敌申国为首的联军，最终身死骊山，宗周覆灭。此次姬、姜反目，姬姓败而姜姓胜，这就为东迁之后中原诸侯国流传"天命抛弃姬姓，转而眷顾姜姓"埋下了伏笔。(参见页122)

从良性匡扶到恶性颠覆

梳理诸侯与王室关系的演变历程

王室实力衰弱，诸侯日渐游离

在梳理了西周灭亡、平王东迁的史事细节之后，我们可以从头看起，试图理解王室是如何一步步走向衰颓，而诸侯是如何一步步壮大的。

周朝建立后，周王室通过分封同姓宗亲(如鲁、卫、晋、燕)、异姓功臣(如齐、许)、先代之后(如宋、陈)为诸侯，并招安旧有方国(如楚)进入封国体系，达到了迅速将其统治权威从西土拓展到天下的宏大目标。西周早中期，周王室的经济、军事实力明显强于任何一个诸侯国，各诸侯国在王室的保护和管控下成长，整体上和睦相处；谁乱说乱动，破坏国际秩序，会受到周王室的刑罚或征伐。诸侯新任国君即位要得到周王策命确认，诸侯须向王室交纳贡赋，承担王室要求的兵役、劳役，并定期到王都述职。在武王、成王、康王、昭王、穆王时代，王权都是天下至高无上的权力，《诗经·北山》篇所说的"溥天之下，莫非王土；率土之滨，莫非王臣"，就是这种状态的理想化表达。即使到了西周中晚期，周夷王还有能力逮捕他认为是有罪的齐哀公，当众扔到鼎中煮死，立了他的弟弟为君（就是齐胡公），后来又派大臣师事率军讨伐齐献公弑胡公篡位的行为[①]，可见天子的权威仍然不可轻视。

但是，王室和诸侯之间并不是单向的统治和被统治的关系。前面提到的那篇王子朝文告一开头就说："当年周武王攻克殷商建立周朝，成王东征安定四方。康王使民众休养生息，进一步分封同母兄弟建立诸侯国，作为周王室的藩篱屏障，昭告天下说：'我之所以要分封诸侯，是因为我不愿意独享文王、武王夺取天下的功劳，而且为了我的后人一旦因迷失、败坏、倾覆而陷入危难，能有人去拯救他。'"

也就是说，诸侯不仅有"作为周王室的藩篱屏障"的义务，在王室发生政治危机时，还有出手干预、匡正王室的义务，这是王室分封诸侯的重要目的之一。当然，在西周早中期时，王室强盛稳定，"诸侯干王政"还主要是一种理论层面上的制度安排，谁也不曾料到它会成为导致西周灭亡的决定性因素。

然而，在表面的强势之下，周王室的经济、军事实力却被自己设计的制度不断侵蚀和削弱。具体说来，王室在直辖的首都区域王畿实行了采邑制，

① 周夷王讨伐齐献公之事，参见李峰：《西周的灭亡：中国早期国家的地理和政治危机》，上海古籍出版社，2007年。

其实也就是一种畿内分封制。周王把王畿内的部分土地分封给在王室任职的卿大夫，作为他们的采邑，同时也将土地上居住的民众赐予他们。卿大夫在采邑内享有高度的自治权，采邑土田的收入在上交王室赋税之后，绝大部分作为卿大夫在王室任职的俸禄。卿大夫在王都内有宅第，通常不住在采邑内，采邑事务委托邑宰带领一个家臣团队来管理。[①]

除了分封采邑之外，在奖赏重大功劳时，周王室还会另外赏赐田邑给卿大夫。如果说最开始分封的采邑像"工资"的话，加赐的田邑就像是"奖金"。为简便起见，我们可以认为这两者实质上都是一种周王将土地分配给卿大夫家族的制度。

王室的卿大夫不仅通过受封和受赐获得了采邑土地、土地上居住的民众土地所出产的财富，他们还受到另外一项制度的保护，那就是比照王位世袭制（王族的族长世袭周王之位）而实行的官位世袭制：也就是说，卿大夫家族的族长不仅能做官，而且可以代代相继、世世为官。具体来说，这种世官制有两种具体表现形式：一种是同一个家族的族长世代担任同一官职；一种是族长享受世代为官的政治待遇，但每一代不一定担任同一官职。

世官必然伴随着世禄。在卿大夫家族族长世代为官的情况下，作为卿大夫俸禄来源的采邑实际

① 关于西周王畿采邑制的概况，参见吕文郁：《周代的采邑制度（增订版）》，社会科学文献出版社，2006年。

上也是世袭。王室在正常情况下没有理由收回采邑，时间久了之后，卿大夫家族开始抵押、租借或交换采邑土地而不经周王许可，采邑在事实上已等于卿大夫家族私有，因此传世文献中有时称采邑为"私邑"。私邑之外有"公邑"，也就是公室直接委派官吏治理的土地。

王畿内的这种土地分配制度注定是一种削弱王室直接可控经济、军事实力的制度，因为王畿的范围是相对稳定的，可供分封和赏赐的土地是有限的、不可再生的。王室每封赏一块土地给卿大夫家族，王室直接控制的土地就减少一块，这意味着王室可以直接征税、征兵的经济基础又削弱了一分。如果卿大夫由于发动叛乱、严重失职等被王室治罪灭族，王室可以把被灭卿大夫家族的私邑收归王室而变成公邑，所以从理论上说，公邑和私邑是可以互相转换的。然而，实践中的情况是，公邑通过封赏变成私邑的多，而私邑被没收变成公邑的少，所以净结果就是公邑越来越少，私邑越来越多，王室直辖土地完全"合法合规"地逐渐流转到卿大夫家族手中。

李峰在《西周的灭亡：中国早期国家的地理和政治危机》一书中对周王室这种"损己利人"的土地分配政策及其后果有非常精彩的实证分析和评述。他举例说：

在西周早期,我们通常见到的是一片完整土地的授予,它们常常有单独的地名……到了西周中晚期,金文中这样的记录就难得一见了,我们只能看到零碎的土地授予……同时,金文中记载赐土时,土地数量单位的表述也在随时间发生着变化。西周早期的青铜器铭文中被授予的土地称作"土";而从西周中期开始,它则被称作"田"。毋庸置疑,后者的规模要比前者小很多。……一个极端的例子是,大克鼎的铭文中提到,七块这样由周王赏赐的田竟然位于七个不同的地点(每处只有一田)。这种小片田地的赏赐之所以能够成为一种惯例,可能由以下两种情况造成:第一,西周中期王室的财产已经变得十分零碎,王室只能以这种零碎小块的形式继续赏赐土地。……第二,像这种以"零碎的"方式授予的土地可能来自王室新开发的边缘地带。但这种情况只有在常规的和大规模的王室土地无法再用于赏赐时才会发生。这两种情况均充分说明了西周中晚期王室土地的不足。

　　他总结说:虽然我们无法衡量王室的财产被这种土地赏赐政策破坏到了何种程度,但毫无疑问,倘若周王一如既往地赐予土地,那么周王室的经济,继而整个西周国家的国力就不可避免地走向衰退。这就是西周必然走向衰亡的根本原因之一。

与此同时,王畿内的卿大夫家族逐渐壮大:它们的宗主和族人世世代代在王室做官,积累起丰富的政治资本;同时通过接受周王室分封和赏赐的土地等方式不断扩大不动产的规模,并建立新的小宗旁支互相支持,经济实力也日益雄厚。这些家族形成了一个拥护"先王之制"(因为采邑制、世官制等"先王之制"是对他们利益的最重要保障),总体上倾向于限制王权扩张、反对王室改革创新的既得利益集团。

当我们跳出王畿的范围,放眼广阔的周朝天下,我们可以看到各诸侯国也在逐渐强大,而周王室对他们的管控在不断削弱。诸侯国在各自封疆内站稳了脚跟,当初周王室授予他们的高度自治权已经使得他们逐渐演变成实际上的独立国家,羽翼渐丰的"守土之臣"不再惟王命是从。比如说,上文提到的那次周夷王时期王室军队讨伐齐献公的战役,很可能是以周王室的失败而告终,因为此后齐献公仍然得以继续执政。

周王室实施的一系列旨在管控诸侯国的常规制度安排,例如(一)分封姬姓王室宗亲为诸侯,依靠血缘纽带来保证政治忠诚;(二)诸侯新君嗣位需经王室策命认可;(三) 诸侯国君、卿大夫需到王廷朝见,领受周王政令;(四) 诸侯国君、卿大夫需参加周王召集的会盟;(五) 周王巡视地方,宣示权威、考课诸侯;(六) 在诸侯国设置周王室直接任命的"监国"上卿等等,也逐渐流于形式,失去效力。比如说,通过宗法血缘来实行政治控制的政策设计被证明是经不起时间考验的:那些周王室最为倚重的同姓宗亲诸侯,到了西周中晚期,与直系王族隔了七八代之后,也不再觉得自己与周王有什么特别亲近。又比如说,"监国"上卿(比如齐国的国氏、高氏)是所监察国的世袭贵族,随着时间的推移,他们的利益逐渐和所在国紧密结合,而与王室则没有关系了。[①]

从匡扶到颠覆:诸侯—王室关系的演变

在理解了周王室实力不断削弱、王畿内卿大夫家族和王畿外诸侯国的势力不断壮大的历史背景后,我们可以通过梳理西周中晚期发生的数次重大王室政治危机,来观察诸侯与王室实力对比和相互关系的演变过程。

第一次值得注意的王室政治危机发生在周懿王—周夷王时期。周懿王被认为是一位执政能力较差的君主,《史记·周本纪》记载"懿王的时候,王

① 关于诸侯逐渐游离于周王室管控之外的分析,参见李峰:《西周的灭亡:中国早期国家的地理和政治危机》。

室衰弱了"。有意思的是,今本《竹书》记载"懿王十五年,王从宗周镐京迁到槐里",这次周王迁出(实情很可能是被逐出)都城的原因和细节虽然已经无从知晓,但背后很有可能有反对派卿大夫的推动。

在周懿王去世之后,王位并没有按照宗法制的规定传给他的儿子,而是传给了他父亲共王的弟弟辟方,也就是周孝王。传世文献没有提供这次王位继承异常事件的细节,但是,根据周代"兄终弟及"案例的一般情况,可以推测王室卿大夫也一定在其中发挥了关键性的作用,而他们拥立孝王的理由很可能是:时事艰难,而懿王之子幼弱不堪重任。

周孝王去世后,王位又没有传给他的儿子,而是传回给懿王的儿子燮,就是周夷王。夷王的即位是诸侯拥立的结果,从表面上看是一次诸侯匡扶王室的正义行动,反映出诸侯维护宗法制"父死子继"核心原则的立场。周夷王上台后,自然要对拥立他的诸侯倍加礼敬。据《礼记·郊特牲》的记载,夷王曾违背天子端坐堂上接受诸侯朝见的礼制,"下堂而见诸侯",这是王室在特定政治局势下向诸侯献媚以寻求支持的一个生动事例。据《左传·昭公二十六年》王子朝文告的说法,诸侯对夷王也"投桃报李",在他即位后身患重病时纷纷举行祭祀,为夷王祈福。

第二次严重的王室政治危机发生在周厉王（西周倒数第三位君王）时期。如前所述，周王室长期实行"以土地换忠诚"的土地分配政策，导致王室财政实力不断削弱，而卿大夫家族实力不断强盛。周厉王上台后，试图一方面不直接挑战封赏土地的"祖制"，另一方面开辟新的财税来源，以增加王室财政收入。

正如《霸权迭兴——春秋霸主论》中叙述的那样，周初分封的时候，卿大夫家族分到了数量不等的田地，而山川林泽这种难以开展农耕的地方还是属于周王所有。王室设置了一批专门官员进行管理，见于铜器铭文的就有"司虞""司场""牧""司林""司录（麓）""司九陂"等，分别管理山泽、场圃、牧场、森林、山麓、陂池。然而到了西周中期之后，山林川泽之利逐渐被贵族（和依附于他们的平民）所蚕食，西周中期铜器卫鼎铭文上就记载了贵族占有森林的情况。

在周厉王的支持下，王室卿士荣夷公开始推行"专利"新政，"理直气壮"地试图夺回山林川泽之利，使其重新专属于王室所有。此举引起了既得利益者"国人"（王都中的贵族和平民）的强烈反对，舆论一片反对指责。既得利益集团通过大臣芮良夫之口，巧妙地避开"王室专有山林川泽之利"这个周厉王试图恢复的、具体的"先王之制"，强调"先王注重散布财利"这个更高层次的、笼罩性的"先王之制"，来攻击荣夷公，否定新政：

王室大概将要衰微了吧！那位荣公喜好专有财利而不知道预防大难。财利，是由百物生成的，天地承载的，如果有人垄断他，害处就多了。天地百物所包含的财利，谁都可以取用，怎么可以专有呢？专有财利激怒的人太多了，而又不防备大难，用这种策略教唆王，王的统治能持久吗？

那当君王的人，应当引导财利散布给在上的神灵和在下的民众，使神明、民众与天地百物没有不各得其所的，还要天天戒惧，唯恐怨恨到来。所以《颂》说："啊！这具有文德的后稷，他的功德能够匹配那上天。使我们民众都能有食粮，民众没有不按他教导的准则去做的。"《大雅》也说："施恩布利，培植周邦。"这难道不是散布财利而又警惧祸难吗？所以先王能够成就周朝，一直延续至今。现在王却去学专有财利，这能行得通吗？

周厉王下了很大的政治决心要将新政推行到底，他认定国人再不满也不敢颠覆自己的统治，于是采取断然措施禁止民众诽谤新政，一度使王都内的国人在路上遇到时只敢以眼色相互示意。然而，周厉王过高地估计了此时已经在走下坡路的王权

夫利，百物之所生也，天地之所载也，而或专之，其害多矣。（《国语·周语上》）

思文后稷，克配彼天。立我烝民，莫匪尔极。

34

的威慑力,过低地估计了既得利益集团的反抗力,三年后,国人发生暴动,厉王出奔到河水以东的彘地。①

王朝不可一日无君,在厉王出奔之后,诸侯和/或王室卿大夫采取行动接管了政权,也就是后世所谓的"共和行政",前后长达十四年之久,而"共和元年"(前八四一年)也是中国历史具有明确纪年的开始。关于"共和行政"的实质主要有两种说法:

第一种说法来自于《史记·周本纪》,就是在厉王逃走之后,两位王室重臣召公、周公共同职掌政权,号曰"共和",大概意思应该是"共同执政,相互协和"。这种理解长期占据主流地位,近代中国革命中的"共和"概念就来源于此,指代一种不同于君主专制的政治体制。

第二种说法最早可以追溯到古本《竹书》中的记载,就是在厉王逃走后,一位德高望重的诸侯国君共伯和(共国君主,名和)摄行王政,号曰"共和"。清华简二《系年》的说法更加清晰:

到了厉王的时候,厉王大行暴虐,王室卿士、各部门长官、王都内民众不能忍受,于是把他赶到彘地,共伯和即位摄行王政。过了十四年,厉王的儿子宣王即位,共伯和回到他的宗主国。

《左传·昭公二十六年》记载的王子朝公告里

① 彘地见地图一。

是这样描述周厉王时期的史事的：“到了厉王，王的内心乖张暴虐，民众不能忍受，使王住到了彘地。有诸侯离开他的君位，来干预王室的政事。宣王有了正确的志向，然后诸侯把王权奉还给了宣王。”这里提到的“诸侯”，不可能是身为王室重臣的周公、召公，而只可能是某位诸侯国君。也就是说，《左传》的说法其实是与“共伯和说”相吻合的。

还有学者认为，“共和行政”的实际情况是以共伯和、召公、周公三人为核心组成看守政府，其中德高望重的共伯和担任摄政王，号曰“共和”，而王室官僚体系的实际领袖召公、周公则执掌具体行政事务。这种说法可以看作前两种说法的一种综合。①

总而言之，“共伯和说”得到多种传世、出土文献和西周铜器铭文的印证，逐渐成为现在学术界所认同的主流说法。若以这种说法为准，那么“共和行政”比拥立夷王又更进一步，诸侯不仅可以通过拥立周王来间接干预王政，还可以直接摄行王政，这在王权强盛的西周早中期是不可想象的事，充分说明了厉王时期王权的衰颓。不过，无论是拥立夷王还是“共和行政”，诸侯的这些行动都还可以被认为是“匡扶”性质的良性干预。

周宣王(西周倒数第二位君王)即位之后，致力于重振王室权威。宣王前期，王室军队多次抗击入

① 参见陶兴华：《从清华简〈系年〉看“共和”与“共和行政”》，《古代文明》2013年第2期。

侵宗周王畿的狁、西戎，征讨东方不服王命的淮夷、徐国、楚荆，都取得了胜利，王室在表面上呈现出一种"中兴"的景象。然而，到了中后期，宣王对外用兵败绩增多，例如：三十三年讨伐太原之戎，没有取胜；三十六年伐条戎、奔戎，王师大败；三十九年讨伐姜戎，战于千亩，王师大败，宣王脱逃。

常年的征战以及越来越频繁的失败，使得宗周王畿地区人口减少、王室府库空虚，在兵源和军需物资等方面遭遇到越来越大的困难，因此宣王在千亩之战时，不得不从南土诸侯国那里征调军队作战。不幸的是，千亩之战大败，南国之师遭受毁灭性的打击。宣王为了榨取民力，随即在"太原"①开展"料民"工作，也就是普查统计人口。此举遭到王室大臣仲山父的强烈反对，他批评周宣王"无缘无故地普查统计人口"，其实周宣王的目的很容易推测出来，因为准确的人口普查数据是征兵、增税的基础。

周宣王不仅对戎夷用兵，还企图加强对东土诸侯国的控制。十一年，鲁武公带着长子括、少子戏去朝见周宣王，宣王在王廷上废了长子括而立少子戏，是为鲁懿公。三十二年，宣王又讨伐鲁国，杀掉了弑懿公上位的懿公侄子伯御，并立懿公弟称为君，是为鲁孝公。然而，宣王试图重新行使王权、干

① 太原见地图一。

预诸侯内政的强硬做法遭到羽翼已丰的诸侯的反感和抵制,据《史记·鲁周公世家》记载,在宣王强行立鲁孝公之后,"诸侯多次违抗周王的命令"。

第三次,也是最后一次毁灭性的王室政治危机发生在周幽王时期。周宣王强推"中兴",频繁征战,掏空了本来已经在一直走下坡路的王室财政,给继位的周幽王留下了一个烂摊子。幽王上台后第二年,就做了宣王想做却没做的事情:那就是突破祖宗定下、既得利益集团认可的低税率,企图通过直接增加赋税,挽救王室财政。不出预料,幽王的"增赋"新政激起了国人的怨恨,具体主持的虢石父也摆脱不了"善于奉承,贪图利益"的恶名。当然,最终使幽王和周王室遭遇灭顶之灾的直接原因,是他在处理与(西)申国关系问题上的严重战略误判。

从申侯胆敢拒绝交出废太子宜臼,并纠集鄫国、西戎公开与周王室进行武力对抗来看,在双方决裂之前,申国已经是一个具备相当实力的西方强国,很可能是幽王想要打击、削弱的对象,而废申后、逐太子不过是幽王扫清王宫中申国势力的具体举措。幽王与褒姒之间到底有多少男女真情无从考证,但是褒姒背后没有强国撑腰,这可能是幽王可以放心宠爱她、并立她的儿子伯盘为太子的原因之一。到了十年(前七七二年),幽王扫清宫中申国势力、另立太子的行动看似距离胜利只有一步之遥,那就是强攻申国,抓获废太子宜臼,从而稳定新太子伯盘的地位。

然而,到目前为止一切顺利的幽王,严重低估了申国与自己对抗到底的决心,以及申、鄫、犬戎三股反对势力联合起来之后的强大实力。反对派联军抵挡住了幽王率军亲征的攻势,并在十一年(前七七一年)乘势反攻,杀死幽王、郑桓公,犬戎杀伯服、虏褒姒,洗劫镐京而去。随后诸侯分为两派,其中以晋、郑两国为首的一派支持平王并护送其东迁至东都成周,而以虢国为首的一派支持携王与平王对抗。最后,杀死携王、终结"二王并立"局面的也是诸侯国君晋文侯。

顶层管控者出局,诸侯进入迷茫期

由此可见,在西周灭亡、平王东迁这场剧烈的政治动乱中,诸侯在干预王政方面实现了"从量变到质变"的飞跃,首次恶性颠覆了王室政权,杀死了幽王,拥立了两位新王(平王、携王),并主导和决定了这两位新王各自的命运(平王东迁、携王被杀)。无论驱使他们行动的是灭亡周室的恶念,还是匡扶周室的善念,在诸侯心目中,周王已经从他们尊崇朝觐的天子,下降为他们可以武力对抗的平辈国君，甚至再下降为需要他们帮助救济的"破落户"。这种对于周王室和周王地位认识的巨大改变，奠定了平王东迁后周王室与诸侯关系的心态基础。

东迁后的周王室忙着在东都王畿重建政权，安置跟随东迁的各卿大夫家族，同时还要对付来自于西部携王以及戎人的威胁，完全没有能力再去管控天下秩序。而亲历了宗周惨烈覆灭、平王仓皇东迁的诸侯，在春秋初年很长一段时间也不再尊崇周王。天下秩序的顶层管控者——周王室已然出局，各主要诸侯国无疑获得了更大的自由度，开始蠢蠢欲动，谋求本国的发展。抓住"监管缺位"的战略机遇期兼并周边小国，就成了春秋初期各主要诸侯国争相采取的行动。而这种"趁乱发展"思路的极致表现，就是郑国东迁后，通过吞并(东)虢、郐等小国，实现"跨越式发展"，从宗周王畿的小国一跃成为中原地区主要诸侯国之一。

然而，另外一方面，各主要诸侯国高层的主流意识形态仍然是西周时期制定的、在国际关系层面以"诸侯和睦相处、共同事奉周王"为核心理念的周礼，各国的经济和军事实力也还很有限，思想方面想不到、现实方面也不可能发动战国时期那种大规模的兼并战争。它们仍然希望能有一个新的"侯伯"(诸侯之长，也就是霸主)出来，接替周王室继续维持一个相对和平、稳定的国际秩序（相对于战国而言）。但这个"诸侯之长"现在还隐伏在诸侯国的行列中，以国家实力为基础、以"尊王攘夷""存亡继绝"为特征的称霸战略还没有出现，天下还处在躁动、观望的"迷茫期"。

小霸
齐国、郑国的早期霸政探索

郑庄公于是乎可谓正矣。以王命讨不庭，不贪其土以劳王爵，正之体也。

——《左传》

天下一盘棋
春秋前期主要诸侯国的政治地理形势

　　春秋时期的各主要诸侯国,包括晋、楚、齐、秦、郑、宋、鲁、卫、陈、蔡等,对当代人而言只是一堆看不出大小、强弱、相互关系的国名,只有把它们放在政治地理空间里仔细考察,才能真正理解每个国家的地缘政治境遇,以及它在历史进程中所采取的地缘政治策略。在进入春秋争霸史之前,建议各位读者先花些时间对照地图阅读本节,熟悉春秋时期周王室和各主要诸侯国的政治地理形势,以及重要山脉、河流和道路系统,在头脑中建立起鲜活的天下形势"一盘棋"。

周王畿①

　　春秋时期的周都王城位于原东都王畿地区,即今天河南省洛阳市境,在河水以南、雒水以北,是中原至四方"周道"网络的枢纽之一(详见下文"周道")。春秋初期,东周王畿北到太行山,南到太室山,西到(西)虢国,东到郑国,河水贯穿其中。王畿在河水以北的部分被当时人称为"南阳",其中"南"指太行山以南,"阳"指河水以北。南阳地区原属于苏国这个畿内国,其国君苏子也是东周王室卿大夫。但是,苏国这个畿内国跟周王室的纠纷争端一直不断,最终成为前六七五年王子颓之乱的导火索之一。

在春秋早中期,周王畿疆域经历的两次重大缩减都不是因为邻国的侵略吞并,而是由于周王主动赏赐土地给"勤王"有功的诸侯。一次是前六七三年郑国、虢国平定王子颓之乱后,周惠王将原属于郑国的一部分王畿土地归还给郑厉公,恢复了郑国在武公时期的疆域,同时将酒泉邑赏赐给虢公丑。另一次是前六三五年晋国出兵平定王子带之乱后,周襄王将长期无法有效控制的南阳地区整体赐予晋文公。在此之后,东周王畿仅剩河水以南、王城周围的小片地区。

到本书叙事结束的前六二七年,天下已经形成了晋、楚、齐、秦四大国包围着郑、宋、鲁、卫、陈、蔡等主要诸侯国的基本地缘政治形势。下面,我们会花一些篇幅来逐一探讨这些诸侯国的政治地理形势。

晋国[①]

① 晋国见地图三。

晋国始封君是周武王的儿子叔虞。西周初年,唐国发动叛乱,周成王平叛之后,把他的同母弟叔虞分封在唐,叔虞的儿子燮父徙封到晋(地图一"晋1"),唐、晋应该相距不远。晋成侯时迁到曲沃,在山西省闻喜县东二十里(地图一"晋2")。至晋穆侯时(前八一一年—前七八五年)迁到绛,在翼城县东南故翼城(地图一"晋3",地图三"晋")。到晋孝侯时,都城已改称"翼"。到晋献公时,又改回原名"绛"。也有学者认为,绛、翼并非改名,而是两个相距不远的地方。①

(一)疆域

到本书主体叙事结束时(以前六二七年秦、晋殽之战为节点),晋国疆域北面到达蒲、霍一线;南面到达河水一线,包括周王室赏赐的南阳地区,以及河水南岸的原(西)虢国;西面到达河水西岸;东面到达少水。当时的晋国,西面有白狄、秦国,南面有周王畿和郑国,北面、东面都是戎狄之地。此时,晋国的君主是晋襄公。他在即位当年就率军在殽山地区打败了秦国,巩固了他父亲晋文公开创的中原霸业。

晋国最重要的大山是太行山,它是晋国东面、东南面的天然"城墙"。晋国最重要的大川是河水和汾水。河水是晋国西面、南面的天然"护城河",其重要性自不待言。太行山、河水合在一起,构成

① 关于绛、翼之辨,参见马保春:《晋国历史地理研究》,文物出版社,2007年;李孟存、李尚师:《晋国史》,三晋出版社,2015年。

47

了晋国"表里山河"的优越地理形势。然而,从北向南流经今山西省中部、在侯马市折向西流入河水的汾水是晋国真正的"母亲河",晋国的始封地及核心区域就位于汾水拐弯处的汾、浍流域,前面所说的唐、晋、绛(翼)、曲沃都在这一区域内。

(二)扩张

从叔虞始封直到西周末年,晋国一直是拱卫服事宗周王畿的"甸服"诸侯,疆域不广,四周都是其他诸侯小国和戎狄。春秋初年,晋文侯拥立周平王、护送王室东迁立了大功,得到王室赋予的征伐特权,开始积极谋求发展,首先灭了都城以西的韩国(前七五七年)。在曲沃武公/晋武公、晋献公时期,晋国进行了一轮大规模的开疆拓土行动。其中,在曲沃武公/晋武公统治时期,晋人攻灭了都城西南的董国(武公晚期)、西北的贾国(武公晚期)、紧邻都城的荀国(前六七八至前六七七年间),以及东北的杨国。在晋献公统治时期,晋人攻灭了杨国以北的霍国(前六六一年),董国以南、靠近河水的魏国(前六六一年),荀国以西的冀国,冀国西南、靠近河水的耿国(前六六一年),都城以南的虞国(前六五五年),以及虞国以南、横跨河水两岸、控制殽函天险的(西)虢国(前六五五年)。此外,晋献公还打败了河水以西的骊戎(前六七二年),以及东北的赤狄东山皋落氏（前六六〇年）。到晋献公去世时，晋国以汾水、浍水流域为核心，北面抵达霍山，南面跨过河水占据了殽函天险，西面到达河水以西。[1]

晋国第二轮重要的疆域扩张是在晋文公、襄公时期。前六三五年，晋文公从周王室获得太行山以南、河水以北的南阳地区。前六二七年，秦国灭滑国[2]，在归途中被晋襄公在殽山击败之后，滑国也被晋国兼并。

楚国[3]

楚人源自中原，后来向西南迁徙到陕西省南部、丹水上游地区。西周初年，周成王封楚君熊绎为诸侯，都丹阳（丹水北岸），很可能在河南省淅川县西南的丹水、淅水交汇区域（地图一"楚1"）。周王室分封鲁、卫、晋、齐等国，是派出同姓宗亲或异姓功臣团队在新占领的商朝土地上建立新国家。而周王室封楚，则是试图"收编"这个已在南方发展了很长时间的"地头蛇"。西周时期，楚国对周王室采取的是一种"欺软怕硬"的地缘政治策略：王室实力强盛、对南方管控严密时，楚国就顺服称臣；王室实力中衰、对南方管控松懈时，楚国就抓住机会谋求发展，甚至僭越称王。

西周中晚期的楚国，已经从丹阳南迁到江水、

① 晋国开疆拓土的情况，参见马保春：《晋国历史地理研究》；李孟存、李尚师：《晋国史》。
② 滑见地图三"滑2"。
③ 楚国见地图六。

汉水之间的雎水、漳水流域(地图一"楚 2",地图六"楚")①。从这时起到春秋时期,这里一直是楚国的核心区域(详见下文"疆域")。春秋时的楚郢都就在这片核心区域内,其间曾多次迁徙,仅楚武王至楚惠王时带"郢"字的楚君居地就有疆郢、湫郢、樊郢、免郢、都郢、朕郢、为郢、美郢、鄂郢、鄢郢等十处之多(据清华简一《楚居》)。

春秋早期,楚君熊通僭位称王(楚武王),与周王室分庭抗礼。周王和楚王的"二王并立",其实就是自西周以来中原和南方之间对立的集中表现;而代表周王室管控天下的霸主齐国、晋国先后与楚争战,也是在试图完成中原征服南方的未竟伟业。

(一)疆域

到本书主体叙事结束时(以前六二七年秦、晋殽之战为节点),楚国疆域北至于汝水,南至于江水以南,西至于原夔国,东至于原英氏。楚国西、东、南三面都是小国、蛮夷居地,北面是中原诸国。此时楚国的君主是楚成王。五年前(前六三二年),楚军在城濮之战中被晋军打败,楚成王经营多年的争霸事业功败垂成。一年后(前六二六年),他被自己的儿子商臣逼死在宫中,商臣即位,就是楚穆王。

楚国最重要的陆上防御体系不是一般的山脉,而是"方城",一个从今河南省鲁山西南鲁阳关起,

① 春秋时楚国核心区域地望,参见尹弘兵:《楚国都城与核心区探索》,湖北人民出版社,2009 年。

向东再向东南,至河南省泌阳县东北,利用山岭、河流堤防以及长墙连接成的防御体系。楚国重要的大川包括江、汉、睢、漳四水。汉水中游以西、江水中上游以东,睢、漳二水流经的这片地区是楚国核心区域,被楚人称为"上国",其重要性自不待言。前六五六年楚大夫屈完在回应齐桓公威胁时说,楚国"方城以为城,汉水以为池",就是以"上国"为本位来说的。

（二）扩张

西周时期,历代周王一直试图控制和征服南方。周人在汉水以北、以东的南方地区分封了一系列姬姓和姜姓小国,如随国(姬姓)、唐国(姬姓)、申国(姜姓)、吕国(姜姓)等,构筑了一个插入南方、藩屏中原的前沿阵地。此外,周王室屡次南征,直到晚期周宣王时,还曾派出军队讨伐荆蛮。然而,在西周灭亡、平王东迁之后,急剧衰弱的周王室再也无力南征,其他中原诸侯国也无意向"落后"的南方发展。楚国抓住了这个绝佳的"战略机遇期",从楚武王时期开始大规模地攻灭小国,驱逐蛮夷,开疆拓土,整合南方。楚国在春秋早中期的灭国扩疆行动,其规模在春秋大国中首屈一指,大致可以分为两个方向[①]：

一方面,巩固和扩大汉水以西的"上国"基地。

① 楚国开疆拓土的情况,参见何浩：《楚灭国研究》,武汉出版社,1989年;赵炳清：《楚国疆域变迁之研究——以地缘政治为研究视角》,复旦大学2013年博士学位论文。

春秋之前，楚人攻灭周王室宗亲聃国（前七九九年至前七七四年间），拉开了经略"上国"的序幕。楚武王时期，楚人灭权国（前七〇七年至前六九一年间），设立了中国历史上第一个县，大规模侵占群蛮和百濮的居地，灭罗国、谷国、卢戎（均在前六九八至前六九一年间）。到楚武王去世时，以江水、汉水为外围，睢水、漳水穿流其中的"上国"基地初步形成。此后楚成王又派出军队攻灭了宗亲夔国（前六三四年），进一步向西发展。

一方面，渡过汉水开拓"东国"，并向北进逼中原，进而与中原霸主齐国、晋国争雄。楚武王时期，楚人讨伐邻国，攻灭州国、蓼国、谷国（前六九八至前六九一年），并迫使随国、唐国顺服楚国。在武王功业基础上，楚文王相继征服汉水以东的（南）申、吕（均在前六八八年）、应、鄀（均在前六八七至前六七九年）、息（前六八四年至前六八一年）、邓（前六七八年）、绞（约在文王时期）等国，建立了日后成为北上争霸军事基地的申县、息县，并迫使陈国、蔡国这两个中原列国前来朝见。到楚文王去世时，楚国的势力范围已经向北抵达汝水南岸。

在前任楚文王收服陈国、蔡国的基础上，楚成王意欲争霸中原，曾经四次讨伐位于中原腹地的郑国（前六六七年、前六五九年、前六五八年、前六五七年)。无奈此时齐桓公霸业已成,前六五六年,齐、鲁、宋、陈、郑等国讨伐楚国,与楚大夫屈完在方城外的召陵盟誓讲和。楚国北进受阻,转而向东攻占淮水流域,相继攻灭弦(前六五五年)、黄(前六四八年)、英氏(前六四六年)、贰、轸、厉、郧(均在前六四二年)、蒋(前六四六至前六二二年)等国。前六四三年齐桓公死后,楚成王乘机再次北进,灭道、柏、房等国(前六四二年至前六二六年间),势力范围推进到方城以北,直逼郑国南境。前六三二年,楚国和晋国这两个发展势头都很迅猛的大国在城濮发生首次正面交锋,楚军大败,晋文公霸业达到巅峰。此后,楚人再次转向东进淮水流域。

齐国[1]

齐国始封君是周王室太师、姜姓吕国君长尚父,实际前往封地的时间应该是在周公旦/周成王东征平定叛乱之后。初都营丘,在山东省博兴县、淄博市临淄区一带,紧邻周初东土叛乱主要参与者之一的薄姑国。齐胡公时迁到薄姑,在博兴县东北。齐献公时迁到临淄,在山东省淄博市齐都镇,位于淄水西岸,从此时起一直以此为都城。

(一)疆域

到本书主体叙事结束时(以前六二七年秦、晋

① 齐国见地图五。

毂之战为节点），齐国疆域北到大海，南到泰山北麓，西到济水、河水之间，东到原纪国。当时的齐国，北有（北）燕国、戎狄，南有鲁国，东有一系列姜姓和东夷小国，西有卫国、戎狄，西南有宋国。此时，齐国的君主是齐昭公。十六年前（前六四三年），他的父亲齐桓公在宫中活活被饿死，此后齐国迅速失去了中原霸主的地位，之后再也没能重新称霸。

齐国最重要的大山是泰山，它是齐国与鲁国的天然疆界。齐国最重要的大川是济水，从西南向东北流经齐国西部、北部，汇入渤海，济水两岸逐渐发展成为齐国最为发达的地区。

（二）扩张

在春秋早中期，齐国和其他大国一样，也进行了一系列吞并小国、开疆拓土的行动。齐庄公时期，前七六八年灭祝国。齐襄公时期，前六九〇年兼并纪国。齐桓公时期，前六八四年灭谭国，前六八三至前六八一年间占领鲁国汶水北的大片土地，前六八一年灭遂国，前六六四年降鄣国，前六六〇年迁阳国。

《韩非子·有度》记载说："齐桓公并国三十，启地三千里。"由于并非所有被灭小国都会被记载在史册上，"并国三十"不无可能，然而"启地三千里"

的说法应该有很大的夸张。这是因为，齐桓公称霸的基本理念是获得诸侯国的信任和拥戴，为此，他于前六八一年齐、鲁柯之盟后归还了先前侵占的鲁国土地，于前六五九年将被狄人围困的邢国迁到紧贴齐国西部边境的夷仪(邢2)，于前六五八年将被狄人灭国的卫国安置在同样紧贴齐国西部边境的楚丘(卫3)，于前六四六年将被淮夷侵扰的杞国迁至紧贴齐国东部边境的缘陵(杞3)，这些让诸侯感恩戴德的霸业功绩是以限制齐国向南、向西、向东进行疆土扩张为代价的。据《管子·小匡》记载，齐桓公时期，齐国疆域"三百六十里"，又据《管子·轻重丁》记载，齐桓公时期，齐国疆域"方五百里"，三百六十里至五百里之间可能是比较接近于实际情况的。[①]

　　齐桓公去世后，在齐孝公、齐昭公统治期间，齐国霸业迅速衰落，晋国成为中原霸主，这期间齐国疆域是否有所缩小不得而知，但一定不会大于齐桓公全盛期的规模。

秦国[②]

　　秦人来自于商朝东方重要方国奄(山东省曲阜市)，西周初年因发动叛乱失败，被周人发配到宗周王畿以西抗御戎狄。秦人在西方最早的居地是邾

① 关于齐国在春秋时期的疆域，参见钱林书：《春秋战国时齐国的疆域及政区》，《复旦学报(社会科学版)》1993年第6期。
② 秦国见地图三。

虘,位于甘肃省甘谷县西南。非子时,秦人聚居在西犬丘,在今甘肃省礼县一带。非子在汧水、渭水之间为周孝王牧马有功,得封于秦,其地望有甘肃省清水县、甘肃省张家川县、陕西省汧渭之间三说。秦公室于是分为大骆、非子两支,大骆一支仍然聚居在西犬丘。周厉王之时,西戎灭了大骆一支,此后的秦君都出自非子一支。秦庄公时又居于西犬丘。秦襄公时东迁到汧,在陕西省陇县南部(地图三"秦1")。西周末年,秦襄公救周有功,周平王赐给他岐山以西的土地,正式位列诸侯。秦文公时迁到汧水、渭水交汇处,在陕西省宝鸡市境(地图三"秦2")。秦宁公时迁到平阳,在宝鸡市陈仓区太公庙村(地图三"秦3")。秦德公时迁到雍,在陕西省凤翔县南(地图三"秦4")。

（一）疆域

到本书主体叙事结束时(以前六二七年秦、晋殽之战为节点),秦国疆域东至洛水、河水之间,南至中南山(今秦岭),西至西犬丘以西,北至不明。此时的秦国,北、西、南三面都是戎狄蛮夷居地,东面是晋国。此时,秦国的君主是秦穆公。他的军队在殽之战中被晋襄公率领的晋军击败,东进争霸的宏图成为泡影,秦穆公也在六年后(前六二一年)去世。

秦国最重要的大山是中南山,它是秦国南部的天然屏障。秦国最重要的大川是渭水,其核心区域/都城虽然多次迁徙,但始终在渭水流域,后三个地点(汧渭之会、平阳、雍)实际上都是围绕着汧水、渭水交汇区域进行"微调"。

（二）扩张

西周灭亡、平王东迁后,秦襄公由于救援周王室有功,周平王将岐山以西已沦陷于戎人的土地赐给秦国,对秦襄公说(据《史记·秦本纪》):"戎人无道,侵夺我周人的岐、丰之地,秦国如果能够攻打赶走戎人,就可以拥有这片土地。"

秦襄公抓住了这个宝贵的发展机遇,在前七六六年就讨伐戎人到了岐山地区,依靠自己的力量开始兑现周平王开具的"空头支票",可惜没有大获全胜。秦文公时期,前七六二年,秦人将都城东迁到汧、渭之会;前七五〇年,大败戎人,召集流离的周人回到旧地安居,实际控制了西犬丘以东、岐山以西的大片土地。秦宁公时期,前七一四年,秦人将都城迁到平阳,攻打亳国核心区荡社;前七一三年,又讨伐亳国,亳王出奔到戎地,秦人占领荡社;前七〇四年,又攻取了亳国余地荡氏。秦武公时期,前六九七年,秦人讨伐戎族彭戏氏,兵锋抵达华山脚下;前六八八年,攻灭邽戎、冀戎,在其旧地设邽县、冀县;前六八七年,在荡社和郑国旧地设杜县、郑县,并攻灭小虢。秦德公时期,前六七七年,秦人将都城迁到雍。至此,秦国基本上占领了后来被称为"关中"的渭河平原。

秦穆公时期,前六四五年,秦穆公率军讨伐晋国,取得韩之战的胜利,夺取晋国河西地区,并短暂占领河东部分地区;前六四〇年,秦人攻灭梁国、芮国(地图三"芮2")。就在秦穆公积极谋求争霸中原之时,晋文公迅速崛起,前六三二年,城濮之战后一举称霸。前六二七年,晋襄公殽之战大败秦人,击破了秦穆公东进中原的企图。从此之后,秦穆公一方面与晋国长期对峙,一方面专注于在河水以西讨伐戎狄、开疆拓土。据《史记·秦本纪》记载:"秦穆公三十七年,秦采用由余的谋划攻打戎王,吞并了十二国,开拓了千里的疆土,于是成为西戎地区的霸主。"

其他列国

(一) 郑国[①]

郑国始封君是周厉王之子郑桓公,始封于周宣王时,其封地"郑"开始在棫林,可能在泾水以西、陕西省凤翔县秦雍城遗址附近。后来可能是因为不堪戎人侵扰,向东迁到拾,在今陕西省华县东北(地图一"郑1")。西周末年,在王室担任司徒的郑桓公将财产和家室迁徙到中原(东)虢国、邻国之间,随后攻灭(东)虢国、邻国,在邻国核心区域建立都城,在今河南省新郑市(地图一"郑2")。

在前六三五年周王室将南阳地区赠送给晋国之前,郑国西、北为王畿,东北为卫国,东为宋国,东南为陈国,南为楚国、蔡国。在晋国占据南阳之后,郑国长期夹在晋国、楚国两个争霸的超级大国之间,陷入"朝晋暮楚"的地缘政治困局。

(二)宋国①

宋国始封君是商纣庶兄微子启,实际建国时间在周公旦/周成王东征平定叛乱之后。都商丘,在今河南省商丘市。宋国四面都是平原,没有任何险阻,难守易攻,周王室将商王室后代封在这里,可能也是为了防止它谋求复辟。②宋国北有卫国,东北有鲁国,南有楚国,西南有陈国,西有郑国,东有淮夷。

(三)鲁国③

鲁国始封君是周公旦,周公留佐王室,而使其嫡长子伯禽就封,实际建国时间应该在周公旦/周成王东征平定叛乱之后。都城在今山东省曲阜市,是原商朝奄国核心区域。奄国曾经是商朝倒数第

① 宋国见地图六。
② 关于周王室分封宋国的战略考虑,参见童书业:《春秋史(校订本)》,中华书局,2012年。
③ 鲁国见地图五。

二个都城，也是周初东土叛乱的主要参与国之一。鲁国北有齐国，西南有宋国，西有卫国，东有莒国，南有淮夷。

（四）卫国^①

卫国始封君是周文王的儿子叔封，实际就封时间在周公旦／周成王东征平定叛乱之后。都沫，也就是商纣行都、东土叛乱策源地朝歌，在今河南省淇县(地图四"卫1")。前六六〇年，狄人攻占卫都，卫人渡过河水，旅居于曹，在河南省滑县(地图四"卫2")。前六五八年，迁到楚丘，在滑县东六十余里(地图四"卫3")。前六二九年，狄人包围楚丘，卫人迁到帝丘，在今河南省濮阳县东南五星乡高城村(地图四"卫4")。南迁后的卫国，西、北都是戎狄居地，东有鲁国，东北有齐国，西南有郑国，南有宋国。

（五）陈国^②

陈国始封君是虞舜后代胡公满，始封是在周武王时期。都城在今河南省淮阳县治。陈国西北有郑国，东北有宋国，西南有蔡国，南有楚国。

（六）蔡国^③

蔡国始封君是周文王之子叔度，始封是在周武王时期，都城在今河南省上蔡县城关一带(地图六"蔡1")。前五二九年，迁至新蔡，在今河南省新蔡

① 卫国见地图四。
② 陈国见地图六。
③ 蔡国见地图六。

县城关镇西北部(地图六"蔡2")。蔡国北有郑国，东北有陈国,西南、南有楚国。

周道[1]

先秦时期,由四匹马牵引的马车是华夏各国的主要交通工具;两军交战也是用这种马车作为主力在前冲锋,而步兵跟随在后。因此,无论是和平时期各国的外交、经济往来,还是战时军队的长距离行军,都是以马车为主要载体。首先,马车不是"全地形 SUV",正常情况下必须在专门修筑的硬质道路上行驶,而且坡度不能太大,转弯不能太急。其次,马车车轮、车轴、车厢都用木材、铜等硬质材料制作,没有充气轮胎、减震弹簧这一类的减震缓冲装置,路面的颠簸会经由轮、毂、轴直接传送至车厢里的乘员。马车要高速、安全的行驶,同时保证车内乘员的舒适度(这对于周王、诸侯国君、卿大夫出行格外重要),就必须修筑高等级的专用道路。

当时的马车道主要在平原上修筑,如果进入山区,则必须沿河流两旁的平地行进,并穿过山间自然形成的隘口。道路用夯土铺成,十分平整,上面有与两轮间距(称为"轨")相配合的凹陷车辙,车辆实际上是"卡"在一对固定的车辙里前行,类似于今

① 周道见地图七。

61

天的铁路。一九九九年在陕西周原岐邑遗址区域内发掘出了一条连接岐邑和丰京的道路遗址,道路宽达十米,并列八条车辙,分为四对,可同时通行四辆马车。每条车辙宽二十厘米,深十厘米,每对车辙之间宽度一点八二米,与周原遗址车马坑中发现的马车轮距基本相符。这应该就是《诗经》中提到的"平整得像磨刀石,直得像箭"的周代官道"周道"。[①]西周和东周春秋时期,华夏诸侯国的车辆轨距是一样的,因此《左传·隐公元年》里说:"天子去世后七个月下葬,马车轨距相同的各诸侯国应该全部到场。"

据《周道:封建时代的官道》一书所做的考证,周朝建立之后,周人在先代旧道的基础上增修扩建,形成了以西都宗周、东都成周为枢纽,向主要封国辐射的周道系统。其中,以成周为枢纽的周道网络至少包括如下五条主干道:

(一)宗周—成周道:宗周(镐)—芮—桃林塞—西虢—成周。此外,晋国经令狐—蒲津—芮接入此道。

(二)成周—鲁—齐道:成周—制—东虢—管—桧—杞—楚丘—曹—茅—重馆—亢父之险—索氏—鲁—郕—讙—阳州—平阴—禚—野井—泺—谭—徐关—齐。楚丘—重馆间也可能经过郜—营。

① 关于岐丰周道的概况,参见丁岩:《岐丰"周道"及相关问题》,《文博》2003年第4期。

（三）成周—卫—齐道：成周—盟津—温—邢丘—怀—宁—共—卫—相—复关—顿丘—五鹿—莘—平阴—禚—野井—泺—谭—徐关—齐。

（四）成周—卫—燕道：成周—盟津—温—邢丘—怀—宁—共—卫—羑里—殷墟—邢—燕。

（五）成周—随道及成周—胡道：成周—制—东虢—管—桧—栎—许—陉山，此后分两道，西道为方城—鄤—申—吕—邓—唐—厉—随，由此可前往楚国，东道为蔡—胡，由此可前往淮水沿岸。

此外，还有一条五鹿—陉山道：五鹿—言—顿丘—清丘—祢—曹—楚丘—宋—陈—陉山。这条周道与成周—卫—齐道交汇于五鹿，与成周—鲁—齐道交汇于楚丘，与成周—随道以及成周—胡道交汇于陉山。

上述周道网络，将成周与晋、楚、齐、秦、郑、宋、鲁、卫、陈、蔡等主要诸侯国联成一体。在春秋时期的外交或军事活动中，这个网络仍然是各国使团和军队行进的主干道，也是理解许多春秋史事的关键。以晋国为例：在原有周道网络中，晋国前往西都宗周十分便利，而前往中原则非常迂曲不便，这与晋国作为甸服诸侯服事宗周的分封定位是对应的。然而，西周灭亡之后，这条西进宗周的道路对晋国来说意义已不大,晋国更需要的是前往中原的近路。在前六五五年晋国攻灭(西)虢国、虞国,此后可以不必西行绕远,也不必向虞国、(西)虢国借道,而可以直接沿原虞国—茅津—原(西)虢国接入宗周—成周道。前六三五年晋文公取得南阳地区之后,成周—卫—齐道南段就在南阳境内,而更重要的是,晋人从盟津渡过河水就可直达成周,从而便捷地利用从这个周道网络的枢纽前往各主要诸侯国。交通上的便利对晋文公称霸无疑是如虎添翼。

当然,我们强调周道网络在春秋时期军事行动中的重要作用,并不意味着所有的行军都是通过周道进行的。实际上,有时为了抄近路,或者是为了不让被攻击国家知晓,战车部队会离开周道,依靠修筑在田垄上的简易道路通行。前六三二年晋文公讨伐卫国之后,就强迫卫人将境内农田的田垄从南北向改成东西向(据《韩非子》《商君书》《吕氏春秋》);前五八九年晋国率领诸侯联军在鞍地大败齐军之后,又强迫齐人将境内农田的田垄改成东西向(据《左传·成公二年》)。晋国在卫国、齐国的东面,晋人的这两次强令,都是为了保证其军队日后再次讨伐两国时行进便利。

总体叙事结构的简要说明

在概述了周王室和主要诸侯国的政治地理形势后,我还想对接下来的总体叙事结构做一简要说明。本书的主题是讲述周王室管控的旧国际秩序终结之后,霸主管控的新国际秩序是如何建立起来的。我认为,这个历史进程可以分为四个阶段——"迷茫期""探索期""新常态""制衡态",下面的叙述就是按这个思路。

"小霸:齐国、郑国的早期霸政探索",主要讲述齐僖公、郑庄公如何从处于"迷茫期"的中原诸侯中脱颖而出,开始接管原本由周王室承担的各种国际义务,比如组织会盟、抗御戎狄等,并在此过程中逐渐勾勒出未来国际新秩序的轮廓。

"齐桓:开创霸主管控的中原国际新秩序",主要讲述齐桓公如何在齐襄公强势开拓、管仲全面改革的基础上,制服鲁国、管控郑国、震慑楚国、匡正王室,在国际舞台上取得"尊王攘夷、存亡继绝"的伟大功绩,最终成为春秋第一位正式由周王室任命的霸主,开创了以霸主管控为核心的中原国际秩序"新常态"。

如果我们将"小霸""齐桓"两章合观,撇开枝蔓,便可以看到齐庄公—齐僖公—齐襄公—齐桓公

"接力"成就齐国霸业的完整历程。齐桓公去世后，齐国霸业中衰，空出的霸主之位于是成为宋国、楚国、晋国、秦国争夺的对象。

"晋文：与楚成王共创'晋楚争霸'天下国际新秩序"，在回顾了曲沃篡晋前晋国内乱的基础上，主要讲述了晋武公—晋献公—晋惠公—(晋怀公)—晋文公—晋襄公接力成就晋国霸业、并与楚成王共同开创天下国际新秩序的历程，并简要描述了春秋中晚期晋国霸业的延续与终结。在前六三五年晋文公南下勤王之前，晋国长期游离于中原体系之外，其国际关系主要对象是西边更加远离中原的秦国。就在楚成王击破宋襄公称霸迷梦、即将接替齐桓公称霸中原之际，晋文公强势南下，在平定王室内乱的基础上，城濮之战一举击败楚国，成为第二位由周王室正式任命的霸主，与楚成王一起开创了以晋楚争霸为核心的天下国际秩序"制衡态"。晋襄公殽之战击败秦军，粉碎了秦穆公东进争霸的梦想，进一步确立了这种新秩序。

郑国的强势崛起

郑桓公东迁建国,郑庄公隐忍平乱

郑桓公与太史伯的"隆中对"

在西周灭亡前几年,深知王室内情的高级官员开始纷纷离开宗周王畿,前往地处中原的成周王畿避难。如前面今本《竹书》中所提到的,周幽王五年,担任王室卿士的皇父在成周王畿的向地建立大城邑。卿士是王室卿官之长,相当于后世的首相。反映周幽王时期史事的《诗经·小雅·十月之交》以讽刺的口吻描述说:

> 皇父孔圣,作都于向。
> 择三有事,亶侯多藏。
> 不憖遗一老,俾守我王。
> 择有车马,以居徂向。

> 皇父真是圣明,在向建立大邑。
> 选择三事大夫一起离开,个个家产丰富。

不愿留下一位老臣，守护我们的周王。

选择好车好马，前往向邑居住。

在卿士皇父及其党羽的"模范带头作用"号召下，其他王室高官也开始盘算"跑路"，其中就包括郑国始封君桓公。郑桓公是周厉王的儿子，前八〇六年(周宣王二十二年)分封在宗周王畿内的郑地，平日在王室担任卿大夫，幽王八年官至司徒。

司徒是西周重要职官"三有司"(司徒、司马、司空)之一，在西周金文中常写作"司土"，到中晚期开始有"司徒"的写法。有学者认为司徒最开始职掌土地及土地附生之物，后来逐渐扩展至附着于土地上的民众。在战时，司徒、司马、司空都有重要的军事职能，其中司徒负责召集民众、组建军队，并主管军中徒役；司马主管军政；司空主管工程营造。比如说，据盠方彝铭文记载，"西六师"中有司徒、司马、司空；智壶铭文记载，周王任命一位名为智的官员继承他父亲鳌公担任"成周八师"的冢司徒(大司徒)。西六师驻扎在宗周王畿，成周八师驻扎在成周王畿，他们共同构成周王室的直属军事力量。此外，金文资料显示，在西周中后期，司徒还经常直接率军征战。①

根据《东迁》章中的分析，此时幽王集团和申侯集团已经处在决裂的边缘：幽王八年，褒姒的儿子

① 关于西周司徒的概况，参见王治国：《金文所见西周王朝官制研究》，北京大学 2013 年博士学位论文；张磊：《〈智壶〉与周代司徒军事职掌新论》，《中国历史文物》2010 年第 2 期。

伯盘当上太子;幽王九年,申侯访问鄫国与西戎,三方结成同盟。郑桓公担任主管民事、并有军事职能的司徒后,很受宗周、成周王畿民众的拥戴。对于政局内情十分了解的他也产生了到东土避难的念头,向太史伯请教最好的落脚地。《国语·郑语》记载了两人问对的详细内容:

郑桓公问史伯说:"王室多灾多难,我担心会被连累,大概哪里才可以逃脱一死呢?"

史伯回答说:"周王室将要卑微,戎、狄必定昌盛,不能靠近它们。东都成周王畿周边,南面有荆蛮、申、吕、应、邓、陈、蔡、随、唐;北面有卫、燕、狄、鲜虞、潞、洛、泉、徐、蒲;西面有虞、虢、晋、隗、霍、杨、魏、芮;东面有齐、鲁、曹、宋、滕、薛、邹、莒;这些国家若不是周王的同姓支族、母弟甥舅之类的亲戚,就都是蛮、荆、戎、狄之类的落后部族。不是亲属就是凶顽,您不可以进入成周王畿避难。

"该去的大概是在济水、雒水、河水、颍水之间吧! 这一地带大多是封为子、男爵位的国家,其中虢国和郐国最大。虢叔仗恃着地势,郐仲仗恃着险要,他们都有骄傲奢侈、疏忽怠慢的思想,还加上贪婪。您如果因为周王室祸难的缘故,提出要把妻儿和财物寄放到那里,他们不敢不答应。周王室混乱而衰败,这些国君骄侈而贪婪,必定会背叛您。您如果率领成周的民众,奉天子之命讨伐他们的罪恶,没有不攻克的。如果攻克了这两国,那么周边鄢、弊、补、丹、依、𫄧、历、华就都是您的国土了。如果拥有了华邑之前、河水之后、雒水右边、济水左边的疆土,主祭芣山和骓山而饮溱水、洧水的水,修治典章刑则来守卫这片土地,那就可以逐渐稳固了。"

郑桓公问:"那南方不可以吗?"

史伯回答说:"那荆子熊严生了四个儿子:伯霜、仲雪、叔熊、季𬘓。叔熊逃难到了濮地从了蛮俗,季𬘓被立为国君。莲氏打算重新拥立叔熊为君,祸乱又没有成功。这是上天开启季𬘓的心啊,他又非常聪明而且能团结和协臣民,功德盖过了他的先王。我听说,上天所开启的,十代也不会被废弃。那季𬘓的子孙必然大大开拓疆土,不可以靠近。

"而且楚国是重、黎的后代:黎是高辛氏的火官,因为他光明美盛、敦厚宽大,具备上天的光明、大地的美德,光辉普照四海,所以命名为'祝融',他的功劳算是大了。凡是成就天地大功的人,他的子孙后代没有不彰显的,虞、夏、商、周都是这样。虞幕能倾听和风,用来成就促进万物生长;夏禹能治理水土,用来分门别类安置万物;商契能协和五教,用来保育百姓;周弃能撒播种植百谷和蔬菜,用来供给民众的衣食;他们的后代都成为王、公、诸侯之长。

"祝融也能显扬天地的光明,从而培育柔润嘉美的材木,他的后代八姓(己、董、彭、秃、妘、曹、斟、芈)在周代没有做诸侯之长的。祝融八姓中在前代辅助治理百物的,昆吾是夏代诸侯之长,大彭、豕韦是商代诸侯之长,在周代还没有。己姓的昆吾氏、苏氏、顾氏、温氏、董氏,董姓的鬷夷氏、豢龙氏,被夏人灭掉了。彭姓的彭祖氏、豕韦氏、诸稽氏,被商人灭掉了。秃姓的舟人氏,被周人灭掉了。妘姓的鄅氏、郐氏、路氏、偪阳氏,曹姓的邹氏、莒氏,都是位于采服、卫服的边远国家,有的还在周王室治下,有的已经在夷、狄行列,统计不清楚了;而且它们又没有美名显扬,肯定不能兴起了。斟姓没有后嗣。

"祝融的后代能够兴起的,大概是芈姓吧? 芈姓的夔越氏不足以承受天命。处在蛮地的芈姓已经蛮化了,只有荆楚确实有明德,如果周室衰败,荆楚必然会兴盛起来。姜姓、嬴姓和荆楚的芈姓,他们与姬姓诸国交相更替干预天下大政。姜姓,是伯夷的后代;嬴姓,是伯翳的后代。伯夷能礼敬神灵来辅佐唐尧,伯翳能使百物各得其宜来辅佐虞舜。他们的后代都没有灭族废祀,但也没有兴盛的,周室衰微,他们的兴盛将要到来了。"

郑桓公问:"谢国西面的九州,怎么样?"史伯回答说:"那里的百姓贪婪残忍,不能依靠他们。只有谢国和郏地之间的地区,那里的国君奢侈骄横,百姓怠慢他们的君主,还不具有周人的德行。如果更换君主而用忠信来教导他们,那是容易取得他们的归服,而且可以长久地使用他们。"

郑桓公问:"周朝将会衰败吗?"

史伯回答说:"恐怕是必然要衰败了。《泰誓》上说:'下民所期望的,上天必定会遵从。'现在周王抛弃高洁光明、德行昭显的人,而喜好谗言邪恶、昏暗愚昧的人,讨厌具备夹辅丰满的贤臣面相的人,而亲近愚顽鄙陋、不识礼义的人。除去'和',而采纳'同'。那'和'才能滋生万物,'同'就不能发展。保持不同事物的本性,使它们互相平衡叫做'和',所以能丰富生长而使万物归附。如果把相同的东西互相补凑,那么用尽了之后就只能抛弃了。

夫和实生物,同则不继。以他平他谓之和,故能丰长而物归之。若以同裨同,尽乃弃矣。

"所以先王把土和金、木、水、火掺杂,而生成百种事物。因此调和五种滋味以调节口,强健四肢来保卫身体,协和六律来满足耳,端正七窍来服务心,平衡八索来成就人,设置九纪来树立纯正的德行,合成十种等级来训导百官。于是产生了上千种品位,具备了上万种方法,计算上亿的事物,经营万亿的物件,取得万兆的收入,采取无数的行动。所以王者拥有九畡辽阔的土地,取得收入来供养万民,用忠信来教化他们,根据能力使用他们,使他们协和安乐如同一家人。这样的话，就是"和"的顶点了。于是先王从异姓家族中聘娶王后，向四方求取财货，选择敢于直谏的人来做官吏，处理众多的事情，努力处理好'和''同'。声音都是一个调就没什么可听的，物色都是一样就没有文采，味道都是一样就不成其为美食，事物都是一类就无法进行衡量比较。君王却要抛弃这种'和'的法则，而亲近专断的'同'。上天夺走了他的聪明，要想不衰败，可能吗？

"那个虢石父是个谗言谄笑、佞巧媚从的人，而幽王却立他为卿士，这是亲近专断的'同'；抛弃了聘娶的王后而立内妾褒姒，是喜好鄙陋无识的人；把侏儒、驼背的人置于身边取乐，这是亲近愚顽的人；不昭明周朝的法度，却听女人的话行事，这是任用谗言邪恶的人；不建立有德的人做卿士，却任用妖媚佞倖的小人，是行为昏暗愚昧。这些做法，都是不能够长久的。

"而且宣王时有一首童谣说：'山桑木弓和箕草箭囊，这两样东西使周国灭亡。'那时宣王听了后，有一对夫妇在卖这两种东西，宣王便派人要把他们抓来杀掉。与此同时，王府里有小妾生了个女孩而不是周王的孩子，她因为害怕而抛弃了女婴，这对夫妇收留了女婴，逃亡到了褒国。上天命令这件事

于是乎先王聘后于异姓，求财于有方，择臣取谏工而讲以多物，务和同也。声一无听，物一无文，味一无果，物一不讲。王将弃是类也而与剸同，天夺之明，欲无弊，得乎？

很久了,还有什么可以做的呢?

　　"《训语》上说:夏朝衰落的时候,褒人的神灵化为两条龙,聚集在夏王庭院中,说道:'我们,是褒国的二位君主。'夏王占卜杀掉、赶走或是留下它们,都不吉利。占卜请得它们的涎沫并收藏起来,结果吉利。于是就陈列玉帛,用简策书写告诉龙,龙离开了而涎沫还在,就把它用匣子收藏起来,在郊外祭祀它。到了商代、周代,都没有打开过。到厉王末年,打开来看,涎沫流到了庭前,清除不掉。厉王叫妇人不穿下衣而大声呼叫,涎沫变成了一只黑色蜥蜴,进入了王府。王府里的一个童妾还未换牙不到七岁就遇上了它,等她十五岁行笄礼后就怀了孕,在宣王时生了孩子。童妾没有丈夫却生了孩子,所以惧怕而抛弃了婴儿。卖弓和箭袋的夫妇正被刑戮所迫逃亡在路上,夫妇可怜那女婴夜里啼哭,就捡了她出逃,逃亡到了褒国。褒人褒姁犯了罪,就把这个弃婴长大而成的美女献给了周王,周王便赦免了褒姁。周王十分宠爱这个女子,立她为王后而生了伯服。

　　"上天降生这个祸害已经很久了,它的毒害够大了,将要使它等待淫德之君而加害他。最烈的毒物,杀人也最快。申国、鄫国和西戎正强盛,周王室正骚动不安,周王还要放纵私欲,要不衰败不是很难吗？周王想要杀掉太子宜臼来成就伯服，必然从申国去要人。申国不交，周王一定会去讨伐。如果周王讨伐申国，鄫国与西戎将会合起来讨伐周王室，周王室就保不住了。鄫国与西戎正要报答申国，申国、吕国正强盛，它们深爱太子也是可以预料的。周王的军队如果在场，它们去救援申国也是必然的。周王心中愤怒了，虢公顺从了，周朝的存亡，不出三年就可见分晓了！您如果想逃避这场灾难，要赶快规划好逃亡的处所，灾难时刻来了才寻找管用的对策，恐怕就来不及了！"

郑桓公问："如果周王室衰败的话，姬姓诸侯中哪个会兴盛？"史伯回答说："我听说，武王确实发扬了文王的功德，文王的福祚尽了，武王大概会继承吧！武王的儿子之中，应侯和韩侯的封国已经不在了，恐怕是晋国吧！晋国距守险要地形而邻近的都是小国，如果加上德政，可以大大开拓疆土。"

郑桓公问："姜姓、嬴姓诸侯中哪个会兴盛？"史伯回答说："国土广大而君主有德的国家差不多都能兴盛。秦仲和齐侯，是姜姓、嬴姓中的俊杰，国土又大，恐怕将要兴盛吧。"

太史伯的上述对答堪称先秦版的"隆中对"，因为他为郑桓公指明了中原的落脚之处，并且准确地预言了西周的覆灭，以及芈姓楚国、姬姓晋国、姜姓齐国、嬴姓秦国的兴起。如上一章节所述,太史伯这一系列过于"精准"的预言有可能是春秋战国时人根据已知史实的"倒编",而并非西周晚期的秘密谈话实录。然而,郑桓公在做出转移家属和家当的重大决定之前,向太史伯这样的"王室高参"征询意见,这件事本身很可能是真实发生过的。

郑桓公东迁建国,郑武公巩固发展

按照《国语·郑语》的记载,郑桓公十分赞同太史伯的分析,于是就将妻儿和财货寄放到东土济、雒、河、颍之间的地域,虢、郐、邬、弊、补、舟、依、𬨎、历、华等地都寄放着他的家属和财物。郑桓公向中原输送家属、财物的队伍中,不仅有自己的族人、家臣,还有一批从事商业的殷商贵族后裔。实际上,这些专业从事贩运的商人可能就是这笔"长途运输大单"的承运者。据《左传·昭公十六年》的记载,郑国执政卿子产向晋国执政卿韩宣子讲述郑国早期历史时说到:

"当年我们的先君桓公和商人一起从宗周迁出来到了中原,并肩协作清除这片土地上的蓬、蒿、藜、藋等各种杂草,一起定居下来。郑人与商人世代有盟誓,彼此相互信任,说:'你不要背叛我,我不会强买你的货物,不乞求、不掠夺。你有好买卖、奇珍异宝，我不去打听。'双方仗恃着这个有信用的盟誓，所以能够互相保全，直到今天。"

我们今天所说的"商人"典故就来源于这里。这些商人和郑人在虢、郐地区的荒芜地带进行了早期开发，为后来郑桓公、郑武公的东迁建国打下了基础。郑人与商人订立盟誓，说明这些商人很有可能是一个有组织的专门团体。这个盟誓一方面保障了商人的利益，一方面也给郑国带来了商业的繁荣。不仅如此，我们在后面将会看到，郑国商人中的杰出代表弦高还在前六二七年郑国被秦国偷袭的危急时刻起到了迷惑秦军、挽救国家的关键作用。

关于接下来的郑国东迁建国史，今本《竹书》的记载如下：前七七一年，郑桓公和周幽王一同在骊山下被杀。前七七〇年，郑武公率军与晋文侯、卫武公、秦襄公共同护送周平王迁徙至东都成周。前七六九年，郑武公灭了郐国。前七六八年，王室赐命给司徒郑武公。前七六七年，郑武公灭了(东)虢国。前七六五年，郑国迁徙到溱水、洧水流域，定都新郑。

然而，灭虢、郐的到底是郑武公还是郑桓公，这是一个长期争论不休的学术问题。[①]二〇一六年出版的清华简第六辑(以下简称"清华简六")里收录

① 参见苏勇：《周代郑国史研究》，吉林大学2010 年博士学位论文。

了三篇与郑国历史有关的文献，其中一篇题为《郑文公问太伯》，其中记载了郑大夫太伯对郑桓公、武公功业的概述：

昔日我们先君桓公初封在宗周，后来从宗周出来，带着七辆战车，三十个人，鼓励他们的腹心，奋起他们的手脚，密切协作；戴上头盔穿上甲衣，拿起戈盾开创功勋。在鱼丽交战，我们的先人获得了鄢地、訾地，并在此维修战车，而后偷袭虢国、攻克邻国，新占领土联为一体成为可以容纳国社的居地，这也是我们先君的功劳。到了我们先君武公，西边在伊水、洞水筑城，北边到达鄢、刘，萦绕控扼芳、邢，鲁、卫、蓼、蔡各国都来会见。

也就是说，清华简的记载明确支持的是郑桓公灭虢、邻说。实际上，如果我们回想上面所引的子产言论——"当年我们的先君桓公和商人一起从宗周迁出来到了中原，并肩协作清除这片土地上的蓬、蒿、藜、藋等各种杂草，一起定居下来"，这一番话其实也是在支持郑桓公建国说。随着清华简证据的面世，郑桓公灭虢、邻，初创中原郑国，应该说已经变成一种主流说法。

然而，清华简的这段记载也有它的问题。由于这段话的背景是郑大夫太伯用郑桓公创业史来勉励郑文公，因此跟很多创业史的套路一样，这段记载塑造了郑桓公依靠七辆兵车、三十个人到中原打江山的"建国神话",而将当时郑桓公所利用或依靠的势力完全隐去不提。

回想史伯当年给郑桓公的建议——"虢叔仗恃着地势,邻仲仗恃着险要,他们都有骄傲奢侈、疏忽怠慢的思想,还加上贪婪。您如果因为周王室祸难的缘故,提出要把妻儿和财物寄放到那里,他们不敢不答应。周王室混乱而衰败,这些国君骄侈而贪婪,必定会背叛您。您如果率领成周的民众,奉天子之命讨伐他们的罪恶,没有不攻克的。"如果这一段也是基于史实的"倒编",那么郑桓公有可能是采取了上述"养成其恶而后诛之"的策略:首先将财产寄存在(东)虢、邻,设局引诱两国背弃约定、侵吞郑国寄存的财产,然后利用自己担任王室卿士、司徒的权力,调动王室的成周八师,以追回财产、讨伐罪行的名义讨伐两国。不然的话,仅凭郑国从宗周迁徙来的自身力量,是绝无可能取得如此大的军事胜利的。

清华简六另一篇《郑武夫人规孺子》则透露了郑武公即位前的一场重大变故:

我们国君郑武公陷入到大难之中,在卫国寄居了三年,见不到他的国,也见不到他的家。如果没有良臣的话,那郑国三年没有国君,国家早就乱了。

由于郑国自身的力量非常薄弱，郑桓公、郑武公在开疆拓土的过程中可能不仅是充分利用自己的王室职权"假公济私"，还非常重视运用智计权谋来离间、削弱目标国家，《春秋公羊传》（以下简称《公羊传》)《国语》《韩非子》的相关记载对此都有所反映。比如说，据《公羊传·桓公十一年》记载："早先，郑国在定都新郑之前居处在留地。郑国先君中有一位与郐公关系很好，他与郐公夫人私通，以此夺取了郐国，并把郑国都城迁到了郐，而以留为野鄙。"《国语·周语中》里也提到："郐国由于叔妘而灭亡。"《公羊传》说到的与郑伯通奸的郐公夫人，应该就是这位叔妘。

　　《韩非子·内储说下》也记载了郑桓公用计灭郐国的故事：

　　郑桓公将要偷袭郐国，先打听清楚郐国的豪杰、良臣、辩智、果敢之士，把他们的姓名全都记录下来，选取郐国的良田写在他们的名字下面表示贿赂了他们，捏造了官爵名称书写在他们的名字下面表明收买了他们。接着在郐国外城门之外建造了盟誓时所用的土坛，把名单埋在地下，然后用鸡和猪作为盟誓的牺牲，好像是订立了盟约的样子。郐君以为内部祸难将起，因而把他的良臣全部杀掉了。于是郑桓公袭击郐国，最终夺取了它。

《韩非子·说难》还记载了郑武公用计灭胡国^①的故事：

从前郑武公想要讨伐胡国，故意先把自己的女儿嫁给胡国的君主来取悦他。接着又问群臣："我想用兵，哪一个国家可以讨伐？"大夫关其思回答说："胡国可以讨伐。"郑武公发怒把他杀了，说："胡国是我们的兄弟友邦。你建议去讨伐它，是想干什么！"胡国的君主听说了这件事，认为郑国是亲近自己的，于是就不再防备郑国。结果郑人偷袭胡国，夺取了它的土地。

综合考虑传世文献和出土文献的记载，我认为郑桓公、郑武公在中原从零开始重建郑国的真实情形大致如下：

郑桓公在周幽王在世期间就将郑国财产和人员转移到了中原，并在留地建立了临时根据地。郑桓公充分利用自己的王室职权和在王畿的威望"假公济私"，并且娴熟运用智计权谋（后世文献将其进一步夸大），先后攻下了虢国、郐国和其他小国/城邑，初创中原郑国。桓公去世之后，他的儿子掘突出于不明原因在卫国寄居了三年。在此期间，郑国政事由国内的卿大夫主持。三年后，掘突回国即位，就是郑武公。郑武公时期，郑国疆域进一步拓展，国际地位也进一步提高。

① 胡见地图六，靠近郑国。

81

郑庄公隐忍平乱：《左传》的传统说法

除了在中原继续开疆拓土，郑武公还通过联姻来构建政治联盟。与周幽王废申后、逐太子、与岳父申侯决裂正相反，郑武公从申国娶了一位公室女子作夫人，史书上称她为"武姜"。武姜的头胎很不顺利，出现了"寤生"的状况，给产妇造成了很大的惊吓。[①]然而，这个孩子活了下来，郑武公给他取名叫"寤生"，做父亲的本意可能是让他记住母亲生他所经历的苦难，一辈子不忘母恩。然而，对母亲而言，每次听到或者称呼"寤生"就会让她重新回忆起难产的恐怖经历，成为她心中无法抹去的阴影。寤生是嫡长子，顺利被立为太子，然而武姜却一直厌恶他。

后来，武姜生了第二胎，这一回生产顺利，取名叫"段"。"段"是春秋时期常见的人名，仅见于《左传》记载的郑国卿大夫名"段"就有印段、公孙段两位。通过古文字学的研究我们已经知道，"段"的造字本义是从山崖上凿石[②]，这层意思在春秋时期应该仍然为人们所知晓，因为印段、公孙段的字都是"石"，而当时人的名和字之间一般都是有意义上的关联的。虽然我们无法准确知道武公为次子取名"段"的寓意，但是这个名无论如何比"寤生"要好太

① 关于"寤生"的综述，参见曹嫄：《异说纷纭的"寤生"》，《安徽文学》2011年第5期。
② 参见季旭昇：《说文新证》，福建人民出版社，2010年。

多了。有了这个孩子之后，武姜无处安放的母爱终于有了归宿，她希望废掉寤生，而立公子段为太子，多次向丈夫武公请求，但是没有成功。考虑到周幽王废太子宜臼、立宠姬之子伯盘的旧事，以及它所引发的灾难性后果，我们很容易理解郑武公为何在这件事情上态度坚决，不为武姜所动。

前七四四年，郑武公去世，寤生嗣位，也就是郑庄公，当时十四岁。和他的父亲一样，郑庄公也是王室的卿士。他的生母武姜还是执迷不悟地偏爱公子段，请求庄公把制邑①分封给他。庄公说："制邑是一个险要的城邑，当年(东)虢国君主虢叔就死在这里。其他城邑都唯命是听。"武姜于是就请求将公子段安置在京邑②，庄公被迫答应了。由于公子段是郑庄公最年长的弟弟，因此当时人称呼他为"京城太叔"。

值得注意的是，就在郑武公去世、庄公嗣位前一年，与郑国一样立下辅弼王室东迁大功的晋国发生了惊人相似的事件。前七四六年晋文侯去世后，晋国发生了嗣位内乱，他的儿子晋昭侯在前七四五年暂时平息内乱正式即位后，被迫将比国都规模更大的曲沃城分封给叔父公子成师，成立曲沃国(参见《晋文篇》页7)。我认为，武姜本年提出分封公子段的建议，并且要求封给他地势险要

① 制见地图四。
② 京见地图四。

83

的制邑,很有可能受到了晋国分封公子成师的启发。

由于有武姜在朝中撑腰,公子段到了京邑之后,实际上获得了一种类似于"国中国"封君的待遇,立即开始明目张胆地扩建城池、聚集党羽,为发动叛乱夺权做准备。庄公大夫祭足说:"大城邑,城墙边长超过三百丈,就会成为国家的祸害。先王的制度是这样规定的:大城邑的规模不能超过国都的三分之一,中等的不超过五分之一,小的不超过九分之一。如今京邑的规模不合制度,君主将会受不了的。"庄公说:"姜氏想这样,怎样才能避开祸害呢?"祭足说:"姜氏哪有满足的时候? 不如及早为你那个弟弟寻找一个归宿,不要让他的势力滋长蔓延。一旦蔓延,就很难对付了。蔓延开来的杂草都不容易铲除,何况是君主受尊宠的弟弟呢?"庄公说:"不合正义的事情做多了,一定会自己栽倒的。您就等着瞧吧。"

多行不义,必自毙。子姑待之。

公子段得寸进尺,命令京邑所在西部、北部边境地区明里听庄公的、暗里听自己的。庄公大夫公子吕说:"国家是受不了两头事奉的,君主打算怎么办? 如果君主想要把君位让给太叔,那臣下请求去事奉他;如果君主不打算让给他,那臣下请求把他除掉。不要让民众产生二心。"庄公说:"用不着,他

国不堪贰,君将若之何?

这样下去将会自取灭亡。"

后来公子段进而将那些两头事奉的城邑收归成为自己的私邑，公然在国内搞起了割据，"国中国"的"疆域"一直到了廪延①。公子吕说："可以动手了。太叔实力已经很雄厚了，将会得到民众的支持。"庄公说："他既然做的是不合道义的事，就不可能真正团结民众。就像筑土墙一样，如果泥土不能紧密黏合，太厚了，将会崩塌。"

不义，不昵。厚，将崩。(《左传·隐公元年》)

前七二二年，公子段修整城郭，屯聚粮草，修治甲胄、兵器，调集步兵、车兵，准备起兵造反，偷袭国都，武姜准备为他开城门。庄公得知了公子段的起兵日期，说："可以动手了！"他命令曾踊跃请战的大夫公子吕率领两百辆兵车讨伐京邑。京人叛变，公子段逃入鄢②，庄公就派军队接着讨伐鄢。五月二十三日，公子段出奔到卫邑共③。此后他可能就一直躲在那里，所以后世称他为"共叔段"。根据《左传·隐公十一年》的记载，前七一二年，郑庄公说"寡人有个兄弟，不能和睦相处，而使他四处求食"，这说明《左传》认为公子段在此之后一直在共邑生活着。然而，另外两部解释《春秋》的著作《公羊传》和《春秋榖梁传》(以下简称《榖梁传》)都记载说，郑庄公在这次军事行动中杀死了公子段。

① 廪延见地图四。
② 鄢具体位置不明，应该在京邑以北、远离郑都的地区。
③ 共见地图四。

庄公有意识、有计划地长期纵容公子段,让公子段在武姜的引导和支持下,一步步从一个养尊处优的"京城太叔"蜕变成企图弑君夺权的叛乱首领,然后在母亲和胞弟认为图谋马上就要成功的时候,将其一举粉碎。这不仅仅是一个国君对于叛臣的断然行动,也是一个长期被厌恶和冷落的儿子对母亲和胞弟的报复和羞辱。值得注意的是,郑庄公剪除公子段的策略与其祖父郑桓公灭(东)虢、郐的策略可以说是"异曲同工",反映出两人在政治理念和做事风格上清晰的传承关系。公子寤生/郑庄公可以说是郑武公的"肖子"①,而公子段则是"不肖子",这可能也是当年郑武公为什么不听姜氏多次请求、坚持选择寤生作为继承人的原因之一。

　　值得注意的是,就在郑庄公讨伐京邑的前两年(前七二四年),晋曲沃国始封君曲沃桓叔(即公子成师)的儿子曲沃庄伯讨伐翼都,杀了晋昭侯的儿子晋孝侯。有学者认为,郑庄公在本年下决心要铲除公子段的势力,其原因之一就是受到了晋孝侯被弑事件的警示。②

　　庄公赶走(或杀死)公子段之后,在复仇冲动的驱使下,跟母亲撕破了脸,把她安置在远离都城的南部边境城邑城颍③,并发下毒誓:"不到黄泉,我们

① "肖子"的"肖",意为"相似"。
② 参见张德恒:《郑伯克段于鄢——并释〈叔于田〉两首》,《太原大学学报》2015年第2期。
③ 城颍见地图四。

母子今生不会再相见!"

从国家的角度,国君当然有权力驱逐(杀死)一个叛乱的臣子,惩治他的帮凶。但是从家庭的角度,一个哥哥也有义务爱护、教导弟弟,不让他走上邪路;一个儿子也有义务包容、奉养他的母亲。实际上,其他诸侯国对于庄公的这次打击报复行动已经有了好恶参半的评价。

鲁国国史《春秋》这样记载:"夏,五月,郑伯克段于鄢。"根据《左传》的解释,公子段蓄谋作乱,不是一个国君的弟弟应该做的,所以《春秋》不写成"郑伯克其弟段于鄢",不挑明这是一场兄弟相残的斗争,给庄公留点面子。郑庄公攻打公子段,就像两个敌国在交战,所以用记录国家间交战才会用到的"克"字。不写"郑克段于鄢",而要点出"郑伯",是要指出这其实并不是一场纯粹出于国家利益的军事行动,而更多地是出于郑庄公的个人意愿,这就点出了庄公的本心。所谓他的本心,就是故意养成公子段的罪恶,然后将其击败驱逐。这就暴露出庄公早已不认为自己是公子段的胞兄,不认为自己对公子段有爱护、教导的责任。

从此我们可以推测,在当时邻国的高层看来,庄公虽然成功地镇压了一场国内叛乱,算是有勇有谋,但是他其实本身就要为这场叛乱的发生负部分

87

责任,而他的所作所为显示出,他是一个不孝养母亲、不友爱胞弟的薄情寡义之人。从庄公内心来说,他对母亲的强烈怨恨背后,其实是对母亲承认和关爱自己的强烈渴望。在内心怨恨开始消解、国际形象受到损伤之后,庄公意识到自己在复仇冲动下驱逐母亲做得太绝、损人不利己,感到非常后悔,并在朝廷上向臣下有所表示。但是,先前所发的毒誓已经广为人知,他一时也不知道应该如何补救。

　　这时候,颍谷①封人(颍谷镇守封疆的长官)颍考叔听说了此事,想到了一个好主意,于是报告说有好东西献给郑庄公。庄公赐给他饭食。颍考叔吃的时候,故意不吃主菜炖肉。庄公觉得奇怪,问他为什么不吃。颍考叔回答说:"小人有母亲需要奉养,小人在地方官任上享用的食物她都尝过了,但还没吃过君主赏赐的炖肉,请求让我带着炖肉送给她。"

　　这寥寥数语触到了庄公的心病。他感叹说:"你有母亲可以送吃的啊,我却偏偏没有!"颍考叔明知故问:"敢问君主这话是什么意思?"庄公于是向他倾诉了事情的原委,并且告诉他自己非常后悔。颍考叔马上献上了自己的计策:"君主有什么好担心的? 如果掘地见到泉水,在隧道中相见,谁会说您不对?"

① 颍谷见地图四。

庄公采纳了他的计策,挖了一条见到泉水的隧道,在那里与母亲相见。庄公进入隧道时有感而发,赋了这么一句诗:"大隧之中,其乐也融融!"这时候双方都已经冷静下来,愿意接受对方,试着重建母子关系,在隧道里的见面应该是温暖而真诚的。所以武姜走出隧道时,接着儿子起的头,也赋了这么一句诗:"大隧之外,其乐也泄泄①!"

　　颍考叔的计策帮助庄公和母亲武姜之间达成了和解,也帮助庄公修补了他因为驱弟逐母而严重受损的公众形象,颍考叔因此也成为了郑庄公所宠信的臣子,而他所想不到的是,十年后他会因为恃宠而骄断送了自己的性命。

郑庄公将计就计:出土文献新说

　　在这里,新出土文献所披露的信息对以上主要来自于《左传·隐公元年》的传统说法有重大补充。据清华简六《郑武夫人规孺子》的记载,郑武公去世后,武姜在郑武公停棺待葬期间,曾迫使孺子②寤生在头三年不得亲政:

　　　郑武公去世,将棺材浅埋在土中待葬之后,武夫人教导孺子寤生说:

　　　"昔日我们先君如果国家将有大事,必定再三请来大夫们而和他们一起谋划。如果得到有共识

① 泄泄,音 yì yì。
② 孺子指尚未正式即位的国君公族或卿大夫家族继承人。

的谋划，就去实施它；如果谋划不成，国君认为贤良的大夫就会用龟筮来申明上天的意志，因此国君和大夫们产生怨恨，不会相安无事。

"当年我们先君郑桓公去世后，小小的郑国盼望我们国君（指郑武公）从卫国回来，没有人不满心希望我们国君能做自己的君主。我们国君派人从卫国远赴郑国通报消息，郑国在大夫们的管理下也没有给民众强加很重的徭役、赋税。我们国君陷入到大难之中，在卫国寄居了三年，见不到他的国，也见不到他的家。如果没有良臣的话，那时郑国三年没有国君，国家早就乱了。我们在卫国的国君与郑国的大夫们通过信使商议国事，就好像贴近耳朵谋划一样。这样的臣子，怎能不珍惜？我们先君以来恒常的心意，怎能不顺从？

"如今我们国君去世了，孺子你不要听闻国家政事，把它交给大夫们。老妇我也将纠察修治后宫的政事，后宫门坎之外的事我不敢去听闻；老妇我也不敢用兄弟和姻亲的言论来扰乱大夫执掌的政事。孺子你也不要过分依靠近侍小臣、得宠御妾、强壮大力之臣、射箭驾车之臣、谄媚妒忌之臣，不要亲身恭敬他们的和颜悦色，被他们的花言巧语所蒙蔽，从而扰乱大夫执掌的政事。

"孺子，你恭敬对待大夫，而且向他们学习。如果到了三年后,倘幸如果治理得好,孺子就是再次得到了良臣,四方邻国也会认为我们先君很会安排任用群臣。如果群臣治理得不好,把我们先君当死人,把孺子当孤儿,他们的罪行也足够数落了。国人已经都听闻了,孺子也可以禀告我们先君。如果先君认同孺子的志向,也足够了,我们先君,必将辅相孺子来安定郑国的社稷。"

孺子下拜,于是武公夫人、孺子都出来面对尸体哭泣。从这时起到郑武公下葬的日子,孺子不敢听闻政事,交给大夫和百官,人人都小心畏惧,各自恭敬地做好自己的事。群臣之首边父规诲大夫说:"国君垂拱不言,把重担加在大夫身上,你们要慎重。"

国君服丧很久了,在郑武公去世后十三个月的上三月举行了小祥祭后,大夫们聚在一起谋划拥护国君亲政,于是让边父对国君说:"诸位老臣让我来把我们商量的谋划告诉君主。昔日我们先君使诸位臣子在前在后发言,使群臣得以执掌政事,不让群臣陷入死罪。如今国君位分已定,垂拱不言,诸位大臣在国中行事无所适从,遑遑然好像夜晚在众多器物中放置其他器物,生怕发生损毁之事,因此手足无措,几乎要败乱,还怎么让国君安宁?国君这是有了臣下而故意设下刑罚,希望臣下获罪,又侮辱我们先君郑武公,还要说这是他遗留下来的臣子。"

边父的意思是希望郑庄公早日亲政。

国君回答边父说:"诸位大夫,不应该对我的做法不以为然。诸位大夫都是我的先君郑武公托付给子孙的人。我的先君知道诸位没有二心,所以一直把国家政事交给诸位。不只如此,又让我的先君从大难之中振兴。如今诸位大夫蓄养我而打算让我有所作为,希望我能够勉力而为,但是让我拿我的先君死丧带来的忧伤怎么办?"

郑庄公的意思是他并不急于收回君权。

在清华简郑史三篇中,《郑武夫人规孺子》篇内容多涉及郑国内政细节,语言多生词僻句,与晚出的《左传》《国语》很不相同,有学者认为它在三篇中年代最早,很有可能是春秋初年的郑史实录,后来流传到了楚国。[①]如果上述记载反映了史实的话,那么我们对于武姜、郑庄公、公子段之间政治斗争的理解就要做不小的更新和调整:

第一,武姜在武公去世、庄公年幼(当时庄公至多十四岁)的背景下,作为先君夫人强势干预朝政,这应该是她废寤生而立公子段行动计划的一部分。虽然她在表面上似乎是在为孺子寤生着想,但真实目的非常明显,那就是阻止寤生顺利即位亲政,从

① 参见李守奎:《〈郑武夫人规孺子〉中的丧礼用语与相关的礼制问题》,《中国史研究》2016年第1期。

而为公子段在边境地区发展壮大争取时间。

第二，郑庄公对公子段在边境地区的发展采取"听之任之"的态度，最开始可能就是因为被武姜压制无法亲政，所以不得不如此。郑庄公应该是在亲政之后，才转变成《左传》所描述的蓄意谋划，那就是继续维持"无所作为"的状态，从而不惊动武姜，并且使公子段恶贯满盈，最终在他公开作乱时名正言顺地将他击败。

第三，从清华简的记载来看，郑武公去世后，卿大夫集团支持郑庄公，在小祥祭之后就提出要拥护他亲政，被沉着冷静的郑庄公婉拒。我认为，郑庄公在亲政之后，正是由于确知自己得到卿大夫集团的支持，在实力上远胜过武姜和公子段，所以才敢于采取"养成其恶而后诛之"这种"放长线钓大鱼"的高风险策略。

齐、郑小霸的启动

齐僖公调停争端，郑庄公抗御北戎

周郑交恶，齐郑交好

从前七二二年郑庄公驱逐公子段到前六九八年齐僖公去世的这七十多年，可以说是齐国、郑国在国际政治军事博弈中逐渐崭露头角，尝试管控中原国际秩序的"霸政探索期"。前七〇一年郑庄公去世至前六八〇年郑厉公重新夺取政权的这二十多年里，郑国君位继承出现了严重混乱，国势转衰，退出了争霸舞台（当然不能忽略郑厉公复辟的"回光返照"）；而齐国在齐僖公去世后实现了君位的平稳交接，继位的齐襄公在其统治期间进一步增强了齐国在国际事务中的强势地位，为春秋首位中原霸主齐桓公的出场做了坚实的铺垫。

郑庄公之弟公子段叛乱失败逃到卫邑共后，公子段的儿子公孙滑逃到了卫国都城，请求卫人出兵惩治郑庄公。卫国讨伐郑国，夺取了先前公子段割据时控制过的廪延，这其中很可能得到了当地公子段余党的配合。卫国能够把为公子段复仇作为出兵的理由，也从侧面说明庄公驱逐胞弟的正当性在国际上存在争议，同情和支持公子段是一个可以站得住脚的外交立场。

郑庄公为了反制卫国，利用自己在周王室担任卿士的便利，调动并率领王室直属军队和虢国①军队（其国君虢公忌父也在周王室任职，位次在郑庄公之下），还拉上了鲁国、邴国②的军队，一同讨伐卫国南部。到前七二一年，郑国又讨伐卫国，理由还是追究卫国支持公子段和公孙滑的事。

郑庄公这种继承郑桓公"先君传统"，利用王室资源为自己封国服务的做法，促使周平王开始采取反制行动：他开始将一些本属于郑庄公职权范围内的事务以各种理由转给另一位王室卿大夫虢公忌父处理。庄公察觉到不对，向平王抱怨，平王说"没有这回事"。庄公不依不饶，平王也拒不承认，最后竟然只能用交换人质的办法来平息争端：王子狐作为周王室人质被派到郑国，公子忽（后来的郑昭公）作为郑国人质被派到周王室。

"周、郑交质"是郑国与周王室矛盾公开化的标志性事件，是郑庄公对周王室权威的第一次公开羞辱。它表明，郑庄公实际上把自己放在了跟周王平起平坐的地位，这充分揭示了他内心对于王室的蔑视（这种

① 这里的"虢"即（西）虢，见地图四。此时（东）虢已灭，无需再称"西"。
② 邴见地图四。

95

蔑视可能来自于他对王室内情的深入了解),而这也进一步坚定了周平王削弱庄公王室职权的决心。

前七二〇年周平王去世后,在郑国做人质的王子狐回王城奔丧,因悲伤过度而死。平王的孙子林继位,就是周桓王。这位新上位的周王不准备再遮掩,准备正式将忠于王室的虢公忌父提拔为卿士,分掉郑庄公一半的权力。庄公认为周桓王背弃了他父亲周平王与郑国交换人质时许下的承诺,"你不仁我不义",四月,派大夫祭足率领军队割取了河水以北王畿温邑①的麦子。郑人还觉得不解恨,到了秋天又再度出动,割取了王城以东成周②附近的黍稷。周王室和郑国的关系恶化,此后郑庄公也不再去王室朝见周王,这一"旷工"就是三年。

任免王室卿大夫、调整官员职权本应是周王的基本权力,而郑庄公竟然为了防止自己的权力被削弱而逼迫周平王交换人质,并悍然出兵到王畿抢掠,羞辱"违背约定"的周桓王,可见他当时在王室朝廷上专权跋扈到了什么程度,同时也表明,通过"尊王"来取得国际话语权的称霸策略还没有出现在他的脑海中。

郑庄公虽然在对待周王室时如此趾高气扬,但他在处理和诸侯强国的关系时则是另外一番态度。前七二〇年冬天,郑庄公和齐僖公这两位未来的

① 温邑见地图四。
② 此成周并非指东都整体,而是一个具体的城邑,见地图四。

"小霸"在齐地石门再次结盟,以巩固前七二二年前在齐邑卢①的会盟。这两次会盟,都是郑庄公长途跋涉,而齐僖公则是在国内迎接,可以看出郑庄公是在积极主动地寻求齐国的认同和支持。在"周、郑交恶"的背景下,这种来自于齐国的支持对郑国显得尤为重要。

然而,这次会盟期间发生了一个不小的交通事故:郑庄公的车冲出道路,翻到济水里去了。这件事会被《左传》作为石门之盟的唯一细节记录下来,有可能是含蓄地表达了鲁国等其他诸侯国高层的一种心态,那就是认为郑庄公欺凌周王室太甚,而这次翻车事故是老天给他的警示。然而,比起郑国马上要遭遇的多国联军讨伐,郑庄公的这次翻车事故又显得不值一提了。

宋君位之争和卫州吁之乱

这次讨伐的来由,要从宋国的君位继承说起。当年,宋宣公(前七四七年即位,前七二九年去世)在临终前决定,不把君位传给自己的儿子公子与夷,而是传给自己的弟弟公子和,也就是宋穆公。这里面的原因很可能是公子和年长贤良,而公子与夷年幼,无法担当国君重任。此外,宋国公室是商王室之后,而商王室王位继承兼有"父死子继""兄

① 石门、卢见地图四。

97

终弟及""叔侄相传"的传统。①

应该说,宋宣公看人的眼光很独到。到了前七二〇年,宋穆公病重,召来大司马孔父嘉,把已经长大成人的侄子公子与夷(宋宣公的儿子)嘱托给他。宋穆公说:"先君舍弃了他的儿子与夷而立寡人,寡人不敢忘记。如果托大夫的福,能够保全头颈而被安葬,先君的神灵如果问起与夷,将用什么话回答呢? 请您事奉与夷,辅佐他主持国家。如果能够这样,那么寡人即使死了,也没有什么悔恨了。"孔父嘉说:"我们群臣愿意事奉您的儿子冯即位。"宋穆公说:"不行。先君认为寡人有贤德,让寡人主持国家。如今如果抛弃贤德而不让位,是废弃了先君的举拔,怎么能说是有贤能呢? 发扬光大先君的美德,能够不认真吗? 你们不要废弃先君的功业!"

于是宋穆公命令自己的儿子公子冯出居到郑国,而立了自己的侄子公子与夷为君,就是宋殇公。宋穆公这样做,一是以实际行动回报当年宋宣公对自己的器重,二是对商王室"叔侄相传"传统的致敬,是"尊贤""复古"思路的再一次体现。宋穆公和孔父嘉之间的矛盾,其实上是商代多元化君位继承制度和周代宗法制下"父死子继"继承制度之间的矛盾。值得指出的是,宋宣公、宋穆公的这种"复古"思路,被后来的宋襄公发扬光大,成为他治国、称霸战略的基本保障。

① 关于商王室继承制度的概述,参见李龙海:《商代的继承制度》,郑州大学 2002 年硕士学位论文。

而这次诸侯伐郑的直接导火索，则是卫国①公室的内乱。卫庄公（前七五七年即位，前七三五年去世）的夫人庄姜是齐国太子得臣的妹妹，长得是"手如柔荑，肤如凝脂，领如蝤蛴，齿如瓠犀，蟾首蛾眉，巧笑倩兮，美目盼兮"（《诗经·卫风·硕人》），但是一直没生下嫡长子。后来卫庄公从陈国娶了厉妫为妾，生了个儿子孝伯却又早死。后来，厉妫的陪嫁妹妹戴妫终于生下一个健康的公子完。戴妫去世，公子完被过继给庄姜抚养。公子完是最年长的儿子，又由夫人庄姜抚养，因此自然被立为太子。

但是后来卫庄公有了一个新的宠妾，她为卫庄公生下公子州吁。州吁很受卫庄公宠爱，而且从小喜好摆弄兵器，庄公也不禁止。庄姜很厌恶州吁，但也无可奈何。前七三五年，卫庄公去世，次年太子完正式即位，就是卫桓公。

据《史记·卫世家》记载，卫桓公即位后第二年，就下令降低州吁的待遇，州吁出奔到国外，开始了流亡生活。到了前七二二年，郑公子段叛乱失败出逃到卫邑共，而同病相怜的州吁寻求跟他结交。前七一九年，在外流亡了十四年的州吁纠集了一群流亡的卫人攻入国都，杀了桓公，自立为君。有意思的是，八十三年后，一位被父亲逼迫出逃的晋国公子，在流亡了十九年之后，获得了秦国支持攻入国都，杀了在位国君

① 卫见地图四"卫1"。

而夺取了政权，他就是公子重耳(晋文公)。

诸侯伐郑，郑庄公面临孤立

春秋早期，衰败的周王室已无力管控诸侯国君位继承过程中出现的内乱，而霸主管控的国际新秩序又还没有建立起来，因此，一个违背周礼原则、通过篡弑等手段上位的君主，如果能够想办法得到国内民众的支持以及周边主要诸侯国的承认，即使得不到周王的策命，他的君位也能稳定下来。州吁即位之后，想打着"清算先君与郑国怨仇"的旗号来凝聚卫国民心，并寻求周边诸侯的承认。

前面已经说过，宋穆公的儿子冯现在正出居在郑国，郑人想把他送回国去当国君，而废掉宋殇公。郑人这样做的公开理由，应该是捍卫以"父死子继"为原则的周代宗法制度。州吁抓住宋国与郑国之间的这个嫌隙，以及卫国与郑国之间在公子段和公孙滑之乱后一直没有缓解的紧张关系，派人去告诉宋殇公说："君主如果讨伐郑国来除去君主的祸害(指公子冯)，君主领头，我国带着军队和陈国、蔡国跟从，这就是卫国的意愿。"

宋国答应了州吁的提议，其实也就是把他当作一个正式国君来看待了。这时陈国、蔡国^①正与卫国^②友好，因此在前七一九年夏天，宋殇公、陈桓公、

① 蔡见地图六"蔡1"。
② 卫见地图六"卫1"。

蔡人、卫人联合讨伐郑国,围住了郑都东门,过了五天才回去。诸侯讨伐郑国的首要公开理由,应该不是要捉拿宋殇公的敌人公子冯,也不是为公子段和公孙滑报仇,而是惩罚郑国对周王室的欺凌。到了秋天,诸侯又再次联合讨伐郑国,打败了郑国的步兵,割取了黍稷才回去,这明显是针对郑国在前七二〇年割取周王室温邑麦子、成周黍稷的报复行动。由此可见,虽然周王室此时已经衰败,但它的天下共主的名义仍在,直接欺凌王室在国际上仍然被视为是"政治不正确"的行为,很容易成为其他诸侯兴兵问罪的正当理由。这种"尊王"的模糊共识,最终发展成为春秋霸政的首要特征。

州吁虽然取得了军事上的胜利,却并没有得到国内民众的认同,在同年被掌握实权的老臣石碏设计在陈国抓获,被押送回卫国处死。石碏的儿子石厚不听父亲命令,执意事奉州吁,因此石碏派出家臣将其一并处死,这也就是成语"大义灭亲"的典故出处。

前七一八年四月,卫国的内乱终于平息,去年三月被州吁杀死的卫桓公终于下葬。郑国抓住卫人举行国丧的机会,出兵讨伐卫国都城郊区,以报复去年卫人参与讨伐郑国。卫人以牙还牙,带领着(南)燕国[①]的军队反攻郑国。郑国大夫祭足、原繁、泄驾率领三军在前面迎战,而公子婴(后来的郑子

① (南)燕见地图四。

101

婴）、公子突（后来的郑厉公）偷偷带着制邑的军队绕到后面。燕人只顾着应付郑国三军，以为郑国就是按照规矩打仗，却没料到背后又杀出一支奇兵。六月，郑国在制邑北部打败了燕国军队。两个儿子的军事才能都十分出众，应该是让郑庄公感到十分欣慰的。然而，这两个此时通力合作的同父异母兄弟在父亲死后，却成为了争夺君位的死敌，对峙长达十四年之久，最终以公子突杀了郑子婴夺权而告终。

根据《周礼·夏官》的说法，"凡制军，万有二千五百人为军。王六军，大国三军，次国二军，小国一军"。郑国东迁到中原之后，在短短几十年时间里，虽然占据的疆域并不广大，却拥有了"三军"这种大国级别的军事力量。郑国这种"小国家、大军队"的发展模式，是郑桓公、武公率领郑人在中原攻灭小国、强力开拓生存空间的过程中奠定的。郑庄公进一步继承和发扬了先君奠定的国家战略，坚定奉行以强大军事实力为基础的、崇尚以冲突对抗解决国际政治问题的外交理念，一生"功绩"显赫，但自始至终没能得到其他诸侯国的真心拥戴和归顺，是一个可畏却不可亲的"武小霸"，与同时期齐僖公所致力于塑造的"文小霸"形象形成了鲜明的对比。

鲁郑交好，郑庄公成功突围

在本年之前，宋国武力侵占了邾国土田。邾人看到郑国与宋国交恶，于是在同一年跑到郑国那里告状，说："请贵国君主到宋国去发泄愤恨，我国来做前导。"于是前七一八年，郑国联合邾国讨伐宋国，一直打到了宋国都城的外城墙。在这次战役中，郑国还带上了一部分周王室的军队。我们可以试图想象一下此时郑庄公在周王室的复杂处境：一方面，郑庄公在名义上仍然是周王室权力最大的卿士，手下必然有听他命令的官属，因此仍然能够利用自己司徒的职权调动王室军队；另一方面，郑庄公已经跟周桓王闹翻，平时已经不去王室履职，桓王正在积极培植其他官员，为正式罢免他做准备。

同年晚些时候，宋国讨伐郑国，包围了郑邑长葛①，以报复郑国。此时的郑国，已经得罪了周王室以及几乎所有的主要邻国（宋国、卫国、陈国、蔡国）。郑庄公希望打破这种被敌对国合围的不利局面，他选择的突破口是与鲁国改善关系。为什么呢？

首先，现在的鲁隐公对郑国没有明确的敌意。当初，当鲁隐公还是公子息姑的时候，曾经率领军队与郑人在狐壤这个地方交战，被郑人俘获，关押在郑大夫尹氏家中。息姑用财礼买通了尹氏，后来和尹氏一起逃回鲁国。也就是说，鲁隐公和郑国本来是有宿怨的。然而，鲁隐公作为摄政君上台后（详见页127），一直致力于营造一个和平的周边环

① 长葛见地图四。

103

境,没有与郑国再有什么争端。到了前七一九年秋天诸侯再次讨伐郑国时,宋国曾派人到鲁国来请求出兵参与,鲁隐公推辞不愿出兵,但权臣公子翚却请求带兵前去。鲁隐公不同意,公子翚就坚持己见,强行出兵,参与了讨伐郑国。七年之后,鲁隐公死于公子翚手中。

其次,自前七二二年鲁隐公上台以来一直结盟交好的鲁、宋关系,在前七一九年宋殇公正式即位以后就迅速冷却并走向交恶。前七一九年鲁隐公推辞宋国邀请、不愿出兵讨伐郑国后,鲁、宋关系已经产生了嫌隙。到了前七一八年,当郑国联合邾国讨伐宋国时,宋国又派使者来鲁国报告宋国有难,其目的当然是希望鲁隐公赶紧出兵救援。鲁隐公本想根据先前的鲁、宋盟约出兵救援,想了解一下目前的状况,于是问使者说:"郑、邾军队打到哪里了?"使者回答说:"还没打到国都呢!"鲁隐公一听这话就发怒了,当即拒绝出兵救援,回绝宋国使者说:"贵国君主命令寡人共同为宋国社稷遭受的祸难而忧虑并出兵救援。如今问使者,却说'还没打到国都呢',这就不是寡人敢过问的了!"

毋庸置疑,鲁隐公和宋国使者之间一定是发生了严重的误会。一种可能性是,宋国使者认为,鲁隐公问出"郑、邾军队打到哪里了"这句话,本来就是不想救援,于是认为也没必要把国都即将被攻破的实情说出来丢人现眼,于是就很硬气地回答说"还没打到国都呢"。而鲁隐公则认为宋国使者说出"还没打到国都呢"这句话,是以小人之心度君子之腹,是根本不指望鲁国发兵救援了,于是冲着使者发怒,意思是:既然宋国的情况一点也不紧急,那我也就不管了!

郑庄公抓住鲁隐公对郑国没有明显敌意、而又与宋国(反郑联盟主力)关系闹僵的宝贵机会,在前七一七年春天派人前来谈判,两国约定放弃鲁隐公即位前以及前七一九年公子翚讨伐郑国而积累的旧怨,重新交好。

齐僖公和解尊王,郑庄公谋求转变

就在郑庄公在中原被邻国"合围"之时,齐国却在致力于与邻国改善关系。前七一七年夏五月十二日,齐僖公会见鲁隐公,在齐、鲁边境的艾地①结盟,抛弃先前的旧怨,致力于友好。

就在齐、鲁结盟的前一天,郑庄公入侵陈国,获得了很多战利品。先前,郑庄公请求与陈国改善关系。陈桓公在当时颇受周桓王器重,而周王室和郑国关系很差,因此陈桓公不打算接受郑庄公的请求。公子佗劝谏说:"亲近仁义、善待邻国,这是国

① 艾见地图五。

105

亲仁、善邻，国之
宝也。(《左传·
隐公六年》)

家真正的宝贝。君主还是答应郑国吧!"陈桓公反
驳说:"宋国、卫国才是郑国真正的祸难,我就是不
答应,郑国能把我们怎么样?"

事实证明,陈桓公的判断是错误的,他的错误
就在于没有充分意识到郑庄公所奉行的是敢于撕
破脸、"谈不拢就开打"的强势外交战略。就这样,
郑庄公"先礼后兵",从实力最为薄弱的陈国下手,
在敌对邻国形成的包围圈上打开了一个缺口。

这年的冬天,周王室派使者到鲁国,告知王畿
正闹饥荒,鲁隐公于是派人到宋、卫[①]、齐、郑各国去
筹措粮食接济王室。接连取得军事胜利、志得意满
的郑庄公,抓住周王室实力和颜面跌入谷底的绝佳
时机,前往王城,朝见三年前因为职权之争而闹翻
了的周桓王。桓王此时虽然正身处窘境,却仍然不
愿意低头,在朝堂上对郑庄公傲慢无礼。卿大夫周
桓公劝谏说:"我们周王室东迁,依靠的就是晋国、
郑国。善待郑国以劝勉以后的人,还恐怕别人不
来,何况是不加以礼遇呢? 郑国不会来了。"

前七一六年可以说是中原地区的"和解之年"。
这年夏天,齐僖公趁热打铁,派他的胞弟夷仲年到
鲁国访问,进一步巩固前一年在艾地结成的齐、鲁
同盟关系。秋天,郑国与宋国讲和。七月十七日,
两国在宿国[②]结盟。冬天,郑国又与陈国讲和。十

① 卫见地图四
"卫1"。
② 宿见地图五。

二月二日,陈公子佗在郑国与郑庄公结盟。陈桓公希望与郑庄公交好,因此提出要将女儿嫁给仍在周王室做人质的公子忽,郑庄公也答应了。

在这个时候,齐僖公主动表示要出面斡旋,促成宋国、卫国和郑国之间全面和解,已经约好了和宋国、卫国会面的日期。其实,此时宋国与郑国已经达成了和解,于是宋殇公在前七一五年春派人送财礼给卫国,请求先会见,估计是希望先做一些说服卫国的工作。卫宣公答应了,于是两国在卫地犬丘①举行了一次非正式会谈。

郑庄公此时则忙于与鲁国解决历史遗留下来的领土问题,想要借此进一步密切两国关系。郑国在毗邻鲁国的地方拥有一块周王室赐予的"飞地"祊邑,在泰山脚下,是郑国君主佐助周王祭祀泰山时的驻地。另一方面,鲁国在毗邻郑国的地方也拥有一块周王室赐予的"飞地"许田②,作为鲁国君主前往东都朝见周王时的驻地。值得注意的是,许田境内有鲁国始封君周公旦的别庙,鲁国一直派人在当地维护祭祀。这两处"飞地"都远离本国,管理起来有诸多不便。周王室衰败之后,周王实际上已不可能再去泰山祭祀,而诸侯也极少去东都朝见周王,郑庄公于是主动派人到鲁国,提出今后将不再前往泰山佐助周王祭祀,同时承诺,将会替鲁国妥

① 犬丘即垂,见地图四"垂"。
② 祊、许田见地图四。

善维护许田周公别庙、祭祀周公。在这两个前提下，郑庄公提议，两国交换土地，郑国将祊邑交给鲁国，而将鲁国将许田交给郑国。

从礼制角度来讲，这种周王特别恩赐的"飞地"，如果要进行交换，肯定是需要得到周王首肯的。郑庄公很可能是由于去年朝见周桓王时遭受恶劣待遇，于是决定绕开王室，试图与鲁国直接敲定此事。为了表示诚意，在这年三月，郑庄公派大夫宛带着相关文书簿册来到鲁国，先把祊邑交给了鲁国。然而，鲁国却并没有马上将许田交给郑国。

郑庄公强力推动与鲁国交换周王赐地，其主要动机很可能是直面周王室已经衰弱的现实，一劳永逸地解决"飞地"管理上的麻烦，同时与鲁国加强友好关系。但是，郑庄公在没有跟鲁国谈妥的前提下，先行把祊邑还给鲁国，明显是在逼迫鲁国按自己的安排去做，态度强硬，带有鲜明的"郑国特色"。从事件的国际影响方面分析，郑庄公的举动，无论是否是主观故意，都是向世人昭示，周王没有能力再巡狩天下，也没有威望再吸引诸侯前来朝拜，这可以说是在"周、郑交质"之后，郑庄公对周王权威的又一次公开羞辱。鲁国没有跟郑国完成换地交易，可能是对郑国这种"单边主义"的行事方法有所抵触；更重要的是，鲁国作为周公之后、遵周礼最严谨的诸侯国，此时还不愿公开为郑庄公蔑视、羞辱周王室的做法"站台"。

周桓王对于郑庄公的"打脸"行为感到十分愤怒，作为反制措施，他在这年夏天正式任命虢公忌父担任周王室的卿士，分掉了原本由郑庄公独掌的卿士权力。此后王室有了两个卿士：郑庄公为左卿士，虢公忌父为右卿士。可以想见，权力被削、与周王闹僵的郑庄公处理王室政事只可能更加粗疏潦草，甚至做起"甩手掌柜"；而与此同时，虢公则不负王命，积极理政，而这也为前七〇七年周桓王正式"开除"郑庄公埋下了伏笔。

四月六日，人质郑公子忽（此前应该已经离开周王室回国）前往陈国亲迎新妇。十三日，公子忽带着妫氏回来。十六日，公子忽夫妇进入郑国国都。到此时，王子狐已死，公子忽已娶妻回国，"周、郑交质"闹剧已经落幕，然而"周郑交恶"则仍在延续。

齐僖公的斡旋工作取得了圆满成功，这年秋天七月三日，齐僖公、宋殇公、卫宣公在周王畿的温邑会面，然后在瓦屋①盟誓，宋、卫两国承诺不再与郑国对抗，结束前七一九年以来的军事冲突。齐僖公选择的会盟地点颇有深意：召集各诸侯国在王畿宣誓弃怨修好，这明显是在体现对周王室的尊重。这

① 瓦屋见地图四。

109

次会盟,郑庄公并没有参与,这应该是因为:一方面此时郑庄公与周桓王正因为立虢公为卿士一事而关系紧张,不愿意来到王畿会盟;另一方面,齐僖公事先已与郑庄公进行了深入沟通,获得了他的信任,可以代表郑国与宋、卫两国进行谈判。

从瓦屋之盟我们可以看出,齐僖公的国际关系思路和郑庄公至少有两大不同:第一,齐僖公善于使用斡旋谈判等和平手段,而郑庄公倾向于使用激化矛盾的强硬手段;第二,齐僖公在公开场合倡导尊崇周王室,而身为王室卿士的郑庄公却不尊王室,并已将这种态度公开化。

然而,瓦屋之盟成功举行之后,缺席的郑庄公坐不住了。八月,身为王室左卿士的郑庄公带领齐僖公去朝见周桓王,向外界表明自己捐弃前嫌,加入到尊崇周王室的行列中。显然,齐僖公兵不血刃就获得重大外交成就的事实,给郑庄公很大震动,使他在后来的国际政治博弈中开始考虑利用王室而不是与它对抗,开始注意方式方法,为自己的行动寻找礼法依据。从这里开始,齐僖公和郑庄公开始了共同小霸中原的探索,他们二人之间既互相合作、又暗地竞争的微妙关系将是后面叙事和分析的重点。

齐僖公非常注重宣传自己的"小霸"成就。这年冬天,他派使者到鲁国通告自己促成郑、宋、卫三国讲和的情况。鲁隐公派大夫众仲回应说："贵国君主让郑、宋、卫三国舍弃互相讨伐的图谋，从而安定各国的民众，这都是贵国君主的恩惠。我国君主已经听闻了君命，岂敢不承接领受贵国君主的昭明之德?"

齐僖公这次成功的国际调停尝试，让处在躁动迷茫期的中原诸侯国看到了一丝国际新秩序的曙光，那就是由一个有地位、有公心的大国出面，站在一个相对客观的立场，斡旋调解诸侯国之间的争斗，破解当事国之间"冤冤相报"的死循环。天下对于一个既有经济和军事实力、又有道义号召力的"诸侯之长"(霸主)的需求，正在逐渐明晰起来。

郑庄公本性难移，武力伐戎讨罪

前七一四年，郑国、宋国之间刚刚达成的和解又被战争打破。郑庄公延续了前一年带领齐僖公朝见周王的势头，摇身一变成为王室尊严的坚定维护者，宣称由于宋殇公不依照西周旧制按时朝见周王，自己作为王室左卿士，依据周王的命令讨伐宋国。此次伐宋没有使宋国认罪求和，于是到了秋天，郑人派使者通告鲁国，声称依据周王命令召集诸侯讨伐宋国。到了冬天，鲁隐公和齐僖公在鲁邑(东)防①会面，讨论出兵讨伐宋国的事宜。

郑庄公的这次突兀的"尊王"行动，明显又是受

① (东)防见地图四。

到了齐僖公瓦屋之盟"尊王"思路的启发。不过，郑庄公虽然披上了"尊王"的外衣，采用的手段仍然是他惯用的战争，是在继承发扬祖父郑桓公、父亲郑武公利用武力和诈谋建国的传统，"武小霸"的特色十分鲜明。不管如何，郑庄公用宋殇公不"尊王"为理由发难，又以周王之命要求齐国、鲁国出兵，使这两个认同"尊王"理念的国家无法拒绝，只好表示积极跟进。实际上，郑庄公是用武力"尊王"打碎了齐僖公用和平"尊王"获得的郑、宋和解成果，在"小霸"竞争中占了上风。

自从周王室衰败之后，中原诸侯逐渐意识到，他们需要一个"诸侯之长"（侯伯，也就是霸主）出来主持国际间的公共事务，维护天下的相对稳定。这个"霸主"应该遵循怎样的原则？承担哪些主要任务？这需要齐国、郑国这样有意愿、有实力的"霸主候选人"在实践中探索、总结和完善。前一年齐僖公出面调停郑、宋、卫三国争斗，实际上是明确了"霸政"的第一项主要任务——"主会"，也就是主持诸侯会盟，在会盟上通过政治手段来调解诸侯间的矛盾冲突。实际上，韦昭注解《国语·郑语》中的"小伯"（即小霸），就是"小主诸侯盟会"。

前一年齐僖公、宋殇公、卫宣公在周王畿会盟，郑庄公带着齐僖公朝见周王，同一年郑庄公又因为宋殇公不朝周王而以王命伐宋,这一系列国际政治行动可以说是明确了"霸政"的第二项主要任务——"尊王",也就是继续尊奉周王作为天下诸侯的共主。在多年欺凌王室、四面树敌的"折腾"之后,同时也是在齐僖公瓦屋之盟大获成功的启发下,郑庄公终于意识到,周王室作为"天下共主"(至少是名义上的)的寿数还远没有到头,欺凌王室在国际上是不得人心的,对于郑国成为诸侯之长的努力只会起负面作用。与其把周王室当作对手,不如充分利用自己作为王室卿士的独特优势,打起"尊王"的旗帜,充分榨取王室残余的正当性和影响力,"挟天子以令诸侯"。

这年冬天,北戎南下入侵郑国,郑庄公率军抵抗。他对这次战役心里没底。郑庄公说:"他们是步兵,我们是车兵,担心他们会从后面突然绕到前面袭击我们。"公子突(后来的郑厉公)说:"派遣一些勇敢而不刚强的士兵去和戎人交战,这些士兵勇敢所以敢打前锋,不刚强所以不能坚持,因此在抵挡不住之后就会迅速往后撤退,从而诱敌深入而不会引起怀疑。君主您就设置三处埋伏等着。戎人轻率而不严整,贪婪而不亲近,获得胜利时互不相让,遭遇失败时各不相救。冲在前面的戎人见到获得战利品的机会,一定只顾着前进。前进而遭遇伏兵，一定会迅速奔逃。后面的戎人不救援前面的，前面的戎人就没有后继了。这样才可以得胜。"

郑庄公听从了公子突的意见，设置了前、中、后三处伏兵，而派出勇敢而不刚强的士兵引诱戎人。戎人前锋追赶败退的郑国士兵，到达郑国后伏所在地点，后伏突起，与戎人交战。戎人前锋打不过郑国后伏，回身奔逃，郑大夫祝聃率领后伏追逐戎人。此时戎人已全部冲入郑国三伏所在的地域，这时中伏突起，将戎人拦腰斩断，与前伏、后伏夹击被斩成两段的戎人，将其全歼。

自从西周建立以来，周王室作为"天下共主"履行的一项重要职责就是抵御中原周边蛮、夷、戎、狄的入侵。这些部族经济上以生产率较低的游牧狩猎为基础，文化上又不遵行中原诸侯的礼乐制度，因此入侵中原、劫掠财物就成了它们重要的经济来源。纵观西周历史，周王室耗费了大量人力、物力与蛮、夷、戎、狄作战，而西周灭亡、宗周地区被毁的罪魁之一也是申侯引入的犬戎。在此背景下，可以想见，中原诸侯向往的"诸侯之长"应该具备相当的军事实力，能够像当年的周王室那样独自或者组织诸侯抵御蛮、夷、戎、狄的入侵。此次郑庄公抵御北戎大获全胜，可以说是明确了"霸政"的第三项主要任务——"攘夷"。

在前一年郑国的动员下，前七一三年春正月，齐
僖公、郑庄公、鲁隐公在鲁邑中丘会面，二月二十五日
在鲁地邓举行盟誓，确定出兵讨伐宋国的日期。夏五
月，权臣公子翚又不听鲁隐公命令，自行带领军队
先与齐僖公、郑庄公会合讨伐宋国。六月，鲁隐公
赶到，与齐僖公、郑庄公在宋地老桃会师。六月七
日，鲁隐公在宋地菅打败宋国军队。十五日，郑国
军队攻入宋邑郜。十六日，郑国将郜邑送给鲁国。
二十五日，郑国军队攻入宋邑防。二十六日，郑国
又将防邑送给鲁国，成为鲁国的(西)防邑①。

这是郑庄公一手导演的"称霸政治秀"，可以说
是明确了"霸政"的第四项主要任务——"讨罪"，也
就是霸主率领同盟诸侯讨伐"有罪"的国家，迫使其
改弦更张。要定国家的罪，就要有国际法。下面我
们将会看到，随着国际形势的不断发展，一套具有
"国际法"性质的国际公约在霸主的推动下逐渐
形成。

《左传·隐公十年》记载了后来的"君子"对于
郑庄公在此次讨伐宋国行动中表现的评价："郑庄
公在这件事上的做法可以说是合于正道了：根据周
王的命令讨伐不到王庭朝觐的宋国，自己不贪求土
地，而是拿来犒劳拥有更高周王封爵的鲁国，这是
符合正道的大体了。"君子所说的"正道"，其实也就

以王命讨不庭，
不贪其土，以劳
王爵，正之体也。

① 中丘、菅、郜、
(西)防见地图
四。

是我们所说的"霸道"。

然而,郑庄公谋求称霸的道路上不可能没有波折和挑战。前一年郑庄公以王命遍告诸侯要求出兵伐宋时,蔡国[①]、卫国[②]、郕国违抗王命,拒绝出兵。前七一三年秋七月五日,郑国伐宋得胜回国,还在本国国都郊外的时候,宋人、卫人突袭了郑国,随后蔡人也加入,宋、卫、蔡三国一起讨伐先前帮助郑人伐宋的戴国[③]。八月八日,郑庄公率军从外面反包围了戴国。九日,郑庄公打败了宋、卫、蔡三国军队。据《左传·隐公十年》记载,宋人、卫人在完成了攻入郑国的主要任务之后,才派人去召集蔡人来一起讨伐弱小的戴国,让蔡人很恼怒,觉得宋、卫两国轻视自己,因此三国联军内讧不断,所以招致了失败。

九月,郑庄公率军攻入宋国以示报复。冬天,齐人、郑人攻入郕国,惩罚郕国违背王命的行为。

前七一三年可以说是"齐、郑小霸中原"元年。齐国、郑国此时都意识到了对方的实力和称霸的意愿,决定强强联手,组成一个"G2"联合体,打着"尊王"的旗号,采取了首次联合"讨罪"行动,惩戒不服王命的中原诸国,奠定了两国共同管控中原国际秩序的格局。它们用实际行动向天下宣告:西周灭亡以来诸侯"无法无天"的局面正在被改变,一种由

① 蔡国见地图四"蔡1"。
② 卫国见地图四"卫1"。
③ 郕国、戴国见地图四。

齐、郑两个"小霸"强国主导的、通过"尊王""攘夷""主会""讨罪"等手段来维护和管控的中原国际新秩序正在形成。

齐、郑小霸的历程

"文小霸"低调蓄势,"武小霸"后继无人

伐许换地:郑庄公小霸的高峰

前七一二年,齐僖公提出要讨伐许国[①],讨伐的公开理由是许国未能履行周王室规定的职责,至于许国到底做错了什么已不可知。这年夏天,郑庄公和鲁隐公在郑地时来[②]会面,具体谋划讨伐许国的事宜。五月二十四日,郑庄公在太庙(郑桓公庙)举行分发兵器战车的仪式。在仪式现场,公孙阏和颍考叔当着庄公的面争抢一辆战车。情急之下,颍考叔用胳膊夹住车辕就跑,公孙阏则拔起一支戟在后面追,一直追到郑国都城里的主干道,没有追上,公孙阏很生气。

秋七月一日,齐僖公、鲁隐公、郑庄公率领军队讨伐许国,兵临许都城下。颍考叔举着郑庄公的旗帜"蝥弧"冲在前面登城,公孙阏在下面射了他一箭,颍考叔从城头掉下来摔死了。他身后的瑕叔盈又捡起蝥弧登上了城头,四下挥动旗帜大喊:"君主

① 许国见地图四"许1"。
② 时来见地图四。

118

登城了!"郑国军队全部登城。三日,全军攻入许都,许庄公出奔到卫国。

接下来发生的就是一场齐、鲁、郑三国互相推让许国占领权的"政治秀"。此时齐、郑正在积极倡导"尊王",这就包括尊重周王室所制定的公、侯、伯、子、男五等封爵次序。齐国、鲁国都是侯爵,而郑国为低一等的伯爵。郑庄公为了体现他致力于"尊王"的立场,将自己排在齐国、鲁国后面。齐、鲁相比较,齐为"小霸"强国,而且是此次伐许行动的发起国,因此排在首位,齐僖公最先发言。

齐僖公将许国让给鲁国。齐国与许国相距遥远,中间隔着鲁国、宋国,必然不可能实际控制许国,让给鲁国对实际的"利"没有损害,还能够得到多重的"名":第一,齐国、许国同为姜姓,辞让可避免灭同姓国的大忌;第二,鲁隐公在前一年接受了郑庄公让出的郜、防两邑,此举为郑国在国际上获得了"尊王爵"的好名声,齐僖公在前七一二年把大得多的许国让给鲁隐公,可以说是在"称霸道义竞赛"中迎头赶上,扳回一局。从可行性来说,鲁国在许国附近拥有"飞地"许田,在理论上讲还有可能控制许国。

鲁隐公则回答说:"君主认为许国不供应王室规定的职贡,因此跟随君主讨伐它。如今许国已经伏地认罪了,即使君主有这样的命令,寡人是不敢听闻的,更谈不上接受了。"于是把许国让给了郑国。鲁国与许国也相距遥远,中间隔着宋国,也无法实际控制。既然如此,不如让给与许国毗邻、而且在战役中立头功的郑国,体现出鲁国对于"小霸"郑国的尊重。而且,鲁国已经从郑国接受了邴、防两邑,此次也肯定要予以回报。不过,鲁隐公通过上面这番话,也表明了他对于如何处置许国的基本看法:许国已经伏地认罪,讨伐的目的已经达到,那么它就不应该被大国吞并。鲁隐公的这个表态应该是直接影响到了郑庄公对于许国的处置方案。

被联军占领的许国应该归郑国控制,这从一开始就是很明白的。然而经过这么一轮的推让,齐国、鲁国、郑国都得到了它们各自需要的"名",郑国也最终得到了许国控制权的"实"。

郑庄公任命许大夫百里尊奉着许叔(许庄公的弟弟,后来的许穆公)住在许国都城外的东部,他对百里和许叔说:

"上天降祸给许国,是鬼神对许君不满,因此借寡人的手惩罚他。寡人连一两个父老兄弟都不能相安,怎么敢把攻下许国当作自己的功劳? 寡人有个兄弟(指公子段),不能和睦相处,而使他四处求食,怎么可能长久地占有许国?

"您应当尊奉着许叔来安抚这里的民众,我将派公孙获来帮助您。如果寡人能得到善终，上天将依礼撤回加给许国的祸难，同意许君再来尊奉许国社稷。到那时候，如果我们郑国有所请求，希望许国仍然能像对待老姻亲一样，降低心气而同意。不要让其他族类逼近且住在这里，来和我们郑国争夺这块土地。

"我的子孙挽救危亡都来不及，难道还能代替许国公族敬祭许国先君吗？寡人让您留在这里，不仅是为了许国，也是姑且巩固我国的边疆。"

于是郑庄公又让公孙获住在许国都城外的西部，对他说："凡是你的器用财货，不要放在许国。我一死，你就赶快离开这里。我的先君在这里新建城邑，根基还很不稳固。周王室的地位已经卑微了，我们这些周王室的子孙一天天失去了秩序。那许国，是太岳①的后代。上天已经厌弃了周人的德行，我们这些周王室的子孙怎么能跟许国争斗呢？"

在得到了许国的控制权之后，郑庄公的处置方式是非常令人寻味的。他没有像他的父亲郑桓公对待虢国、邻国那样将其吞并，而是建立了一个临时性的治理模式：许大夫百里尊奉出奔许君的弟弟许叔住在都城外东边，行使治理许国民众的职权；郑国派出的大夫公孙获住在都城外西边，协助百里进行监管。如果一切顺利，许叔安守本分，那么在

①"太岳"应即《尚书·尧典》的"四岳"，姜姓，传说为唐尧之臣，是西周、春秋时期姜姓诸侯国（申、吕、齐、许）及姜姓戎人共同尊奉的宗族神。太岳或四岳传说可能来自姜姓祖先部族所居的岳山。

郑庄公去世后,郑国将撤回监管,许叔将进入国都正式掌权,许国结束"察看期"重新成为正常国家。郑庄公借此向天下宣示:自己无意侵占许国,以扩大领土,而是在代表王室整顿许国:许国不遵行王命就讨伐它,攻占之后就监管调教它,等许国政治回到正轨后就恢复它的地位。此时的郑国俨然以国际秩序的重建和维护者自居,"小霸"事业达到了一个新的高峰。

然而,此时占据郑庄公心中的并不完全是志得意满的自豪,还有对郑国、对姬姓周族未来的深切忧虑。他对公孙获所说的话,体现了当时弥漫在"周之子孙"心中一种悲观的"天命论":上天已经不再眷顾姬姓周族,以西周灭亡为标志的周族衰败会继续下去。那么,上天下一个眷顾的对象会是谁?从郑庄公的言论来看,当时一个主流观点是,代周人而兴起的将是太岳之后的姜姓诸族。

这种"姜姓代姬"的论调似乎得到一系列事实的支持:西周末年毁灭宗周的主谋就是姜姓申国;平王东迁后周王室实力和地位一落千丈,毫无"东山再起"的迹象,而是在衰败的路上越走越远;姬姓的郑庄公虽然竭尽全力运用权谋和武力谋求"小霸",却事倍功半,一直没有获得诸侯的真心拥戴和归顺;而姜姓的齐僖公却似乎不费什么力气就获得了"小霸"中原的地位。

郑庄公这时的心态可以用"悲观地奋斗"来概括：一方面,郑国作为姬姓诸侯中最有志向和实力的新兴国家,有义务站出来主持国际事务,重振姬姓周人的威权;另一方面,周人的衰败似乎是上天注定的宿命,自己去世后,嗣位的不肖子孙将无法继承自己主要靠强力建立的"武小霸"功业,天下的未来恐怕会由姜姓国家所掌控,即使是许国这样的姜姓小国也不可小觑。郑庄公去世后,他的儿子们果然为君位争得你死我活,郑国陷入长期内乱,国际影响力大为削弱,应该说郑庄公对自己的身后事还是预测得相当准确的。

战斗结束后,郑庄公让军中每一百人拿出一头公猪,每二十五人拿出一只狗、一只鸡,举行仪式,来诅咒用暗箭射死颍考叔的那个人。攻城现场混乱,矢石横飞,颍考叔究竟被何人所杀,此人是敌人还是自己人,当时并无定论。从公孙阏与颍考叔当着郑庄公的面争夺战车来看,二人应该都是郑庄公的宠臣。郑庄公动员全军将士大规模诅咒杀人者,这样做本身已经说明：第一,郑庄公知道颍考叔是被自己人所杀,若为敌军所杀没有理由去诅咒;第二,郑庄公知道杀人者还活着,若杀人者已死则诅咒已无意义。窃疑郑庄公已经怀疑、甚至已得知此事为公孙阏所为,但他一方面不愿意按照刑律杀死宠臣,另一方面又想要给公孙阏施加心理压力使其收敛,于是采用了这个组织全军诅咒杀人者的办法,这也是郑庄公驾驭宠臣的手段。

周桓王利用郑庄公倡导"尊王"的时机,与郑国进行了一次大规模的土地置换:一方面,周王室从郑国取得了邬、刘、芳、邘四个邑,根据清华简六《郑文公问太伯》的记载(参见页78),这四个邑都是郑武公时期开疆拓土的成果。另一方面,周王室把畿内国苏国的大片土地送给郑国,包括温、原、绨、樊、隰郕、攒茅、向、盟、州、陉、隤、怀①十二个邑,其中温是苏国都城,国君兼王室卿大夫苏子就住在那里。如果我们观察地图会发现,除了邘在河水以北外,周桓王从郑国取得的邬、刘、芳三个邑都在河水以南、王城周围,而周王送给郑国的十二个邑都在太行山以南、河水以北的南阳地区。实际上,我认为《中国历史地图集》对邘邑定位有误,邘邑应该也位于河水以南、王城周围,与邬、刘、芳相距不远。

从表面看,郑国交出河水以南的四个邑,得到河水以北的十二个邑,似乎是占了大便宜。然而实际情况则完全不是这样。周王室东迁到东都地区之后,试图加强对苏国这个畿内国的直接管控,希望能够扩大直接征税、征兵的经济基础,并把它作

① 邬、刘、芳、邘、温、原、绨、樊、隰郕、攒茅、向、盟、州、陉、隤、怀见地图四。

124

为王城北部的屏障。然而，习惯了"天高周王远"的
苏国并不愿承担供养、保卫衰败周王室的苦差事，
因此双方之间的摩擦冲突一直不断。周桓王知道
自己没办法实际控制河水以北的苏国城邑，于是
把这十二个邑"整体打包"甩给郑国，而从郑国取
得了面积小却紧贴王城、能够实际控制的四个邑。
"君子"对此评论说："按照'己所不欲、勿施于人'的
恕道行事，这是德的准则，礼制的常规。自己不能
占有，却拿来给别人，别人不肯来朝见，不也是应该
的吗？"

恕而行之，德之
则也，礼之经也。
（《左传·隐公十
一年》）

那么，郑庄公为什么愿意"接盘"呢？他的如意
算盘大概是这样的：一方面，自己作为一个拥有三
军的中原新兴强国，应该有能力制服苏子，如果这
样的话，那么郑国就是通过这次土地交换显著扩大
了领土；另一方面，接收王室的"问题资产"，替王室
分忧解难是"尊王"的正义行动，对于塑造自己的
"小霸"形象也很有好处。

与此同时，郑国与南方的息国①起了争执。不
可思议的是，弱小的息国竟然主动出击讨伐郑国，
郑庄公在国境上以逸待劳迎击息国军队，把它打得
大败而还。到了冬十月，左卿士郑庄公又率领着右
卿士虢公的军队讨伐宋国，十四日大败宋国军队，
以报复去年宋国攻入郑国。郑庄公拉上忠于周王

① 息见地图六。

的虢公替他办郑国打压宋国的私事,这很可能进一步加深了王室、虢公对郑庄公的不满。

鲁桓公弑兄:鲁郑关系升温的内幕

前七一一年春正月,鲁桓公即位。他一上台就很主动地跟郑国加强友好关系,其中就包括重启搁置已久的"飞地"互换交易。郑人赶紧跟进,再次提出可以替鲁人妥善维护和祭祀许田的周公别庙,希望能够完成许田—祊邑的互换,鲁桓公表示同意。三月,郑庄公与鲁桓公在卫地垂①会面,会上郑庄公提出,用名贵的玉璧作为条件,向鲁国"租借"许田,这样操作可以省去直接交换在礼制和道义层面的麻烦,而有借无还的租借实际上也就是交换。夏四月,郑庄公和鲁桓公在卫地越结盟,最终完成了这场交易。冬十月,郑庄公又专程来到鲁国,拜谢鲁桓公同意达成交易。

鲁桓公为什么一上台就急于讨好郑国,达成许田—祊互换这场鲁国迟疑许久的交易?这就要从他的身世和上位经历说起。

鲁隐公和鲁桓公都是鲁惠公的儿子。据《左传·隐公元年》的记载,鲁惠公的元配夫人是宋国孟子②。孟子没有为惠公生下嫡长子就去世了,陪嫁而来的宋女声子住进了孟子的宫室,接替孟子作

① 垂见地图四。
② 孟子是宋国公室女子,子姓,排行孟(老大)。

为"继室"，但是并没有夫人的名分。声子生下了庶长子息姑。宋武公的女儿仲子生下来时，手纹看起来像当时的"鲁"字，被认为是天作姻缘，因此嫁给晚年的鲁惠公，做了第二任夫人。夫人仲子生下了公子允，"子以母贵"，被立为太子。太子允生下来没几年，鲁惠公就去世了，在位共四十六年。此时公子息姑已经是一位中年人，他即位做了摄政君，也就是鲁隐公，而奉年幼的弟弟太子允为储君。太子允就是后来的鲁桓公。

《史记·鲁周公世家》也记载了鲁隐公、鲁桓公之事，却与《左传》大不相同：

当初，鲁惠公的嫡夫人没有生下儿子，他的一个地位低下的妾声子生下了子息。息长大之后，惠公派人为公子息到宋国娶妻。宋国女子到达鲁国后，是个美女，惠公夺过来做了自己的妻子，生下子允。于是将宋国女子升为夫人，立允为太子。等到惠公去世，由于太子允年少的缘故，鲁人共同要求公子息摄政，不称即位。

《左传》和《史记》的说法哪个更接近于历史真相呢？我们下面试着分析一下：

首先，鲁惠公娶仲子为夫人，是严重违背周礼的行为，因为诸侯国君活着时只能有一位夫人，去世后国君牌位旁边也只能有一个夫人牌位。仲子在前七二一年去世,服丧期间,其神主牌位被放置在寝宫。至前七一九年服丧期满,依照礼制应当将其牌位迁入到她丈夫惠公的庙中进行供奉。然而,此时惠公牌位旁边已有其元配夫人孟子的牌位,如果仲子牌位再放进来,那惠公就有了"左搂右抱"两位夫人,这在谨守周礼的鲁国是不可想象的。为了解决这个问题,鲁隐公只能单独为仲子建一座庙,供奉她的牌位。鲁惠公宁愿违背礼制而娶仲子为夫人,真的只是为了应验仲子手上形似"鲁"的掌纹吗?

其次,按照《左传》的叙述,鲁、宋长期通婚,先后两位宋女嫁给鲁惠公做夫人,第二位夫人还是"天作之合",两国应该是关系融洽的姻亲。然而据《左传》记载,在鲁惠公晚年,鲁、宋关系恶化,兵戎相见,惠公在黄地①打败了宋师。鲁惠公去世时,鲁、宋还在交战,因此惠公葬礼办得很潦草。然而前七二二年鲁隐公一上台,鲁、宋关系立刻回暖,同年九月在宿国结盟和好。需要注意的是,鲁惠公中晚年对应的宋君先后为宣公(前七四七年即位,前七二九年去世)和穆公(前七二八年即位,前七二〇年去世)。据《左传·隐公三年》记载,这两位宋君都是德行高洁之人,宋宣公舍弃自己的儿子与夷而立了弟弟宋穆公,而宋穆公在病重时又舍弃自己的

① 黄见地图四。

128

儿子冯而立了侄子与夷,将国家交回给哥哥宋宣公的子殇(详见页 97)。是什么原因使得这样的两位宋君(或者仅是宋穆公)与鲁惠公争战不休呢? 又是什么原因使得鲁隐公上台后可以迅速和宋国改善关系呢?

第三,为自己的儿子/亲戚娶妻却最终归了自己,这种事情在礼制崩坏的春秋时期时不是什么天方夜谭,仅《左传》记载无疑义的就有卫宣公为其子急娶妻而自取之(《左传·桓公十七年》),孟穆伯为其堂兄弟东门襄仲娶妻而自取之(《左传·文公七年》),楚平王为其子建娶妻而自取之(《左传·昭公十九年》)三次。

综上所述,我认为,很有可能《史记》所叙方为实情,而《左传》中仲子因掌上有字而嫁到鲁国当夫人的"佳话"很可能是鲁人杜撰,其目的是为惠公避讳遮丑。然而,关于公子息姑(鲁隐公)生母声子的地位,《史记》《左传》的记载可能都触及了真相的一部分,也就是说,声子本来是孟子陪嫁的地位低下的媵妾,后来由于生下了庶长子,地位得到提升做了"继室"。总而言之,鲁惠公中晚年至鲁隐公元年史事大略如下(人物称谓以《左传》为准):

鲁惠公的夫人孟子没有生下嫡子就死了。她的陪嫁媵妾声子生下庶长子息姑,声子因此得以住进孟子宫室，成为地位高于诸妾、低于夫人的"继室"。公子息姑长大之后，鲁惠公派人到宋国为他娶妻。宋女仲子到达鲁国后，惠公见她是个美女，便夺过来做了自己的妻子，频繁临幸，年轻的仲子也争气，顺利生下允，母、子二人都深得惠公宠爱。于是，惠公不顾周礼约束，将仲子升为第二任夫人，立允为太子。德行高洁的宋穆公对于鲁惠公这种无耻行为非常反感，两国闹翻，争战不断。

鲁惠公去世后，太子年幼，时事艰难，国不可一日无主，因此鲁人援引鲁国始封君周公旦在周武王去世后摄政称王、立太子诵为储君的旧例，支持年长且贤德的公子息姑即位成为摄政君，而奉年幼的太子允为储君。鲁隐公与宋国并无仇怨，甚至还可能得到宋穆公的同情，因此鲁、宋两国迅速和解，在宿国结盟修好。

鲁隐公即位后，在国内处处低调谦退，做出一副不敢以正牌国君自居的姿态；在国际上则致力于跟邻国和大国发展友好关系，为鲁国的发展营造良好的国际环境。然而，鲁隐公的所有这些作为，到底是单纯地想做一个优秀的摄政君，在内政外交各方面为太子允日后的统治打好基础，还是在为自己积累政绩和人望，准备最后一举废掉太子而成为正式国君，这除了隐公自己以外，没人能够确切地知道。

这种君位继承上的不确定性，激起了权臣公子翚的政治投机欲念。到了前七一二年，太子允已经成年，足以接管国政，而鲁隐公去年参与伐宋，今年又参与伐许，参与国际政治越来越积极主动，似乎没有要交权的样子。此时公子翚"瞅准机会"，主动找到鲁隐公，请求由自己动手杀掉太子允，从而使得鲁隐公能成为正式国君，而交换条件则是为自己特别设立一个名为"太宰"的高级官职，成为国君之下、其他卿大夫之上的头号权臣。

公子翚没想到的是，自己误判了鲁隐公的意图，因为鲁隐公回答说："我一直履行摄政君的职责，是因为太子允年少的缘故。现在太子允已经成年，我正准备把君位正式授予他。请你负责派人在菟裘营造宫室，我准备在那里养老了。"对公子翚而言，如果鲁隐公真是"真君子"，是真想让位退休，那么"真君子"鲁隐公必然不能把公子翚这样的臣子留给鲁桓公；如果鲁隐公如公子翚所料是"伪君子"，再继续伪装等待篡位时机，那么"伪君子"鲁隐公这番话表明，他不打算采用公子翚的提议来夺权，这样一来他就很有可能要除掉公子翚以灭口。此外，我们不要忘了，前七一九年及前七一三年，公子翚曾经两次不听鲁隐公命令擅自领兵参与多国讨伐行动,因此在公子翚看来,他早就得罪了鲁隐公。既然公子翚认为鲁隐公无论如何都打算要除掉他,那么鲁隐公派他负责营造菟裘就只是临时编个借口稳住他,实际上是要把他调离国都,然后采取行动杀掉他。春秋晚期的齐悼公就是用这种"调虎离山"的策略杀掉了有谋反之心的鲍牧。

于是,公子翚决定先下手为强,反过来跑到太子允那里进谗言。根据《公羊传》的说法,公子翚对太子允说:"我已经为您探听了国君的心意。国君说:'我不打算归还君位。'"太子允说:"那怎么办呢?"公子翚说:"请允许我起事发难,杀掉国君。"由此可见,太子允对鲁隐公也早有了猜忌之心。

当年十一月十五日,鲁隐公在大夫𫍳氏家沐浴斋戒,准备参加一项祭祀活动,公子翚就派人在那里杀了鲁隐公。公子翚随即立太子允为君,然后立即成立调查组到𫍳氏家中调查鲁隐公"非正常死亡"的原因,杀了几个𫍳氏的家人"顶包",就将事情遮掩了过去。

知道了鲁桓公上位的来龙去脉,就很容易理解他即位后的所作所为了。由于鲁桓公是靠暗杀摄政君上位,而且他杀的鲁隐公还是一位很有美德和人望的贤君,肯定害怕国都内鲁隐公的党羽反对他,因此急于获得当时"小霸"强国的承认和支持,从而稳定自己的君位。因此，鲁隐公认为不划算、不正当而被搁置的许田—祊交换计划，在鲁桓公看来就成了讨好郑庄公、换取郑国支持的绝好机会。

华孔政争：宋国弑君内乱的真相

在鲁国与郑国关系不断升温的同时，原本长期与郑国对峙的宋国也发生了重大变故。按照《左传·桓公元年》及《左传·桓公二年》的记载，这是一次"老婆太漂亮惹的祸"。按照周礼的规定，女子在外应该遮蔽容貌，以防引起路上男子的色心。先前某一天，国卿、大司马孔父嘉的妻子很可能没做任何防护就出了门，在路上遇到了国卿、太宰华父督。华父督盯着她的车子过来，又目送她远去，评价说："长得漂亮，身材高挑。"到了前七一〇年春正月，华父督攻打孔家，杀了孔父嘉，霸占了他的妻子。宋殇公听闻此事后发怒，华父督害怕国君治自己的罪，就把宋殇公也杀了。

然而，《左传》里补充说明的一些信息让我们感觉到事情并没有那么简单。宋殇公是一个强硬好战的国君，前七一九年即位之后，十年内跟周边诸侯打了十一仗，甚至把一直致力于跟宋国保持亲善关系的鲁隐公都得罪了，宋国民众对于沉重的征战负担都觉得难以承受。大司马是主管军政的国卿，也就是说，孔父嘉是这些征战的具体执行者。因此，华父督在杀孔父嘉之前，先在国都内煽动民众情绪说："国家穷兵黩武都是司马的主意。"

在杀了孔父嘉和宋殇公之后，华父督将寄居在郑国的公子冯召回来立为国君，就是宋庄公。此外，华父督还给齐、郑、鲁、陈等国都送了很重的财礼。三月，齐僖公、郑庄公、鲁桓公、陈桓公在宋地稷会面，在会上决定，承认华父督所拥立的宋庄公，并支持华父督作为首卿辅助宋庄公。

在四国中，鲁国的情况特别值得多说两句。宋国送给鲁桓公的大礼是宋国从郜国宗庙里抢来的大鼎。鲁桓公接受之后，把郜鼎摆在鲁国太庙中展示。此举招致贤大夫臧哀伯的激烈反对，认为这是在把弑君者树立成正面典型，会造成很恶劣的影响，甚至造成鲁国官场风气败坏、国家政事昏乱的严重后果。然而，鲁桓公并没有听取臧哀伯的意见而撤走郜鼎。我认为，在鲁桓公看来，在太庙展示这个大鼎，是昭告群臣（特别是那些对自己不满的隐公余党），继郑国之后，他的新政权又获得了宋国这个主要诸侯国的承认，而且获得了与齐、郑、陈同等级的国际地位（都能从宋国获得丰厚贿赂），这对于进一步稳固自己的君位大有帮助。官场风气败坏是长远的害处，而稳固自己的君位是当前的急务。君位如果都不是自己的了,官场风气是否败坏跟自己又有什么关系呢?

四国做出这样的决定,华父督送的财礼肯定发挥了作用。然而我们不要忘了,宋庄公是前任国君宋穆公的儿子,按照"父死子继"的周代宗法制,他本来就应该继承君位。因此,四国摆上台面的理由很有可能是:纠正宋穆公赶走自己的儿子(公子冯)而将君位让给哥哥的儿子(公子与夷,即宋殇公)的错误,在宋国这个有"兄终弟及""叔侄相传"商代遗风的国家重新树立周代宗法制的权威。

根据上面这些记载,我们其实可以构建一个倾向性很不一样的版本:

宋殇公上台后,连年征战,民众苦不堪言,而教唆国君这样做的正是主管军政的大司马孔父嘉。长期与孔父嘉政见不合的太宰华父督顺应民意,发动政变杀了孔父嘉,在遭到宋殇公死亡威胁后,"一不做二不休",又杀了这个穷兵黩武的国君。事发之后,华父督从郑国迎回了本应继位的公子冯,将他立为国君,并与先前关系紧张的齐、郑、鲁等国积极改善关系,迅速稳定了宋国的局势。华父督在消灭政敌、重整宋国政治的同时,也顺便满足了一下自己的私欲,将孔父嘉美貌的妻子据为己有。

历史的真相到底与哪个版本更为接近? 要探

究这个问题，必须注意到下面三点：

第一，华父督在行废立之事后一直担任太宰，先后事奉宋庄公、宋闵公将近三十年，直到前六八二年才与宋闵公一起被叛党南宫万所杀。华父督的后代华氏一直是宋国重要卿族，直到春秋晚期华、向之乱后才淡出政坛。

第二，孔父嘉被杀之后，孔氏一支族人逃到鲁国安定下来，而儒家宗师孔子就是这支宋国孔氏的后人。宋国公室是商王室之后，得到特许使用商王室礼乐；鲁国公室是周公之后，周公有大功，得到特许使用周王室礼乐。所以前五六三年晋卿中行献子、范宣子说："在各诸侯国中，宋国、鲁国是观摩学习礼乐的地方。"孔子是宋国卿族后代，在鲁国长大，这与他日后能够成为主张恢复礼乐文化的一代宗师有密切关系。

第三，根据《史记·十二诸侯年表》序言的记载，《左传》是鲁君子左丘明整理的孔子为弟子讲述《春秋》的讲义。

我认为，《左传》不从宋殇公连年征战、国人不满写起，而从华父督偶遇孔父嘉妻子、见色起意写起，是有意要把杀害孔子先祖的华父督塑造成一个"淫贼"，用私德败坏来解释他所有的后续行动。我怀疑，华父督的真实形象与《左传》希望读者感受到的恐怕有不小的差别,他杀大夫、弑君的主要动机很可能不是为了抢夺美女,而是为了消灭政敌,甚至有可能是为了重振宋国政治。

楚国入场,齐鲁联姻,纪国危局

前七一〇年是楚君熊通(后来的楚武王)三十一年。此时的楚国正在积极扩张,觊觎中原。秋天,郑庄公、蔡桓侯在蔡地邓①会见,商谈如何应对来自楚国的威胁。这是楚国第一次在《左传》中出现,标志着这个南方新兴强国正式进入中原诸侯国的视野。

鲁桓公在巩固了与郑国、宋国的关系之后,又开始谋求通过联姻加强与齐国的关系。前七〇九年正月,鲁桓公与齐僖公在齐邑嬴②会见,确定了迎娶齐僖公女儿文姜的婚事。其实,在此之前,齐僖公本来准备把文姜嫁给郑太子忽,从而进一步加强齐、郑之间的联盟关系。出人意料的是,太子忽坚决推辞这件婚事。有人问起原因,太子忽说:"每个人都有自己的合适配偶。齐国大,姜氏不是我的合适配偶。《诗》说:'靠自己求取众多福祉。'我的前途靠的是我自己,做大国女婿有什么用?"

太子忽这样做的真实原因我们将在他第二次拒绝齐国联姻邀约的时候再讨论(参见页144)。在

自求多福。(《诗经·大雅·文王》)

① 邓见地图六。
② 嬴见地图五。

这里我想指出的是，如果我们仔细琢磨太子忽的话，可以发现，郑国当时虽然十分强势，但包括太子忽在内的郑国高层都认为，齐国比自己更强大，是"大国"。也就是说，早在齐僖公时期，齐国已经是中原诸侯中最强大的国家。

订婚之后，齐、鲁之间的婚事紧锣密鼓地推进。秋天，公子翚到齐国为鲁桓公迎接新妇。九月，齐僖公亲自把女儿文姜送到鲁邑讙①。冬天，齐僖公的胞弟夷仲年又来到鲁国访问，探问文姜在鲁国的新婚生活是否顺利。

《左传》特别指出，齐僖公送女是违背周礼的"出格"做法，因为按照礼制的规定，诸侯国君即使把女儿嫁给周王，也不会亲自相送。齐僖公亲自送女，又派胞弟到鲁国探访，很可能因为他特别宠爱文姜。事实上，文姜不仅得到了父亲的宠爱，还与亲哥哥公子诸儿私通。鲁桓公在迎娶文姜时是否已经知道她与哥哥的乱伦奸情已不可知，但他肯定想不到的是，这个新妇日后将会给他带来杀身之祸。

前七〇七年夏天，齐僖公、郑庄公一起到纪国②"朝见"一年前即位的纪武侯。整个春秋时期，大国君主联袂朝见小国君主，仅此一例。实际上，此次应该是齐僖公请郑庄公帮他"把关"，看纪国是否容易被吞并。纪国人当然也清楚这两位的来意。

① 讙见地图五。
② 纪见地图五。

实际上,齐国与纪国的恩怨可以追溯到西周中期齐哀公时期。当时的纪国是一个与齐国同为侯爵、实力相差不大的国家,而当时的周王室还很强大,拥有对诸侯的生杀大权。纪侯在周王那里造谣中伤齐哀公,周王用"烹"的酷刑处死了齐哀公,从此齐国与纪国之间就结下了不共戴天之仇。到了春秋时期,齐国已经成为中原首屈一指的大国,而纪国与它相比只是一个小国。此时齐国决定要灭掉纪国以向东部扩张疆土,并且获得纪国沿海地区丰富的海盐资源①,当然它摆在台面上的理由则是报复当年齐哀公被纪侯害死的深仇大恨。

然而纪国也不是坐以待毙,它一直在想办法突破困境。前七二二年,纪国讨伐夷国②,试图扩大自己的领土。前七二一年,纪国与距离自己最近的主要诸侯国——鲁国联姻。在此之后,我们还会看到纪国是如何垂死挣扎,试图挽救自己不可避免的灭亡。

桓王箭上身:王权没落的标志

在齐、郑朝纪后不久,周桓王终于下定决心,剥夺郑庄公在王室的左卿士职位,任命周桓公为左卿士,右卿士则是虢公忌父的继任者虢公林父。周桓王的断然行动,使得郑庄公失去了利用其王室卿士

① 关于齐国为攫取海盐资源而灭纪国的考古学证据,参见吴伟华:《鲁北地区考古发现与春秋时期齐国灭纪》,《中原文物》2011年第2期。
② 夷见地图五。

职权,以王命号令诸侯的特权,对他的"小霸"事业是一次沉重打击。在此之后,郑庄公也不再朝见周王。

到了前七〇七年秋天,周桓王下定决心清算从他父亲周平王以来郑庄公对王室的种种利用和欺凌,率领诸侯讨伐郑国。这是周王在春秋时期最后一次亲自率军主动出击讨伐诸侯。周王率领中军;虢公林父率领右军,后面跟着蔡人、卫人;周桓公率领左军,后面跟着陈人。

周王联军兵临城下,激发了郑庄公真正信奉的强势对抗思维:他没有低头认罪,而是率军抵抗,彻底把自己摆在了王室的对立面。前七一八年,率军包抄(南)燕国出奇制胜、前七一四年给郑庄公献计打败北戎的公子突(日后的郑厉公)又站了出来,请求组织"左拒"(左边的方形军阵)来对付蔡人、卫人,组织"右拒"来对付陈人,他建议说:"陈国正在发生内乱,当兵的民众没人有战斗的意志。如果先攻击他们,他们一定奔逃。周王的军队要回头去照顾他们,必定发生混乱。蔡国、卫国的军队支持不住,也一定会争先奔逃。等陈国、蔡国、卫国军队都已奔逃之后,再集中力量攻打周王的军队,可以成功。"

郑庄公听从了他的意见。于是郑庄公在原繁、高渠弥辅佐下率领中军,太子忽率领右拒,祭足率领左拒,编成"鱼丽"①阵形,在繻葛②与王室联军交战。不出所料,战斗开始后,蔡、卫、陈三国军队都先后奔逃,王室军队开始混乱。郑国军队合力攻打,王室军队大败。在战斗中,郑大夫祝聃一箭射中了周桓王的肩膀,并请求追击周王。这时郑庄公意识到事态已经失控,赶紧制止说:"君子不愿意经常居于人上,何况胆敢欺凌天子呢? 如果能挽救自己,国家政权免于危亡,就很好了。"

到了晚上,郑庄公又赶紧采取补救措施,派祭足去慰问周桓王,同时问候他的左右随从。郑庄公在这一天之内"前倨后恭"的举动,与他当年在报仇欲念驱使下驱逐母亲、后来又深感后悔而试图补救如出一辙,说明虽然十五年过去了,他为人处事的格局却并没有多大长进。

被王室罢免、繻葛之战又射伤周桓王,标志着郑庄公彻底失去了周王室这个自己曾经一度想要好好利用的"政治资源",几年来在国际事务中通过"尊王"举动而积攒的正面形象荡然无存。郑国成了一个在中原地区无人敢招惹的强势国家,但再也没有可能成为诸侯归心拥戴的霸主。他不是不理解修德、尊王能为他带来的战略利益,但他内心中真正信奉的仍然是两样东西:武力和权谋。郑桓

① 鱼丽,地名,郑桓公曾在此地作战取得大胜,参见清华简第六辑《郑文公问太伯》。
② 繻葛,即长葛,见地图四"长葛"。

公、郑武公当年是依靠武力和权谋、而不是靠修德行义在中原奠定了郑国基业，郑庄公早年也是靠武力和权谋、而不是靠沟通教诲"解决"了母亲偏爱公子段的问题。无论是从继承先君"优良传统"而言，还是从总结自身成功经验而言，这两样就是郑庄公内心觉得最可靠、自己也擅长的政治手段。秉持着这种崇拜"硬实力"的理念，郑庄公又怎么可能向自己从心底里看不起的赢弱的周王室低头？

诸侯强国称霸管控天下的必要前提是：王室已经无可置疑地丧失了这种管控能力。长期担任周王室卿士的郑庄公通过与周平王公开交换人质、出兵抢收王畿农作物、滥用周王军队为郑国利益征战、不经周王许可就与鲁国交易"飞地"、在繻葛大败王室联军等一系列政治和军事行动不断地欺凌和羞辱王室，将王道衰微的事实挑明了让天下诸侯看，实际上达到了为强国称霸"清道"的作用。明朝学者李贽在《史评纲要》中提出了"夷王足下堂，桓王箭上肩"的著名论断，他把周夷王下堂接见诸侯视为周王权开始衰微的标志，而将繻葛之战周桓王被郑人射伤视为周王权深度没落的标志。

到了齐桓公、晋文公称霸之时，周王室更加衰弱，而齐国、晋国两个大国也远比当时的郑国强盛。那时的王室已不再抱有任何"回光返照"的幻想，只能依赖霸主苟延残喘。而齐桓公、晋文公也充分吸取了郑庄公"打遍天下无敌手"却未能成就霸业的教训，不再公开挑战名存实亡、对自己没有任何实质性威胁的王室，而是充分利用"尊王"所带来的"政治正确性"来帮助自己团结诸侯、成就霸业。

纪国求救，郑国败戎，王室挣扎

前七〇六年夏四月，纪武侯前往鲁邑成与鲁桓公会面，商议如何应对齐国图谋灭掉纪国的祸难。为什么来鲁国呢？因为前七二一年鲁国公室女子叔姬嫁给纪侯为妻，而前七〇九年鲁桓公又娶齐僖公之女文姜为妻，也就是说，鲁国是齐、纪两国的姻亲，所以在调停斡旋方面具有独特优势。此外，在春秋早中期，鲁国实力与齐国并没有相差多远，实际上我们后面将会看到，鲁桓公甚至曾一度与齐襄公形成了竞争关系，直到他被敢下狠手的齐襄公直接杀害，功败垂成。

同年，被郑庄公打败的北戎转而讨伐齐国，齐国请求郑国出兵帮助抵抗。可见，前七一四年郑庄公大败北戎之后，郑国已经在诸侯心目中树立了善于与戎狄作战的声誉。郑太子忽率领军队救援齐国，在前七〇六年六月又一次大败戎人，抓获了大良、少良两个军帅，砍下了三百个带甲戎人的头颅，作为战利品直接献给齐国。根据礼制的规定，凡是诸侯抗御四夷有军功，应该向周王进献战利品，诸侯之间不应该相互进献。郑庄公此举清楚地表明，他已放弃"尊王"的努力，回到谋求与齐国联手、凭借强国实力共治天下的真实立场。

此次战役结束后，各同盟诸侯都派出军队帮助齐国戍守北部边境，齐人向戍军赠送牛羊、粮食等给养，并委托谨守周礼的鲁国来制定赠送的先后顺序。从这也可以看出，齐国虽然打仗不如郑国，却比郑国更有亲和力、更得人心。鲁国根据周王室所定的封爵次序，将伯爵郑国排在其他公、侯诸侯国后面。郑太子忽和他父亲郑庄公一样只认实力、不认周礼，他认为此次郑国有头功，不应排在后面，对鲁国所做的安排非常愤怒。实际上，表面上"尊王"的齐僖公也对鲁国"用力过猛"的做法有所不满，这为四年后郑、齐、卫讨伐鲁国埋下了伏笔。

郑太子忽大败北戎是郑国"攘夷"的又一次重大胜利，进一步提高了郑国在中原诸侯间的军事威望。齐僖公希望通过联姻进一步加强两国关系，于是请求将文姜之外的另一个女儿嫁给太子忽，而太子忽又一次推辞不愿接受。当时力挺太子忽的郑国权臣祭足劝他说："您一定要娶齐侯的女儿。君主宠幸的妻妾很多，您如果没有强大的外援，将不能继承君位。其他三位公子(公子突、公子亹、公子婴)都可能做国君。"太子忽也不听。随从问太子忽原因,他说:"没为齐国做什么事情的时候,我尚且不敢娶齐侯女儿为妻。现在由于君父的命令奔赴齐国解救它的危急,却接受了妻室归国,这是利用战争来成就自己的私人婚事,民众会怎么议论我呢?"于是以他父亲郑庄公的名义婉拒了这桩婚事。

太子忽为什么两次拒绝齐僖公的联姻邀约(上一次拒绝文姜,见页137),即使祭足劝说也不回头?如果我们回顾一下,他第一次拒绝娶文姜的理由是齐国大,不般配,他要靠自己努力,不靠做大国女婿;第二次拒绝的理由是父亲赋予他的使命是来解救齐国,他如果娶个妻子回去,是利用战功来成就自己的婚事,会受到民众的非议。我认为,要探寻太子忽这样做的真实原因,一个要注意到的关键点是,虽然齐僖公很积极地想把自己的女儿推销给郑国的储君,但郑国现任国君郑庄公对太子娶齐女一事没有表现出丝毫的积极性。实际上,第二次太子忽就是以郑庄公的名义拒绝了此事。也就是说,说到底是郑庄公不想让自己的太子与齐国联姻,而太子忽只是顺了郑庄公的心意而已。

因此我认为,太子忽两次拒绝的真实原因是:他认为自己的太子之位是否能稳定,关键在于郑庄

公是否对他放心和满意。如果在父亲郑庄公正与
齐僖公势均力敌地谋求小霸的时候，他娶了齐僖公
的女儿，如祭足所说的那样，谁都能看出来他是想
拉齐国为外援，壮大自己的政治势力，为父亲去世
后的君位之争做准备。祭足认为君位之争不可避
免，太子忽本来就应该早做打算；然而太子忽很可
能认为，如果真的在父亲并没有主动要求的情况下
娶了齐女，表现出一种急不可耐想要拉外援的架
势，必然会引起父亲郑庄公的猜忌，有可能会导致
自己的太子之位不保。也就是说，太子忽认为，确
保自己未来君位的关键因素是当郑庄公去世的时
候他仍然是太子，因此他决不能冒这个险。

太子忽的判断不能说是没有道理的，因为前七
〇一年郑庄公去世后他的确凭借着自己是正牌太
子而当上了国君。然而，由于没有来自于齐国的支
持，太子忽在君位上呆了不到半年，正式的改元即
位大礼还没来得及举办，就被当年出主意的祭足赶
出了国都。

这年冬天，纪武侯前往鲁国朝见鲁桓公，请求
鲁国游说周桓王，让周桓王发出命令，促成齐国、纪
国之间讲和。鲁桓公表示做不到，但是可以帮助纪
国与王室联姻。

前七一二年，周桓王将自己无法实际控制的南

阳地区苏国十二个邑"划拨"给郑国之后,开始时郑庄公曾经试图实际控制这片区域,修筑了温邑、原邑的城墙(据清华简六《郑文公问太伯》)。然而,郑国实力不足以跨过河水吞并南阳,其中盟、向①这两个远离郑国而靠近河南王城的城邑特别不服郑国管辖,双方冲突不断。到了前七〇五年夏天,盟、向守主请求与郑国讲和,随后又背叛了盟誓。到了秋天,郑人、齐人、卫人讨伐盟、向。周桓王出来收拾这个自己制造的烂摊子,把盟、向的民众迁到了由周王室控制的河水以南的狭小王畿里。自此之后,郑国逐渐放弃了占据南阳地区的计划,这片区域在名义上又回归王室,然而王室还是无法有效控制它。

在这几年里,周桓王除了派遣虢公出兵干预晋国内乱之外(详见《晋文篇》页10),还在春季派大夫家父前往鲁国,商议迎娶纪国女子为后的相关事宜。同年冬天,周王室卿士祭公到鲁国,然后前往纪国迎娶季姜。前七〇三年春天,祭公将她接到王城。这也是周王室为遭受齐国巨大威胁的纪国所能提供的最大援助了。为什么祭公不直接到纪国去迎接新妇呢? 这是因为,先秦时贵族联姻讲究双方地位相当,也就是我们现在说的"门当户对"。周王与诸侯联姻,双方地位不可能相当,因此周王要

① 温、原、盟、向见地图四。

选定另外一个诸侯国作为主婚国(这次是鲁国)。如果是王姬出嫁,则先送到主婚国,再由主婚国遣嫁;如果是周王娶妻,则由王室派公卿先到主婚国,然后前往女方所在国迎娶新妇。

前七○七年至前七○三年是东迁后周王室的一次"回光返照"。周桓王试图做一个周王应该做的事情:其一,"主持王政",按照自己的意愿任免王室卿士;其二,"讨伐不臣",率军讨伐公开欺凌王室的郑庄公;其三,"存亡继绝",制止晋国的曲沃旁支篡夺公室正脉,并通过联姻试图保护纪国免遭齐国吞并。这其中的第二、第三条都涉及维护和管理国际秩序,到后来都成了诸侯霸主的职责。实际上,末世君王并非都是昏庸等死之辈(实际上励精图治者屡见不鲜),无奈大势已去,再怎么奋发图强,终究无济于事。

前七○二年冬天,郑国向齐国请求出兵,齐国又叫上卫国[①],齐僖公、郑庄公、卫宣公率军讨伐鲁国,追究前七○六年鲁人为诸侯排次序、根据周王室定的爵位将立了头功的郑国排在后面的旧怨。此次讨伐鲁国,诸侯联军没有取得胜利。值得注意的是,《春秋》将此事记载成"齐侯、卫侯、郑伯来战于郎",而没有记载成"齐侯、卫侯、郑伯伐我"。《左传》解释说,这样是为了表明,虽然诸侯联军是以讨

① 卫见地图四"卫1"。

148

伐为名前来,但鲁国尊崇周王室所制定的爵位班次,理直气壮,所以不用表示奉辞伐罪的"伐",而用没有褒贬色彩的"战"。

郑庄公去世,鲁桓公加入争霸

前七〇一年春天,齐国、卫国、郑国、宋国在恶曹①举行盟誓,进一步巩固同盟关系。同年夏五月七日,郑庄公去世。清华简六《郑文公问太伯》记载了郑文公之臣太伯对于郑庄公功业的评价:

到了我们先君庄公,于是向东讨伐齐蘵之戎建立功业,向北修筑了温、原的城墙,占领桑地后维修车辆,向东开疆拓土占据陑、乐,我们还在葛地驱逐周王。

当初,祭足是祭邑封人(镇守封疆的长官),后来由于能力才干受到郑庄公宠信,被立为国卿,其发迹路径与颍谷封人颍考叔有异曲同工之处。祭足为郑庄公迎娶了夫人邓曼,生下太子忽,因此在郑庄公死后拥立太子忽即位为君,就是郑昭公。受到宋国君主宠信的宋国雍氏也把女儿雍姞嫁给了郑庄公,生下公子突。雍氏设计将祭足和公子突诱骗到宋国,一方面扣押了祭足,威胁他说"不立突为国君,就杀了你",同时又扣押了公子突,要求他即位以后必须向宋国交纳巨额财礼。祭足与宋人盟

① 恶曹见地图四。

誓,带着公子突回国。秋九月十三日,祭足废掉了郑昭公,郑昭公出奔卫国。二十五日,公子突即位,就是郑厉公。

这次君主废立事件中,祭足如果只是为了活命而与宋人盟誓行废立之事,为什么在回到郑国之后还要履行这个盟誓?权臣祭足在劝告太子忽与齐联姻以结外援被拒绝后(参见页144),与这个主见很强、不受其摆布的太子之间已有嫌隙。因此,祭足在宋国开始可能的确是被雍氏逼迫,但后来可能已被"策反",决定与雍氏联手,立有宋国作为外援的公子突作为国君。为了巩固与雍氏的联系,祭足还将女儿嫁给了雍氏族人雍纠,雍纠来郑国作了"上门女婿"。吊诡的是,到后来郑厉公忍受不了祭足专权想要杀掉他,找的杀手也正是这个雍纠(参见页160)。

回头看来,郑庄公在前七一二年攻下许国后预言"我的子孙挽救危亡都来不及",祭足在前七〇六年劝太子忽娶齐僖公女儿时警告说"其他三位公子(公子突、公子亹、公子婴)都可能做国君",的确都不是空穴来风。从此年郑庄公去世后,郑国就陷入到内部政治动荡中,短短二十多年间,郑厉公(前七〇一年—前六九七年)、郑昭公(前六九七年—前六九五年)、郑子亹(前六九五年—前六九四年)、郑子婴(前六九四年—前六八〇年)先后即位为国君,直到前六八〇年郑厉公攻入国都即位,郑国政局才重新趋于稳定。

"攘外必先安内",长期陷于内部政争泥潭的郑国君臣没有实力,也缺乏志向去谋求在国际事务中发挥领导作用。于是,在郑庄公去世后,称霸的舞台上似乎只剩下了齐僖公。然而,此时与齐国相邻的鲁国君主桓公似乎又跃跃欲试。

鲁桓公很可能是在前七〇二年成功击退了齐、卫、郑三国联合讨伐之后,对积极参与国际事务、甚至谋求"小霸"有了不小的信心,而从鲁国严格按照王爵班次来排诸侯顺序、即使遭到齐、郑、卫攻打也不妥协来看,通过尊周礼来尊王应该是鲁桓公所信奉的霸政理念。郑庄公去世后,宋国不断要求郑厉公根据先前约定交纳巨额财礼以示答谢。郑厉公在当公子的时候(公子突)就屡次显示出过人的军事才能,并不是一个软弱无能、胳膊肘往外拐的昏君,因此他上台后就翻脸不认人,拒绝交纳财礼,跟宋国关系迅速恶化。鲁桓公抓住这个机会,派出国卿柔与宋庄公、陈厉公、蔡叔在折地结盟,随后又与宋庄公在鲁邑夫钟、鲁地阚①两次会面,其目的都是为了调解郑、宋之间的矛盾,他似乎很想要向齐僖公学习,承担起小霸"主会"的职责。

① 夫钟、阚见地图五。

151

前七〇〇年是鲁桓公在国际上颇为活跃的一年。同年六月，鲁桓公与杞靖公、莒子在鲁地曲池盟誓，成功化解了自前七一九年莒国①讨伐杞国②以后两个小国之间的紧张关系，这无疑加强了鲁桓公谋求"小霸"的信心。之后，鲁桓公在秋七月十七日与宋庄公、燕人在宋邑谷丘盟誓，其后又与宋庄公在宋地虚、龟两次会见，试图劝说宋国与郑国改善关系。最终，宋庄公表示不愿意同郑厉公讲和。五次与宋国开会却没有取得任何实质性成果，这让鲁桓公很恼火，于是他转而与郑厉公在郑地武父③盟誓，然后就一起讨伐宋国，惩罚宋国不讲信义的行为，不过没有取得实质性的胜利。

到了前六九九年春二月，鲁桓公再次联合郑厉公和纪武侯，与齐僖公、宋庄公、卫惠公、燕人交战，打败了齐、宋、卫、燕联军。这次战役不仅帮助郑厉公教训了贪得无厌的宋庄公，而且支持了正遭受齐国严重威胁的纪国。鲁、郑关系迅速热络起来。前六九八年春正月，郑厉公和鲁桓公在鲁、郑之间的曹国会面。同年夏天，郑厉公又派他的胞弟公子语前往鲁国，进一步巩固关系。

齐僖公去世，齐襄公再接再厉

前六九八年十二月二日，齐僖公去世。他的儿

① 曲池、莒见地图五。
② 杞见地图五"杞 2"。
③ 谷丘、虚、龟、武父见地图四。

子诸儿即位,就是齐襄公。与郑庄公去世后诸子争权、郑国陷入内乱不同,齐僖公去世后,君位平稳地传给了儿子齐襄公,齐国得以继续在国际事务中发挥主导作用。

虽然我们从史实角度分析,一般认为齐僖公、郑庄公都应该算是春秋早期的"小霸",但这未必是当时人们的看法。《国语·郑语》概述春秋早期天下形势时说:"从周平王末年开始,秦国、晋国、齐国、楚国纷纷兴起,秦景公、秦襄公在此时期取得了周人的旧地,晋文侯在这个时期成就了安定天子的大功,齐庄公、齐僖公在这个时期成为诸侯小霸主,楚君蚡冒在这个时期开始侵占濮人居住的地区。"也就是说,在《国语·郑语》的作者看来,这个时期真正算是"小霸"(原文为"小伯",伯通霸)的国君是齐僖公以及他的父亲齐庄公,而并没有郑庄公。这种看法其实不无道理:

首先,郑庄公在处理国际事务时倾向于用强力压服解决问题,而且晚年对抗王师讨伐、射伤周桓王,直接违背了后世公认的霸主"尊王"原则。齐僖公虽然长期与郑庄公联手,但却从来没有对抗、欺凌王室的"不良记录",而且比郑庄公更加热衷于通过会盟等政治手段处理国际事务,更容易获得诸侯拥戴。可以说,郑庄公"武小霸"有更多的"强横霸

及平王之末,而秦、晋、齐、楚代兴:秦景、襄于是乎取周土,晋文侯于是乎定天子,齐庄、僖于是乎小伯,楚蚡冒于是乎始启濮。

153

道"的意味;而齐僖公"文小霸"则真有后来齐桓公、晋文公担当诸侯之长,管控中原国际秩序的风范。

其次,郑庄公去世后,他苦心经营的强势郑国随即陷入内乱,再也没有机会成为主导中原国际事务的大国。齐僖公去世后,他所开创的"小霸"事业在齐襄公时期没有中落,并最终发展壮大成为尊王攘夷、存亡继绝、诸侯拥戴、名垂青史的齐桓霸业。如果从后续发展的角度去衡量的话,郑庄公"小霸"由于根基薄弱、缺乏长远安排,可以说是"其兴也勃焉,其亡也忽焉";齐僖公"小霸"则是齐桓"大霸"的茁壮幼苗,因此可以说是名正言顺的"小霸"。

此外,虽然我们从《左传》里只能读到齐僖公的"小霸"事迹,《国语·齐语》记载却表明,当时的人们认为,齐国霸业的起点应该再往前追溯至齐僖公的父亲齐庄公。齐庄公是周代在位时间最长的国君之一(与春秋晚期的宋景公并列第一),他在前七九四年即位(周宣王三十四年),前七三一年去世(周平王四十年),在位长达六十四年,跨越了西周晚期和春秋早期。在这段时间内,关于齐国的记载只有一条,那就是前七六八年,周幽王被杀三年后,齐人攻灭了祝国。根据这仅有的两条信息,我们可以对齐庄公的统治进行如下推测:第一,齐庄公在位时间超长,而且传世文献对这段时间的齐国基本上没有记载,说明齐国在这段时间成功保持了稳定和发展;第二,齐人灭祝的史事表明,齐庄公抓住西周灭亡的契机开始了攻灭小国、开疆拓土的行动;第三,齐庄公对君位继承安排妥当,去世后没有出现争权内乱。正是这六十四年的休养生息,为齐僖公在春秋早期开始谋求主导国际事务打下了坚实的基础。从这个角度说,齐国小霸之君包括齐庄公,是非常恰当的。

齐桓

开创霸主管控的中原国际新秩序

寡人兵车之会三，乘车之会六；九合诸侯，一匡天下。昔三代受命，有何以异于此乎？

——齐桓公

齐桓霸业的奠基

"无常"齐襄公的功绩

在齐襄公统治期间，企图与之争霸的鲁桓公被以谋杀方式直接消灭，阻碍齐国向东拓展领土的纪国也被吞并。以"无常"著称、自己也不得好死的齐襄公实际上是一位很有成就的小霸之君，替后来的齐桓公走向称霸扫清了道路。在前两任国君的成就基础上，胸怀大志的齐桓公在国内重用管仲推行全面改革，在国际上"尊王攘夷""存亡继绝"，获得了中原诸侯的衷心拥护，最终得到周王室的正式认可，成为春秋时期最早得到公认的大国霸主。遗憾的是，齐桓公晚年用人出现严重失误，落得一个饿死宫中、尸腐生蛆的凄惨下场，又留下了众多庶子相互争斗，重蹈郑庄公去世后四子争权的覆辙，使得齐国国势转头向下，称霸的接力棒短暂地在宋襄公眼前晃了一下之后，最终落到了长期流亡在外的晋国公子重耳手中。

郑国两度内乱，昭厉二君并立

让我们从齐僖公去世的前六九八年接着往下

看。前六九六年,鲁、郑讨伐宋国。前六九七年,鲁、郑、纪联军又击败齐、宋、卫、燕联军。于是,前六九八年,宋人联合齐、卫[1]、陈、蔡[2]讨伐郑国进行报复。诸侯联军烧了郑都远郊东门,攻打东部郊区,夺取了牛首[3],前锋打到郑国太庙(郑桓公庙),抽取屋顶上的椽子带回国,作为宋都东南城门楼的椽子。

　　前六九七年夏天,郑国又发生了内乱。老臣祭足在驱逐郑昭公、拥立郑厉公之后,成为郑国无人可以匹敌的大权臣。然而,郑厉公并不是一个甘于做傀儡的君主,他认为祭足是自己最大的祸患,成功地说服了祭足的女婿雍纠,计划由雍纠出面在郊外宴请岳父祭足,然后在宴席上杀掉他。可是,雍纠保密不严,谋杀计划让他的妻子、祭足的女儿雍姬知道了。雍姬找机会回到娘家,问母亲(也就是祭足的妻子)说:"父亲和丈夫谁更亲?"母亲回答说:"任何一个男人都可能成为丈夫,父亲却只有一个,怎么能够相比呢?"雍姬认同母亲的意见,拿定了主意,于是告诉父亲祭足说:"雍纠不在家里而在郊外宴请您,我想不明白这件事,所以告诉您。"雍姬对母亲没有透露丝毫内情,对父亲说话也是含糊其辞,告密同时又十分注意自保,其心思缜密的程度是很多男子也达不到的。

人尽夫也,父一而已,胡可比也?(《左传·桓公十五年》)

① 卫见地图四"卫1"。
② 蔡见地图四"蔡1"。
③ 牛首见地图四。

祭足当然明白女儿是什么意思,于是先下手为强,杀了女婿雍纠,把尸体扔在都城南郊靠近桔柣之门的周氏之汪^①。五月,郑厉公收了雍纠的尸体装在车上逃出城,一边跑一边骂:"谋划让妇人知道了,死得活该!"六月二十二日,郑昭公回国重新即位。郑厉公在仓皇逃跑之时仍然不忘记带走雍纠尸体,足见他是个重情义之人,这也让我们可以理解为什么同年九月他能依靠老部下重新回到郑国。

如果一切按照郑庄公当年的安排进行的话,那么,前七〇一年郑庄公去世后,郑国派驻许国的监管大夫公孙获已经撤离。前六九七年,许叔抓住郑国内乱的时机,进入国都当上国君,就是许穆公。当年讨伐和处置许国的是齐、鲁、郑三国,如今郑国内乱自顾不暇,齐襄公、鲁桓公又都在积极谋求主导国际事务,于是两人在齐、鲁之间的艾地^②会面,商议如何稳定许国局势。这说明,齐、鲁两国已经不再计较前六九九年曾经交战的旧怨,为了共同利益又走到了一起。

郑厉公还是公子的时候,曾经做过郑都西南栎邑^③的长官。前六九七年九月,他依靠自己在栎邑的老部下杀掉了现任长官檀伯,进入栎邑,积极准备攻入郑都夺回君权。此时的郑国和分封曲沃国

① 汪,混水池。
② 艾见地图五。
③ 栎见地图四。

161

后的晋国相似,出现了郑昭公(在国都)、郑厉公(在栎邑)两个国君级政治人物并立的局面。十一月,鲁桓公、齐襄公、宋庄公、卫惠公、陈庄公在宋地衷^①会合,随后一同讨伐郑国,谋求赶走昭公,而把厉公重新扶上君位,没有成功。由此可见,在郑庄公去世后,中原诸侯承认的是出逃前已经在位四年的郑厉公,而不是在位四个月就被逐出的郑昭公。这次联合军事行动也再次表明,鲁、郑(厉公)与齐、宋、卫之间先前的对立关系已经得到和解。特别值得一提的是,诸侯撤军之时,宋庄公还为盘踞在栎邑的郑厉公提供了军事援助,郑昭公因此也不敢讨伐栎邑。

前六九六年,鲁桓公与宋庄公、蔡桓侯、卫惠公在曹国再次会面。同年四月,四位国君加上陈庄公率领联军讨伐郑国,再次试图支持郑厉公复辟,不过还是没有成功。

卫郑先后内乱,鲁桓公误判形势

前六九五年春,鲁桓公与齐襄公、纪哀侯在紧临齐国都城的黄邑会面,试图调停齐、纪之间的矛盾,同时与齐国商议如何应对前一年卫国发生的内乱。

当初,卫惠公的父亲卫宣公"烝"^②了过世父亲的妾夷姜,生下公子急,立为太子,嘱托给右公子职来教导。宣公派卿大夫为太子急到齐国娶妻,新妇到达卫国后,宣公觉得她很美,于是做了跟当年鲁惠公一样的决定(参见页130),把女子夺过来归了自己。这个后来被称为"宣姜"的女人生了公子寿和公子朔,把公子寿嘱托给左公子泄来教导,公子朔则由自己抚养。

宣姜深得宣公宠爱,夷姜绝望,上吊自杀。宣姜希望立自己生的公子朔为太子,于是母子二人想方设法在宣公面前构陷太子急。宣公相信了这些谗言,于是派太子急出使齐国,然后让贼人等在莘地[1],准备在路上截杀他,然后编造一个"太子急在出使途中被强盗杀害"的假消息遮掩过去,从而为立公子朔为太子铺平道路。

然而,左公子泄教导的公子寿却与右公子职教导的太子急交情深厚,他把自己母亲和兄弟的图谋告诉了太子急,劝他快走。太子急却不愿意,说:"父亲要我死,如果逃走抛弃父亲的决定,还用儿子干什么?逃走这种事情只有在没有父亲的国家才是正当的。"

公子寿知道无法说服自己这位认死理的异母哥哥,于是决定替他赴死。公子寿在太子急上路之前的饯行宴上将他灌醉,然后把太子急的旌旗插在自己车上,前往莘地,被只认旌旗的贼人杀害。太

① 莘见地图五。

163

子急酒醒后,明白了公子寿的意图,乘车随后赶到了莘地,对还没有离开的贼人说:"你们找的是我,这尸首有什么罪?请你们杀了我去交差吧!"贼人于是又把太子急杀了。

公子朔立为太子,于前六九九年即位,就是卫惠公。然而,在他的朝廷上,有两位心怀怨恨、密谋造反的臣子。到前六九六年十一月,左公子泄、右公子职发动政变,立公子黔牟为君,卫惠公出奔到齐国。所以,前六九五年鲁桓公与齐襄公在黄邑商讨的,就是如何将诸侯承认的"正牌君主"卫惠公送回国重新即位。

然而,齐、鲁之间既有合作,又有摩擦。前六九五年夏五月五日,鲁国、齐国的军队发生了边境冲突。当时齐国军队入侵鲁国边境,边疆官吏向鲁桓公请示如何应对。之所以要上报鲁桓公,很可能是考虑到当时齐、鲁关系良好,担心处置不当会引起外交争端。鲁桓公说:"边防事务,应该遵循的原则是谨慎地守好自己这一边,并防备意外事件发生。姑且尽力守备就是了。如果意外事件来了,该迎战就迎战,又何必请示呢?"

作为齐僖公的女婿,鲁桓公一方面与他的"大舅子"齐襄公密切合作,在国际事务中发挥重要作用;一方面在边境受到齐国入侵时坚决抵抗,维护

疆场之事,慎守其一,而备其不虞。姑尽所备焉。事至而战,又何谒焉?(《左传·桓公十七年》)

国家领土主权，思路清晰，分寸得当，颇有小霸之君的不凡格局。然而，鲁桓公误判了齐襄公做人做事的底线，而这个严重误判在一年后让他断送了性命。

同年，郑国再次发生动乱。郑昭公还是太子的时候，父亲庄公想要立高渠弥为卿，太子忽很厌恶高渠弥的为人，努力劝说父亲改变主意，没有成功。昭公即位后，高渠弥一直在担心国君会找机会罢黜甚至处死自己，于是决定先下手，在前六九五年十月二十二日和昭公一同外出打猎时，在野外用箭射杀了昭公（据《史记·郑世家》）。弑君之后，高渠弥和另外一位权臣祭足也不敢迎立厉公，而是拥立了昭公的弟弟公子亹为君。

鲁桓公身死齐都，齐襄公干预郑乱

前六九四年春，鲁桓公携夫人文姜前往齐国。出行前，鲁大夫申繻说："女的已有夫家，男的已有妻室，就不能再相互亵渎，这叫做有礼。如果违背了这个原则，一定会发生败乱。"申繻的话说明，当时鲁人对于齐襄公与文姜之间的奸情早已有所听闻。

到达齐都之后，多年未见的齐襄公与文姜旧情复炽，兄妹通奸。住在国宾馆的鲁桓公听闻了消

女有家，男有室，无相渎也，谓之有礼。易此，必败。（《左传·桓公十八年》）

165

息,情绪失控,把平时一直供着捧着的文姜给骂了一顿。向来备受父亲和哥哥宠爱的文姜哪受得了这个气,于是转头把鲁桓公骂自己的话转告给了齐襄公。阐释《春秋》的《公羊传》还很八卦地记载了文姜最为劲爆的一句话:"我老公骂我说:'太子同不是我的儿子,而是你哥的儿子吧!'"不过,从太子同后来的行为来看,这句话可能真的只是鲁桓公的一句气话,并没有实锤。

就这样,鲁桓公在一个错误的地点(齐国都城),以一种错误的方式(破口大骂)表明了自己无法容忍齐襄公和文姜的奸情。从私人情感论,齐襄公为了表现出对妹妹兼情人文姜的疼爱,必须要给鲁桓公一个像样的教训;从称霸事业论,鲁桓公这个不好惹的竞争对手已经被激怒,"放虎归山"必然会让齐国西进中原争霸的事业面临更大的挑战。公私两方面的考虑叠加,促使齐襄公决定抓住时机,痛下杀手。

夏天四月十日,齐襄公设享礼款待鲁桓公。在宾馆门口上车的时候,车上的陪乘齐公子彭生是个大力士,他伸手拉鲁桓公上车,一不小心"用力过猛"拉断了鲁桓公的脊椎,鲁桓公当场就死在了车里。

鲁人随后向齐国提出强烈抗议:"我国君主畏

惧贵国君主的威严，不敢在国内安居，来到贵国重修旧好。我国君主行礼完毕却没有返回，没地方可以追究罪责，在诸侯中造成了恶劣影响，请求惩办彭生来消除这种影响。"齐国于是杀了彭生来应付鲁国。

鲁桓公在齐国被杀，鲁国只是要求齐国惩处无足轻重的直接凶手，而不敢兴师问罪、揪出幕后真凶，这充分表明，鲁国实力不及齐国，无法支撑鲁桓公积极进取的政治抱负，齐国称霸道路上的又一个重大障碍被扫除了。

在杀害鲁桓公后，齐襄公趁热打铁，率领军队向西进发，试图强力干预郑国内政，进一步奠定他的"小霸"地位。秋天，齐国军队驻扎在卫地首止①，要求郑子亹前来说明情况。

据《史记·郑世家》记载，郑子亹和齐襄公都还是公子的时候，曾经发生过争斗，结有旧仇。祭足劝子亹不要前去赴会，子亹说："齐国强大，而厉公就住在栎邑，倘若不去，这人（指齐襄公）将率领诸侯讨伐我，而送入厉公取代我。我还不如去，去了为什么就一定受辱，而且又为什么会到您说的那种地步？"于是在高渠弥的陪同下去了。子亹到达首止后，看到旧日仇人，不愿低头谢罪，齐襄公发怒，在七月三日埋伏甲士杀了子亹，车裂了高渠弥。然

① 首止见地图四。

而,称病不去的祭足并没有屈服,他从陈国又迎回子亹的弟弟公子婴立为国君。

鲁桓公被杀后,文姜没有回国,前六九三年,年仅十三岁的太子同在父母都不在场的状况下成为继任国君,就是鲁庄公,没有举行即位典礼,也没有在太庙祭告先君。文姜在儿子即位后曾经短暂回国,三月又前往母家齐国,鲁、齐关系处于空前紧张的状态。

就在此时,一个棘手的问题摆在了刚上台的少年鲁庄公面前。按照先前达成的协定,想要通过"尊王"为自己的称霸事业"加分"的齐襄公已经获得周王室同意,将娶周平王孙女王姬为夫人,而鲁国是周王室当时任命的主婚国。如今,王室卿士单伯已经把王姬送到鲁国城外。按照常礼,鲁国应当将王姬接入国都安顿下来,然后在太庙举行仪式,将王姬交给齐国前来迎接的使臣。鲁国斟酌再三,一方面不愿意在太庙接待来自齐国的使者,另一方面又不愿意推卸为周王室主婚的责任,于是以国君仍在守父丧为由,在城外建造临时客馆安顿王姬,然后让齐人从城外自行接走新妇。周王室稍后派了卿士荣叔到鲁国,追赐了一道褒奖鲁桓公生前成就的策命,也算是表达了王室对鲁国君主横死的同情和抚慰。

同年冬天,齐人将王姬迎回国之后,全面启动吞并纪国的行动,派出军队将郱、鄑、郚^①三个纪国城邑的民众迁走,占领了这三个城邑。值得注意的是,齐国在纪国西部,而这三个城邑都位于纪国东部,也就是说,这时齐国对纪国已经构成两面夹击之势,纪国在劫难逃。

未亡人变身摄政,齐襄公平定卫乱

前六九二年时,文姜已经又回到了鲁国。从此以后,这位前半生沉溺于男人宠爱、背负着害死亲夫污名的先君夫人好像变了一个人,她没有选择安分守己地呆在鲁国后宫做一个“未亡人”了此残生,而是开始了她跌宕起伏的人生下半场。同年十二月,文姜与齐襄公在齐邑禚^②会面,传统说法认为二人会面的目的是通奸。实际上,文姜很可能是在鲁桓公守丧且因疑似杀父之仇而不能与齐襄公会面的特殊时期,担当起了类似摄政君的职责,全权代表鲁国与齐襄公直接会面,以改善关系、沟通信息、策划联合行动。此后的齐襄公—文姜会面也应属于这种情况。(详细分析参见页129)

前六九一年春,鲁卿公子溺率军会合齐国军队讨伐卫国^③,准备要送卫惠公回国复位。传统说法认为公子溺是未经鲁庄公允许而擅自出兵的,我认

① 郱、鄑、郚见地图五。
② 禚见地图五。
③ 卫见地图四“卫1”。

为这可能是前一年齐襄公和文姜会面时商定的联合行动。送卫惠公复辟是齐襄公作为"小霸"管控中原国际秩序的"重点项目",文姜希望鲁国能跟着齐国重新回到国际舞台,并在合作中逐渐实现齐鲁关系的正常化。

同年秋天,纪哀侯的弟弟纪季带着酅邑①归附齐国,从此纪国一分为二。冬天,鲁庄公到达郑邑滑②,准备与郑厉公会见,商议拯救纪国事宜。当时郑厉公在栎邑与国都内的郑子婴对峙,不能为了纪国而失去齐国这个大援,因此推辞不出来见面。

拯救纪国、使其免于被齐国灭亡是鲁桓公在世时一直想要成就的功业。三年之丧结束不久的鲁庄公试图联合曾与鲁桓公结盟的郑厉公救援纪国,虽然没有成功,却足以说明他与处于摄政地位的母亲文姜政见并不一致:文姜致力于改善齐、鲁关系,承认齐国的强势地位,可以说是鲁国高层"对齐亲善派"的代表;而鲁庄公想要继承父亲遗志谋求"小霸",此外还可能想要报杀父之仇,而这都意味着要与齐国竞争和对抗,可以说是鲁国高层"对齐强硬派"的主心骨。在齐襄公被杀之前,由于鲁国实力不及齐国,鲁庄公年少,而齐襄公"小霸"事业又进展顺利,因此以文姜为首的"对齐亲善派"整体上占上风。

① 酅见地图五。
② 滑见地图四"滑 1"。

170

虽然儿子在折腾,文姜仍然坚持不懈地全力推进"齐鲁亲善"大业。前六九〇年春二月,文姜在鲁邑祝丘[①]举办通常用于接待最高级别的享礼,隆重款待前来鲁国访问的齐襄公,两人第二次见面。如果说在齐国禚邑的会面还可以被解读成通奸的话,那么这次设享礼的祝丘之会除了解读为公开的外交活动,实在没有做其他的解读空间。此次会面应该是达成了两项成果:第一,鲁国承诺不再干预齐国吞并纪国的行动;第二,"对齐亲善派"将约束鲁庄公,不让他再跳出来救援纪国,并将在近期把鲁庄公拉到齐国开展高层交流活动,争取能早日做通鲁庄公的思想工作。

三月,纪国先君厉侯夫人纪伯姬(鲁女)去世。同年夏天,齐襄公、陈宣公、郑厉公在卫地垂会面,可能是就即将吞并纪国一事向陈国、郑国说明情况。随后,纪哀侯把国家政权让给住在酅的弟弟纪季,自己则弃国出走,不知所终。

《公羊传》认为,《春秋》将此事记载成"纪侯大去齐国",而不记载成"齐灭纪",是为齐襄公避讳,因为齐襄公为西周时期的远祖报仇是正当的行为。《公羊传》甚至提出,历代国君皆为一体,当代国君为先君报仇,即使中间隔了一百代,也是正当的行为。抗日战争期间,著名学者杨树达为鼓舞抗战士气,在

① 祝丘见地图五。

其阐释春秋大义的著作《春秋大义述》中将"荣复仇"放在开篇第一条，提出"《春秋》荣复仇，复国仇者贤之。国仇不可并立于天下，虽百世可复也"，他所依据的正是《公羊传》对齐灭纪一事的评述。

纪哀侯出走之后，纪国主体正式被齐国吞并，不过纪国的宗庙祭祀并没有被毁，而是转移到了酅，由纪季继续维持。六月二十三日，齐襄公为纪伯姬举行葬礼。齐襄公号称为了报先君大仇而灭纪国，采取以兵威相逼而不动武，待纪哀侯"自行出走"后和平接收的方式完成此事，允许纪季在酅以附庸国的形式延续纪国宗庙祭祀，并且以礼安葬纪国先君夫人，说明他想把这件灭同姓诸侯的事包装成"以兵威报先君大仇，以仁德存亡国宗祀"的正义行动，从而向天下表明，自己具备成为霸主的"威"和"德"。

前六九〇年冬天，根据文姜—齐襄公祝丘之会的安排，鲁庄公在齐国禚邑与"齐人"（有人说是齐襄公，有人说是齐国大夫）一起狩猎。挑选禚邑这个文姜与齐襄公在鲁桓公死后首次公开会面的地方作为狩猎地点，很可能是具有象征意义的。可以想见，当时鲁庄公应该是被迫参加的。

前六八九年夏天，齐襄公率军向东进发，文姜前往齐军营地与他会面。冬天，鲁庄公参与齐、宋、陈、蔡①联军讨伐卫国,这应该是落实同年夏天齐襄公—文姜会面达成的共识,而鲁庄公可能是怀着一种比较复杂的心情参与此事:一方面他可能想要参与这种多国军事行动来锻炼和提升自己,另一方面他又不得不与仇敌齐襄公为伍。

前六八八年春天,王室大夫子突率军救援卫国,可见当时王室支持黔牟,不过这种支持在诸侯眼里已经没有任何威慑力可言。夏天,诸侯将卫惠公送入国都。卫惠公把黔牟流放到周王室,把黔牟党羽宁文仲流放到秦国,杀了左公子泄、右公子职,才坐稳了君位。这年冬天,在文姜的请求下,齐国人将一部分从卫国获得的宝物送给鲁国,以进一步改善两国关系。

自前六九六年左、右公子作乱而立公子黔牟,卫惠公出奔开始,齐襄公就一直在积极推动讨伐卫国乱臣、帮助卫惠公复辟之事,到本年终于成功,这是他"小霸"的一项重大成就。特别重要的是,此次齐国主导、诸侯参与的武装复辟行动之后,重新上位的卫惠公又在位十八年,寿终正寝,可以说是达到了惩治乱臣、稳定卫国政局的预期目标。这种行动之所以能够得到诸侯的支持和参与,是因为他们也希望自己万一在内乱中被逼出逃之后,能得到国际社会同样的帮助。

① 蔡见地图四"蔡1"。

173

在这里，我们可以回顾一下，当周王无力管控天下、废立诸侯之后，中原诸侯国是怎样一步一步摸索出了这种在强国领导下、通过武力废立君主来平定某国内乱的"自治"模式：

前七一〇年，宋卿华父督杀宋殇公、立宋庄公之后，齐、郑、鲁、陈四国君主在宋地稷会面，接受华父督重赂，承认内乱后的既成事实，虽然有维护周代宗法制的正当理由，但毕竟是无所作为。

前七〇二年，秦人将七年前被母亲驱逐的芮伯万送回芮国重登君位，可以说是在西部偏远地区发生的一次成功的小规模复辟"试验"，对于中原国际局势应该没有什么直接影响。

前七〇一年，宋国劫持郑祭足、公子突，逼迫祭足回国废郑庄公而立郑厉公，虽然的确是在外国实力干预下进行的君主更迭，但其立场不正，结果也很糟糕，被拥立的郑厉公上台后第二年就反过来讨伐宋国，双方互相讨伐直到前六九八年，而前六九七年郑厉公又在内乱中被赶出了国都，郑国政局并没有得到稳定。

前六九四年，齐襄公杀了郑子亹，车裂了高渠弥，祭足另立郑子婴，虽然之后郑子婴在位十四年不可谓不久，但是诸侯想要拥立的其实是郑厉公，此后郑国二君并立（郑子婴 VS 郑厉公），局势并没有得到稳定。

直到本年，齐襄公率领诸侯通过废立君主、平定卫国内乱终于获得成功，可以说是明确了"霸政"的第五项主要任务——"平乱"。

前六八七年春，文姜与齐襄公在鲁邑(东)防会面；同年冬天，两人又在齐邑谷①会面，这两次会面很可能商定了鲁庄公将在明年帅军与齐军一同讨伐郕国。至此，文姜和齐襄公在六年间见了五次，每次会面之后，齐鲁之间必有实质性联合行动，充分体现了文姜"积极务实"的行事风格。

前六八六年春正月，鲁庄公率军队在郎地等待陈军、蔡军，这很可能是因为鲁庄公不愿意服从其母文姜的安排与齐军攻打郕国，而是自行联络了陈、蔡。然而，陈军、蔡军最终没来，鲁庄公只得在夏天与齐军共同包围郕国。郕国求和，但却只向"小霸"齐国投降，完全忽视了鲁国，鲁卿公子庆父请求讨伐齐国军队以示抗议，鲁庄公却很淡定地说："不行。是我缺乏德行，齐国军队有什么罪？被郕国蔑视的罪过是由我而来的。《夏书》说：'皋陶勉力培育德行，德行具备，别人自然降服。'姑且致力于修治德行来等待时机吧！"秋天，鲁国军队低调回国。没过多久，鲁庄公等待的"翻盘"时机真的来了。

《夏书》曰："皋陶迈种德，德，乃降。"姑务修德以待时乎！(《左传·庄公八年》)

① (东)防、谷见地图五。

齐桓霸业的启动

制服鲁国，鄄地始霸

　　关于齐桓公霸业的先秦传世文献记载有三个重要的来源，一是《左传》，二是《国语·齐语》，三是《管子》。

　　《左传》以编年史的方式，较为简明地记载了齐桓公在位四十三年间主导或参与的大部分国际事件，而对于这段时间内齐桓公和管仲领导核心的决策过程则只有很少的记载。《左传》所记载的史事，绝大部分可以认为是信史，或是依据信史整理而成。

　　《国语·齐语》以齐桓公、管仲治国理政言论为主干，主要记载了齐桓公在管仲辅佐下全面改革、修明内政的史事，而对国际层面的记载则比较简略。其中所记述的内容应该是有史实依据的，但应该是经过了较大的整理、修饰。

　　《管子》是齐国管仲学派从春秋到西汉时期积累的史料、轶事、论述总集，记载了大量归于管仲名下的治国思想、政策设计和改革实践。在《管子》丰富而繁杂的篇目中,集中记载了齐桓公和管仲改革决策过程和实施成效史事的是《大匡》《小匡》两篇。其中,《大匡》篇成文年代较晚,其所载史事常与《左传》相矛盾,不太可靠,但其关于齐桓霸业启动阶段的记载为其他文献所无;《小匡》篇很可能是在《齐语》基础上改写而成,但有些重要地方改错了,不如《齐语》年代早、可靠。①

综上所述,关于齐桓公霸业的较可靠记载,主要是《左传》和《齐语》两个版本。其中,《左传》版本国际详而国内略,而《齐语》版本国际略而国内详。这两部分的材料对于全面理解齐桓霸业都很重要,又难以强行扭合成为一体,因此,我们在"齐桓霸业的启动""齐桓霸业的转正""齐桓霸业的昌盛""齐桓霸业的盛极而衰"中将以《左传》记载为主体,某些缺失环节辅以《管子》里的史料,探究国际视野下的齐桓霸业,重在梳理会盟、征伐等大事;在"成就齐桓霸业的管仲改革"中再以《齐语》记载为主体,并与新出土文献中所记载的鲁国曹刿政治和军事理念相比较,探究国内视野下的齐桓霸业,重在梳理齐桓公和管仲改革的决策与实施历程。

齐襄公遇刺身亡,鲁庄公翻盘未遂

正当齐襄公在"小霸"之路上大踏步前进的时

① 关于《大匡》《小匡》《国语·齐语》可信度的比较,参见胡家聪:《〈管子〉中"王、霸"说的战国特征——简论〈管子〉并非管仲遗著》,《管子学刊》1992 年第 3 期。

候，他的末日降临了。前六八七年秋天，齐襄公派两位大夫连称、管至父去戍守都城附近的葵丘。当时正是瓜熟时节，襄公承诺说"明年瓜熟的时候就派人来替代你们"。到了前六八六年瓜熟之时，襄公没有派人来。两人请求派人接替，襄公也不答应。两人觉得被襄公欺骗了，于是密谋作乱。齐僖公的胞弟夷仲年生了儿子公孙无知，很得僖公宠爱，服饰、待遇都与太子诸儿（齐襄公）没有两样。齐襄公即位之后，降低了公孙无知的待遇，让他十分不满。于是连称、管至父联络了公孙无知共同作乱，准备事成后奉公孙无知为国君。连称有个表妹在公宫，不受襄公宠爱。公孙无知让她刺探襄公的情况，许诺说："事成之后，我立你做夫人。"

冬十二月，齐襄公到姑棼游玩，然后在贝丘狩猎，看到一只大野猪。一个随从突然说："这是公子彭生显灵啊！"襄公发怒说："彭生胆敢出现！"于是一箭射过去，中箭的野猪像人一样站了起来啼叫。襄公害怕了，从车上掉了下来，摔伤了脚，鞋也掉了，于是草草结束了狩猎回到国都。回来以后，襄公责令徒人费把鞋子找回来。徒人费没有找到，气急败坏的襄公就拿鞭子抽他，背上都见血了。

与此同时，连称表妹等潜伏在公宫中的乱党探子侦知了齐襄公受到公子彭生"化身"惊吓、狩猎受伤之事，迅速地把消息传了出来。乱党认为时机一到，于是迅速武装起来，向公宫杀去。被齐襄公鞭打的徒人费刚一出门，就遇见了正往公宫里闯的乱党贼人。贼人劫持了徒人费，把他捆了起来。徒人费说："我怎么会抵抗你们呢？"于是脱下上衣给贼人看自己刚被襄公打伤的背，贼人相信了他。徒人费请求先进去捉拿襄公。等徒人费真的进去后，他先把襄公藏好，然后出来与贼人打斗，死在门中。另一位侍者石之纷如死在台阶下。贼人闯入寝室，杀死了躺在床上的孟阳，然后发现死者长得并不像襄公。这时，有一个贼人看见门下面有一双脚，于是把襄公从门后拖出来杀掉了，立了公孙无知做国君。

然而，到了前六八五年春天，公孙无知到雍林游玩，被以前他虐待过的雍林大夫给杀掉了。据《史记·齐太公世家》记载，雍林大夫杀公孙无知之后，通告国都内的卿大夫们说："无知弑襄公自立为君，臣谨执行诛杀。希望大夫们另行拥立公子中应当继位的人，我一定听从大夫们的命令。"

齐僖公有三个儿子，长子诸儿（日后的齐襄公）、次子纠、三子小白。诸儿已死，当时可能成为嗣君的公子有公子纠、公子小白两位。据《管子·大匡》的记载，鲍叔、管仲、召忽是齐国三位能臣，在齐僖公执政时期就互相欣赏、关系密切,可以说是一个"三人帮"。在诸儿、纠、小白都还是公子的时候,僖公指派鲍叔辅佐公子小白,指派管仲、召忽辅佐公子纠。鲍叔推辞,称病在家不出门。管仲和召忽去看望他,三人之间有如下的商议:

管仲、召忽问:"为什么躲在家里不出来?"

鲍叔说:"先人有话说:'没有比父亲更了解儿子的,没有比君主更了解臣子的。'现在君主了解到我不像先人那样有才能,因此让我去辅佐最没有前途的小白。我知道自己被君主抛弃了。"

召忽对鲍叔说:"你坚决推辞,不要出门,君主要是问起,我就说你病得要死了,一定能让你免于辅佐小白。"

鲍叔对召忽说:"你如果能这样帮忙的话,我哪里还会不被免除这项差事的呢?"

管仲对鲍叔说:"你这样想不对。我们这样支撑国家社稷宗庙的人,不应该推让君主吩咐的政事,不应该贪图空闲。将来到底谁将继承君位,现在还没法知道。你还是出来承担这项任命为好。"

召忽对管仲:"你给鲍叔的建议不对。我们三个人对齐国来说,就像大鼎有三只脚一样,如果去掉一只,齐国这个大鼎就立不住了。依我看,母亲已死、无依无靠的小白一定不会成为继承人。"

先人有言曰:"知子莫如父,知臣莫如君。"

持社稷宗庙者,不让事,不广闲。

管仲对召忽说："你的分析不对。那国人憎恶公子纠的母亲（鲁女），这种憎恶会波及公子纠自身；与此同时，他们又怜悯小白没有母亲。诸儿虽然年纪最长但是品行低下，以后是否能继位为君还说不好。那真正安定齐国的公子，不是纠或小白的话，就没有别人了。小白这人没有和他年龄相符的小聪明，性急而有超过他年龄的远大思虑，不是我夷吾没人能够包容他。如果日后上天不幸降祸给齐国，纠即使被立为君主，也最终成不了，到时候不是辅佐小白的你安定社稷，还会是谁呢？"

召忽说："我们君主去世后，如果有人冒犯我们君主的命令而废掉我所拥立的，夺走我的主子纠的话，即使让我得到整个天下，我也不会苟活。承受君令而不改变主意，事奉所拥立的而不废弃，这就是我将遵循的道义。"

管仲说："我夷吾作为君主的臣子，承受君主的命令，重要的是供奉社稷，保护宗庙，哪能为了一个公子纠而死呢？如果社稷被攻破，宗庙被毁灭，祭祀被断绝，那我夷吾会拼死救护。如果没发生这三件事，那我夷吾得活下去。我夷吾活下去对齐国有利，我夷吾死了对齐国不利。"

鲍叔问："你们分析了这么多，那我到底该怎么办呢？"

小白之为人无小智，惕而有大虑，非夷吾莫容小白。

夷吾之为君臣也，将承君命，奉社稷以持宗庙，岂死一纠哉？

管仲说:"你出门上朝,尊奉君主的命令就可以了。"

鲍叔答应了,于是出来遵奉君令,做了公子小白的辅相。

齐襄公即位之后,他"无常"的执政风格引起了公子纠和公子小白的担忧,害怕日后被内乱波及,于是管仲、召忽奉公子纠出奔到鲁国,鲍叔奉公子小白出奔到莒国。公子纠是小白的哥哥,他的母亲是鲁国公室女子,在宗法上讲是君位的第一顺位继承人。公子小白的母亲是卫国公室女子,受到齐僖公宠爱,他自己估计从小也"子以母贵"沾了不少光;他自己的党羽除了鲍叔、召忽之外,还有宾须无、隰朋;他在国内得到上卿高氏、国氏的器重,在国外得到卫国、莒国的支持。

隐忍已久的鲁庄公得知无知死讯后,立即行动起来,要把自己掌握的公子纠送回齐国即位。如果此次武力干预齐国内政的行动得手,那么鲁庄公将得以洗刷君父鲁桓公被齐人害死的奇耻大辱,让鲁国在齐、鲁竞争中一举成为占上风的一方。由此可见,在庄公心里一直燃烧着继承父亲桓公遗志的火焰,他在表面上低调积德,先前还与齐人共猎、共同讨伐卫国,而实际上一直在等待时机"翻盘",制服齐国,进而争霸中原。与此同时,高氏、国氏也马上派密使前往莒国,召他们所器重的公子小白回国即位。

鲁庄公首先在鲁地蔇^①召集会议,与齐国倾向于拥立公子纠的大夫们结盟,然后一面亲自率领军队护送公子纠进入齐国,一面派公子纠的师傅管仲率军奔赴齐、莒交通要道堵截小白。管仲一箭射中小白的衣带钩,小白顺势倒在车中装死。在管仲离开之后,小白马上换乘四边有遮蔽、可供睡卧的车中快速前行。管仲将小白已死的消息快马加鞭回报给鲁国,鲁国送公子纠的队伍因此不急不忙地赶路,花了六天才到达齐国都城附近,此时小白已经进入国都,被以上卿高傒为首的齐国卿大夫们拥立为国君,就是齐桓公。

齐桓公即位之后,立即派出军队与入侵的鲁军在国都附近的干时^②交战。在这场决定性的战役中,鲁军大败,鲁庄公丢下自己的战车,坐着另外一辆快车逃回国。

齐桓公迎回管仲,奠定霸业胜局

关于此后发生的事情,《左传》《国语·齐语》《管子·大匡》提供了三个各不相同的版本。实际上,《管子·小匡》还记载了第四个版本,有学者认为是在《国语·齐语》基础上扩写而成的。限于本

① 蔇见地图五。
② 干时见地图五。

书篇幅,这里将前三个版本罗列如下:

《左传》版本

击败鲁军之后,鲍叔率领齐军来到鲁国,提出:"公子纠是我国君主的亲人,我国君主不忍下手,请贵国君主代为诛杀。管仲、召忽是我国君主要惩处的仇人,我国请求接受他们回国接受惩处才甘心。"

鲁国于是在生窦杀死了公子纠,召忽也随他的主子而死。管仲请求被囚禁起来,鲍叔接受了囚车回国,一到齐、鲁边境齐国一侧的堂阜①就把他放了出来。鲍叔回到国内后报告说:"管夷吾的治国才能超过高傒,让他做相国是可以的。"齐桓公听从了鲍叔的意见。

《国语·齐语》版本

齐桓公从莒国返回齐国当了国君之后,任命师傅鲍叔为太宰。鲍叔推辞说:"我只是君主的一个平庸臣子。君主给臣下恩惠,使臣下不挨冻受饿,就已经是君主的恩赐了。如果一定要治理国家,那就不是臣下所擅长的。若一定需要治理国家的大才,那么大概只有管夷吾了。臣下有五个方面不如管夷吾:宽厚慈惠安抚民众,臣下不如他;治理国家不失权柄,臣下不如他;忠实诚信能够团结百姓,臣下不如他;制定礼义规范能够让四方民众效法,臣

① 生窦、堂阜见地图五。

184

下不如他；手持鼓槌立在军门前击鼓指挥作战，使百姓加倍勇猛，臣下不如他。"

桓公说："那个管夷吾曾经用箭射中了寡人的衣带钩，寡人因此险些丧命。"鲍叔回答说："那是为他的主子（指公子纠）出力啊。君主若赦免他，让他回来，他也会那样为君主出力的。"

桓公问："怎么做呢？"鲍叔说："请求鲁国放人。"

桓公说："施伯是鲁君的谋臣，他如果知道我将起用管夷吾，一定不会放还给我们的。那可怎么办？"鲍叔回答说："派人向鲁国请求说：'我国君主有个不善的臣子在贵国，想要在群臣面前处死他以儆效尤，所以请求把他交还给我国。'这样鲁国就会把他交给我们了。"

桓公派人到鲁国请求送回管仲，就像鲍叔说的那样。鲁庄公询问施伯如何处置这件事，施伯回答说："这不是要处死他，而是要起用他来执政。那管子，是天下的奇才；他所在的国家，一定会在天下实现远大志向。让这人在齐国，必将会长久地成为鲁国的忧患。"庄公说："怎么办呢？"施伯答道："杀了他而把尸体交还给齐国。"

庄公准备杀死管仲，齐国使者请求说："我们君主想亲自处决他，如果不能得到活人带回去在群臣

臣之所不若夷吾者五：宽惠柔民，弗若也；治国家不失其柄，弗若也；忠信可结于百姓，弗若也；制礼义可法于四方，弗若也；执枹鼓立于军门，使百姓皆加勇焉，弗若也。

面前施刑,还是没能达到我们的请求。请让他活着回去。"于是庄公派人把管仲捆缚起来交给齐国使者,齐使接受了管仲之后就退下了。

《管子·大匡》版本

桓公向鲍叔:"将如何安定社稷?"鲍叔说:"如果能得到管仲和召忽,社稷就能安定。"

桓公说:"可是夷吾和召忽是试图杀死我的贼人。"鲍叔于是把三人先前商议的内容(参见页180)告诉齐桓公。

齐桓公知道了当年管仲很看好自己,还劝说鲍叔做自己的辅相,心意发生大转变,问道:"那么能得到这两个人吗?"鲍叔说:"如果赶紧去召请就可以得到,如果不赶紧的话就得不到了。那鲁国大夫施伯知道夷吾的聪慧,他的图谋必将会促使鲁国把国政交给夷吾治理。夷吾如果接受,那他们就知道能削弱齐国了;夷吾如果不接受,那他们就知道他恐怕会返回齐国效力,必定会杀了他。"

桓公说:"那么夷吾将接受鲁国的政事吗?还是不接受?"鲍叔回答说:"夷吾不会接受。夷吾不为公子纠而死,是想要归国效力安定齐国的社稷。如果今天接受鲁国政事,那就是要削弱齐国。夷吾事奉齐国君主没有二心,即使知道会被杀死,也必定不会接受。"

桓公说:"他对待我,竟然会到这种程度吗?"鲍叔回答说:"不是为了君主,而是为了先君世代建立的功业。他跟君主的关系还不如跟公子纠的关系亲近。他不为公子纠去死,何况是君主呢?君主如果想要安定齐国的社稷,就赶紧去迎接他。"

桓公说:"恐怕来不及了,怎么办?"鲍叔说:"那施伯的为人,机敏而多畏忌。君主要是先要求鲁国活着送回管仲,施伯担心与齐国结怨,一定不敢杀了管仲。"桓公说:"好的。"

与此同时,施伯进宫对鲁庄公说:"管仲有才智,他的事业现在又不成功,如今在鲁国,请君主把鲁国的政事交给他治理。他如果接受了,齐国就可以削弱;如果不接受,就杀了他。杀了他以取悦齐国,表示与齐国同怒,比不杀更好。"鲁庄公说:"好的。"

鲁国还没来得及交付政事给管仲,齐国使者就到了,转述齐桓公的话说:"夷吾和召忽,是寡人要惩处的贼人。如今在鲁国,寡人希望能得到他们的活口,如果得不到的话,那就是鲁君和寡人的贼人朋比为奸。"鲁庄公问施伯,施伯说:"君主交给他吧。臣下听说齐君性急而容易骄傲,即使得到贤人,怎能一定任用他们呢?如果齐君能任用他们,管子的事业就成功了。那管仲,是天下的大圣贤。

如今他如果返回齐国执政，天下的诸侯都将归顺，哪里仅仅是鲁国？如今要是杀了他们，他们都是齐君师傅鲍叔的挚友，鲍叔将因此而兴师问罪，君主一定无法抵御，不如交还两人。"

鲁庄公于是捆绑了管仲和召忽交给齐国使者。管仲对召忽说："你害怕吗？"召忽说："害怕什么呢？我不早死，就是在等待齐国有安定的局面；如今已经安定了，如果令你做齐国的左相，必定令我召忽做齐国的右相。但是，杀了我辅佐的君主候选人公子纠而又任用我自己，这是两次侮辱我。你成为生臣，我召忽成为死臣吧。我召忽明知将得到万乘大国的政事却自杀，公子纠可以说是有为他赴死守节的臣了。你活下来而能辅佐君主称霸诸侯，公子纠可以说是有生存下来立功的臣了。死者成就德行，生者成就功名。功名不可能两属于死者和生者，德行也不会凭空而来。你一定要努力，我们死生各得其所。"于是两人就上路出发，进入齐境后，召忽自刎而死，管仲进入国都。

综合比较这三个版本，我们可以归纳出一个"最大公约数"版本，这很可能是当时不同版本的流传者都不能违背的基本事实：

鲍叔劝说齐桓公捐弃前嫌，迎回管仲（可能还有召忽）为新政权服务，并且针对鲁国大夫施伯可

子为生臣，忽为死臣。忽也知得万乘之政而死，公子纠可谓有死臣矣。子生而霸诸侯，公子纠可谓有生臣矣。死者成行，生者成名，名不两立，行不虚至。子其勉之，死生有分矣。

能的阻挠进行了谋划。施伯请求鲁庄公要么重用管仲，要么杀了他，却被齐国使者占得先机，计策落空。管仲被捆绑/囚禁起来交给齐国使者，回到齐国效力，启动全面改革（详情见"成就齐桓霸业的管仲改革"章）；而召忽则追随自己的主子公子纠而自杀。

在管、鲍、召"三人帮"里，管仲才识超群，不拘小节，是定国安邦的大才；召忽忠义至上，宁愿自杀也要保全自己纯洁无瑕的德行；而鲍叔的"亮点"则在于他对管仲坚定不移的赏识、理解和支持。《史记·管晏列传》记载了管仲功成名就之后评价鲍叔的一段话："我当初穷困的时候，曾经和鲍叔一起经商，分财利时经常多给自己，但鲍叔并不认为我贪财，知道我这样做是因为贫困。我曾经为鲍叔谋划事情结果却更糟糕，但鲍叔并不认为我愚笨，知道这是因为时机有利有不利。我曾经三次做官，三次被君主驱逐，但鲍叔并不认为我没有才干，知道这是因为我没有遇到好时机。我曾三次作战，三次都临阵逃跑，但鲍叔并不认为我胆小，知道这是因为我还有老母亲要照顾。公子纠失败，召忽为他而死，而我被囚禁起来受屈辱，但鲍叔并不认为我不知羞耻，知道这是因为我不以小节为耻，而以功名不显扬于天下为耻。生我的是父母，懂我的是鲍子。"

生我者父母，知我者鲍子也。

曹刿一战成名，鲁庄公全力争霸

前六八四年春正月，在前一年成功击退鲁国入侵，并入侵鲁国逼死公子纠、夺回管仲之后，齐国军队出兵正式讨伐了鲁国。虽然鲁国的确理亏，实力不济，接连战败，鲁庄公却并不打算求和，而是准备迎战。这时候，一位叫作曹刿的士人请求进见献策。友人劝曹刿说："国家大事，自有肉食者①去谋划，你又何必去掺和呢？"曹刿说："肉食者鄙陋，不能深谋远虑。"于是他神奇地获准进入公宫，见到了鲁庄公，问庄公凭借什么迎战齐军。

鲁庄公说："我所喜爱的衣服饮食，不敢专有独享，一定分给身边的人。"曹刿说："这类小恩惠不可能遍及广大民众，民众不会因此服从的。"

鲁庄公说："祭祀用的牲畜、玉帛，我不敢妄自增加来粉饰太平，一定以诚信的态度对待神灵。"曹刿说："祝史祭祀时这点小诚信也不能取信于神灵，神灵并不会降福保佑。"

鲁庄公说："大小刑狱案件，我即使不能保证明察秋毫，也一定尽力按照实情进行裁断。"曹刿说："这是算得上'忠'②的善行，可以凭借这个与齐国一战。等到交战的时候，我就请求跟随您。"

鲁庄公于是与曹刿一起乘车迎战，两军在鲁地长勺①摆开了阵势。这次战斗本来是按照周代军礼的规矩来打的，也就是双方必须同时击鼓，车兵才能冲锋交战。鲁庄公准备击鼓，曹刿说："不要击鼓!"齐人击鼓到了第三次，曹刿说："可以击鼓了!"于是两军击鼓交战，齐军大败。

这时，鲁庄公准备率军追击，曹刿说："不要追击!"他在车上向下看齐军战车留下的车辙，又登上战车前方的横杠、手扶车盖远眺齐军，然后说："可以追击了!"于是鲁军追击齐军，进一步扩大了战果。

战斗结束后，鲁庄公问曹刿在战场上为何那样指挥。曹刿说："那作战，靠的是勇气。第一次击鼓振作勇气，第二次时就衰减了，第三次时就衰竭了。对方三次击鼓后勇气衰竭时，我们首次击鼓勇气充盈，所以打败了他们。那大国，难以捉摸，担心有埋伏。我察看他们的车辙混乱，远望他们的旗帜倒伏，确认不是假装撤退，所以建议追击。"

"曹刿论战"的故事我们都很熟悉，但是它的时代背景却值得我们进一步探究。两年前"小霸"齐襄公暴亡，一年前公孙无知被杀，齐国是否有可能步郑国后尘陷入长期内乱局面，从而退出争霸舞台？鲁庄公在公孙无知去世后断然出兵干涉齐国内政的举动表明，他非常想抓住齐国动乱的机会，

夫战，勇气也。一鼓作气，再而衰，三而竭。彼竭我盈，故克之。夫大国，难测也，惧有伏焉。吾视其辙乱，望其旗靡，故逐之。

① 长勺见地图五。

191

继承父亲鲁桓公的雄心壮志,试图成为下一个中原"小霸"。要成就霸业,最关键的就是人才,特别是具有奇才大略的辅相。曹刿正是抓住了鲁庄公错失管仲之后"求贤若渴"的时机,勇敢地闯入了公宫,而鲁庄公也正是在这种心态的驱使下,破格重用曹刿这样一位出身卑微但在他看来胆识出众的奇才。

那么,齐国为什么没有步郑国后尘,陷入长期内乱?最重要的原因可能就是两国在君位继承上的境遇很不相同。郑庄公去世前,没有为稳定太子忽的君位做好妥善的安排,太子忽、公子突、公子亹、公子婴四兄弟都有党羽拥立自己。老臣祭足曾一针见血地向太子忽指出,"其他三位公子都可能做国君",而在之后的二十年里,国君的位子的确就是在这四兄弟之间被争来抢去,造成郑国政局的长期动荡。而齐僖公去世后,齐襄公顺利继位,并以其"无常"的强悍执政风格逼走了自己的两个弟弟,在客观上保证了自己君位的安全。在齐襄公被杀后,公孙无知、公子纠先后被杀,因此当齐桓公上台时,国内已经没有其他强势公子和公孙可以与他竞争君位,这为齐桓称霸提供了坚实的"组织保障"。

鲁国在击退齐国之后,在二月主动出击入侵宋国,原因不明。三月,宋国也实施了蓄谋已久的扩张计划,将毗邻小国宿国①的民众迁走,并占领了宿国领土。可见,一旦没有了"小霸"强国的管控,诸侯们马上又躁动了起来。

齐国在长勺被击败后并没有死心,而是纠集了刚被鲁国入侵的宋国,又卷土重来。夏六月,齐军、宋军进攻到了鲁都南郊的郎邑。鲁大夫公子偃说:"宋军军容不整,可以被打败。宋军一旦失败,齐军一定会回国。我请求率军出城攻击宋军。"鲁庄公没有答应,他当时可能倾向于坚守不出。公子偃从南城西门偷偷出来,率领一支军队蒙上老虎皮偷袭宋军。鲁庄公得知后,也将计就计率军跟进,在乘丘大败宋军,齐军不得不班师回国。可见,自从曹刿长勺之战以诈谋取胜之后,鲁军中出现了一种藐视君威、热衷于"战法创新""出奇制胜"的风气,而急于求胜争霸的鲁庄公对这种风气采取了一种默许甚至迎合的态度。

在接连战胜齐国、宋国之后,鲁庄公对参与争霸有了更大的信心,从此之后,内政层面并没有什么实质性提升的鲁国走上了靠"曹氏战法"在东北(对齐)、西南(对宋)两线作战的穷兵黩武之路。

楚国强势崛起,伺机北上争霸

前六八四年,位于中原南部边缘的蔡国②与南

① 宿见地图五。
② 蔡见地图六"蔡1"。

方新兴强国楚国发生了第一次强烈碰撞。先前,蔡哀侯和息侯(息国君主)分别从妫姓陈国娶了一位公室女子为妻。息妫(息侯妻子)从陈国出发前往息国①,在路过蔡国的时候,蔡哀侯说,"这是我妻子的姐妹",留住息妫,要与她相见。见面时,蔡哀侯对息妫有"不以宾礼相待的行为"。根据清华简二《系年》的记载,蔡哀侯实际上可能是"把她当了一回妻子",也就是强奸了息妫。

息侯受此奇耻大辱,实在无法容忍,于是派人告诉楚文王说:"请您来讨伐我,我将向蔡国求救,而您就趁机讨伐蔡国。"致力于向淮水流域侵略扩张的楚文王自然不会放过这样的机会,起兵讨伐息国,息侯向蔡国求救。蔡哀侯率军救援息国,文王在莘地②打败了蔡军,俘获了蔡哀侯,带回到楚国。

鲁史《春秋》将此事记载为"荆败蔡师于莘"。楚人所在地域的土著部族被中原人称为"荆蛮",而楚人自称"楚"。鲁人明知楚人国号,却在史书中使用"荆"这个称呼,这说明鲁人仍然将楚国看作是一个蛮夷之邦。

这里我们的视线要暂时离开中原,回顾一下春秋初期楚国在南方的发展。在本年之前,楚国利用王室衰颓、中原骚动的"战略机遇期"僭位称王,并在楚武王、楚文王的领导下,专注于攻伐周边小国

① 息见地图六。
② 莘见地图六。

194

和散居蛮夷，在各个方向上全面谋求扩张。仅就《左传》《史记》记载而言：

前七〇六年，楚君熊通率军讨伐随国①，没有成功。据《史记·楚世家》记载，熊通迫使随国派使者到周王室，为自己请求尊号，遭到王室拒绝。随国是周王室当年在南方分封的重要姬姓国家，所谓"汉东之国随为大"（《左传·桓公六年》）。

前七〇四年夏，楚君熊通在沈鹿会合附近小国，黄国②、随国没有与会。熊通派使者斥责黄国，并率军讨伐随国，取得胜利，与随国结盟而还。据《史记·楚世家》记载，这一年熊通自立为王，就是楚武王，并开始开辟楚国以南百濮部落散居的地区。

前七〇三年，位于楚国西北的巴国派使者韩服前往楚国，希望在楚国协助下与邓国交好。楚武王派道朔带领韩服前往邓国访问。在路过邓南部属国鄾③时，鄾人劫杀巴、楚使者，掠走财礼。武王派使者谴责邓国，邓国不接受。夏，楚军、巴军包围了鄾，邓国派出军队救援，双方交战，邓军大败，鄾人夜晚溃散。

前七〇一年，楚莫敖④屈瑕率军东进，准备与贰国、轸国结盟。郧国出兵阻挠，并召集随国、绞国、州国、蓼国⑤前来共同讨伐楚军。楚军打败郧军，其他四国知难而退，楚国与贰国、轸国结盟而还。

① 随见地图六。
② 沈鹿、黄见地图六。
③ 邓、鄾见地图六。
④ 莫敖，楚外朝官，此时权力仅次于楚王，后降至左司马之下，职掌率师征伐。
⑤ 贰、轸、郧、绞、州、蓼见地图六。

195

前七〇〇年，楚莫敖屈瑕讨伐绞国大获全胜，逼迫绞国与其订立城下之盟。

前六九九年，他再次率军讨伐罗国[1]，因轻敌不设防备而遭致惨败，最后上吊自杀。

前六九〇年，楚武王再次率军讨伐随国，在军中病逝，莫敖屈重假托王命与随侯结盟。

前六八八年，楚文王率军讨伐申国[2]，前六八七年又率军讨伐邓国。

到了前六八七年的时候，楚国的扩张已经不可避免地压迫到中原，而就像我们后面会看到的那样，随着楚国对中原威胁的日益加剧，"攘楚"也逐渐成为齐国称霸过程中"攘夷"战略的重要组成部分。

齐桓公平定宋乱，鲁庄公争霸梦碎

现在让我们的思绪重新回到中原。先前齐桓公出逃时曾路过谭国[3]，谭国对他不加礼遇。后来齐桓公即位后，附近诸侯都派人前来祝贺，谭国也没有动静。冬十月，齐国以此为由，出兵灭了谭国。

自齐桓公上台以后，不到两年时间，齐军四次出击，使鲁国不敢再觊觎齐国内政，并且攻灭了谭国，充分彰显了齐国的武力，稳定了君位，开拓了疆土。

前六八三年夏五月，宋国为报复前一年乘丘战败而入侵鲁国，鲁庄公率军抵御，宋军还未列阵完

① 罗见地图六。
② 申见地图六。
③ 谭见地图五。

毕鲁军就冲上前去,在鄑地①大败宋军。从作战风格来看,此次战斗很可能是曹刿指挥的。长勺之战时,鲁军靠在击鼓进攻时故意拖延战胜齐军;乘丘之战时,鲁军靠蒙虎皮夜袭战胜宋军;此次,鲁军又靠在进攻时"抢跑"战胜宋军。很明显,在士人军师曹刿的直接指挥或间接影响下,这个时期鲁军的战术思想就是:通过单方面破坏作战双方本应遵守的周代军礼,让对方措手不及,从而获得暂时性的战场优势,出奇制胜。

秋天,宋国遭遇水灾。鲁庄公又大度地派使者前去慰问,说:"上天降下暴雨,伤害了庄稼,为什么不慰问?"宋闵公对答说:"我对上天不诚敬,上天降下灾祸,因此让贵国君主担忧,拜谢君命,实不敢当。"这显示出鲁庄公在有意识地通过恩威并施的手段,在国际上塑造一个值得敬畏的国君形象,为他谋求称霸"加分"。闵公这段自我批评的回答让鲁国贤大夫臧文仲大为赞赏,后来他才知道这其实是公子御说教闵公说的。

齐桓公即位后,立即就向周王室求婚。到了本年冬天,齐桓公亲自来到主婚国鲁国,将王姬迎回齐国,走出了"尊王"的第一步。

前六八二年秋天,宋国发生了严重内乱。两年前的乘丘之役中,鲁庄公用金仆姑箭射伤了宋卿南

① 鄑见地图五,鲁都以西。

197

宫万，庄公车右歂孙将他生擒。庄公带他回国后，就给他松绑，让他住在宫中，几个月后释放了他。南宫万回国后又做了大夫，宋闵公有一次取笑他说："以前我很敬重您。如今您做过鲁国的囚徒，我不尊敬您了。"

闵公这句玩笑话却让南宫万耿耿于怀。八月十日，在蒙泽①行宫，据《公羊传》的记载：

南宫万与闵公赌博取乐，妃嫔们都在旁观看。南宫万说起自己在鲁国的经历，赞叹说："太了不起了，鲁侯多么善良，多么俊美！依我看，天下诸侯适合当国君的，只有鲁侯啊！"闵公在意这些妃嫔们，妒忌这番话，回头对妃嫔们说："这个家伙是鲁侯的俘虏！大概因为你曾被鲁侯俘虏过的缘故吧，不然鲁侯的美好怎会达到这样极致的程度呢？"南宫万大怒，跟闵公扭打起来，拧断了他的脖子。仇牧听到国君被弑，快步赶到，在门口遇到南宫万，手持剑大声责骂他。南宫万挥起手臂猛击仇牧，把他的脑袋打碎了，牙齿磕在宫门上。

杀红了眼的南宫万在东宫西侧遇上了太宰华父督，顺势把他也杀了。之后，南宫万立了公子游为君，群公子出逃到萧邑，公子御说出逃到亳邑②。南宫牛、猛获率军包围了亳邑。

冬十月，萧叔大心带领群公子的族人，在曹国

① 蒙泽见地图四。
② 萧、亳见地图四。

198

军队的支援下讨伐包围了亳邑的叛军，杀了南宫牛，然后攻入都城杀了公子游，立了公子御说为君，就是宋桓公。南宫万用人力拉车载着母亲，沿着宋、陈之间的周道狂奔，一天时间就到了陈国①。宋人向陈国送财礼，要求引渡南宫万回国。陈人让妇人陪他喝酒，把他灌醉后，用犀牛皮把他裹起来装上车。等到了宋国的时候，奋力挣扎的南宫万已经把犀牛皮都撑破了，手脚都露了出来。宋人把他煮死做成了肉酱。

前六八一年春，齐桓公召集宋人、陈人、蔡人、邾人在齐国北杏地开会，就稳定宋国局势达成了协议，宋人也同意了协议内容。不过，齐人发现，遂国②收到了会议通知却没有派人前来。夏六月，齐人以此为由，出兵灭了遂国。

曹刿靠花式"使诈"获得战场优势的套路对于宋国虽然管用，但对于实力更为强大、人才更多的齐国却不再奏效。据《史记·刺客列传》记载，这位"神机军师"再也没有重现长勺之战的奇迹，鲁军三战三败，丢失了汶水以北的大片领土。

前六八一年冬天，齐桓公与鲁庄公在齐邑柯③会盟。《左传·庄公十三年》对这次盟会的描述非常轻描淡写："'在柯地盟誓'，我国与齐国终于讲和。"然而，《公羊传》记载了一个非常详细的版本：

① 相关周道参见地图七。
② 北杏、遂见地图四。
③ 柯见地图五。

199

鲁庄公将要与齐桓公会面，曹刿进见，问："君主对此次会面有什么看法？"庄公说："如果就这样去会面，一定会被齐侯欺凌，那寡人活着还不如死了好。"曹刿说："那么君主请去对付他们的君主，臣下去对付他们的臣下。"庄公说："好。"

　　于是与齐桓公会见。鲁庄公登坛后，曹刿抽出剑，跟随着登坛。管仲上前说："贵国君主有什么要求？"曹刿说："我国边邑城墙被毁压在国境线上，贵国君主不再考虑一下吗？"管仲说："既然这样，贵国君主有什么要求？"曹刿说："希望请贵国归还汶水以北的田地。"管仲回头对齐桓公说："君主答应吧。"齐桓公说："好。"曹刿请求盟誓，齐桓公下坛和他盟誓。盟誓结束，曹刿把剑一丢，离开齐桓公。

　　《史记·刺客列传》也记载了一个类似的故事：

　　齐桓公答应和鲁人在柯地会见并盟誓。齐桓公和鲁庄公在坛上完成盟誓之后，曹沫（即曹刿）手持匕首劫持了齐桓公。桓公左右没人敢动，问："你想做什么？"曹沫说："齐国强、鲁国弱，但是大国侵犯鲁国也太过分了。如今鲁国城墙坏了就会压在齐国边境上，贵国君主请好好盘算一下！"桓公于是答应全部归还侵占的鲁国土地。桓公许诺之后，曹沫扔下匕首，跑下土坛，面向北站在群臣之中，面色不改，正常说话。

桓公很恼怒，想要背弃刚才的约定。管仲说："不可以。贪图小利以求自己痛快，将会在诸侯面前抛弃信用，失掉天下的援助。不如按约定把土地给他。"于是桓公终究放弃了侵占的鲁国土地，把曹沫三次战败丢失的土地都还给了鲁国。

《穀梁传》也记载，此次盟会被当时人称为"曹刿之盟"，是一次彰显齐桓公"言而有信"美德的盟会。暴力劫持、勒索齐桓公，是曹刿为了挽回"曹氏战法"给鲁国造成的巨大损失而采取的一次无耻行动，而曹刿也因此成为《刺客列传》中记载的第一位刺客。鲁国虽然收回了失地，但自身"谨守周礼"的国际形象遭到进一步的破坏，而且曹刿这种歇斯底里的行径充分暴露出这样一个事实：鲁国在齐国面前就是个撒泼打滚的孩子。更让鲁国绝望的是，在管仲的沉着处置下，这次劫持事件被巧妙地转化成为一场树立齐桓公霸主形象的"路演"，齐国从中获得的战略利益其实远远大于得而复失的鲁国土地。也就是说，齐国才是这次盟会真正的大赢家。

最终，"肉食者"们当年的求和"近谋"被证实是正确的"远谋"，而曹刿靠诈谋争霸的"远谋"被证实是导致鲁国在军事上彻底失败、在国际声誉上严重受损的"乱谋"。至此，鲁庄公试图抓住齐国内乱机会、通过重用"奇才"曹刿与齐国竞争的设想彻底破产。

郑厉公复辟，楚文王进取，齐桓公始霸

在北杏之会后，宋国并不认为会上达成的协议有什么约束力，于是拒不执行。前六八〇年春，齐人联合陈人、曹人讨伐宋国，追究宋人的背约行为。为了体现出对王室的尊崇，齐国又特地到周王室请求出兵。夏，王室卿士单伯率军与诸侯联军会合。最终，诸侯获得宋国求和后，各自班师回国。这是齐桓公首次成功地主导国际事务，强化了诸侯会盟协议的严肃性，体现了对周王室的礼敬，让中原诸侯感到耳目一新。

同年，长期盘踞在栎邑的郑厉公入侵郑都。为什么选择这个时机？原来，长期掌控郑国政权、守护着郑子婴的权臣祭足已在前六八二年去世，郑厉公应该是在得知祭足去世消息之后即开始准备夺权，到本年起兵发难。郑厉公的军队进攻到达大陵，抓获了大夫傅瑕。傅瑕说："如果放了我，我请求将君主送入国都复位。"厉公于是和他盟誓并放了他。六月二十日，傅瑕杀了郑子婴和他的两个儿子，迎接厉公进入国都重新即位。厉公进入国都之后，马上杀了傅瑕。到此为止，郑国长达二十多年的政治动荡终于结束。

秋七月，楚国攻入蔡国①都城。从此以后，蔡国

① 蔡见地图六"蔡1"。

202

在楚国、齐国之间两面讨好，一方面小心服侍距离自己很近、随时可以兴兵来犯的楚国，一方面又把公室女子嫁给齐桓公做夫人。这是楚国干预中原国际秩序所取得的第一个重要胜利。到前六五六年齐国率诸侯讨伐楚国时，也是以讨伐蔡国作为突破口。鲁史《春秋》将这件事记载为"荆入蔡"，仍不称"楚"。

关于此次楚、蔡冲突的起因和经过，《左传·庄公十四年》和清华简二《系年》的记载有多处不同，在此并列如下：

《左传》版本

蔡哀侯由于莘地战败被俘的缘故（参见页194），想要报复息侯，于是在被俘期间在楚文王面前大力称赞息妫的美貌。文王于是率军前往息国，带着食物进入息国都城与息侯饮宴，进城后就灭了息国，带着息妫回国。息妫后来为文王生了堵敖和成王两个儿子。

《系年》版本

在楚文王俘虏蔡哀侯之后，文王到息国访问，蔡哀侯陪同。息侯与楚文王饮酒。蔡哀侯已经知道息侯先前引诱自己的计谋，想要趁机报复，于是在酒宴上告诉文王说："息侯的妻子很美，君王一定要命她出来见一面。"文王提出要求，息侯推辞，文王坚持要见。见到之后，文王不动声色回了国。第二年，文王起兵讨伐息国，攻克都城，杀了息侯，夺取息妫回国，后来她为文王生了堵敖和成王。

相比之下，我认为楚简《系年》的说法更合情理。再往后事情的发展只在《左传》中有记载。息妫被掳回楚国后，一直沉默不语。文王问她原因，她终于开口回答说："我一个女人，却事奉了两个丈夫，就算不能自杀，又有什么好说的？"文王为了讨好这个心性贞正的女人，于是把一切责任推卸到蔡哀侯身上，起兵讨伐蔡国，攻入其都城以示惩罚。当然，更有可能的解读是，楚文王为息国讨伐蔡国、在蔡哀侯提议下攻灭息国，又讨伐蔡国以惩戒其用女色诱导自己，这都是楚文王利用蔡、息矛盾开疆拓土、进逼中原的"连环棋"，而掳获息妫只是一个附带的收获。

同年冬天，在王室代表单伯的见证下，齐桓公、宋桓公、卫惠公、郑厉公在卫邑鄄①会面，宋国在会上表示服从，愿意严格遵守先前北杏之会达成的协定。前六七九年春，上述四国国君加上陈宣公在鄄邑再次会面，会上诸侯表示愿意尊奉齐桓公为诸侯之长，也就是霸主。这是齐桓公称霸的阶段性胜利，为后来周王室正式承认他的霸主地位奠定了"国际民意基础"。

① 鄄见地图四。

在齐桓公霸业初定的背景下,同年夏天,自前六八七年之后一直沉寂的文姜"重出江湖",前往齐国,其主要目的应该不是省亲(她的父亲齐僖公已去世十一年,母亲不知是否还在世),而是在柯之盟讲和基础上代表鲁国与齐桓公会面,商议进一步改善齐、鲁关系相关事宜,其中很可能就包括了鲁庄公娶齐女之事。此次之后,文姜又在前六七五年、前六七四年两次前往莒国,也都应该是出于外交目的。

齐桓霸业的转正

管控郑国,周王赐命

郑厉公壮志未酬,郑国从此沉沦

前六七九年秋,齐国判定在宋国与郳国①的争端中郳国理亏,于是齐人、宋人、郳人讨伐郳国以示惩戒。没想到刚上台的郑厉公竟敢趁此机会派军队入侵宋国,清算前七○一年宋国拥立自己后不断索要财礼的旧怨。前六七八年夏,齐人、宋人、卫人又讨伐郑国。

行事大胆的郑厉公不仅受到来自于中原诸侯的惩戒,还遭到了新兴楚国的警告。郑厉公在盘踞栎邑期间,很可能与楚国订有密约,请求楚国支持自己复辟,而正在向北扩张的楚国也乐得叮上这只"有缝的蛋"。厉公最终依靠中原诸侯的支持和自己的努力重新上位,这时的他也许是不愿让中原诸侯知道他与楚国的政治交易,因此没有及时派使者正式告知楚国。楚国可不能接受被"始乱终弃",于是在秋天讨伐郑国,一直打到栎邑,警告郑国不要

① 郳见地图四。

206

忽视自己。从俘虏蔡哀侯到"敲打"郑厉公,楚国对中原国际政治的渗透和干预越来越明显。鲁史《春秋》将这件事记载为"荆伐郑",仍不称"楚"。

郑厉公一方面在国际上试图伸展拳脚,一方面在国内继续清算前六九七年雍纠之乱中反对自己的政治势力,九月杀了公子阏,砍了强锄的脚,巩固了自己的君位。公子段的孙子公父定叔当年应该也参与了反对派,此时由于惧怕郑厉公诛杀而出奔到了卫国。有意思的是,三年后,郑厉公却邀请公父定叔回国复职,还特地叮嘱他在最为吉利的十月进入郑都。郑厉公说,这样做的原因是"不能让公子段在郑国绝了后代"。当年盘踞在京邑的公子段试图扳倒郑都内的郑庄公没有成功,而盘踞在栎邑的郑厉公正是靠扳倒郑都内的郑子婴才当上国君,也就是说,公子段和郑厉公是夺权路上的"同道中人"。因此,他优待公父定叔,应该是表明自己同情公子段的立场,从而笼络郑国内部同情和支持过公子段的政治势力,最终目的还是为了进一步巩固自己的统治。

冬十二月,齐桓公与鲁庄公、宋桓公、陈宣公、卫惠公、郑厉公、许穆公以及滑国①、滕国②君主在宋地幽举行会盟,迫使郑国向中原诸侯低头求和。

然而,此后郑国并没有真正顺服,齐桓公对郑

① 滑见地图四"滑2"。
② 滕见地图四。

207

厉公的"敲打"也没有结束。前六七七年春,郑卿叔詹到齐国访问,齐国将其扣留,理由是郑厉公没有主动到齐国朝见齐桓公。同年秋天,叔詹抓住机会取道鲁国逃回了郑国。

这年夏天,齐国吞并扩张的事业受到了一次不小的挫折。遂国因氏、颌氏、工娄氏、须遂氏等几个大家族设宴款待戍守的齐军,把他们灌醉之后全部杀死。

前六七六年,门庭冷落的周王室突然热闹了起来。这年春天,虢公丑带领本年新即位的晋献公朝见本年新即位的周惠王,受到周惠王的厚待。随后,郑厉公也参与了进来,虢公丑、晋献公、郑厉公共同倡议,由周王室派出卿大夫原庄公到陈国迎接新王后。迎亲之前必已有提亲、定亲等步骤,三位诸侯君主为何要多此一举地"联合加持"这项既定的婚礼步骤? 这是因为,在齐僖公、齐襄公、齐桓公三代齐君的持续努力下,"尊王"已经成为中原国际政治中的"政治正确"原则之一:任何一个国家想要在国际政治中发挥更大作用,必然要打着"尊王"的旗号。

当然,在"尊王"的共同旗号下,三位君主其实是"各怀鬼胎":虢公丑本来就是周王室卿士,他"尊王"既是积极履行本职,也是为了提高虢国的国际地位;晋献公是一位很有政治抱负的君主,他"尊王"是为了给晋国参与中原国际事务打基础;郑厉公一方面正受到齐桓公打压,另一方面又吸取了其父郑庄公欺凌王室霸业不成的教训,他"尊王"是想要继承父亲遗志,修正父亲做法,从而重振郑国霸业。接下来,郑厉公带头,又拉上虢公丑,在前六七四年平定了周王室内乱;而晋献公将虢国确定为自己开疆拓土的"拦路虎",最终于前六五五年灭虢国,迫使虢公丑出奔到周王室。

前六七五年,周王室发生了内乱。当初,周庄王宠爱妃子王姚,因此也偏爱她所生的庶子王子颓,让大夫艻国做他的师傅。周惠王即位之后,侵占了艻国的苗圃,将其改为王室养禽兽的场地。大夫边伯的住所靠近王宫,惠王强行将其收归国有。惠王还侵夺了大夫子禽祝跪、詹父的田地,并停了石速的俸禄。于是这五个与惠王结仇的大夫联合起来作乱,他们背后还有苏子(苏国君主)的支持。如前所述,周王室东迁中原、试图加强对苏国的直接控制之后,王室和苏国的关系就一直紧张。

这年秋天,五位大夫奉王子颓为主,发动叛乱讨伐惠王,没有取胜,于是出奔到河水以北、苏子控制的苏国都城温,苏子随后奉王子颓出逃到卫国。卫国随后拉上(南)燕国出兵讨伐周王室。由此可见,如今周王室在诸侯心目中已经和一个平辈小国没有两样,连卫国这样实力一般的诸侯国都敢于出兵讨伐。冬天,在卫国、(南)燕国支持下,王子颓在王畿内被拥立为王,王室再次出现"二王并立"的局面。

前六七四年春,郑厉公试图调停惠王和王子颓两派势力之间的争端,没有成功。这时郑厉公亮明了自己支持惠王的立场,在谈判现场逮捕了(南)燕国君主燕仲父。夏天,厉公带着惠王回到郑国,把他安置在栎邑,而王子颓则住进了王城。秋天,惠王与厉公进入王畿内的邬邑,并以邬邑为基地攻入王城以东的陪都成周①,夺取了许多宝器。

冬天,郑厉公听说王子颓设享礼款待五位大夫,并大肆演奏王室历代歌舞,觉得机会来了。他说服了王室卿士虢公丑,在前六七三年夏天一起讨伐王城,厉公带着惠王从南门进入,虢公丑从北门进入,杀了王子颓和五位大夫。厉公在王城门楼西楼设享礼款待惠王,乐舞齐备。惠王为了感谢厉公,把原属郑国的部分王畿土地回赠给厉公,恢复了郑国在武公时期的疆域。前面已经详细论述过,西周王室衰落很重要的原因就在于将王畿土地不断封赏给卿大夫家族。如今王室偏安东都,王畿本来就很狭小,还继续遵循先王之制赏赐土地,削弱自己的实力,实在是可叹可悲。

① 栎、邬、成周见地图四。

210

看到这里，我们能够理解为什么初步取得中原霸主地位的齐桓公一直试图打压、制服郑厉公。从他上台后积极干预王室内乱并获得成功来看，长期在国都外流亡、经受了磨练的厉公是有志向、也有能力在中原国际事务中重现郑庄公当年雄风的，这恐怕也是他一直不愿服从齐桓公的原因。然而，上天没有给他更多的时间，同年五月二十七日，郑厉公去世。郑国从此再也没有挤进中原争霸的角斗场，而是逐渐沦为一个夹在中原和南方之间、被大国争夺蹂躏的小国。

清华简六《郑文公问太伯》记载了郑文公之臣太伯对于郑昭公、郑厉公的评价，可见郑人对这段内乱史的基本认识：

到了我们先君昭公、厉公，是天谴吧，恐怕也是人祸吧，两人就像牛和鼠不能在一起生活，一天到晚地争斗，不过也没有放弃对外的征伐。

文姜去世，鲁庄公服齐，楚成王即位

就在郑厉公去世一个多月后，七月五日，鲁桓公遗孀文姜去世。在这里，我们可以完整地回顾一下，在丈夫被情夫杀死后的二十一年里，这位国君夫人在《春秋》《左传》上留下的记录：

齐襄公时期

前六九三年

《春秋》：三月，夫人孙于齐。

前六九二年

《春秋》：冬，十有二月，夫人姜氏会齐侯于禚。

《左传》：二年，冬，"夫人姜氏会齐侯于禚"。

书，奸也。

前六九〇年

《春秋》：春，王二月，夫人姜氏享齐侯于祝丘。

前六八九年

《春秋》：夏，夫人姜氏如齐师。

前六八八年

《春秋》：冬，齐人来归卫俘。

《左传》："冬，齐人来归卫宝"，文姜请之也。

前六八七年

《春秋》：春，夫人姜氏会齐侯于防。

《左传》："春，文姜会齐侯于防"，齐志也。

《春秋》：冬，夫人姜氏会齐侯于谷。

齐桓公时期

前六七九年

《春秋》：夏，夫人姜氏如齐。

前六七五年

《春秋》：秋……夫人姜氏如莒。

前六七四年

《春秋》：春，王二月，夫人姜氏如莒。

前六七三年

《春秋》：秋，七月戊戌，夫人姜氏薨。

传统注疏基于前六九二年《左传》"书，奸也"及前六八七年《左传》"齐志也"的解经语，以及文姜先前与齐襄公通奸的史事，认定《春秋》这一系列记载的微言大义就是锲而不舍地揭发文姜在鲁庄公时期的违礼和淫荡。前六八六年，齐襄公去世之前，文姜与齐襄公见面就是行奸淫之事，若是文姜前往齐地，则淫念发于文姜；若是齐襄公来到鲁地，则淫念发于齐襄公。前六八八年，文姜之所以会请求向鲁馈赠卫宝，是为了讨好鲁人，减轻自己与齐襄公行奸淫之事而引起的憎恶。前六八六年，齐襄公死后，文姜前往齐国，如果父母已不在世的话，则是违背归宁之礼；文姜前往莒国，则又是不知道与谁行奸淫之事。这一系列的解读之下，文姜的"淫女"形象遂成定论。

然而，如果文姜只是一个一无是处的淫女，为何《春秋》一直尊称她为"夫人"，去世后丧葬礼数周全，并能获得"文"的美谥？鲁国在齐襄公去世前，为何能与齐国保持长久的和平？前六八九年，庄公与齐人狩猎；前六八六年，庄公率师与齐师围郕，这些齐、鲁联合行动的背后，是否如前六八八年鲁人会同齐人等诸侯伐卫、事后齐人来归卫宝一样，有文姜的促成和推动？有学者认为，文姜与齐襄公屡次相会，甚至设享礼款待齐襄公，是否有通奸之事难以确定，但恐怕主要是修复关系、沟通信息的外交活动；齐襄公去世后，年事已高的齐姜一次前往齐国，两次前往莒国，就更只能用外交活动来解释了。①

如前所述，鲁庄公即位之后，不能直接（很可能也不愿）与杀父仇人齐襄公来往，文姜便以一种实际上等同于摄政君的身份奔走于齐、鲁之间：在齐襄公时期，她作为鲁国高层"对齐亲善派"的领袖，与齐襄公多次会面，促成了一系列齐、鲁联合行动，试图推动两国重归于好，不过这一切努力并没有得到她儿子鲁庄公的真心认同。在前六八六年齐襄公被杀后，鲁庄公露出了"翻盘"争霸的真面目，而文姜的穿梭外交活动也一度陷入沉寂。然而，在前六八〇年柯之盟后，鲁庄公争霸梦想破灭，开始承认齐国的霸主地位。在此背景下，文姜复出，一次出使齐国，两次出使莒国，在去世前一年还在为鲁国的外交事业奔走，可以说是一位春秋时期独一无二的女外交家。在她去世时，鲁庄公已经完全放弃争霸幻想，准备与齐国结好联姻，因此文姜的"穿梭

① 关于"文姜之乱"的分析，参见杨朝明：《"文姜之乱"异议》，《管子学刊》1994 年第 1 期；刘洁：《重识历史上的文姜》，《管子学刊》2015 年第 4 期。

214

外交"就成了两国友好的佳话,这可能直接导致了文姜在去世后获得毫无减损的夫人待遇,并获得了"文"的美谥。

如何看待文姜在其夫鲁桓公死后走出后宫、投身政治的动机?简单说,有两个可能性:

一、将功赎罪。也就是说,文姜为自己犯下的罪过感到悔恨,在鲁庄公即位后经过短暂的犹豫之后,决定回到鲁国将功赎罪,勇敢地挑起了首席外交使者的重担,在认清鲁国不可能胜过齐国的现实前提下,通过坚持不懈的外交努力,最终促使齐鲁关系恢复正常,重修姻好。

二、执行任务。也就是说,文姜在前六九二年从齐国回到鲁国,并不是想要将功赎罪,而是受她的哥哥兼情夫齐襄公指派,成为鲁国内部"对齐亲善派"的核心人物,执行齐国的对鲁战略,那就是驯服鲁庄公,使鲁国成为齐国的"小弟",助力齐襄公成就霸业。按这种思路,文姜在前六八七年复出,自然也是为齐桓公的称霸战略服务。

到了这时,齐桓公的霸主地位已经稳固无疑,鲁庄公决定抓住上一辈恩怨的当事人(齐襄公、鲁桓公、文姜)均已去世的时机,放下过去,归顺齐国。前六七二年春正月,鲁国大赦。正月二十三日,鲁庄公安葬先君夫人文姜。前六七二年秋七月,鲁国大夫和齐正卿高傒在鲁邑(东)防①结盟,应该是商定了两国联姻事宜。齐国派出如此高规格的官员前来,体现了齐桓公对鲁国的高度重视。冬天,还在母亲丧期内的鲁庄公亲自去齐国送订婚的财礼。按照礼制的规定,送财礼这件事本来是不可能由君主亲自来做的,母亲丧期内也不应该图谋娶新妇之事,鲁庄公的破格行动也算是对齐桓公善意的"投桃报李",当然这也是他母亲在天之灵愿意看到的。

前六七二年春,陈宣公为了立他所喜爱的庶子款为太子,派人杀了太子御寇。与御寇交好的公子完担心被牵连,于是出逃到齐国。齐桓公非常欣赏公子完,准备直接让他担任国卿。公子完推辞说:"寄居外国的臣子,有幸获得宽宥,享受宽大的政策,赦免了我因为不认真遵行师傅教训而产生的疏失,使我免除罪过,放下负担,这都是君主的恩惠。我所获得的已经很多了,怎敢玷辱贵国国卿的高位,从而招致来自官员的指责?请求把我虽死也不敢接受卿位的志向告诉您。《诗》说:'高高的车上,有人用弓招引我。难道我不想前去?只怕我的朋友责备我。'"齐桓公于是让他担任主管国都手工业的长官。齐桓公器重贤人、用人不疑的气魄,在此事上表现得非常充分。

后来又有一次,公子完请桓公饮酒,十分开心,

翘翘车乘,招我以弓。岂不欲往?畏我友朋。《左传·庄公二十二年》

① (东)防见地图五。

216

不知不觉天色就晚了。桓公令点起火烛继续喝。公子完却正色推辞说："臣下只占卜了白天请您喝酒是否吉利，没有占卜晚上，不敢再陪您喝下去了。"齐桓公恐怕怎么也想不到，这位谦逊守礼的陈国公子的后代陈氏（《史记》称田氏），会最终取代自己的后代，成为战国时期齐国的君主。

前六七一年夏，鲁庄公应邀到齐国观摩齐人祭社（土地神）大典暨阅兵仪式。这时候，已经十年不见于历史记载的曹刿又站了出来，他劝谏说："不可以。那礼制是用来整顿民众的。所以诸侯集会是用来训示上下间的规则，制定向周王交纳财用的标准；朝见周王、友邦国君是用来端正班次爵位的大义，遵循长幼的次序；征伐是用来讨伐不守礼的行为。诸侯朝见周王，周王巡视诸侯，是郑重演习这些礼制的场合。如果不是这些情况，君主是不能轻举妄动的。君主的举动一定会被史书记载下来。记载下不合法度的举动，后嗣看到的是什么？"

鲁庄公正准备与齐桓公联姻亲善，而此次观摩行动正是为了改善两国关系，从而为联姻创造良好政治氛围，自然不会听从这番劝谏。值得注意的是，曹刿这番关于政事的谏言合于周礼、立场端正，与他先前靠破坏礼制来克敌制胜的思路判若两人。这说明，此时的曹刿已经"野鸡变凤凰"挤入了鲁国

夫礼，所以整民也。故会以训上下之则，制财用之节；朝以正班爵之义，帅长幼之序；征伐以讨其不然。（《左传·庄公二十三年》）

的卿大夫序列，成为了一位"肉食者"，于是也就模仿着其他"肉食者"的路数，说起守礼持正的话来。一言以蔽之，曹刿这个当年嘲笑体制内人士"未能远谋"的人，最终也被"体制化"了。这也是曹刿最后一次在《左传》出现。我们将会在后面通过分析战国楚简《曹沫之阵》，详细探讨曹刿（曹沫）的军事和政治思想。

也是这一年，楚成王即位。据《史记·楚世家》记载，楚文王去世后，即位的是他的儿子熊囏，就是庄敖（《左传》作堵敖）。庄敖即位五年，想要杀掉他的弟弟熊恽（《左传》作熊頵），熊恽出奔到随国，得到随人支持反攻楚都，杀死庄敖即位，就是楚成王。楚成王上台后，布德施惠，与诸侯改善关系，还派人到周王室献礼，表现出希望参与中原国际政治的热情。周惠王赐予他祭肉，宣命说："镇压你所在的南方夷越的动乱，不要侵犯中原诸国。"这一道周王赐命为楚国在南方开疆拓土提供了"合法性"，因为楚国此后可以把他攻灭小国的军事行动解释为"镇压夷越的动乱"。与此同时，王室代表中原诸侯提出要求，希望楚国安于它称霸南方的现状，不要试图北上中原争霸。这道诏命的前半句当然是楚成王所欢迎的，而后半句他并无意遵守。

很可能在楚成王即位后，楚国首次派使者到鲁国

镇尔南方夷越治
乱，无侵中国。

访问。《春秋》记载此事为"荆人来聘",仍不称"楚"。

鲁庄公迎娶齐女,齐桓公霸业转正

还是在前六七一年,鲁庄公与齐桓公在齐邑谷①会面。夏六月二十日,郑文公到齐国朝见齐桓公。秋天,鲁国突破礼制规定,把桓公庙的堂前大柱漆成红色。冬十二月五日,鲁庄公和齐桓公又在齐地扈会面。前六七〇年春三月,鲁国再一次突破礼制规定,在桓公庙的方形椽子上雕上花纹。对此,大夫御孙劝谏说:"臣下听闻,'节俭,是美德中的大者;奢侈,是罪恶中的大者'。先君有大德,而您却把它放到大恶里面去,未免不可以吧?"然而,鲁庄公这样做,自有他想要达到的目的:这时他已经决意服从齐国,联姻结好,因此不惜超规格装饰成婚后将要祭拜的桓公庙,为迎接齐国新妇、尊崇齐国做好准备。

俭,德之共也;侈,恶之大也。

夏天,鲁庄公亲自前往齐国迎接新妇。诸侯君主娶夫人,亲自迎接是正礼,若有事不能离开,也可以派遣卿代为迎接。在实际操作中,使卿代迎是常态。鲁庄公此次遵循正礼亲迎齐女,也是向齐国示好的表现。

秋七月,鲁庄公和新妇姜氏到达鲁国境内,庄公把姜氏安排在郊外的客馆,先行进入国都。八月

① 谷见地图五。

219

二日，姜氏进入国都。两人为什么不一起进入？这要从鲁庄公年轻时的风流事说起。

当年，鲁庄公在公宫旁筑起一个观景高台，靠近大夫党氏家。庄公有一天在台上看风景，看见了党氏家里的大女儿孟任出门，觉得她很美，就从台上下来跟着她。孟任返回家中，关门拒绝，庄公在门外提出愿意立孟任为夫人。孟任答应了他，并且割手臂出血，与庄公歃血盟誓。孟任进宫之后，实际上享受夫人待遇，并且已经为庄公生下了公子般。

知道了这一层内幕，我们就能理解这年夏天鲁庄公从齐国迎回夫人姜氏之后的奇怪行为。庄公之所以要先进入，应该就是要安抚好"事实"夫人孟任，确保她不会出来闹事，才能把惹不起的大国公室之女、正牌夫人姜氏接进来。

姜氏在鲁国安顿下来之后，鲁庄公派公族大夫的正妻前去见面，送上的是玉帛之类的重礼。大夫御孙又劝谏说："男子之间的见面礼，大的是玉帛，小的是禽鸟，用来彰显男性贵族的尊卑等级。女子之间的见面礼，不超过榛子、栗子、枣子、干肉，以表示诚敬而已。现在男女用相同的见面礼，就是没有区别了。男女的区别，是国家的大原则，而为了尊崇夫人而弄乱了，恐怕不可以吧！"

男女之别，国之
大节也。

220

鲁庄公之所以要多次超过周礼规定而特别尊崇姜氏,当然是希望借此向齐桓公示好,加强两国之间的亲善关系。然而,这位齐国来的夫人死后却被鲁人称为"哀姜",这是对她日后混乱人生和悲惨结局的概括。

这年冬天,戎人入侵曹国,迫使曹国太子羁出逃到陈国,而先前出居在外的公子赤回到曹国即位,就是曹僖公。

前六六九年二月,郑文公根据中原霸主齐国的指令讨伐服从楚国的蔡国①,在这过程中又与楚国进行了沟通,取得了楚国的谅解。郑国在中原霸主和楚国之间"首鼠两端"的外交策略,此时已经相当明显。

前六六八年春,鲁庄公讨伐戎人。秋天,鲁庄公又与齐人、宋人一起讨伐东夷徐国②。此时的鲁国,已经成为齐桓公"攘夷"战略的重要参与者。

前六六七年夏,齐桓公、鲁庄公、宋桓公、陈宣公、郑文公又在宋地幽会盟,此次会面主要是讨论前六七二年陈国内乱、前六六九年郑国与楚国联络的问题,在会上陈宣公、郑文公都表示将遵守盟约,服从霸主齐桓公的意志。

这年,周惠王派遣卿士召伯廖颁赐诏命给齐桓公,应该是正式任命他为"侯伯"(诸侯之长,也就是

① 蔡见地图六"蔡1"。
② 徐见地图六。

霸主)。《史记·周本纪》对这件事的记载，就是"惠王十年，赐齐桓公为伯"①。如果说前六七九年鄄之会到本年的这十年是齐桓公作为霸主的"考察期"的话，此次王室赐命可以看作是他的"转正"。惠王还请求齐桓公讨伐卫国，惩罚它在前六七五年拥立王子颓、讨伐周王室的罪行。刚"转正"的霸主齐桓公当然要积极为王事效力，于是在冬天亲自率领军队讨伐卫国②。齐桓公到达卫地城濮③的时候，与鲁庄公举行了会面，希望他也一同参与。鲁庄公最终未能派军队参与，齐桓公于是在前六六六年春三月独自与卫军交战，打败了卫军。齐桓公秉承王命对卫国进行了斥责，收取了卫国交纳的财物之后班师回国。

① 也有学者认为，周王室任命齐桓公为侯伯是在前六五一年葵丘之盟时，参见王美凤、周苏平、田旭东：《春秋史与春秋文明》，上海社会科学文献出版社，2007年。
② 卫见地图四"卫1"。
③ 城濮见地图四。

齐桓霸业的昌盛

尊王攘夷,存亡继绝

子元荒淫身死,子文匡正楚国

前六六六年,作为春秋时期首位"正牌"霸主的齐桓公很忙,"尊王"任务刚结束,"攘夷"任务又摆在面前。楚成王即位后的一段时期,楚国朝政被令尹子元所把持。子元迷上了守寡的文王夫人息妫,在王宫旁边专门建了一处别馆,并亲自领跳万舞中的武舞,试图吸引息妫出来观看。心性贞正的息妫听说之后,伤心地哭了,说:"先君(楚文王)组织表演这支舞,是为了演习战备的。现在令尹不把这支舞蹈用在训练军队讨伐楚国的仇敌上面,却用在我这个未亡人身旁,不也太奇怪了吗!"息妫使者把这些话转告给子元。被"女神"鄙视的子元惭愧地说:"妇人都不忘记袭击仇敌,我反而忘了!"

于是,为了向息妫展现自己的事业心,子元带着六百辆兵车讨伐郑国,进入远郊的桔秩之门、外城南门,一直打到内外城之间大路旁的市场。这时，楚人发现，郑都内城悬挂的闸门没有落下，城门大开，还有郑国人说着楚地方言从城里出来。子元不敢贸然进入，说："郑国还是有人才的！"

这时，齐、鲁、宋三国救援郑国的军队也到了国都附近。楚军本来就是由于子元一时兴起而来的，看到郑国摆开"空城计"，诸侯救兵又到了，于是在晚上撤军逃走。实际上，当时郑人已经准备要出逃到桐丘①，间谍回来报告说"楚军营地帐篷上有乌鸦站着"，知道楚军已经撤退，才取消了出逃计划。

从此开始，郑国成为中原霸主（此时是齐国，后来是晋国）和南方强国楚国之间长期争霸的"标的"：郑国倒向齐国，则显示着齐国在争霸中占上风，而楚国则会讨伐郑国迫使它叛变，反之亦然。这种被两个大国争夺、欺凌的地缘政治困局持续了一百多年，一直到前五四六年晋、楚举行弭兵之盟结束武力争霸后才宣告结束，而解脱出来的郑国随即在贤相子产的领导下励精图治、走向中兴。

这年冬天，鲁国发生了饥荒。据《国语·鲁语上》的记载，鲁卿臧文仲带着鬯圭和玉磬等贵重财礼到齐国去求购粮食，陈词说："天灾流行，殃及我国，饥荒屡次降临，民众羸弱得要死了。我国非常害怕无法继续执行王室命令而祭祀周公（鲁国始封君）、太公（齐国始封君），难以供应王室的贡品，并

224

因此而获罪。所以献上我国不丰厚的先君宝器，谨敢求告交换贵国陈积的粮食，这既可纾缓贵国粮仓主管官员的负担，也可解救我国的饥荒，使我们能继续承担向王室进贡的职守。如果能这样，不但我国君主和诸位臣子能领受到贵国君主的恩赐，就是周公、太公和所有神祇也都可以长久享受祭祀而托贵国的福。"

臧文仲将买粮救灾"上纲上线"到保障鲁国履行王室规定的职责，可以说是准确地抓住了齐桓公在接受周王正式任命之后急于成就"尊王"新政绩的需求，自然达到了很好的效果：齐人归还了鲁人献上的玉器，将粮食借给了鲁人。

子元从郑国回来之后，就直接住到了王宫里，想要更方便接近息妫。大夫斗射师劝谏，子元就把他抓住囚禁起来。前六六四年秋天，申公斗班杀了子元。同样来自于斗氏的子文做了令尹，他一上台，就把自己的家财拿出来补贴国家急需。楚国一代名相开始崭露头角，楚成王朝堂上的政事也开始走上正轨。

子文是斗伯比的儿子，斗氏，名谷（gòu）於（wū）菟（tú），字文，所以也称斗谷於菟，这个奇怪的名源于子文离奇的身世。当初，楚君若敖从邓国娶妻，生下斗伯比。若敖去世后，斗伯比就跟着他的母亲住在邘国,与邘子(邘国君主)的女儿偷情,女子生下了子文。邘子夫人不敢让丈夫知道,于是把婴儿扔到云梦泽中,没想到一只母虎收留了他。后来邘子到云梦泽田猎,看见一只母虎在给一个婴儿哺乳,大受惊吓,回去后跟夫人诉说了这段奇遇。夫人觉得这孩子恐怕是有上天护佑,于是也不再隐瞒,将女儿偷情生子的事情告诉了邘子,邘子让人从草泽中领回了这个婴儿,还把女儿嫁给了斗伯比。由于楚人称乳汁为"谷",称虎为"於菟",因此给这个孩子起名为"谷於菟"。

齐桓公北伐山戎,攘楚纳入议程

前六六四年秋七月,齐人成功迫使鄣国①归降齐国。与先前动用武力攻灭谭国、遂国相比,这一次齐桓公汲取了齐襄公逼降纪国的成功经验,手段已经高明了许多。

冬天,齐桓公和鲁庄公在鲁国境内的济水边会面,商议如何帮助遥远的(北)燕国②抵御山戎的侵袭。(北)燕国是西周开国重臣召公奭的封国,远在今天北京市境内,长期不参与中原国际事务,因此之前也从未在鲁史《春秋》中出现过。近年来,中原诸侯尚且不断遭到南下戎人的侵袭,与山戎活动区域(河北省北部燕山地区)紧邻的(北)燕国更是深受其害。(北)燕国在近期受到山戎猛烈攻打,听闻齐桓公得到周王室承认称霸中原,于是尝试性地向齐国寻求帮助。

齐桓公与鲁庄公商议的目的,很可能是希望联合鲁国共同北伐山戎。鲁国没有同意出兵,齐桓公于是独自率军长途跋涉北伐山戎,打退了戎人对(北)燕国的围攻,并击溃了山戎的盟国令支、孤竹①才返回。据《史记·齐太公世家》记载,燕庄公一路送齐桓公南下,进入到了齐国境内。齐桓公说:"除非是天子,诸侯之间相送不出国境,我不可以对燕国无礼。"于是挖沟为界,把燕庄公所到之处划给(北)燕国,并要求(北)燕国修治西周初年召公统治时期的善政,恢复向周王室交纳贡赋。

这次齐桓公讨伐的山戎和先前屡次南下入侵中原的北戎是什么关系②?根据《史记·匈奴列传》的记载,在前七〇六年,"山戎越过(北)燕国而讨伐齐国",而这正是《左传》所记载的"北戎讨伐齐国"(参见页143)。我认为,前面提到过的"北戎"和这里提到的"山戎"都是指分布在山西北部、河北西部山区的戎人,当他们离开山区、南下侵犯中原诸侯国时,从中原的视角看他们自然是"北戎",也就是"来自北方的戎人",而当齐桓公率师北上直捣此部

① 令支、孤竹见地图二。
② 有学者认为北戎、山戎是一个族群,参见杨伯峻《春秋左传注》庄公三十年。有学者认为北戎、山戎是两个族群,参见姚磊:《北戎山戎考辨》,《内蒙古农业大学学报(社会科学版)》2013年第1期;孙战伟:《〈春秋〉与〈左传〉中所见的戎及相关问题》,《文博》2017年第3期。

戎人的核心区域时,从齐桓公的视角看,他们是"山戎",也就是"(北)燕国附近群山中的戎人",正是视角的不同造成了称谓的差异。如果真是这样,那么齐桓公这次北伐山戎／北戎,就绝不仅是应邀请去救援(北)燕国,而是借着救援(北)燕国的机会,改变过去中原面对北戎"被动挨打"的弱势状态,以攻为守,主动"攘夷",从源头遏制北戎对中原各国的侵害。

齐桓公回到中原之后,又在前六六三年夏天专程前往鲁国,在太庙向鲁庄公进献此次北伐山戎的战利品。在表面上看,这似乎是在模仿前七〇六年郑大败北戎之后向齐国献捷(参见页144),然而这两次献捷想要达到的目的是完全不相同的。当年的"武小霸"郑庄公(通过其代表郑太子忽)向"文小霸"齐僖公献捷,是在前七〇七年击败周桓王、放弃"尊王"后,试图加强两个小霸强国之间的合作关系。如今的齐桓公已经是周王室任命的霸主,他"自降身段"将战利品进献给共同谋划过北伐事宜却没有出兵的鲁庄公,想要借此向天下各诸侯国传达的信息应该是:他是秉持着一种"事来了带头担当""事平了不敢居功"的理念来担任诸侯霸主,因为感念鲁庄公参与谋划的功劳,并且尊崇鲁国在列国中的尊贵地位(周公之后),所以将北伐战利品进献给鲁庄公。

如果说齐桓公以前在中原的各种政治和军事行动,还可以被认为是一个区域强国为了自身利益本来就要进行的地缘政治博弈的话,那么这次远征山戎可以说是毫无疑义地表明,齐桓公试图承担起周王室废弛已久的责任,像当年王室军队那样远征戎狄,以攻为守,保护(北)燕国和中原诸侯的整体利益。在这个过程中,齐桓公做足了尊重和宣扬周礼、谦让同盟诸侯的姿态,让各主要诸侯国认识到,如果连孤悬北方、长期与中原不通消息的(北)燕国都能得到他亲自出兵的保护,如果连只是参与了前期谋划的鲁国都能得到他亲自献捷的礼遇,那么各国的利益和地位在齐桓公所领导的同盟国体系中一定能够得到保障和尊重。

齐桓公对于鲁庄公的礼敬得到了鲁国的热切回应,前六六二年春,鲁国主动派出工程队伍为齐桓霸业"总设计师"管仲修筑他的采邑小谷。与此同时,刚取得北伐山戎胜利的齐桓公开始认真考虑如何在"攘夷"的战略框架下应对新兴"南蛮"楚国的问题。他向中原主要诸侯国发出会面邀请,准备就楚国讨伐郑国一事进行商议。宋桓公请求先与齐桓公相见,于是同年夏天,两位国君在宋邑梁丘[1]举行了非正式会谈。

① 梁丘见地图五。

鲁庄公身死国乱,齐桓公低调介入

这年,鲁庄公病重,开始实质性地安排自己去世后的君位继承问题。庄公有三个弟弟,分别是公子庆父、公子牙、公子友,都在朝中担任要职。庄公与宠妃孟任生有公子般,与夫人哀姜没有生下孩子。鲁庄公可能是一方面喜爱公子般,实际上想要立他为继承人;另一方面又担心早立公子般为太子会惹怒无子的夫人哀姜,从而危及齐、鲁关系,因此迟迟不立太子,一直拖到自己病重不能再拖的时候。

据《左传·庄公三十二年》的记载,庄公召来公子牙,问他对君位继承人有什么看法,公子牙回答说:"庆父是人才。"庄公又问公子友,他回答说:"臣下将拼死命尊奉般为君主。"这时庄公意味深长地说:"先前牙说'庆父是人才'。"

公子友领会了庄公的旨意,立即命令公子牙待在铖巫氏,派铖巫拿着毒酒逼他说:"把这喝了自尽,你家在鲁国还能有后代。不然的话,你将被国家处死,而且你家会被灭族。"公子牙喝完后往家走,走到逵泉就死了。

公子友杀了公子牙,为何不用刀刺绳勒,而要用鸩毒?联系后来晋文公试图鸩杀关押在周王室监狱的卫成公、后因毒药被稀释而没有杀死一事（参见《晋文篇》页265），可知鸩毒的效果是可以通过改变剂量来调控的。我怀疑公子友党羽铖巫逼公子牙喝下的应该就是稀释过的毒药，使得公子牙没有在铖巫家中立即死去，而是行走一段之后，在与铖巫家有相当一段距离的逵泉死去。这样一来，公子友一党在当时便可撇清与公子牙之死的关系，而是用"在逵泉暴病身亡"来解释公子牙的死亡。也正因为如此，公子友一党才能在公子牙死后以"秋七月癸巳，公子牙卒"这样用来描述国卿正常死亡的体例向各国发情况通报，而不是以"秋七月癸巳，鲁杀其大夫公子牙"这样用来描述国杀罪臣的体例向各国发通报。既然公子牙并非获罪而死，他的家族自然也可以如公子友所承诺的那样，在鲁国继续发展下去。

《公羊传》的记载有所不同：

鲁庄公生病快死了，以病重为由召来公子友，公子友一到，庄公就把国政托付给他，说："寡人就要死在这病上了，我将把鲁国的君位传给谁呢？"公子友说："有您的儿子般在，君主忧虑什么呢？"庄公说："难道真能这样吗？牙曾对我说：'鲁国的君位传承是一代父亲传给儿子，下一代哥哥传给弟弟，君主您是知道的。现在庆父还在啊！'"公子友说：

"他怎么敢！这是要作乱吗？他怎么敢！"

不久，公子牙弑君的武器都已经准备好了。公子友先下手为强，兑好毒药强迫公子牙喝下去，说："公子听从我的话把这喝下去，那么一定可以不被天下人耻笑，而且在鲁国必定会有后代；不听从我的话而不把这喝下去，那么一定会被天下人耻笑，而且在鲁国必定没有后代。"于是公子牙听从他的话喝下毒药，在无傀氏喝下，走到王堤就死了。

《左传》和《公羊传》最关键的不同点，在于公子牙支持公子庆父继承君位的理由。《左传》里，公子牙的理由是庆父很有才能，这在君位继承强调宗法正统性的春秋时期并不是一个很有说服力的理由。而在《公羊传》中，公子牙的理由是：鲁国的君位传承是"父死子继"和"兄终弟及"交替进行的，也就是所谓的"一继一及"。既然从桓公到庄公是"父死子继"，那么从庄公再往下传就应该是"兄终弟及"。其实这两个版本的理由并不互相矛盾，如果将他们合并起来就是：庆父很有才能，又是庄公最年长的弟弟，而鲁国君位继承又轮到了"兄终弟及"，所以应该立庆父为君。

如果我们梳理一下从西周建国到庄公时的鲁君世系，会发现公子牙说的"一继一及"并非空穴来风：

伯禽—考公：父死子继

考公—炀公：兄终弟及

炀公—幽公：父死子继

幽公—魏公：兄终弟及（弟弑兄而立）

魏公—厉公：父死子继

厉公—献公：兄终弟及

献公—真公：父死子继

真公—武公：兄终弟及

武公—懿公：父死子继

懿公—（伯御）—孝公：兄终弟及①

孝公—惠公：父死子继

惠公—隐公：父死子继

隐公—桓公：兄终弟及（弟弑兄而立）

桓公—庄公：父死子继

有学者认为，"一继一及"是西周时期鲁国的特殊君位传承制度，是商、周之际"父死子继""兄终弟及"两种制度斗争的孑遗，并来源于鲁国始封君周公旦的政治作为。②也有学者认为，自西周初年周礼奠定之后，鲁国君位继承制度的正统就是嫡长子继承制，或者至少是"父死子继"制，而"兄终弟及"大多源于非正常事件（比如弟弟杀了哥哥而自立为君等）③；正因为如此，所以公子友宣称要以死捍卫庄公之子即位。不可否认的是，"一继一及"是西周至

① 懿公侄伯御弑懿公而立，周宣王伐鲁杀伯御，立懿公弟称，是为孝公。

② 参见尉博博、王向辉：《春秋鲁国"一继一及，鲁之常也"辨》，《社会科学论坛》2010年第10期。

③ 参见杨朝明：《鲁国"一继一及"继承现象再考》，《东岳论丛》1996年第5期。

春秋早期鲁国君位传承的"既成事实",因此公子牙才会抬出它来作为支持公子庆父继承君位的重要依据。

有意思的是,如果我们考察周王室和其他主要姬姓诸侯国的西周时期君主世系,会发现无论是周王室,还是诸如晋国、卫国、蔡国,都是以"父死子继"为主干,偶尔在内乱时期有"兄终弟及"的情况发生。那么,鲁国这个被齐卿仲孙湫赞誉为"遵守周礼典范"的国家(见下文),在君位继承方面为何如此独树一帜,仍然是个未解之谜。

无论历史真相的细节与哪个版本更为相似,基本事实是清楚的:

庄公希望立他的庶长子般为君,支持庄公的是公子友;公子牙则希望立他的哥哥公子庆父为君。此外,据《左传·闵公二年》的追述,公子庆父与鲁庄公夫人哀姜通奸,哀姜也希望拥立庆父为君。

公子友采取断然行动毒杀了公子牙,在这场斗争中暂时处于上风。八月五日,鲁庄公寿终正寝,公子般即位为君,但是不敢住在公宫,而是住在母家党氏。到了冬十月二日,形势反转,公子庆父指使圉人荦在党氏杀了公子般,公子友出逃到陈国。据《公羊传》的记载,圉人荦在干完"脏活"之后被公子庆父当作替罪羊诛杀。实际上,鲁庄公早就警告过公子般要当心圉人荦。此前有一次在大夫梁氏家中演习求雨祭的乐舞，公子般和他的妹妹前去观看。那时，圉人荦从墙外调戏他的妹妹，公子般发怒，派人用鞭子抽打圉人荦以示惩罚。鲁庄公知道后提醒他儿子说："不如杀了他，这人不能鞭打羞辱。荦力量过人，能把车盖扔过稷门去。"

面对失控的鲁国局势，齐桓公果断介入，支持了鲁国高层中赞成维护"父死子继"宗法制的卿大夫，立了鲁庄公庶子公子启方（哀姜陪嫁妹妹叔姜所生）为新君，就是鲁闵公。值得指出的是，哀姜在前六七〇年嫁到鲁国，叔姜应随行。即使叔姜当年即怀孕，生子也不可能早于前六六九年。因此，当鲁闵公即位之时，至多不过七岁。

齐桓公救邢定鲁，立大功存亡继绝

齐桓公刚暂时平息了鲁国内乱，戎狄又来作乱，这回是晋国以东的狄人讨伐远离中原的邢国①。管仲对齐桓公说："戎狄犹如豺狼，是不会满足的；华夏诸国互相亲近，是不能抛弃的；安逸就像毒药，是不能怀恋的。《诗》上说：'难道不想回去，怕的是这竹简上的命令。'竹简上的命令，就是同仇敌忾、忧患与共的意思。所以请求救援邢国以遵从简书。"齐桓公于是在前六六一年初出兵救援邢国。

戎狄豺狼，不可厌也；诸夏亲昵，不可弃也；宴安鸩毒，不可怀也。（《左传·闵公元年》）

① 邢见地图四"邢1"。

同年秋八月,鲁闵公与齐桓公在齐地落姑会面,请求齐国帮助召回公子友。齐桓公答应了闵公的请求,派人从陈国召回了公子友,闵公在国都附近的郎地迎接他。实际上,闵公此时是不到八岁的孩子,真正主导此事的应该是国都内支持公子友而反对公子庆父的卿大夫们。

冬天,齐卿仲孙湫代表霸主前往鲁国视察其国内祸难情况。仲孙回国后,说:"不除掉公子庆父,鲁国的祸难就不会停止。"齐桓公问:"怎么才能除掉他?"仲孙回答说:"祸难不终结,公子庆父将自取灭亡,君主就等着吧。"

不去庆父,鲁难未已。(《左传·闵公元年》)

这时,齐桓公突然问:"鲁国可以趁机夺取吗?"仲孙马上回答说:"不可以。鲁国仍然秉持周礼。周礼是立国的根本。我听说:'国家将要走向灭亡时,如同一棵大树,根本必然先行颠覆,然后枝叶跟着倒下。'鲁国不抛弃周礼,是不能动的。君主应当致力于安定鲁国的祸难并且亲近它。亲近有礼的国家,依靠稳重坚固的国家,离间内部涣散的国家,颠覆昏暗动乱的国家,这是霸主乃至王者所应秉持的利器。"

国将亡,本必先颠,而后枝叶从之。

亲有礼,因重固,间携贰,覆昏乱,霸王之器也。

齐桓公听从了仲孙湫的劝谏,决意顺应鲁国内部局势的走向,促使公子庆父倒台,而扶植公子友安定鲁国。

前面分析齐国政治地理形势的时候提到过,鲁国挡在齐国南面,和西面的河水、北面的大海一起把雄心勃勃的齐国约束在了今山东省北部,只留下了东面(今山东半岛)一个方向,无法进行大规模的疆土扩张。因此,当鲁国出现严重内乱时,齐桓公脑子里涌现出一个非常大胆的、颇有他"无常"哥哥齐襄公风格的想法:为什么不趁机越过泰山,攻灭同为中原主要诸侯国的鲁国,在疆域和国力方面实现"跨越式发展"?如果时代换到战国,这种想法是各强国君主的常规思维;但是从西周到春秋早中期,王室分封的中原主要诸侯国之间还从来没有发生过吞并重组。如果齐国真的攻灭了鲁国,那就宣告着他全面抛弃了先前一直致力的称霸事业,走上前所未见的侵略扩张道路:周公之后、特许使用天子礼乐的鲁国都敢吞并,其他国家还有谁不是被侵略的对象?

在这个齐国称霸战略可能转向的关键时刻,和齐桓公对话的是坚信齐国应该坚守"霸道"、做诸侯好"大哥"的仲孙湫。他首先提醒齐桓公,鲁国虽然发生了高层政治动荡,但是国家的基本面并没有颠覆性的改变,这样一个严守周礼的厚重列国,无论是从实际可行性还是从国际政治影响来考虑,都是不能吞并的。他进一步劝说齐桓公要亲近守礼的国家以显示对周礼和王室的尊崇,依靠实力厚重的主要诸侯国来构建一个管控天下的骨干网络,推动离心涣散国家的政权更迭以帮助它回到正轨,只有昏暗动乱、毫无希望的"失败国家"才能考虑吞并。寥寥数语,勾勒出当时聚集在齐桓公周围的、以管仲为首的贤臣团队所信奉的称霸战略。齐桓公性急志大,有当霸主的欲望和格局,是称霸事业的火车头;而管仲、鲍叔、仲孙湫等贤臣则制定并实施具体的内政外交方略,并在齐桓公时不时想要挣脱"霸道"原则束缚的关键时刻把他拉回来,为成就齐桓霸业铺就了轨道,并设置了防护栏。

前六六〇年,齐国将阳国①的民众迁走,吞并了该国的土地。和前六六四年逼降鄣国一样,齐桓公在被周王任命为诸侯之长后,可以凭借其强大实力和崇高地位压服邻近小国,从而兵不血刃地开疆拓土。

自春秋初年以来,每个主要诸侯国都在谋求发展,要发展就要开疆拓土(以土地为基础的农业经济使然),而其他主要诸侯国又不能吞并,因此,允许吞并周边小国逐渐成为它们互不追究的"默契",一般而言不在霸主管控的范围之内。因此,霸主齐国自己也可以一面礼敬和善待各主要诸侯国,一面继续通过吞并小国拓展领土。

① 阳见地图五。

同年,不愿意坐以待毙的公子庆父再开杀戒,派大夫卜齮在寝宫旁门杀死了不到九岁的鲁闵公。此前,鲁闵公的师傅侵夺了卜齮的田地,闵公没有禁止,因此卜齮投靠了公子庆父,为他杀了闵公。实际上,以当时闵公的年龄,他很可能对于他师傅的私人行为毫不知情,也没有阻止干预的能力。

闵公被杀之后,公子友带着公子申(鲁庄公庶子贱妾成风所生)前往紧邻的邾国避难。此时,国内支持公子友的卿大夫集团可能对公子庆父施加了很大压力,迫使他出逃到较远的莒国。公子友抓住机会又回到国都,拥立公子申为君,就是鲁僖公。

鲁国局势初步稳定后,鲁人派出使者带着财货去莒国请求送回公子庆父,莒人照办了。公子庆父到达鲁地密^①之后,派公子鱼(字奚斯)进入都城向当局求情。当局不答应赦免,公子鱼哭着回来复命。公子庆父说"这是奚斯的哭声",于是上吊自杀了。有意思的是,今本《诗经·鲁颂》保存了公子鱼在鲁僖公老年时创作的诗《閟宫》,赞颂鲁僖公能兴祖业、复疆土、建新庙,这是今本《诗经》中最长的一首诗。此诗风格铺张华美,极尽歌功颂德之能事,由此可见,公子鱼是当时鲁国大夫中善作称颂文辞的人,难怪本年公子庆父让他为自己请命。

至此,鲁国政局完全按照齐卿仲孙湫的预计恢

① 密见地图五。

复稳定。齐桓公派遣正卿高傒来到鲁国，与鲁僖公盟誓。据《公羊传》的记载，高傒此次是带着军队前来，目的是代表霸主稳定鲁僖公的君位，并帮助修筑鲁都城墙。直到多年以后，当其他国家的人到鲁都游览时，当地人还会介绍说，"从鹿门到争门这一段，就是高子当年修建的。"也有人又说，"从争门到吏门这一段，是高子当年修建的。"鲁人之间还把这件事作为美谈，说："还希望高子再来呀！"

齐桓公救援卫国，公子友匡正鲁国

这年冬十二月，赤狄在其君长留吁的率领下讨伐卫国①（据清华简二《系年》），卫懿公率领军队与狄人在荥泽②作战，卫军大败。狄人囚禁了太史华龙滑和礼孔，准备迫使他们带路追逐卫人。这两个人说："我们是太史，掌控着卫国的祭祀。我们不先进入国都为你们做安排，国都是没法夺取的。"狄人相信了他们，让他们先走。他们到了国都内后，赶紧告诉守城者说"不能待在这里了"，晚上便组织国人出逃。狄人进入国都，发现人都跑了，又出城继续追击，在河水边又打败了卫人。

卫国的失败是意料之中的事。卫懿公有一个特殊的嗜好，就是喜爱养鹤，他甚至为鹤配备大夫才能乘坐的轩车。在战前发放甲胄兵器时，国人们

① 卫见地图四"卫1"。
② 荥泽见地图四。

纷纷抱怨说:"让鹤去！鹤都有俸禄官位了,我们哪还能打仗?"

当年,卫惠公(卫懿公之父)刚即位时年纪很小,无法生育子女。当时的"小霸"齐襄公为了稳定卫国公室,出面强势干预,命令卫惠公的庶兄昭伯"烝"卫惠公的母亲宣姜而生了孩子。昭伯不愿意,齐人就强迫他去做。宣姜倒是很争气,生了三个儿子、两个女儿。到卫国被狄人所灭这一年,两个女儿中一个已成为宋桓公夫人,一个已成为许穆公夫人,而三个儿子中的公子申、公子辟疆后来都成为国君,分别是卫戴公和卫文公。公子辟疆因为卫国内政祸患很多,于是先去了齐国。

齐国所推动的这些前期人事布局对于挽救卫国起到了重要的作用。在卫国此次大败的时候,卫国的女婿宋桓公来到河水边接应,在晚上帮助七百三十个卫国遗民渡过河水,再加上卫邑共①、滕的民众一共五千人,在卫邑曹②建立了一个临时政权,拥立公子申为国君,就是卫戴公。

霸主齐桓公也迅速行动,派出公子无亏率领三百辆战车、三千位甲士来戍守曹邑。齐人送给卫戴公国君级别的车马、五套举行国家祭礼时穿的隆重服饰,送给夫人用鱼皮装饰的轩车、三十匹高档锦缎,送给国人三百只种牛、种羊、种猪、种鸡、种狗,

① 共见地图四。
② 曹见地图四"卫2"。

241

以及用来做门板的木材。

在初步稳定了卫国形势之后，齐军、宋军、曹军又赶去救援同样遭受赤狄围攻的邢国。在都城内苦苦支撑的邢人看到救兵前来，立刻放弃城池，逃到诸侯军中。诸侯军队击退了狄人，帮助邢人带上财产器用向西南迁徙，在前六五九年夏六月迁到紧邻齐国的夷仪①。诸侯又帮助刚在夷仪落脚的邢人修筑城墙。

齐桓公率领诸侯救助卫国、邢国的行动，可以说是明确了"霸政"的第六项主要任务——"救患"。《左传·僖公元年》对此称赞说："凡是诸侯之长，率领诸侯救助患难、分担灾祸、讨伐罪行，都是符合礼制的正义行动。"

凡侯伯，救患、分灾、讨罪，礼也。

鲁闵公被杀一事，与公子庆父通奸的鲁庄公夫人哀姜是知情的，因此事发后她逃到了邾国。齐人在邾国逮捕了她，于前六五九年七月二十六日在夷国②境内把她杀了，带着她的尸体回了国。鲁僖公向齐国请求送回哀姜的尸体，十二月十八日，哀姜的尸体被送回鲁国。

在"庆父之乱"的整个过程中，齐桓公首先顺应鲁闵公背后卿大夫集团的请求送回公子友，初步表明了自己支持"父死子继"派的立场；然后通过派仲孙湫现场调研摸清了情况，确定了"密切关注，暗中引导"的基本平乱策略，不进行伤筋动骨、惹人猜疑

① 夷仪见地图四"邢2"。
② 夷见地图五。

的武力干预，而是主要依靠"父死子继"派自主解决问题；在鲁僖公即位、公子庆父自杀之后，及时派正卿高傒率军队到鲁都稳定局势，果断"召回"并"销毁"了哀姜这个"问题产品"以示无私和负责，可以说是居心中正、刚柔并济、时机和力度的把握恰到好处，体现出齐桓公团队高超的政治智慧。

"庆父之乱"平息之后，鲁国直到战国时灭亡，除了昭公、定公之时由于内乱而出现一次"兄终弟及"，其余十五位国君都是"父死子继"。也就是说，在以公子友为首的鲁国卿大夫的努力和霸主齐桓公的支持下，鲁国抛弃了自西周以来的"一继一及"的独特传统，确立了以嫡长子继承制为正统，以"父死子继"为底线的君位继承制度。前五一〇年，晋国太史蔡墨评价说"公子友对鲁国有大功"，应该就是指他在平定此次内乱、确立鲁国君位继承制度中所起到的关键作用。公子友的后代，日后成为鲁国卿族中最强大的季氏，与孟氏（公子庆父后代）、叔孙氏（公子牙后代）统称"三桓"，长期把持鲁国朝政。

阳谷倡议立规矩，南征楚国扬威名

前六五九年秋天，楚人讨伐郑国，惩罚郑国亲附齐国。值得注意的是，鲁史《春秋》将此事记载为"楚人伐郑"，不再称"荆"，说明随着楚国日益强大，中原诸侯国不得不承认它的国号，也就是承认了它的"正常国家"地位。

八月，齐桓公、鲁僖公、宋桓公、郑文公、曹昭公和邾人在柽地①会盟，谋划如何救援郑国。从此开始，郑国成为中原霸主（此时是齐国，后来是晋国）和南方强国楚国之间长期争霸的"标的"：郑国倒向齐国，则显示着齐国在争霸中占上风，而楚国则会讨伐郑国迫使它叛变，反之亦然。这种被两个大国争夺、欺凌的地缘政治困局持续了一百多年，一直到前五四六年晋、楚举行弭兵之盟结束武力争霸后才宣告结束，而解脱出来的郑国随即在贤相子产的领导下励精图治，走向中兴。

前六五八年，在齐国领导下，诸侯在曹邑附近的楚丘②修筑城墙，为卫国修筑了一个可以安居的国都。此时卫国的国君是卫文公，他穿着粗布衣，戴着粗帛大冠，重视农业，发展商业，振兴手工业，重视教育，劝勉学习，传授为政正道，任用贤能之人。在前五六九年文公刚即位时，整个卫国只有三十辆战车，到了文公末年，已经发展到三百辆。

齐桓公北伐山戎、平定鲁国内乱、拯救被狄人围攻的邢国和卫国，这一系列"攘夷""平乱""救患"的霸主善政不仅使中原诸侯国感恩戴德，甚至让受到楚国严重威胁的南方小国看到了一线生机。前

① 柽见地图四。
② 楚丘见地图四"卫3"。

六五八年秋七月，来自江国、黄国①的代表在宋地贯②与齐桓公、宋桓公会盟。这两个南方小国表示服从齐国，也希望在自身危难之时，齐国能率领诸侯出手相救。而对于齐桓公来说，江、黄来服对于宣示自己的霸业成就具有很重要的意义，说明他的霸主威名已经辐射到了原本与中原长期隔绝的南方腹地。然而，齐国内政存在的问题也开始显现了出来：受到齐桓公宠信的宦官竖刁在此次会盟期间向外泄露了齐国的军事机密。

前六五八年冬天，楚人再次讨伐郑国。

前六五七年秋，齐桓公、宋桓公、江人、黄人在齐邑阳谷③再次会面，主要议题是商议如何讨伐楚国。江、黄二国紧邻楚国，请他们过来很可能是为了解楚国情况。据《公羊传》记载，齐桓公在这次会面期间提出了四项希望各国诸侯遵守的内政外交行为准则，我们可以把它称为"阳谷倡议"：

一、无障谷：上游国家不要阻断河流危及下游国家的用水。

二、无贮粟：丰收国家不要囤积粮食而拒绝救济受灾国家。

三、无易树子：不要换掉已经树立为继承人的儿子。

四、无以妾为妻：不要把宠爱的妾立为正妻。

① 江、黄见地图六。
② 贯见地图四。
③ 阳谷见地图四。

245

在"阳谷倡议"中,前两条是为了减少国家间的矛盾和冲突,后两条是为了预防国家内部的政治动乱。齐桓公提出这些倡议表明,他已经不满足于领导同盟诸侯通过政治和军事行动在"事后"挽救出现内忧外患的诸侯国,而是开始探索发挥规则制定者的作用,针对春秋时期的现实情况,试图通过重建国际和国内政治准则来在"事前"预防争端及内乱的发生。齐桓公提出的这些倡议符合周礼的基本原则,而"负面清单"的表述方式使它更有针对性和可操作性。齐桓公在阳谷之会上的行动,可以说是明确了"霸政"的第七项主要任务——"立约"。

这次阳谷之会,鲁国不知何故未能参会,于是齐桓公又专程前往鲁国巩固两国之间的同盟关系。鲁国当年冬天也派了重臣公子友前往齐国重温盟誓。

齐桓公积极组织诸侯救援郑国的努力主导了郑国的决策走向。就在鲁国前往齐国后不久,楚国又讨伐郑国。郑文公想要求和了事,遭到国卿孔叔反对,他说:"齐国正在为我国而奔波操劳,抛弃有德的盟主,不祥。"

到了前六五六年春正月,齐桓公下定决心南征,与宋桓公、鲁僖公、陈宣公、卫文公、郑文公、许穆公、曹昭公共同率军入侵蔡国[1],蔡国民众溃逃,然后诸侯联军讨伐楚国。

① 蔡见地图六"蔡1"。

为什么要先入侵蔡国？这要从一场"游乐园事故"说起。齐桓公有三个夫人，其中一位是蔡姬，是已去世蔡哀侯的女儿、当前国君蔡穆侯的妹妹。有一次，齐桓公和蔡姬在游乐园湖中乘小船游玩，蔡姬故意摇晃小船吓唬桓公。桓公水性不好，害怕落水，脸色都变了，呵斥蔡姬让她住手，谁知她摇得更起劲。桓公很生气，上岸后，就把蔡姬送回蔡国，本是希望等她悔过之后再接回来，并没有想要断绝与蔡国的政治联姻。没想到蔡姬回娘家之后坚决要求改嫁，而蔡穆侯竟然就成全了她。齐桓公首先入侵蔡国，表面上是惩处蔡国未经他许可而私自将蔡姬另嫁他人，实际上是要惩罚蔡国对中原霸主齐国怀有二心。如果蔡穆侯一心服从齐国，又怎敢顺着蔡姬的性子行事？

　　楚成王派出使者到诸侯联军驻地，说："贵国君主住在北方，寡人住在南方，我们两国从无干涉，就像牛和马在发情时也不会相互追逐。不料贵国君主竟跋涉来到我国土地上，是什么缘故？"管仲对答说："当年召康公向我们的先君太公宣命说：'五侯九伯，你都有权征伐他们，以与我一同夹辅周王室。'赐给我们先君征伐的范围，东边到大海，西边到河水，南边到穆陵，北边到无棣。你应该进贡的苞茅没有进入到王室府库，王室的祭祀供应不上，

君处北海，寡人处南海，唯是风马牛不相及也。（《左传·僖公四年》）

① 指周昭王十九年第二次南征,在汉水边丧亡六师,昭王殒命(据古本《竹书纪年》)。
② 陉山见地图六。
③ 召陵见地图六。
④ 原文中,齐桓公自称"不穀"。"不穀"本是周王自我贬损的称呼,此次齐桓公代表周王室出征,所以自称"不穀"。
⑤ 方城、汉水见地图六。

君若以德绥诸侯,谁敢不服?君若以力,楚国方城以为城,汉水以为池,虽众,无所用之。(《左传·僖公四年》)

没法灌酒祭神,寡人因此前来征讨;周昭王南征没有回来①,寡人因此前来责问。"使者说:"贡物没有进入到王室府库,是我国君主的罪过,怎敢不供给?昭王没有返回的原因,贵国君主请到汉水边去问。"

诸侯见楚王使者态度避重就轻、强硬不屈,于是继续进发,到达了楚国北部边境地区的陉山②。

到了夏天,楚成王另派了卿级官员屈完到诸侯军中。联军后撤,驻扎在召陵③。齐桓公让联军列阵,和屈完一起乘车观摩。

齐桓公说:"此次起兵,难道是为了我④个人?而是为了继承先君建立的友好关系。贵国君王和我共同保持友好,如何?"屈完对答说:"君主惠临,从我国社稷求福,屈尊接收我国君主,这是我国君主的愿望。"

齐桓公说:"用这些士兵作战,谁能抵抗!用这些士兵攻城,什么城不能攻克?"屈完对答说:"君主如果用美德安抚诸侯,谁敢不服? 君王如果用武力,楚国以方城作为城墙,汉水⑤作为护城河,君主的军队虽然众多,也没有用武之地。"

屈完的对答表明,楚国愿意和中原诸侯讲和盟誓,同时也做好了抵御诸侯联军入侵的准备。齐桓公对于进一步深入楚国腹地没有把握,于是决定见好就收,率领诸侯与楚国讲和,用盟誓约束楚国不得再讨伐郑国。

就在此次讨伐楚国的行动中,陈、郑两国大夫之间发生了倾轧事件。陈大夫辕涛涂跟郑大夫申侯商量说:"齐军如果从陈国、郑国之间回国,我们两国一路供应一定会非常困苦。如果能建议齐军向东行进,向东夷炫耀武力,然后沿着海边回国,就可以了。"申侯认为是"好主意"。辕涛涂跟申侯商定之后,就跟齐桓公说了这个主意,齐侯答应了。这时,申侯进见,说:"军队已经很劳累了,如果向东行进遇到敌人,恐怕不能用来交战。如果从陈国、郑国之间回国,两国一路供应物资粮草、衣服鞋履,就可以了。"齐桓公同意申侯的意见,于是要求郑文公将西北要塞虎牢①赏赐给申侯,同时逮捕了辕涛涂。秋天,齐军讨伐陈国,理由是陈国为霸主谋事不老实。冬天,诸侯军队入侵陈国。陈国求和,齐人送回了辕涛涂。

干预周王立储,笼络郑伯人心

前六五五年,齐桓公在征伐山戎、平定鲁乱、拯救卫邢、南征楚国等行动中取得巨大成就之后,又开始着手稳定周王室的内政。此时,周惠王的王后宠爱少子带,想要废黜王太子郑而立王子带为太子。这是周王室带头违背齐桓公在"阳谷倡议"中

① 虎牢即制,见地图四"制"。

明确提出的"不要换掉已经树立为继承人的儿子"这一行为准则,如果不加以制止,会对齐桓公构建国际新秩序的努力造成极大的破坏。于是在这年夏天,齐桓公召集宋桓公、鲁僖公、陈宣公、卫文公、郑文公、许僖公、曹昭公在卫地首止^①与王太子郑会面,展现诸侯对正牌太子的支持,希望使企图废太子的政治势力知难而退,从而维护宗法制,安定王室政局。

齐桓公的干涉让周惠王很恼火,他派卿士周公忌父去见郑文公,说:"我支持你去服从楚国,还有晋国来辅助你,可以得到些许安定了。"自前六七九年齐国因为郑厉公不朝见而扣留叔詹以来,郑国君主已经二十二年没有到齐国朝见了。郑文公害怕齐桓公会在此次集会上惩罚自己,惠王的许诺让郑文公似乎抓到了一根救命稻草,于是逃回驻地不参加会盟。孔叔阻止他说:"君主不可以轻率,轻率就会失去亲近势力的支持。失去亲近势力的支持,祸患一定会到来。等到国家困苦时再去乞求结盟,所丧失的东西就多了。君主一定会后悔的。"郑文公不听,丢下随行军队回了国。

在这次集会上,陈大夫辕涛涂怨恨郑大夫申侯去年伐楚时陷害自己,于是劝申侯修筑他的赐邑虎牢的城墙,说:"把城修筑得壮丽美观,可以为您带

国君不可以轻,轻则失亲。失亲,患必至。《左传·僖公五年》

① 首止见地图四。

来大名声,子孙不会忘记。我帮助您请求诸侯出力。"于是辕涛涂请求诸侯贡献劳役为申侯修筑虎牢城,最终效果比正常城邑要壮丽美观得多。辕涛涂接下来就在郑文公面前进谗言说:"申侯主动把赐邑修得那么美观,是准备叛乱啊!"申侯因此受到了郑文公的猜忌。

就在中原诸侯在首止会盟的时候,楚国在南方继续侵略扩张,令尹子文率军灭了弦国,弦子出逃到黄国。当时江国、黄国、道国、柏国①都与齐国关系亲近,而这几个国家又都是弦国的姻亲。弦子仗恃着这些小姻亲们而不事奉楚国,还不设防备,因此灭亡。

前六五四年夏天,齐桓公及宋桓公、鲁僖公、陈宣公、卫文公、曹昭公率军讨伐郑国,包围了郑国新修的密邑②,以惩罚郑文公从首止之盟现场逃走。同年秋天,楚成王包围许国③以救援郑国。诸侯转而救援许国,楚成王率军回撤到武城④。

诸侯撤走之后,比郑国更加靠近楚国的许国决定投靠楚国。冬天,在亲楚的蔡穆侯带领下,许僖公双手反绑、口衔玉璧,大夫们穿着丧服,士人抬着棺材,来到武城向楚成王投诚。⑤楚成王不知该如何迎接,询问大夫逢伯。逢伯回答说:"当年武王攻克殷商,微子启就是这样向武王投诚。当时武王亲自

① 弦、江、黄、道、柏见地图六。
② 密见地图四。
③ 许见地图四"许1"。
④ 武城见地图四。
⑤ 双手反绑,表示任由楚成王处置。口衔玉璧,表示自带陪葬器物。大夫们穿着丧服,表示预期其君将被处死,为君送葬。士人们抬着棺材,表示自带君主葬具。

为他松绑，接受了玉璧并被除凶邪，烧了棺材，对微子启以礼相待并赐予恩命，然后让他重回微国为君。"楚成王听从了他的意见，比照周武王范例，对许僖公以礼相待。这显示出楚成王已经认识到，北上中原争霸不仅要靠军事上的硬拼，还要通过这种向西周圣王致敬的"受降秀"来树立起自己尊崇周礼、善待小国的国际形象，从而逐步获得中原诸侯国的认可和归顺。

前六五三年春，齐军讨伐郑国，一定要逼迫郑国顺服。孔叔劝郑文公说："谚语说：'内心原本不够坚强，又何必害怕蒙受屈辱？'既不能坚强，又不能软弱，这就是导致灭亡的原因。国家已经很危急了，请君主向齐国屈服以挽救国家。"郑文公说知道了，但仍在犹豫。孔叔认为该当机立断。

谚有之曰："心则不竞，何惮于病？"既不能强，又不能弱，所以毙也。（《左传·僖公七年》）

当年夏天，郑国杀了先前就已被猜忌的申侯，向齐国解释说，先前不服从齐国都是他的谋划。

为什么申侯有"资格"背这个黑锅呢？这是因为他原本是楚文王的宠臣。文王将死之时，给了他一块贵重的玉璧，让他赶紧出行，说："只有我了解你。你这个人专擅财利而不知满足，我从你这里取得我想要的，而不计较你的缺点瑕疵。我以后的君主将对你有更多的要求，你必定不能免于祸难。我死后，你一定要赶紧出走。不要去小国，小国将无法容纳你。"文王下葬后，申侯没有听从他的劝告，出奔到郑国这个小国，迅速得到郑厉公的宠信。楚令尹子文在听说了申侯的死讯后说："古人说'没有比君主更了解臣下的'，这句话是不刊之论啊！"

古人有言曰"知臣莫若君"，弗可改也已。

到了秋天，齐桓公、宋桓公、鲁僖公、陈太子款、郑太子华在鲁地宁母①会盟，希望使郑国归顺。管仲对齐桓公说："臣下听说，'用礼来招抚有二心的国家使其顺服，用德来感化远方的国家使其顺服。行事不违背德、礼，没有人会不怀念您'。"齐桓公以礼优待诸侯，各诸侯国官吏从齐国领受命令，确定该国应向周王室交纳的贡赋种类和数量。

招携以礼，怀远以德。德、礼不易，无人不怀。

在会盟期间，郑太子华对齐桓公说："违背您的命令使郑国不归顺的，是泄氏、孔氏、子人氏三个卿族。君主如果能除掉这三族而与我国媾和，我将使郑国成为齐国的属国，如同齐国封疆内的臣下，这对君主没有任何不利。"

齐桓公准备答应他。管仲说："君主秉承'礼'和'信'来会合诸侯，最后却用冒犯来结束，恐怕不可以吧？儿子和父亲不相冒犯叫作礼，严守君命、供奉时事叫作信。您如果违背了这两条，就没有比这更大的冒犯了。"

子父不奸之谓礼，守命共时之谓信。违此二者，奸莫大焉。

齐桓公说："诸侯讨伐郑国，至今还没取得全胜。如今郑国内部如果有嫌隙，我们顺势而为，不

① 宁母见地图四。

也可以吗？"

管仲回答说：

"君主如果用德来安抚，加上训导，如果他们不接受，然后再率领诸侯讨伐郑国。到那时郑国挽救危亡都来不及，哪里敢不害怕？君主如果领着郑国的罪人太子华兵临郑国城下，那郑国就有道理了，又有什么好害怕的？

"而且会合诸侯的目的，是为了崇尚美德。集会诸侯却让奸邪之人位列其中，那该拿什么垂示后代？诸侯会盟，其间是否符合德、刑、礼、义的情况，每个国家都会记载。如果简册上记载了奸人在会盟现场拥有位置，那君主的盟约就要废弃了。事情做了却不能见于记载，就不是君主想要追求的盛德了。

"君主不要同意太子华的提议，郑国一定会接受盟约。子华既然身为太子，又寻求凭借大国来打击自己的政敌，削弱自己的国家，也必定不会免于祸难。郑国有叔詹、堵叔、孔叔三个贤良卿大夫当政，是没有空子可钻的。"

齐桓公听从了管仲的劝告，抑制住了内心想要利用太子华迅速收服郑国的欲念，回绝了太子华的提议。此事后来被郑文公知道了，太子华从这以后就得罪了郑国高层，最终在前六四四年被郑文公下令处死。齐桓公的这一举动终于打动了郑文公,冬天,郑文公主动请求与齐国结盟。

前六五三年闰月,周惠王去世。继位的周襄王担心王子带得知消息后会发动叛乱夺取政权,因此秘不发丧,而是急忙派使者去齐国寻求援助。前六五二年春正月,齐桓公与宋桓公、鲁僖公、卫文公、许僖公、曹共公、陈太子款一道与王室大夫在曹地洮①结盟,就王位继承一事达成共识,支持襄王继位。襄王在王位稳定之后,这才向各诸侯国发出讣告。郑文公也派出使者来到盟会现场,请求服从齐国,与诸侯结盟。率领诸侯安定王室,并争取到郑国的诚心归顺,是齐桓公霸业的又一次重大胜利。

前六五二年冬,宋桓公重病不起。太子兹父(宋桓公嫡长子)强力请求说:"庶兄公子目夷年长,而且很有仁德,君主还是立他为君吧!"宋桓公于是叫来公子目夷,准备命他做国君。公子目夷坚决推辞,说:"太子能把国家让出来,还有比这更大的仁德吗? 臣下比不上,而且废嫡立庶又不顺乎周代宗法。"

前六五一年春三月,宋桓公去世,太子兹父即位,就是宋襄公。宋襄公认为公子目夷有仁德,任命他为左师执掌政事,宋国因此大治。

宋襄公在即位前后的举动,已经透露出此人的

① 洮见地图四。

255

两个特点：第一，心性仁厚，敬重贤良，甚至能够以国相让；第二，和先君宋宣公、宋穆公一样，对于周代礼制（比如说"父死子继"的宗法制）并无意严格遵守。实际上，后面我们会看到，在齐桓公去世后，他正是遵循着自己的一套独特的"复古兴商"理念，上演了一场以惨败告终的称霸闹剧，而在这个过程中一直严厉批评宋襄公的，正是一方面深知他的仁爱心性（所以自始至终不放弃宋襄公），但又严守周礼立场、反对复辟商礼的公子目夷。

齐桓霸业的盛极而衰

葵丘极盛，晚景凄凉

缔结葵丘公约：齐桓霸业的巅峰

前六五一年，在成功稳定王室、收服郑国之后，齐桓公与王室卿士周公孔、宋襄公、鲁僖公、卫文公、郑文公、许僖公、曹共公在宋地葵丘①举行会盟。此次会盟的主题并不是为了某项急迫的国际事务，而是重温先前盟誓，增强友好关系，订立国际公约，实质上就是一次"齐桓公霸业总结表彰大会"。

对齐桓公感恩戴德的周襄王派周公孔将王室祭礼上供奉过的祭肉赐给齐桓公，说："天子祭祀文王、武王，派遣我把祭肉赐给伯舅——"齐桓公准备下阶行跪拜之礼，周公孔说："——还有后面的命令。天子派我来传达说：'因为伯舅年纪大了，要加倍慰劳，在常礼之上加赐一级礼遇，无须下拜！'"齐桓公回答道："天子的威严距离我的脸不到八寸，小白我岂敢贪念天子的赐命而真不下拜？如果不下拜，我担心会在下面跌倒，给天子带来羞辱。岂敢

① 葵丘见地图四。

257

不下拜?"于是下台阶,行拜礼,再上台阶,接受祭肉。据《管子·大匡》的记载,王室还赐给桓公赏服、大车、九条飘带龙旗、渠门赤旗。年迈的桓公坚持下堂拜受周王赏赐的"尊王"行为赢得了天下诸侯的拥戴。

据《孟子·告子下》的记载,葵丘之盟的仪式与普通盟誓有所不同,诸侯们捆绑了牺牲,把盟约放在上面,却并没有歃血。这次的盟约也与一般盟誓仅就某项具体议题进行约定不同,而是具有明显的综合性"国际公约"性质,我们可以把它称为"葵丘公约"。

公约第一条是:"诛责不孝之人,不要换掉已经树立为继承人的儿子,不要把宠爱的妾立为正妻。"

这第一条是在"阳谷倡议"第三条"无易树子"、第四条"无以妾为妻"基础上扩展而来,是要求各国公族和卿大夫族遵守的行为准则。前代大量公族和卿大夫族内乱的案例早已证明:一、不孝敬君父的儿子最有可能做出弑君弑父的暴行,而儿子不孝也是君父废黜他的常用理由;二、换掉已确立的继承人和立宠妾为正妻都是根据君主或权臣的个人好恶来做决定,而不是遵循统治阶层有共识的礼制流程做决定,必然存在具有很大的系统性风险;三、君父换掉已确立的继承人和立宠妾为正妻之间

诛不孝,无易树子,无以妾为妻。

258

有密切联系,往往是由于宠爱某妾和她所生的儿子,才会做出废黜太子和正妻的举动。这一条以禁令的方式,从儿子和君父两个角度来约束各国公室和卿大夫家族,试图从源头上减少高层内乱的发生,也为一旦发生内乱时霸主率领诸侯进行干预提供了"国际法"依据。

第二条是:"尊重贤人、培育人才,来表彰有德的人"。

尊贤、育才,以彰有德。

春秋早中期,绝大多数诸侯国卿大夫的任命制度遵循两个原则:第一,根据周代宗法制的规定,卿大夫多数是由公族(国君的儿子和兄弟形成的家族)的宗主或者族人担任;第二,卿大夫职位和相应的俸禄(采邑收入)是世袭的。这种任官制度必然造成一种"任人唯亲""任人唯出身"的风气,导致官僚体系水平低下、缺乏活力。齐桓公在国内推进综合改革时,并没有革除这种依照宗法血缘和世袭资格任官的制度,也就是不触动"存量"卿大夫集团的既得利益;但是他破格任用了管仲、鲍叔、隰朋等一大批贤才,并建立了"三选"制度选拔最优秀的士人进入到大夫体系中(参见页293),充分发挥这批"增量"人才的作用,因而取得了国家富强、称霸中原的巨大成就。

因此,这第二条看似泛泛而谈,实际上是齐桓公希望将齐国的成功经验推广到其他诸侯国,也就是在血缘和世袭之外,特别强调贤能才干,通过增添"新鲜血液"的办法来提高官员队伍的水平,从而谋求国家的发展和强盛。后面我们会看到,晋国正是通过全面驱逐群公子(近支公族),较为彻底地破除了"任人唯亲"的旧传统,建立起"重用外人""尊贤""尚功"的卿大夫任用制度,从而成就了绵延百年的中原霸业。

第三条是:"敬养老人,慈爱幼小,不要忘记善待贵宾和旅客。"

敬老、慈幼,无忘宾旅。

第四条是:"士人不要享受世袭的官职,公家职务不要兼任,录用士人一定要得当,不要专擅地杀戮大夫。"

士无世官,官事无摄,取士必得,无专杀大夫。

如前所述,春秋时期各诸侯国根据宗法血缘和世袭资格任用卿大夫,这种思路必然渗透到了基层官员(士人)的任用中,在不少国家,本应根据才能授予的士人官职都出现了世袭的情况。此外,一人兼任多职、录用士人标准和流程混乱、国君和执政卿不依据礼法而专擅地杀戮大夫等现象也在各诸侯国普遍存在。录取士人不得当、基层士人官职世袭会造成基层官员队伍水平低下,一人兼任多职会造成权力过度集中,而且每项工作都不能做到完善,而专擅地杀戮大夫更是引发怨仇甚至叛乱

260

的导火索。这第四条是齐桓公针对各诸侯国官僚体系中存在的普遍性问题提出的具体要求，而齐国在综合改革中也的确有相应的对策，比如说，从鄙野农民中根据严格标准选拔优秀人士进入士人阶层，通过"三选"制度，依据品德、才能、业绩来选拔士人做官，并将其中特别优异者擢升为大夫（参见页 293）。

有意思的是，据《论语·八佾》的记载，孔子批评管仲不节俭时，其中一条就是说管仲的下属"官事不摄"，他的意思应该是说，由于一事一岗、不兼职，造成官僚队伍与古制相比扩大了不少，有违节俭的原则。孔子这番话一方面说明"官事不摄"的确是齐国在其国内推行的改革举措，另一方面也反映出，齐桓公和管仲认为应该在各国推广的"先进经验"，在复古派看来却是违反古制、铺张浪费的错误做法。

第五条是："不要筑堤防截留水资源，不要阻遏邻国采购粮食，不要封赏土地给卿大夫而不报告盟主。"

无曲防，无遏籴，无有封而不告。

这一条是在"阳谷倡议"第一条"无障谷"和第二条"无贮粟"基础上扩展而来。在"靠天吃饭"的农业经济时代，最容易引起各诸侯国之间争端的，一是旱季上游国家筑堤防截留河水，二是收成较好的国家囤积粮食不借给/卖给闹饥荒的国家。这第五条前两点就是在总结诸侯国间争端先例的基础上提出的针对性要求。此外，齐桓公还新增一项，要求各诸侯国将封赏卿大夫土地的情况报告给盟主齐国，有可能是齐桓公希望借此掌握每个国家新开拓的土地、新重用的卿大夫等重要内政情况，以便于实施有效的管控。

最后总结说："所有我们参与盟会的人，从订立盟约以后，完全回归到旧日的友好关系。"

凡我同盟之人，既盟之后，言归于好。

"葵丘公约"针对春秋初期各诸侯国在内政外交各方面出现的乱象，提出了一系列指导性行为准则。因为齐桓公已经通过实际行动表明，他将率领诸侯讨伐违背盟约的行为，所以这些行为准则显然是有"牙齿"、有约束力的。从秩序建构的角度看，"葵丘公约"的缔结，标志着霸主管控的中原国际新秩序初步形成。

葵丘之盟内幕：管仲力谏阻止僭越

在举行葵丘之盟时，齐桓公率领诸侯尊崇王室、抗御夷狄、主持会盟、平定内乱、救助灾患、讨伐罪行、订立公约，从而建立和维护中原国际新秩序，可以说是功德圆满，达到了霸业的巅峰。在这里要强调的是，"霸政"的七项主要任务，包括"尊王""攘夷""主会""平乱""救患""讨罪""立约",是平王东迁、周王室无力管控天下之后,像齐国、郑国这样的中原强国在一百多年的国际政治实践中逐渐摸索、确立并得到诸侯承认的,齐桓公并不是首创者(除了"立约"一条),而是集大成者。

无论如何,取得这样的功绩,是足以让人得意忘形、想入非非的,而齐桓公也正是如此。根据《国语·齐语》和《管子·小匡》的记载,在周公孔传达周襄王之命,特别恩赐齐桓公不必下拜后,齐桓公并不是马上就做出上面所说的那一幕恭敬下拜的举动,而是询问管仲是否应该真不下拜。管仲没有直接回答,而是说了这么一句:"做君主的不像君主,做臣子的不像臣子,这是祸乱产生的根源。"

根据周礼的原则来推论,如果齐桓公真不下拜,那么他与周王就不再是君臣关系(诸侯是周王的守土之臣),而是平起平坐了,实质上也就意味着桓公僭越为王。管仲认为,君臣之间尊卑次序的混乱正是西周灭亡以来天下祸乱的根源,也就是说,他希望桓公严守"尊王"原则,做周王的谦恭臣子,以身作则为天下垂范。

然而,面对近在咫尺的"由霸而王"机会,齐桓公却不愿意轻易放弃。据《管子·小匡》的记载,齐桓公辩解说:"我组织了三次乘车非军事会盟,六次

为君不君,为臣不臣,乱之本也。

263

兵车军事会盟；九次会合诸侯，一举匡正天下。我北征到达孤竹、山戎、秽貉，拘获了秦夏国君；西征到流沙西虞；南征到达吴、越、巴、牂牁、胝、北胊、雕题、黑齿、荆夷各国，没有谁敢违反寡人的命令，而中原诸国还不够尊重我。从前夏、商、周三代受命为王的，他们的功业跟我有什么不同吗？"

这段话，《史记·齐太公世家》的版本是：

寡人向南征伐到了召陵，瞭望熊山；向北征伐山戎、离枝、孤竹；向西征伐大夏，涉过流沙；裹好马脚，钩挂牢车子，登上太行山，到达卑耳山才回来；诸侯没有人敢违抗寡人。寡人组织了三次兵车军事会盟，六次乘车非军事会盟；九次会合诸侯，一举匡正天下。昔日夏、商、周三代承受天命，和这有什么不同呢？我想要像周王那样到泰山祭天，到梁父山祭地。

寡人兵车之会三，乘车之会六；九合诸侯，一匡天下。

无论是哪个版本，齐桓公想要抓住这个周王室自愿奉送的机会，一举称王的图谋是一致的。齐桓公的霸业到了一个关键时刻：是否要顺应着当时在天下弥漫的"姜姓取代姬姓"论调（参见页122），凭借齐国无人敢于挑战的实力和功绩，从一个尊王的霸主转变成一个僭越的新王？据《管子·小匡》的记载，管仲此时说了一段很关键的话："那凤凰鸾鸟不降临，而鹰隼鸱枭很多；众神不

264

来到,国家的卜龟不露征兆,而手握粟草占筮却屡次准确;时雨甘露不下,狂风暴雨却常来;五谷不丰多,六畜不兴旺,而蓬蒿藜藋遍地茂盛。那凤凰的文采,前面是'德义',后面才是'日昌'。从前受命为王的,总是龙马、神龟来到,河水出图,雒水出书,地上出现乘黄神马。现在三种吉祥物都没有出现,即使声称'承受天命',难道不是失策吗?"

当时齐国内政昌明、国力强盛、霸业大成、诸侯拥戴,甚至王室本身也主动"劝进",因此齐桓公称王在硬实力层面不存在任何障碍。但是,当时人普遍相信,桓公称王还有一个先决条件,那就是天命是否已经完全抛弃姬姓周王室而转移到姜姓齐公室,而上天是用祥瑞来表达它的意愿的。在周人的记忆中,上天上一次降下这种重大天命是在商朝末年,当时宣称承受天命而称王的是西伯昌,也就是后来的周文王(参见《晋文篇》页309)。管仲以上天不降祥瑞为由劝阻桓公不要僭越称王,这在我们当代人看来似乎有些玄虚,但对齐桓公来说却是正中要害,让他感觉时机尚未成熟,心生畏惧,悬崖勒马,决定继续做一个"尊王"的霸主,于是才有了前面我们所看到的谦恭举动。

根据《论语·宪问》的记载,孔子认为齐桓公齐桓公正而不谲。

"齐桓公正派不诡诈"。我们已经看到,无论是跟仲孙湫商量如何应对鲁国内乱(参见页236),跟管仲商量是否接受郑太子华投诚(参见页253),还是同一年跟管仲商量是否可以在接受周王室恩遇而不下拜时,齐桓公都曾有过"不正派""诡诈"的念头。然而,齐桓公充分信任管仲、仲孙湫等主张坚守"霸道"的谋臣,每次都能虚心听取谏言,从善如流,从而保证了最终呈现在天下人面前的,的确是一个"正派不诡诈"的霸主形象。

平息中原戎乱,应对南蛮东夷

同年,晋国发生内乱,齐桓公率领诸侯军队讨伐晋国,之后又与秦国一道拥立晋惠公,详情将在"晋文霸业的孕育(一)"节叙述。

前六五〇年春,晋东狄人攻入苏国[①],苏子出逃到卫国[②];同年夏天,齐桓公、许僖公一同率军讨伐北戎。由此可见,中原与北方戎狄的斗争并没有因为齐桓公的霸业鼎盛而结束。四年前,许僖公反绑双手、口衔玉璧南行至武城,请求事奉楚成王,如今又与齐桓公一起北伐,小国陷入大国争霸拉锯格局之中,试图南北逢源、艰难图存的情状跃然纸上。

前六四九年夏,散居在中原扬、拒、泉、皋、伊

[①] 苏见地图四。
[②] 卫见地图四"卫3"。

266

水、雒水等地的戎人①在王子带的鼓动下,联合起来讨伐王城,焚烧了东门。秦国、晋国联合讨伐戎人以救援周王室。同年秋天,晋惠公试图在戎人和王室之间进行调停,但并没有成功。

位于南方的黄国②一向是楚国属国,向楚国纳贡。前六五八年黄国投靠了齐国,前六五七年与齐国会盟,前六五五年又收留被楚国所灭的弦国君主。此时齐国霸业正在巅峰时期,黄国仗恃齐国在盟会上的许诺,停止向楚国纳贡。前六四九年冬天,楚国讨伐黄国,一年后将其消灭。这说明,即使在齐国霸业鼎盛之时,楚国仍然是南方无可争议的主宰。实际上,即使黄国不投靠齐国,它早晚也会被楚国攻灭。

前六四八年春,诸侯帮助卫国修筑外城城墙,防备狄人入侵。同年秋天,周襄王清算上一年戎人进攻的幕后主谋,声讨王子带,王子带出逃到齐国。冬天,齐桓公派管仲出面缓和了周襄王与戎人之间的紧张关系,派隰朋出面缓和了晋国与戎人之间的紧张关系。由此可见,日后将成为中原长期霸主的晋国在此时还是一个要接受霸主齐国帮助的"小兄弟"。

齐国的调停努力取得了成功,襄王十分感激,按照上卿的礼仪设享礼招待管仲。管仲推辞说:

① 扬、拒、泉、皋、伊、雒之戎见地图四。
② 黄见地图六。

"臣下是一个地位低下的办事官员。我国还有天子任命的上卿国氏、高氏在，如果他们在春秋朝聘时节前来承奉王命，将用什么礼仪款待他们？陪臣①谨请辞谢。"周王回答说："舅氏②，我嘉许你的功勋，呼应你的美德，它们可以说是深厚而不能忘记的。去履行你的职责，不要违背我的命令！"

当时管仲是齐国执政，实际权力比国氏、高氏还大，周襄王的意思是希望他依据实际职权领受上卿之礼。最后，管仲接受了下卿之礼回国。管仲在王室的谦卑表现再次提示，齐桓公在前六五一年葵丘之盟上的尊王"政治秀"应该是出于管仲的指导，《管子·小匡》的记载应该是有事实依据的。

前六四七年春，齐桓公派仲孙湫到周王室，准备劝说周襄王与王子带和解。直到访问结束，仲孙湫都没有跟襄王提起王子带。他回来后，跟齐桓公复命说："还不行，周王的怒火还没有缓和。大概要十年吧！不到十年，周王是不会召回王子带的。"

这年夏天，齐桓公、宋襄公、鲁僖公、陈穆公、卫文公、郑文公、许僖公、曹共公在卫地咸会面，主要议题有两个：一是如何应对淮夷③对杞国④的侵扰，二是如何平定王室的内忧外患。秋天，根据会上达成的共识，诸侯派出军队帮助周王室戍守王畿，齐大夫仲孙湫负责将联军士卒交接给王室；前六四六

① 陪臣，即臣子之臣。按照周礼的规范，卿大夫为诸侯之臣，诸侯为周王之臣，故卿大夫对周王称"陪臣"。
② 周王室与齐国不同姓、可通婚，是甥舅关系，因此周王称管仲为"舅氏"。
③ 咸、淮夷见地图六。
④ 杞见地图五"杞2"。

年,诸侯又帮助修筑齐邑缘陵①,并将杞国迁来,接受齐国的直接保护。

前六四五年春,楚人讨伐徐国,惩罚徐国试图亲附齐国。三月,齐桓公、宋襄公、鲁僖公、陈穆公、卫文公、郑文公、许僖公、曹共公在齐地牡丘②结盟,然后率军救援徐国。秋七月,齐国、曹国军队讨伐楚属国厉国,吸引楚国兵力,从而救援徐国。冬天,楚国在徐地娄林③打败徐军,这是因为徐国仗恃着齐国救援而疏于戒备的缘故。

管仲叮嘱终无果,齐桓饿死蛆出户

这年,管仲病重,齐桓公前去他家中探问。关于这段史事,《管子》中记载了两个版本:

《管子·小称》版本

管仲有病,桓公前往慰问说:"仲父的病很重了,如不讳言而因病再也起不来了,仲父还有什么话要教导寡人呢?"管仲回答说:"君主即使不来问臣下,臣下也要谒见君主陈词的。不过,臣下即使说了,君主还是做不到罢了。"

桓公说:"仲父要寡人往东就往东,要寡人往西就往西,仲父对寡人说的话,寡人敢不听从么?"管仲整整衣冠起来回答说:"臣下希望君主疏远易牙、

① 缘陵见地图五"杞3"。
② 牡丘见地图四。
③ 厉、娄林见地图六。

269

竖刁、堂巫和公子开方。易牙用烹调侍候您,您说,
'惟有蒸婴儿没尝过',于是易牙蒸了他的长子献给
您。人情没有不爱自己儿女的,他对自己的儿子都
不爱,能爱您么?您喜欢女色而忌妒,竖刁自宫而
为您治理内宫。人情没有不爱自己身体的,他对自
己身体都不爱,能爱您么?公子开方侍奉您,十五
年不回家探亲。齐国与卫国之间,不过几天的行
程。人情没有不爱亲人的,他连自己的亲人都不
爱,能爱您么?臣下听说过:作假的不可能持久,掩
盖虚伪也不会长远。活时不良善的,死时也不得善
终。"桓公说:"好。"

管仲死后,埋葬完毕。桓公憎恶这四个人,废
除了他们的官职。但是驱逐了堂巫,怪病就兴起;
驱逐了易牙,美味就尝不到;驱逐了竖刁,后宫就混
乱;驱逐了公子开方,朝政就没有条理。桓公说:
"咳!圣人也难免有错误吧!"于是重新起用这四
个人。

《管子·戒》版本

管仲卧病不起,桓公前往探问,说:"仲父的病
很重了,如果不忌讳地说,您不幸不能从病中痊愈,
那国家政事我将托付给谁呢?"管仲没有回答。

桓公说:"鲍叔的为人怎么样?"管仲回答说:

"鲍叔是个君子。即使是千乘兵车的大国,不遵循正道送给他,他也不会接受。虽然这样,鲍叔不可以执政。因为他的为人,喜好善人而憎恶恶人过于分明,见到一件恶事就终身不忘。"

桓公问:"那么谁可以执政呢?"管仲回答说:"隰朋可以。隰朋为人,喜好高尚的见识,而又虚心下问。我听说,给人恩德称作'仁',给人财物称作'良'。用善行来胜过别人,不可能使人归服;用善行来养护别人,不可能不使人归服。治国有些事不一定知道,治家有些事不一定知道,只有隰朋才能做到吧!而且隰朋的为人,在家不忘公事,在公也不忘家事;事奉君主没有二心,但也不忘明哲保身。他曾用齐国的钱财救济过五十户穷困人家,而人们不知是谁做的。所谓大仁之人,恐怕就是隰朋吧!"

桓公又问:"假如不幸失去仲父,朝堂上的诸位大夫还能使国家安定吗?"管仲回答说:"君主请自己衡量一下吧。鲍叔为人喜好正直,宾胥无为人喜好善良,宁戚为人能干,孙在为人能说会道。"

桓公说:"这四位大夫,他们的才能都在常人之上。我一并予以重用,而国家不得安宁,这是什么原因呢?"管仲回答说:"鲍叔为人,喜好正直但有时不能受屈;宾胥无为人,喜好善良但有时不能受屈;宁戚为人,能干但不能适可而止;孙在为人,能说但

朋之为人也,好上识而下问。臣闻之,以德予人者谓之"仁";以财予人者谓之"良";以善胜人者,未有能服人者也;以善养人者,未有不服人者也。于国有所不知政,于家有所不知事,则必朋乎!且朋之为人也,居其家不忘公门,居公门不忘其家,事君不二其心,亦不忘其身。

不能守信静默。臣下听说，能遵循消长盈亏的规律，与百姓同屈同伸，然后能使国家长治久安的，隰朋大概可以吧！隰朋为人，行动必定估计力量，举事必定估计技能。"管仲说完，长叹一声说："上天生出隰朋，就是作为我夷吾的舌头的。身体将要死了，舌头还能活得长吗？"

管仲又说："那江、黄两国靠近楚国，臣下死后，君主一定要将两国归还楚国，让他们寄居下去；君主不归还的话，楚国必然要把它们变为私属。楚国要吞并两国而齐国不救，按照霸主的责任是不可以的；去救助的话，那么祸乱就会从此开始。"桓公说："好的。"

管仲又说道："东城有条狗磨牙，早晚准备咬人，我枷住它的脖子使它不能咬。如今那易牙，自己的儿子都不爱，怎能爱君主呢？君主一定要赶走他。"桓公说："好的。"

管仲又说道："北城有条狗磨牙，早晚准备咬人，我枷住它的脖子使它不能咬。如今那竖刁，自己的身体都不爱，怎能爱君主呢？君主一定要赶走他。"桓公说："好的。"

管仲又说道："西城有条狗磨牙，早晚准备咬人，我枷住它的脖子使它不能咬。如今那卫公子开方，丢弃他千乘之国太子的地位来做君主的臣下，是因为他想从君主这儿得到的,将超过他的千乘之国。君主一定要赶走他。"桓公说:"好的。"

管仲终于去世了。死后十个月,隰朋也去世了。桓公将易牙、竖刁、卫公子开方赶出朝廷。不久,饮食不合胃口,于是又召回了易牙;内宫混乱,于是又召回了竖刁;利言卑辞不在耳边,于是又召回了卫公子开方。

综合两个版本来看,当时管仲对齐桓公的临终叮嘱,其核心内容是劝告齐桓公罢黜易牙、竖刁、卫公子开方等"似忠实奸"的臣子。管仲去世后,齐桓公年事已高,又失去了主心骨,政事迅速陷入昏乱,一步步走向他悲惨的最终结局。

前六四四年,齐国再次讨伐厉国而没有攻克,救援徐国之后就回国了。秋天,王室又遭到戎人侵扰,襄王派使者向齐国求援,齐国征召诸侯军队戍守周王室。冬天十一月十二日,郑国杀了太子华。十二月,齐桓公、宋襄公、鲁僖公、陈穆公、卫文公、郑文公、许僖公、邢侯、曹共公在淮水岸边会盟,谋划救援被淮夷侵扰的鄫国①,并且商议向东用兵威慑淮夷的可能性。会后,诸侯共同帮助鄫国修筑城墙。修城的劳役困苦思归,于是中间有人晚上登上山丘呼喊说:"齐国内乱了!"诸侯于是没有完成修城任务就草草回国了。

① 鄫见地图四。

苦役们的呼喊并不是空穴来风。齐桓公先后有王姬、徐嬴、蔡姬三位夫人，都没有给他生下嫡子。桓公精力旺盛，喜好女色，宠幸的妾很多，待遇达到夫人级别的就有六人：长卫姬，生了公子无亏；少卫姬，生了公子元（日后的齐惠公）；郑姬，生了公子昭（日后的齐孝公）；葛嬴，生了公子潘（日后的齐昭公）；密姬，生了公子商人（日后的齐懿公）；宋华子，生了公子雍。从前面郑庄公去世后郑国的君位争夺乱局可以知道，国君庶子众多很容易成为内乱的温床。管仲对此不是没有考虑过，在他的极力敦促下，齐桓公在世时就已经立了公子昭为太子，嘱托当时有仁德美名、国内政事大治的宋襄公作为外援护佑他。

然而，公子昭既不是嫡长子，也不是庶长子，立他为太子在宗法上没有什么过硬的依据，这就为后来的诸公子争权埋下了祸根。果然，易牙得到长卫姬的宠信，通过竖刁向桓公进献食物，逐渐得到桓公的宠信，说服了年老昏聩的桓公，使他私下同意立庶长子公子无亏为太子。前六四五年管仲去世后，齐国内政被易牙、竖刁、卫公子开方等奸臣所掌控，太子昭之外的五个公子都起来作乱，谋求立为国君。

前六四三年，在执政四十三年后，齐桓公走到了他生命的尽头。《管子·小称》里有一段关于他临终凄惨情状的记载：

易牙、竖刁、堂巫、卫公子开方等四个人作乱，把桓公围困在一个屋子里不得外出。有一个妇人从小洞钻入，得以到达桓公住所。桓公说："我饿了要吃，渴了要喝，都得不到，为什么?"妇女回答说："易牙、竖刁、堂巫、公子开方，四个人瓜分了齐国，道路已十天不通了。公子开方已把七百多社的土地和人口送给卫国了。食物已经弄不到了。"桓公说："咳，原来如此！圣人的话实在是高明呵！要是死了没有知觉还好，若有所知，我有什么面目在地底下再见仲父！"于是拿过头巾包头而死。死后十一天，蛆虫从门缝里爬出来，外面守卫的人才发现桓公死了，用南门门扇托着腐烂的尸体草草下葬。

十月七日，齐桓公饿死在公宫中。在确认齐桓公死后，易牙进入公宫，和竖刁一起纠集党羽杀了拥护太子昭的官吏，立公子无亏为国君，太子昭出逃到宋国。

前六四二年春，曾受齐桓公嘱托护佑太子昭的宋襄公率领诸侯讨伐齐国，试图将太子昭送回国即位。此时，齐国都城内的国人分成了两派，一派支持太子昭回国即位，另外一派支持其他五位公子。三月，支持太子昭的齐人杀了公子无亏。之后不久,齐桓公生前花费很大气力才制服的郑文公开始到楚国朝见楚成王。夏天,鲁国出兵救援其他四位公子的支持者。五月,宋军在齐地甗[1]打败了其他四位公子党羽的军队。之后,狄人也出兵救援其他四位公子的支持者。鲁国、狄人干涉齐国内政的努力没有成功,宋襄公最终拥立太子昭登上君位,就是齐孝公。秋八月,正式安葬了齐桓公。

冬天,邢国[2]与昔日死敌狄人联手,讨伐曾经同病相怜的卫国[3]。由此可见,一旦没有了霸主管控,中原诸侯国之间的纠纷又开始露头了。

齐桓公去世后,宋襄公试图成为下一位中原霸主,详情将在"晋文霸业的孕育(二)"节讲述。

[1] 甗见地图四。
[2] 邢见地图四"邢2"。
[3] 卫见地图四"卫3"。

成就齐桓霸业的管仲改革

以曹刿作为对照

管仲改革成就的定性判断

在前面三节里,通过以《左传》史料为主干的叙述,我们已经主要从国际政治的角度梳理了齐桓公霸业奠基、启动、转正、昌盛、盛极而衰的全过程。遗憾的是,《左传》对于齐桓霸业的内部酝酿、决策和实施过程只有零星的叙述。下面,我们将通过解读《国语·齐语》的相关记载,细致地了解管仲如何辅佐齐桓公规划和实施"参(叁)其国而伍其鄙""定民之居,成民之事""作内政而寄军令""轻过而移诸甲兵""三选""相地而衰征"等一系列重大改革举措,在前任国君打下的坚实基础上,进一步显著提高了齐国的内政治理水平,增强了齐国的经济、军事实力,并在此基础上进一步实施"亲邻国""征淫乱""行文道""朝天子"等外交举措,积极主导天下事务,重建中原国际秩序,成为春秋时期第一位获得王室认可、诸侯拥戴的中原霸主。

在进入《国语·齐语》洋洋洒洒的长篇叙事之前，我们首先要定性地判断一下其中所叙述的管仲改革事迹有多大的可信度。

首先，通过前面三节的史事叙述，我们可以清楚地看到，齐桓霸业的确是达到了相当伟大的程度，以至于齐桓公在葵丘之盟期间曾经设想过与周王平起平坐，甚至封禅天地。内政大治是霸业大成的必要条件，这是不言自明的道理。《国语·齐语》里描述的管仲改革的规模和成就，与齐桓霸业的规模和成就是基本匹配的。

其次，我们可以考察一下其他可靠的传世文献中记载的对管仲功业的评价。据《论语·宪问》的记载：

子路说："齐桓公杀了公子纠，召忽为他赴死，管仲却没有死。"说："管仲没有仁德吧？"孔子说："齐桓公九次会合诸侯，不是靠的武力，这都是管仲的功劳。这就是他的仁德！这就是他的仁德！"

子贡说："管仲不是仁人吧？桓公杀了公子纠，管仲不能为公子纠赴死，还去辅相桓公。"孔子说："管仲辅相桓公，成为诸侯霸主，一举匡正天下，天下民众到今天还享受着他的恩赐。假若没有管仲，我们今天恐怕都会披散着头发，衣襟向左边开，沦为戎狄了。他难道要像普通民众那样守着小节小

桓公九合诸侯，不以兵车，管仲之力也。如其仁！如其仁！

管仲相桓公，霸诸侯，一匡天下，民到于今受其赐。微管仲，吾其被发左衽矣。

信,在山沟里自杀还没有人知道吗?"

当然,《论语》里也记载了孔子对管仲不节俭、不守礼的谴责,但"善恶不相掩",他对于管仲在治理齐国、成就桓公霸业中所起到的关键性作用还是给予了高度的肯定,称许管仲是有仁德的人(孔子很少许人以仁),甚至认为"假若没有管仲,我们今天恐怕都会披散着头发,衣襟向左边开,沦为戎狄了"。我认为,《国语·齐语》里描述的管仲改革的规模和成就,与孔子对于管仲功业的高度评价是基本匹配的。

总而言之,我的观点是,《国语·齐语》中所叙述的全面、大规模而收效显著的管仲改革,从定性的角度看,是和齐桓霸业成就、同时代名人评价相匹配的,应该具有一定的史实依据。与史事混乱的《管子·大匡》和更加"整齐美好"的《管子·小匡》相比,《齐语》可能是最接近于原始史料的记载。然而,我们也必须要意识到,《国语·齐语》作为战国人所写定的"事语"类文献,已经做了不小的整齐、修饰、美化工作,甚至可能掺杂了战国管子学派用来游说当时君主的全新政策主张。比如说,有学者就认为,《齐语》记载的"参(叁)其国而伍其鄙"的总体规划在春秋早期的齐国可能没有真正实行过,而是战国学者假托管子之名而掺入的"私货"。①

① 参见臧知非:《齐国行政制度考源——兼谈〈国语·齐语〉的相关问题》,《文史哲》1995年第4期。

接下来，我们就带着这种"将信将疑""具体问题具体分析"的态度，通过《国语·齐语》的记载，来探寻管仲这位齐桓霸业"总设计师"和"首席执行官"的改革思想与实践。

叁国伍鄙，定民之居，成民之事

当管子回到齐国，接受三次薰香、三次沐浴。桓公亲自到郊外迎接，同他坐在一起，询问道："昔日我们的先君襄公修筑台作为高位，打猎、围捕、捉兔、射鸟，不听治国家政事，轻视圣贤、侮辱士人，而只崇尚女色。宫中有九妃、六嫔，排列数百名姬妾，吃的一定要是精米精肉，穿的一定要是彩衣绣服。将士们挨冻受饿，军车是由游车破损后改造的，士兵是由侍妾吃剩的粮食来养活。逗笑的倡优摆在前面，贤德有才的人抛在后面。因此国家不能日有所进、月有所长。这样下去恐怕宗庙将无人清扫，社稷将没人奉献血食。敢问针对这种状况该怎么办？"

如前文所叙，齐襄公在其统治期间，逼灭纪国而开疆拓土、继续小霸中原，为齐桓公称霸打下了坚实的基础，并不是一个"不听治国家政事"的昏君。桓公这段将先君襄公贬低得一无是处的言论，有可能是战国管子学派后人为了抬高桓公、管仲，而对前任襄公的失德行为有所夸大。

管子对答说："昔日我们的先王周昭王、周穆王，世代效法文王、武王的政绩而成就美名。召集众位长老，来考察选择民众中有道德的人，制定刑象作为民众的纲纪，式和权要相对应，用制度把民众联系起来，先整齐根本，再端正细节，用赏赐来劝勉善行，用刑罚来纠正恶行，按年龄老少制定伦常次序，作为民众的纲纪法统。"

管仲以"先王之制"为依托，指出制度建设和实施的重要性，从而引出下面一系列"整齐根本""端正细节"的重大制度性改革举措。值得注意的是，管仲所依托的"先王"并不是已经被高度神圣化的文王、武王，而是"王道微缺"的昭王和"王道衰微"的穆王，这预示着他接下来要讲的治国举措是针对王道衰微的春秋时代而制定的。

桓公说："具体该怎样去做呢？"管子对答说："昔日圣王治理天下时，曾把国都（包括近郊）分为三个区、把鄙野分为五个区，确定民众的居所，成就民众的事业，设置陵墓作为他们的归宿，并谨慎地运用杀、生、贵、贱、贫、富六种权柄。"

管仲依托昔日"圣王"，提出"把国都（包括近郊）分为三个区、把鄙野分为五个区（参［叁］其国而伍其鄙）"的行政区划总体构想，为后面多项具体举

合群叟，比校民之有道者，设象以为民纪，式权以相应，比缀以度，缚本肇末，劝之以赏赐，纠之以刑罚，班序颠毛，以为民纪统。

昔者圣王之治天下也，参其国而伍其鄙，定民之居，成民之事，陵为之终，而慎用其六柄焉。

281

措的展开奠定了社会组织基础。根据下引《国语·齐语》的叙述并参考《管子·小匡》关于"叁国""伍鄙"的进一步解说，可以知道：国都(包括近郊)的三个区分别由齐桓公、上卿国氏、上卿高氏统领，共有六个工、商之乡和十五个士乡。具体说来，齐桓公统领六个工、商之乡和五个士乡，上卿国氏和高氏各统领五个士乡。每乡由一位乡大夫/良人统领，下有十连、四十里、四百轨。鄙野的五个区叫做"五属"，每属由一位属大夫统领，下有十县、三十乡、三百卒、三千邑。

桓公问："如何成就民众的事业？"管子对答说："士、农、工、商四种民众，不要让他们混杂居住。混杂居住会导致言论混杂、事业变易。"

桓公问："怎样来安排士、农、工、商的住地呢？"管子对答说：

"昔日圣王安排士人的住处时，使他们住在清闲安逸的地方；安排工匠的住处时，使他们靠近官府作坊；安排商人的住处时，使他们靠近市场水井；安排农民的住处时，使他们靠近田野。

"让那些士人聚集在一起居住，由于清闲安逸，所以父辈之间谈论义，儿子辈之间谈论孝，侍奉国君的人谈论敬，年幼的则谈论悌。从小就跟着学习，他们的心思就安定了，不会见到其他事物就改变。所以父兄的教诲不用严肃督促就能实行,子弟的学习无须太费力就能掌握。这样的话,士人的后代就一直是士人。

"让那些工匠聚集在一起居住,分析四季的工艺特点,辨别质量的优劣,衡量节度器物的用处,选择比较协调原材料。从早到晚做这些事,把做出的器物销往四方,用这些来教诲子弟,互相谈论工作,互相展示技巧,互相陈列成品。从小就跟着学习,他们的心思就安定了,不会见到其他事物就改变。所以父兄的教诲不用严肃督促就能实行,子弟的学习无须太费力就能掌握。这样的话,工匠的后代就一直是工匠。

"让那些商人聚集在一起居住,考察四季的市场需求,观察本地的货源,从而知晓市场的行情。背负、怀抱、肩担、人扛,用牛车、马车,把货物运往四方,用有的换取没有的,贱时买进,贵时卖出。从早到晚做这些事,用这些来教诲子弟,互相谈论利益,互相显示所得,互相陈列商品以了解物价。从小就跟着学习,他们的心思就安定了,不会见到其他事物就改变。所以父兄的教诲不用严肃督促就能实行,子弟的学习无须太费力就能掌握。这样的话,商人的后代就一直是商人。

"让那些农民聚集在一起居住,考察四季的农事要领，权衡节度用具，包括耒、耜、枷、芟等。到了寒冬，要打草整地，以等待及时耕种。到耕种时，要深翻土壤，然后立即把土耙平，以等待及时雨。及时雨下过之后，就带着枪、刈、耨、镈等农具，从早到晚在田野里劳作。劳动时脱去上衣，头戴草帽，身穿蓑衣，身体沾湿，满脚是泥，曝晒头发皮肤，使尽四肢的敏捷，在田野里干活。从小就跟着学习，他们的心思就安定了，不会见到其他事物就改变。所以父兄的教诲不用严肃督促就能实行，子弟的学习无须太费力就能掌握。这样的话，农民的后代就一直是农民。

　　"农民居住在郊野而不与其他人亲近，其中的优秀人才能成为士的，一定值得信赖。有关官员见到这样的人才不报告的，要根据情节轻重受到五刑的处罚。官吏必须办完报告人才的事才可以安居。"

　　桓公问："怎样确定国都地区（包括近郊）民众的住地呢？"管子对答说："把国都地区分为二十一个乡。"桓公说："好啊。"管子于是把国都（包括近郊）划分为二十一个乡：其中工、商之乡六个；士乡十五个，国君掌管五个士乡，国子掌管五个士乡，高子掌管五个士乡。把各种国事分为三部分，设立各种三官：群臣中设立三宰，工匠中设立三族，市场中设立三乡，川泽中设立三虞，山林中设立三衡。

管仲认为,"定民之居"是"成民之事"的基础,他提出改变四民杂处的无序状态,建设士、工、商、农聚居区,营造每类民众群体内部互相学习、互相劝勉的社区氛围,从而促进行政(士)、教育(士)、手工业(工)、商业(商)、农业(农)的加速发展。在国都地区二十一乡中,有士乡、工乡、商乡而没有农乡,说明国都地区主要居住的是前三类人,而农民的主要居住在后面会详细叙述的鄙野地区。值得注意的是,管仲强调,士人群体除了内部传承之外,还应该从农民中吸收优秀分子,而对工匠、商人群体则没有提出类似要求。这说明,手工业、商业是高度专业化的职业,基本在工匠、商人内部传承;而士人作为国家基层管理者、教化者以及军队士兵的来源,专业性相对较低,可以成为农民"改变命运"、谋求社会地位提升的主要选择。

据《左传》记载,前五六四年,楚王子贞描述晋悼公内政治理成就时说:"晋国士人努力教化民众,庶人努力耕种,商人、工匠乃至于役隶都安心从事本职,无意变更",这正是管仲"定民之居,成民之事"想要达到的效果。

从社会转型角度来看,管仲在"参(叁)其国而伍其鄙"的整体框架下推进"定民之居,成民之事",必然要打破齐国境内自远古以来根据血缘宗族聚居为基础的旧乡里制度,而代之以地缘为基础的乡里制度。齐国很可能是中国最早实行地缘性基层乡里制度的国家①。

从社会稳定角度来看,这种基层社会结构的变动必然意味着伤筋动骨的拆迁和重新安置,而被政府折腾的国都地区的民众又看不到什么立竿见影的利益,这就很容易引发民众不满,造成国都地区社会动荡。后引《韩非子·南面》(见《晋文篇》页184)里提到,管仲刚开始治理齐国的时候,齐桓公为管仲配备了全副武装的战车来防备民众闹事,管仲改革举措中一个很可能引发民众闹事的就是上面所说的这个"定民之居,成民之事"。

作内政而寄军令

桓公说:"我想参与诸侯事务,可以吗?"管子对答说:"不可以,国都地区还不安定。"

桓公问:"怎样来安定国都地区呢?"管子对答说:"修治已有的法令,选择好的沿用。然后滋长人口,救助没有财产的民众,敬爱百姓,这样国都地区就安定了。"桓公说:"好的。"

于是修治已有的法令,选择好的沿用。然后滋长人口,救助没有财产的民众,敬爱百姓。

管仲关于安定国都地区的政策建议四平八稳,

① 参见辛田:《春秋战国时期社会转型研究》,山西师范大学2006年博士学位论文。

并无太大新意。

国家安定了以后，桓公说："国家已经安定，可以有所作为了吧？"管子对答说："还不行。君主如果整顿军队、修造甲胄兵器，那么其他大国也会整顿军队、修造甲胄兵器，我们就难以迅速实现志向了。君主有进攻的武器，小国诸侯也有防御的准备，我们就难以迅速实现志向了。君主若想要迅速在天下诸侯中实现志向，那么所做的事情要可以隐藏军令，可以寄寓军政。"

桓公问："怎样去做呢？"管子对答说："在治理内政中寄寓军令。"桓公说："很好。"

管子于是就制定国都地区的内政/军令：

五家为一轨，每轨设置轨长。十轨为一里，里由有司主管。四里为一连，每连设连长。十连为一乡，每乡设良人。其中寄寓的军令是：五家士人为一轨，所以五人为一伍，由轨长帅领。十轨为一里，所以五十人为小戎，由里有司帅领。四里为一连，所以二百人为一卒，由连长帅领。十连为一士乡，所以二千人为一旅，由乡良人帅领。五士乡为一帅，所以一万人为军，由五乡的统帅来帅领。国都地区的十五个士乡可编为三军，所以有国君统率的中军的旗鼓，有国子的旗鼓，有高子的旗鼓。春季举行蒐礼来整顿军队，秋天举行狝礼来演习军事。

君若欲速得志于天下诸侯，则事可以隐令，可以寄政。

作内政而寄军令焉。

是故卒伍整于
里,军旅整于郊。

这样卒伍在里中就已经编成,军旅在郊外的演习中就已经整训好。

内部的教练已经成功,就命令民众不得迁徙。同一伍的人祭祀时同享酒肉,死丧时共同哀伤,有了灾祸共同承担。人与人相邻,家与家相邻,世代同住一地,从小一起游戏。所以夜间作战时听到彼此的声音,就足以防止发生误会;白天作战时眼睛一看,就足以相互识别;那种欢欣的感情足以使他们相互付出生命。居住时共同欢乐,行军时关系和睦,战死时共同哀伤。因此防守就能共同坚固,作战就能共同顽强。"君主若能拥有三万名这样的兵士,就可以横行天下,用他们来讨伐无道的诸侯,用他们来藩屏周王室,天下的大国君主没有谁能抵御。"

故夜战声相闻,
足以不乖;昼战
目相见,足以相
识;其欢欣足以
相死。居同乐,
行同和,死同哀。
是故守则同固,
战则同强。

春秋早期还没有我们今天所熟悉的"脱产"常备军,军队的兵源来自于民众中的士人,他们平时各有职务,战时则由国家授予兵器、战车,编成军队作战。管仲"作内政而寄军令"并没有从根本上改变这种"兵民合一"的体制,而是对它进行了制度化和精细化的改造。他将平时行政组织体系和战时军队组织体系进行了精确对应,在"兵民合一"的既有基础上构建了一个"军政一体"的国都地区治理结构;通过限制民众迁徙而培养深厚的"同乡+战友情";建立以"春蒐""秋狝"为载体的常态化军事演习机制,所有这些改革举措都为建设称霸所必须的高素质军队提供了坚实的组织保障。

值得特别注意的是,在这种体制的顶层是三军,每一军由五个士乡提供兵源,分别由国君、国子、高子率领。国氏、高氏是西周初期由周王直接任命的世袭"监国"上卿,地位高于其他由齐侯自行任命的卿大夫。到了春秋时期,周王室早已衰败,而国氏、高氏却保持住了它们的特殊地位,而且在齐桓公归国夺权时又立了大功,到此时获得与国君三分军权的待遇,可以说是达到了臣子权势的巅峰。

桓公问道:"那军令已经寄寓在内政中了,但是齐国还缺少甲胄兵器,该怎么办呢?"管子对答说:"从轻判罪而把责罚转移到用甲胄兵器赎罪。"

轻过而移诸甲兵。

桓公问:"怎么去做呢?"管子对答说:"判定重罪的可以用犀甲、车戟一副赎罪,判定轻罪的可以用饰有绣绘皮革的盾牌、车戟一副赎罪,判定够不上五刑的小罪的可以用交纳分量不等的金属块来责罚,宽宥小罪尚有怀疑的人。无冤屈而诉讼闹事的,三次禁止而不听,就罚一束箭了结事端。上乘的金属用来铸造剑戟等兵器,用狗马试验质量;粗恶的金属用来铸造锄、夷、斤、斸等农具,用田地试验质量。"

实行一段时间后，甲胄兵器非常充足。

用财物赎罪，也就是"赎刑"，在中国法制史上是非常古老的理念和做法，追述远古圣王虞舜的《尚书·舜典》就提出了"用交纳金作为赎罪的刑罚（金作赎刑）"。传世文献中最早的刑法专论《尚书·吕刑》重点讨论的就是赎刑，称其为"祥刑"，书中提出，如果对刺字（墨）、割鼻（劓）、挖膝盖骨（剕）、去势（宫）、处死（大辟）五种肉刑的判决有疑问，当事人可以通过缴纳不同数额的"金"来赎罪。

如果说《吕刑》中赎刑的法理基础是"疑罪从轻"，管仲所提出的赎刑的法理基础则是"将功补过"。他充分利用民众不愿受肉刑之苦的诉求，推行"轻过而移诸甲兵"，引导民众用向国家输送军备的功劳来抵消触犯刑律的罪过，从而为建设称霸所必需的高战斗力军队进一步夯实了装备基础。这其实也可以看成是管仲"作内政而寄军令"的具体举措之一。

三 选都鄙人才，相地而衰征

正月的吉日，国都地区（包括近郊）乡大夫向朝廷述职。桓公亲自问他们："在你们的乡，是否有平时好学、孝顺父母、聪慧而本性仁厚、在乡里中美名远播的人，有这样的人就要报告。有而不报告，这叫做遮蔽明德，要根据情节轻重受到五刑的罪责处罚。"主管官吏必须办完报告人才的事才可以退下。

桓公又问他们，说："在你们的乡，是否有拳脚功夫特别优秀出众的人，有这样的人就要报告。有而不报告，这叫做遮蔽贤能，要根据情节轻重受到五刑的罪责处罚。"主管官吏必须办完报告人才的事后才可以退下。

桓公又问他们，说："在你们的乡，是否有不孝顺父母、不尊重友爱父老兄弟、骄傲狂躁、淫乱凶暴、不遵守上级政令的人，有这样的人就要举报。有而不举报，这叫做私下勾结，要根据情节轻重受到五刑的罪责处罚。"主管官员必须办完举报恶人的事才可以退下。

因此，乡长回乡后就培养美德，进荐贤才，桓公亲自接见，并让他们担任各种官职。桓公命令各部门长官每年记录一次这些试用者的功绩，作为汇报和选拔的依据，选拔那种在自己职位上工作出色的人而上报朝廷，说："有这个人做我属下的某官，工作有功绩，德行美好，慎重端正忠诚地随时待命，用劝勉的方式役使民众，平息不满的言论，足以补救他所任职位上不够完善的政令。"桓公亲自召见被举荐者，与他面谈，衡量考察他的实质，认为足以辅助他的长官完成政事、确实可以升职的，就授予更高的职务。在面谈时用国家可能出现的祸患设问而问不倒；回头询问他所在的乡，观察到他有才能并且没有大的过恶，就升格担任上卿的助手。这就是被称为"三选"的人才选拔制度。

国子、高子退朝后就修治自己各自率领的乡，乡长回来就修治连，连长回来就修治里，里长回来就修治轨，轨长回来就修治伍，伍长回来就修治家。因此，平民有善行，可以得到举荐；平民有不善，也会受到惩治。上述政策取得成功后，乡里没有逾越长者的现象，朝廷没有逾越规定授予爵位的现象，无德行的男子没有朋友，无德行的女子找不到婆家。这样，民众都互相勉励做好事。与其在乡做好事，不如在里做好事；与其在里做好事，不如在家就做好事。这样一来，士不敢考虑一朝一夕的利益，而都有一年的打算；不敢只考虑一年的计划，而都有终身建功立业的意愿。

根据《史记·管晏列传》的记载，管仲早年家贫，在泰山南麓地区做过生意，还当过兵，应该是出身于一个士人家庭，靠着自己的过人才干，经历了"三次做官三次被君主驱逐"的波折，在齐襄公时期成为公子纠的师傅，并最终奇迹般地成为齐桓公的股肱重臣。上面讲述的"三选"制，虽然是以齐桓公主导实施的角度来进行叙述的,其背后的设计和推动者应该是管仲,其目的就是建立一个制度化的渠道,吸纳更多像他这样德才兼备、出身卑微的基层人才进入各级政府。

所谓"三选",第一选是国都地区的士乡乡长(以及鄙野地区的属大夫,详见下)每年定期向国家举荐文武人才,经齐桓公见面过目之后,到基层官府担任职务;第二选是基层官府长官每年组织实施绩效考评,将优秀的人才正式向朝廷推荐;第三选是齐桓公亲自仔细面试候选人,并对他们进行背景调查,合格后拔擢进入政府高层,成为卿的助手,也就是大夫一级的官员。"三选"制是明确了人才举荐的组织者和责任人(乡长、各级官府长官),通过乡里初步海选、国君初步考察、基层官府试用、国君深度考察、提拔前背景调查等手段确保所选拔人才的质量和可靠度。它的鲜明特色应该说是国君的深度参与,可以说是为求贤若渴、愿意为选拔人才投入时间精力的齐桓公"量身定做"的制度。

然而必须指出的是,以"任人唯贤"为宗旨的"三选"制主要目的是为国家选拔优秀的基层和中层官员,最高也就是担任上卿助手的大夫;上卿和大多数高级大夫的职位仍然由国氏、高氏和出自姜姓公族的其他世袭家族把持,因此它只能被看作是周代宗法制下"任人唯亲"用人制度的重要补充。实际上，上面所述国都十五个士乡分配方案中，国氏、高氏平时各领五乡，战时各领一军，与国君旗鼓相当，也许这正是为了平衡实行"三选"制对这两个世袭上卿大族造成的冲击，确保他们不会出面阻挠改革。前面也所提到，当前六四八年齐桓公派管仲成功调停王室和戎人矛盾后，王室根据管仲当时在齐国的崇高地位(齐桓公都称他为"仲父")，要用上卿之礼款待他，而管仲称自己是"地位低下的办事官员"，不敢与天子任命的世袭上卿国氏、高氏相比，最后推辞不过，接受下卿之礼回国。管仲改革之所以能够取得成功，而没有在世袭大族的阻挠下流产，应该跟管仲充分尊重和保障大族的核心利益不无关系。

桓公问："鄙野五区怎么治理?"管子对答说："考察土地的禀赋而按相应的等差征收赋税，那么民众就不会随意迁移;政令不特殊对待故旧，那么民众就不会苟且;川泽按照合适的时节开放给民众捕捞采集，那么民众就不会侥幸;高平地、小土山、大土山、水沟上的道路、水井、种谷的地、种桑麻的地要分配平均，民众就不会怨恨;不要在农忙时节掠夺民力，那么百姓就富庶;不要随意征用牺牲，那么牛羊就能生长繁殖。"

相地而衰征，则民不移。

294

上文所述的鄙野(也就是今天的农村)经济政策中,最值得一提的就是"相地而衰征。"《管子·乘马数》对"相地而衰征"政策有进一步的描述,称其为"相壤定籍":"上等肥沃土田有一定数量,中等土田有一定数量,下等土田有一定数量。因此考察土田的等级来决定征税标准,民众就不会迁徙。赈济贫困,补助不足,下民就喜欢君主。因此用上等土田的丰满来补充下等土田的空虚,'章四时,守诸开阖',那么民众不愿意迁徙,就如同将方物放在平地上那样笃定。"

与士、工、商聚居的国都地区不同,鄙野地区地广人稀,民众主要从事农业生产,辅以在川泽地区进行采集、捕捞。齐国此前很有可能是对于禀赋不同的各种土地按照"一刀切"的平均税率征收赋税,这就必然让某些耕种高产土地的农户变得越来越富裕(因为平均税率对他们来说是低的),另一些耕种贫瘠土地的农户生活陷入困难(因为平均税率对他们来说已经太高了),而这种贫富差距的拉大就会引发人口迁徙和社会矛盾的激化。管仲推行"相地而衰征"/"相壤定籍"的新政策,就是废除平均税率,加大对富饶地区农户的征税力度,减轻贫瘠地区农户的赋税负担,并且用来自于富饶地区的收入来赈济贫瘠地区的民众,缩小不同禀赋农业区的贫富差距,从而控制人口迁徙、促进社会公平和稳定。

桓公问:"怎样确定鄙野地区民众的居处呢?"管子对答说:"建立鄙邑。三十家为一邑,邑中设有司。十邑为一卒,卒中设卒帅。十卒为一乡,乡中设乡帅。三乡为一县,县中设县帅。十县为一属,属中设大夫。边鄙地区共有五属,因此设立五个大夫,让他们各自治理一属;另外设立五正,让他们各自监察一属的政务。这样,五正的职务是听取五属大夫的治理情况,牧(即五属大夫)的政务是听取县帅的治理情况,下(即县帅)的政务是听取乡帅的治理情况。"

桓公对五属大夫宣令说:"各自保证治理好你的所属范围,不要有放纵懈怠和不服从治理的!"

正月的吉日,五属大夫向朝廷述职。桓公挑出他们中功绩小的进行斥责,说:"界定的土地、分属的百姓都是一样的,为什么唯独你的功绩小? 教导无方,那政事就治理不好,一次、两次可以宽大处理,三次就不赦免罪责了。"

桓公又亲自问他们:"在你的属中,是否有平时为人正义好学、慈爱孝顺父母、聪慧而本性仁厚、在乡里美名远播的人,有这样的人就一定要报告。有人才而不推荐,这叫做遮蔽明德,要根据情节轻重受到五刑的罪责处罚。"主管官吏必须办完报告人才的事才可以退下。

桓公又问他们，说："在你的属中，是否有拳脚功夫特别优秀出众的人，有这样的人就一定要报告。有而不报告，这叫做遮蔽贤能，要根据情节轻重受到五刑的罪责处罚。"主管官吏必须办完报告人才的事才可以退下。

桓公又问他们，说："在你们的属中，是否有不慈爱孝顺父母、不尊重友爱父老兄弟、骄傲狂躁、淫乱凶暴、不遵守上级政令的人，有这样的人就一定要举报。有而不举报，这叫做私下勾结，要根据情节轻重受到五刑的罪责处罚。"主管官员必须办完举报恶人的事才退下。

五属大夫于是回来就修治属，县帅从属回来就修治县，乡帅从县回来就修治乡，卒帅从乡回来就修治卒，邑有司从乡回来就修治邑，家长从邑回来就修治家。因此，平民有善行，可以得到举荐；平民有不善，可以及时受到诛罚。政事成功之后，用来防守就牢固，用来征伐就强大。

齐桓公督促管理鄙野地区的五属大夫举荐文武人才，正是在落实管仲前面提出的"吸收农民中优秀分子加入士人"的改革举措。

亲邻国，征淫乱，朝天子，成霸业

桓公问："我想要参与诸侯事务，可以了吧？"管子对答说:"还不行,邻国还不来亲近我们。君主如果打算参与天下诸侯的事务,就要使邻国亲近。"

桓公问:"该怎样去做呢?"管子对答说:"审定我国的疆域,返还侵占邻国的土地,勘定边境线,不要接受邻国的资财;准备丰厚的裘皮、缯帛等礼物,屡次去访问看望各国诸侯,用这些办法来安定四邻,那么四邻的诸侯国就会亲近我们了。组织游说之士八十人,给他们备好车马、裘衣,多带上资财礼品,使他们去周游四方,以号召天下的贤士;准备裘皮、缯帛、玩器,使民众到四方去兜售,就可以观察到各国君臣上下的喜好,选择那种荒淫混乱的就先行征伐。"

桓公问:"我准备征讨南方,让哪个国家当供给军用的主事国?"管子对答说:"让鲁国做主事国。归还我国侵占的棠、潜,'使海于有蔽,渠弭于有渚,环山于有牢'。"

桓公问:"我准备征讨西方,让哪个国家当供给军用的主事国?"管子对答说:"让卫国做主事国。归还我国侵占的台、原、姑、漆里,'使海于有蔽,渠弭于有渚,环山于有牢'。"

桓公问:"我准备征伐北方,让哪个国家当供给军用的主事国?"管子对答说:"让(北)燕国做主事国。归还我国侵占的柴夫、吠狗,'使海于有蔽,渠弭于有渚,环山于有牢'。"

这样一来,四邻各国都非常亲近齐国。归还了侵占邻国的土地之后,勘定疆界,齐国的疆土南面到陶阴,西面到达济水,北面到达河水,东面到达纪鄣,拥有蒙皮革的重兵车八百乘。选择那天下诸侯中最荒淫昏乱的先进行征伐。

这里提到的齐国归还先前侵占的鲁国土地,与《公羊传》《史记·刺客列传》关于柯之盟的记载是有所呼应的;归还先前侵占的卫国和北燕国土地则不见于其他传世文献记载。此外,《左传》记载,齐桓公在仲孙湫的劝谏下放弃了趁鲁国内乱而吞并鲁国的念头,后来又先后将卫国、邢国迁到自己西部边境加以庇护,将杞国迁到自己东部边境加以庇护;《史记·齐太公世家》也记载说,齐桓公北伐山戎归国时,将燕庄公所到之处划给(北)燕国。所有这些记载都指向同一个方向,那就是:管仲团队提倡的称霸策略之一是"以牺牲开疆拓土空间来换取霸政功德"。

齐桓公即位数年,东南有好几个淫乱的诸侯,如莱、莒、徐夷、吴、越,桓公一战就征服了三十一个诸侯国。于是南征伐楚国,渡过汝水,越过方城,远望汶山,使楚国进贡丝绸给周王室才班师,荆州的诸侯国没有敢不来臣服的。于是北伐山戎,击败令支、斩残孤竹才南归,沿海的各诸侯国没有敢不来臣服的。与诸侯陈列牺牲、书写盟辞,用盟约向天地之间的诸神发誓,要与诸侯协力同心。西征伐夺取了白狄的土地,一直到达西河。置备好大小船只,乘着木筏渡过河水,一直到达石枕。挂起车辆,束紧马肚带,越过太行山与辟耳山的拘夏谷,西面征伐流沙、西吴。南面给周王室筑王城,在绛城恢复晋惠公的君位。北岳恒山一带的诸侯没有敢不来臣服的,于是齐桓公在阳谷大会诸侯。

据《左传·僖公九年》记载,前六五一年葵丘之盟期间,王室代表周公孔先行返回,他对路上遇到的晋献公说:"齐桓公不致力于积德而忙于远征,所以向北讨伐山戎,向南讨伐楚国,在西边就举行了这次会盟。是否要向东边有所举动还不知道,西边是不会了。"若与《左传》比对,桓公征伐功业可以坐实的是北伐山戎、南伐楚,而伐楚时也并没有渡过汝水、越过方城,更谈不上让荆州诸侯都来臣服。顾颉刚先生在《〈春秋〉三传及〈国语〉之综合研究》中说,"春秋时士皆居国,非专命聘问不之他国。所谓游士,所谓周游,所谓号召天下士,皆战国时之气习也。乃至所谓齐桓公'西服流沙'之语,尤非春秋之文,齐桓公推其极只曾西达晋境,断无达流沙之事也",指出这一段《齐语》文字中掺入了不少战国时学者虚拟和夸张的成分,是非常有见地的。

齐桓公先后组织了六次兵车军事会盟，三次乘车非军事会盟。天下平定之后，诸侯的甲胄不用从盛器中取出，兵器不用从武库中取出，弓袋里没有弓，箭袋里没有箭。齐桓公做到了停息战争，践行文道，率领诸侯而朝见周天子。

　　葵丘盟会上，周天子派宰孔赏赐祭肉给桓公，说："我一人命令祭祀文王、武王，派孔致送祭肉。"并且还宣布后面的命令说："因为您的辛勤劳苦，我一人对伯舅您说，不用下堂跪拜接受赏赐。"桓公召来管子商量。管子对答说："做君主的不像君主，做臣子的不像臣子，这是祸乱产生的根源。"桓公内心害怕，出来见宰孔说："天子的威严距离我的脸不到八寸，小白我哪敢承受天子的命令说'你不用下拜'，恐怕不下拜会在下面跌倒，给天子带来羞辱。"于是下堂跪拜，登堂接受赏赐。天子赏赐给桓公的命服包括大辂车、九条飘带的龙旗、两面相交作为军门的赤色大旗。诸侯都称赞桓公的行动顺乎礼制。

　　桓公心忧天下诸侯。鲁国有夫人哀姜、公子庆父的祸乱，两位国君①都被庆父所杀，国家君位断绝没有继位者。桓公知道后，派上卿高子扶立公子申为君，从而保存了鲁国。狄人攻破邢国，桓公率诸侯修筑夷仪而赐给邢人，使邢国男女不再遭受奸淫掳掠，牛马牲畜粗算具备。狄人攻破卫都，卫人出逃在曹地寄居，桓公率诸侯修筑楚丘城而赐给卫人。卫人的牲畜散亡无法养育，桓公送给卫国三百匹系在厩中的良马。天下诸侯都称道桓公有仁德。于是天下诸侯都知道桓公的行动不是为自己，因此诸侯都归服他。

以上两段所述葵丘之盟、干预鲁国内乱、存续邢国和卫国之事，与《左传》所述基本对应，可信度较高。

桓公知道天下诸侯都已归服自己，因此让他们朝见时减轻财礼而重视礼仪。因此诸侯们到齐国来朝见，用劣马就可做财礼，用麻编赤色带子装饰的垫板奉献玉器，一张鹿皮分为四份送给卿大夫。诸侯的使节空着袋囊进入齐国，却满载礼物归国。因此用利益来诱惑，用信义来结交，用武力来威慑，所以天下小国诸侯在答应桓公后，没有敢违背的，因为想近取他的利益、信服他的仁德、害怕他的武力。

故拘之以利，结之以信，示之以武，故天下小国诸侯既许桓公，莫之敢背，就其利而信其仁、畏其武。

桓公知道天下诸侯大多听从自己了，于是又更加表现其忠厚。可以为他们行动的就为他们行动，可以为他们谋划的就为他们谋划。包围谭国、遂国后不自己占有，诸侯称道他的宽厚；使齐国的鱼盐流通于东莱，让关卡只检查货物而不征税，这样来便利各诸侯国，诸侯称道他的心胸宽广。增筑葵兹、晏、负夏、领釜丘四个关塞,来防御戎、狄之地,这是为了禁止戎狄暴力残害诸侯;增筑五鹿、中牟、盖与、牡丘四个关塞,用来捍卫华夏诸侯国的土地,这是为了向中原国家表现出盟主的权威。

这样一来,齐桓公的教化大功告成,放下甲、胄、盾三类防具,隐藏刀、剑、矛、戟、矢五类兵器,穿着朝服渡过河水而不惧怕,这是文事的胜利。因此大国惭愧而不敢轻举妄动,小国亲附协和。齐桓公因为能任用管夷吾、宁戚、隰朋、宾胥无和鲍叔牙而建立了诸侯之长(即霸主)的功业。

另一种"画风"的管仲改革

到此为止,《国语·齐语》给我们描绘了一幅顺畅而辉煌的齐桓霸业历程,似乎齐桓公在迎回管仲后就迅速捐弃前嫌,高度信任和重用他;管仲不断提出改革新举措,而齐桓公只知道连连称是、大力推行。然而,关于齐桓公政权早期的情况,《管子·大匡》却记载了一个"画风"很不相同的故事。

桓公元年

桓公即位之后,召管仲回国,管仲到达国都。桓公问道:"社稷能安定吗?"管仲回答说:"君主施行霸王之道,社稷就能安定;如果不实行霸王之道,

303

社稷就不能安定。"桓公说:"我不敢做到这样大的事业,只是要安定社稷罢了。"管仲又请桓公实行霸王之道,桓公说:"我做不到。"

管仲向桓公推辞说:"君主免臣下死罪,是臣下的幸运。但是臣下不为公子纠而死,是为了安定社稷。社稷不安定,臣下却掌管着齐国政事而不为公子纠死节,臣下不敢这样。"于是管仲跑出朝廷,到门口时,桓公召管仲,管仲返回。桓公紧张得流出了汗,说:"不得已,那就勉力称霸吧!"管仲两次行稽首礼,然后起身说:"今日君主决心成就霸业,臣下就贪图承受君命而小步跑到国相之位站着开始执政。"于是开始命令五官处理政事。

另一天,桓公告诉管仲说:"我想趁着诸侯之间没有战事的时候,在国内小打小闹地修治战备。"管仲说:"不能这么做。因为百姓贫困,您应先亲近百姓而藏起兵器。与其加强战备,不如使人们富足。齐国的社稷未能安定,您不是从改善人们的生活开始,而是从加强战备开始,这样做外不能与诸侯亲近,内不能与民众亲近。"桓公说:"好的。"加强战备的政令就没有施行。

与其厚于兵,不如厚于人。齐国之社稷未定,公未始于人而始于兵,外不亲于诸侯,内不亲于民。

桓公二年

二年,国家更加混乱,桓公又告诉管仲说:"要修治战备。"管仲又说:"不能这样做。"桓公不听从,果真修治战备。

先前,桓公与宋夫人在船中饮酒,夫人摇晃船而使桓公受了惊吓。桓公发怒,休弃了她,宋国接纳了她,又把她嫁给蔡国君主。第二年,桓公愤怒地告诉管仲说:"要讨伐宋国。"管仲说:"不能这样做。臣下知道内政没有治理好,对外发动战事就不会取得成功。"桓公不听从,果真讨伐宋国。诸侯出兵救助宋国,大败齐国军队。

《左传》不载宋夫人荡舟惧桓公、桓公伐宋之事,而有蔡姬荡舟惧桓公、桓公出蔡姬、蔡人嫁之、前六五六年桓公率诸侯侵蔡伐楚之事。

桓公发怒,归来告诉管仲说:"请修治战备。我们的军士不经训练,我们的兵器不够充实,诸侯所以敢来解救我们的仇敌。我要在国内修治战备!"管仲说:"不能这样做,这样做齐国就危险了。国内夺取民众的财用,士人以勇武互相劝勉,这是国家外部动乱的本源。对外侵犯诸侯,民众多生怨恨。真正行义的士人不进入齐国,怎么能没有危险呢?"鲍叔说:"国君一定要听用夷吾的话。"桓公不听从,就命令四方封疆之内修治战备。关市的赋税也提高了,桓公用增收的财富来给勇武之人授予俸禄。

鲍叔对管仲说:"以前,桓公答应您成就霸业。

内夺民用,士劝于勇,外乱之本也。

如今国家更加混乱,您将怎么办呢?"管仲说:"我们的君主性子急,他的才智能使他悔悟,姑且等他自己遇上困境而悔悟吧。"鲍叔说:"等到他自己遇上困境而悔悟,国家不是阙失败亡了吗?"管仲说:"不会的。国内的政事,我夷吾还在暗中料理,国家虽然混乱,但还可以等到他悔悟。其他诸侯的辅相,还没有像你我二人的人,因此没有敢来侵犯我们的国家。"

第二年,在朝廷上为争夺俸禄而互相刺杀、折颈断头的事不断发生。鲍叔对管仲说:"国家死人多了,岂不有害吗?"管仲说:"怎么会呢,这些都是贪得无厌的人。我夷吾所担忧的,是诸侯国中的义士不肯进入齐国,齐国的义士不肯做官,这是我夷吾所担忧的。至于像那些死了的人,我怎么能使用他们、爱惜他们呢。"桓公又在国内修治战备。

夷吾之所患者,诸侯之为义者莫肯入齐,齐之为义者莫肯仕。此夷吾之所患也。

桓公三年

三年,桓公将要讨伐鲁国,说:"鲁国离寡人最近,它救宋国也最迅速,寡人要去惩罚它。"管仲说:"不可以。我听说有封疆的君主,不忙于打仗,不忌恨受辱,不助长过错,那么社稷就安全;忙于打仗,忌恨受辱,助长过错,那么社稷就危险。"桓公不听,兴兵讨伐鲁国,到达长勺。鲁庄公兴兵迎战,大败

臣闻有土之君,不勤于兵,不忌于辱,不辅其过,则社稷安;勤于兵,忌于辱,辅其过,则社稷危。

齐军。齐桓公说："我的军队还是不够，我用三倍的军队围攻它，它怎么能抵御我？"

据《左传》，长勺之战鲁国战胜齐国之后，齐国又联合宋国讨伐鲁国，在乘丘被鲁国打败。宋、鲁乘丘之战在《礼记·檀弓》亦有记载，应为史实。齐、宋之间应该是同盟关系，而鲁、宋之间应该是敌对关系，《大匡》的这一段记载很可能是与史实不符的。

桓公四年

四年，桓公继续修治战备，有齐全的甲兵十万人，战车五千辆，对管仲说："我的军士已经得到训练，我的兵器已经很多，寡人要征服鲁国。"管仲长叹一声说："齐国危险了！君主不是与人竞比德而是竞比用兵。天下诸侯国拥有甲兵十万人的不在少数，我们想出动少量的兵力来征服诸侯大量的兵力，国内失掉我们的民众，而诸侯国都已有戒备，我们只好进行使诈，国家想要没有危险能做得到吗？"

桓公不听从，果然讨伐鲁国，进入鲁国境内。鲁国不敢迎战，在离开国都五十里的地方设立关防。鲁国要求比照关内侯一样服从齐国，要求齐国也不要再入侵鲁国。桓公答应了。

鲁人请求订立盟约，说："鲁是小国，会盟时本来就不带剑。现在如果带剑，这样就会以交战的名声传闻到各诸侯国，君主还不如停止会盟。请不带兵器。"桓公说："可以。"于是下令跟随的人不要带兵器。管仲说："不能这样做。诸侯已经将战败的忌恨加在君主头上，君主还是退一步不要会盟为好。君主如果真的通过会盟来削弱鲁君，诸侯又会把贪婪的恶名加到君主头上，以后有战事，小国就会更加强硬，大国就会戒备，这对齐国是不利的。"桓公不听从，管仲又劝谏说："君主一定不要去，鲁国怎么会不带兵器。曹刿为人，坚强而狠毒，是不能用盟约取信的。"桓公不听从，终于同他们会盟。

鲁庄公自己怀藏剑，曹刿也怀藏剑。登上土坛后，鲁庄公从怀中抽出剑来说："鲁国的国境只离国都五十里，也必死无疑——"他左手举剑对准齐桓公，右手指着自己，说："——同样都是死，让我死在你面前吧！"管仲跑向两位国君，曹刿抽出剑挡在两个台阶之间，说："两位君主将要改变意图，谁也不准上前！"管仲对桓公说："您还给他们土地，以汶水作为国境线。"桓公答应了，确定汶水为国境线而回国。

《大匡》版本说是鲁庄公以兵器威胁齐桓公，而《公羊传》和《史记·刺客列传》版本都说是曹刿(曹沫)以兵器威胁齐桓公。

桓公归国后就努力修治内政，不再一味修治战备，而是自守边疆、举拔人才、停止过错、息兵休战。

探索管仲改革的真相

按照《管子·大匡》的说法，齐桓公听从自己师傅鲍叔的强力举荐而迎回管仲，但一开始对管仲并不是言听计从，而是固执地加强战备、与邻为敌，直到被鲁庄公用剑指着的时候才幡然悔悟，在此之后改弦更张，致力于在管仲辅佐下，成为一个王室倚赖、诸侯拥戴的霸主。

如果我们回顾"齐桓霸业的启动"一节所述史事（主要基于《左传》），会发现齐国处理国际关系的策略在前六八一年柯之盟前后的确发生了重大转折。前六八五年齐桓公归国即位之后，当年即出兵与鲁国干涉军在国都附近的干时交战，大败鲁庄公，并乘胜攻入鲁国，逼死公子纠，迎回管仲。前六八四年春，齐国又出兵讨伐鲁国，战于长勺，齐国战败。同年夏天，齐国、宋国又讨伐鲁国，宋国在乘丘被鲁国击败，齐军班师回国。同年冬天，齐国以谭国不敬为由，出兵攻灭谭国。前六八三年到前六八一年之间，齐国多次讨伐鲁国，三战三胜，占领了汶水以北的大片鲁国领土。前六八一年夏，齐国又以遂国不参加盟会为由，出兵攻灭了遂国。然而，柯之盟后，齐国"画风"突变，致力于尊崇王室、团结诸侯、管控中原国际秩序，采取军事行动不再是争强斗狠，而是带领诸侯维护盟约、讨伐不服，因此在前六七九年鄄之会上就得到了诸侯的尊奉，成为实际上的霸主，前六六七年幽之盟上得到了周王的赐命而得以"转正"。

如果我们仔细对读《国语·齐语》和《管子·大匡》对于齐桓公——管仲早期关系的描述，我们会发现，两人关系"一帆风顺"的《国语·齐语》版本重在描述内政，而两人关系"磕磕碰碰"的《管子·大匡》版本重在描述外交。也就是说，这两个版本并没有直接冲突，它们有可能都反映了部分的真相。基于这种看法，我倾向于认为历史的真相是：

齐桓公刚上台时，他真正信任的是师傅鲍叔。在鲍叔的强力举荐下，桓公召回管仲并委以重任，但是他并没有全盘接受管仲的内政外交策略，而是形成了"管仲主导内政，齐桓公主导外交"的局面。在内政上，管仲得以施展身手，推行《国语·齐语》中描述的各项改革举措；在外交上，齐桓公如《管子·大匡》《左传》中描述的那样尚武好战，接连攻灭小国谭、遂以扩张领土，并与鲁庄公领导的鲁国交战。这种"各管一摊"的局面一直到柯之盟后，才发生了重大转折：齐桓公意识到依靠武力强权无法赢得诸侯拥戴、成就霸业，他决定全盘接受管仲的治国称霸战略。后世所传颂的齐桓公与管仲之间那种肝胆相照的君臣关系，很可能是经历了一个长达数年的"磨合期"之后才真正建立起来的。①

在这里必须指出的是，管仲改革的重大举措很可能不止我们在《国语·齐语》里看到的"参（叁）其国而伍其鄙""定民之居，成民之事""作内政而寄军令""相地而衰征""三选"这几条。比如说，根据《管子·海王》里的记载，有学者认为管仲推行了"官山海"政策，就是充分利用濒海之利（主要是产盐）和依山之利（主要是产铁），实行官营盐铁专卖，从而显著地增加了中央财政收入。②然而，如前所述，《管子》内容繁杂，各篇成文时间可能晚至西汉时期，很难断定《管子》中所提及的众多改革举措是否真实施行过。就以上面提到的"官山海"为例，如果仔细阅读《海王》篇的内容，会发现通篇都是管仲向齐桓公陈述"官山海"的政策主张，却并没有任何记载说明齐国后来的确实行了这项新政；与之形成鲜明对照的是，《国语·齐语》花了不小的篇幅记载了改革举措的实施情况和所取得的成效。此外，在《海王》篇里，管仲提出的改革目标是"因山海而成就王业"，齐桓公后面还问他："没有山海资源的国家就

① 关于齐桓公和管仲君臣关系的转变，参见池万兴：《〈管子〉研究》，西北师范大学 2003 年博士学位论文。
② 参见邱文山：《春秋时期齐国的全方位改革》，《山东理工大学学报（社会科学版）》2007 年第 5期；杨剑虹：《试论齐桓公的经济改革》，《楚简楚文化与先秦历史文化国际学术研讨会论文集》，湖北教育出版社，2013 年。

不能称王了吗?"如果我们回想管仲坚决地制止齐桓公僭越称王的史事,很难相信他会在国内公然提出"因山海而成就王业"的目标。所以,本书所叙述的管仲改革的重大举措,仍然以最为可靠的《国语·齐语》为准。实际上,即使是《国语·齐语》里面所叙述的举措,也被学者怀疑是否真实施行过(比如,上文提到的质疑"参(叁)其国而伍其鄙"之说)。

在细致地分析了管仲如何辅佐齐桓公成就霸业的历程之后,我们可以从一个更广阔的角度来探讨一下"管仲现象",也就是出身卑微的士人或低级官员凭借出众的才能挤进以宗法制、世袭制为正统的卿大夫体系,得到国君破格重用的现象。我们前面已经提到过,这种现象其实在鲁国也发生过。鲁庄公在齐国内乱之后曾试图与新上位的齐桓公竞争,求贤若渴的他在放走了管仲之后,遇上了主动进见的士人曹刿。此人面对国君镇定自若,质问鲁庄公凭什么与齐国交战,其观点令庄公耳目一新;更令人惊喜的是,此人不光会坐而论道,还有过人的军事指挥才能,首次出场就指挥鲁军取得了长勺之战的胜利。然而,当鲁庄公对曹刿委以重任之后,他再也没有能力复制长勺之战的辉煌,三战三败,到柯之盟时沦落到怂恿鲁庄公一起用武力劫持齐桓公返还侵地的"无赖"境况,此后黯然淡出了鲁国政坛。

曹刿谏铸钟、论修政

由于有《管子》《国语》《左传》中保存的大量记载,管仲的治国理政思想长期以来一直是先秦思想史研究中的重点课题。令人惊喜的是,二〇〇四年出版的《上海博物馆藏战国楚竹书(四)》(以下简称《上博简》)中披露了一篇题为《曹沫之阵》的文章,以曹刿(即文中的曹沫)与鲁庄公问对的形式,详细阐述了曹刿的军事和政治主张。《曹沫之阵》的公布,让我们第一次有机会能深入了解这位"昙花一现"的鲁国奇才的"理论水平",并且可以通过与管仲思想的对比,第一次有机会感受齐、鲁两个主要诸侯国在高级人才层面的实力高下。

鲁庄公将要铸大钟,钟型已经做好了,曹沫进见,说:"从前周王室分封鲁邦,东西七百里,南北五百里,无论山野或水泽,都没有不归顺的人民。现在国家越来越小,而钟却越造越大,人民将有怨言,君主要认真考虑。从前尧款待舜时,用土篮吃饭,用土铏喝水,而拥有天下,这不是在物质之美方面清贫,而在道德修为方面富有吗?从前周室……竞必胜,可以有大治的邦国,周代典籍中都有记载。"

邻邦之君明,则不可以不修政而善于民,不然恐亡焉;邻邦之君无道,则亦不可以不修政而善于民,不然无以取之。

庄公说:"如今天下的君子既然都可以知道,谁能兼并其他人呢?"曹沫说:"君主不要为哪位邻国之君能兼并他人担忧,臣下听说:'邻邦的君主英明,我们就不可以不修明政事而善待民众,不然恐怕会灭亡;邻邦的君主无道,我们也不可以不修明政事而善待民众,不然就无法攻取它。'"

庄公说:"从前施伯曾对寡人说:'君子得到或失去,都是天命。'跟你说的不一样。"曹沫说:"与臣下说的没有什么不同,只是君主没有把话想透。臣下听说:'君子以贤明著称而失败,这是天命;以无道著称却能正常去世,也是天命。'不然,君子以贤明著称,为什么有的不能得胜? 以无道著称,为什么有的却长久保有而不失败?"

庄公说:"太慢了! 我现在才听到这些话。"于是命令人毁坏钟型而认真地听取国政,白天不睡觉,不喝酒,不听音乐,居室装饰没有华丽文采,每餐不吃两种菜式,兼爱万民而没有私心。

以上是第一部分,可以归纳为"曹刿谏铸钟、论修政"。这一段的看点是施伯和曹刿对于君主(即文中的"君子")成败原因的不同观点:施伯认为君主成败最终是由天命决定的;曹刿则认为君主成败在于自身是否努力修明政事,而所谓"天命"只能用来解释那些用常理无法解释的特例。两人观点的不同和他们的出身背景应该是有很大关系：施氏是鲁国的世袭大夫家族，而曹刿是纯粹依靠自身努力才得到鲁庄公重用的士人。

曹刿论守边、三和、显道

过了一年，庄公问曹沫说："我想要与齐国作战，想问要怎样布阵？怎样守住边境城邑？"曹沫回答说："臣下听说：'有坚固难破的谋画，而没有坚固不破的城墙；有确保攻克的政策，而没有确保攻克的阵式。'三代的阵式现在都还留存着，有人以此克敌，也有人以此灭亡。而且臣下听说：'小邦居于大邦之间，国壤交接，不可以先挑起怨恨，疆界地区不要先急着占有，这就是从边防抵御的办法；不要舍不得货财美女，而要用它们事奉敌国的宠臣，这就是从敌国内部抵御的方法。城郭一定要修整好，缮治铠甲，磨利兵器，一定要怀着交战之心来防守，这是最佳的防守之道。'臣下又听说：'不在邦内达到和谐，不可以出"豫"①。不在"豫"时达到和谐，不可以出阵。不在布阵时达到和谐，不可以出战。'因此阵只是三教的最后阶段。君主一定要谈，臣下就从本源开始谈好吗？"

庄公问："在邦内达到和谐要怎么做？"曹沫回答说："不要耽误了民众的农时，不要掠夺民众的利

有固谋而无固城，有克政而无克阵。

① 从上下文判断，"豫"应该是指出城之后、列阵交战之前的集结、准备工作。

益,计量臣子的功绩而给予适当的食禄,对有罪的施加刑罚,对有德的给予爵赏。畜养群臣,贵贱要用同一个标准,食禄的给予不要违背这个标准。《诗》本来就说过:'恺悌君子,是民众的父母。'这就是在邦内达到和谐的做法。"

庄公问:"在'豫'时达到和谐要怎么做?"曹沫说:"三军出征,君主要亲自率领,一定要有两位将军,每位将军之下一定要有几位嬖大夫,每位嬖大夫之下一定要有几位大官之师、公孙公子。凡是有司领导……军队按期集结就不难了,这就是在'豫'时达到和谐的做法。"

庄公又问:"在布阵时达到和谐,要怎么做?"曹沫回答说:"战车之间要容纳士卒一伍,伍间要能放下兵器;地位高、食禄多的,让他们走在前面;三行士卒之后,是拿短兵器的士卒;每十个伍之间,必定有公孙公子:这就叫军纪。五人成为一伍,其中一个人有功劳,另外四人都进行奖赏,作为裁断功过赏罚的标准。要求士卒不要只崇尚获敌,而要崇尚听从命令,这样士卒在战场就不会私自后退。率领战车的要与战车在一起,率领徒兵的要与徒兵在一起,这样才能上下同生共死。又告诫道:'奔跑,你们的作战队形一定会乱掉;不奔跑,你们才能保持作战队形奋起、顺利地依战法会合。'所以将帅不可以让军队肆意奔跑，肆意奔跑就会不成行列。战争有更显明的道理，那就是：不靠战斗本身而是靠战前部署来克敌。"

庄公问："不靠战斗本身而是靠战前部署来克敌，要怎样做？"曹沫回答说："敌人的兵器不磨砺，我方的兵器一定要磨砺。敌人的甲胄不够坚固，我方的甲胄一定要坚固。敌人派遣士，我方就派遣大夫。敌人派遣大夫，我方就派遣将军。敌人派遣将军，我方国君就亲自上阵。这就是战争的显明道理。"

以上是第二部分，可以归纳为"曹刿论守边、三和、显道"。他关于"和于邦"的见解都是没有什么新意的原则话，与管仲高屋建瓴的政策建议差距很大。值得注意的是，曹刿提出的"畜养群臣，贵贱要用同一个标准"与讲究尊卑有别的周礼有明显冲突，这明显是因为他出身低贱而跻身于众多世袭贵族之间，希望得到平等对待的缘故。

他关于如何"和于豫""和于阵"的建议具体而富有新意，这显示出他对于军事战术的确有一定研究；回想起来，曹刿最开始的走红也就是因为他在长勺之战中的亮眼表现。他提出在战阵中"地位高、食禄多的，让他们走在前面""每十个伍之间，必定有公孙公子"，应该是挑战传统的新做法，要求养

战有显道，勿兵以克。

人之兵不砥砺，我兵必砥砺。人之甲不坚，我甲必坚。人使士，我使大夫。人使大夫，我使将军。人使将军，我君身进。此战之显道。

尊处优的贵族承担与他们地位相匹配的责任,反映出曹刿所代表的士人阶层的愿望。

然而,在用"不靠战斗本身而是靠战前安排来克敌"的"显明道理"吊起鲁庄公的胃口后,他给出的具体建议却是一段"正确的废话":如果你的兵器比对方锐利,甲胄比对方坚固,派出的官兵比对方强,你就能得胜。实际上,这段"正确的废话"已经暗示了鲁国与齐国争战最终会失败,因为齐国的经济、军事、人力资源等整体实力比鲁国要强大,鲁国也许在某次特定战役中能够聚集起优势力量取得胜利,但齐国兵器比鲁国锐利、甲胄比鲁国坚固、派出的官兵档次比鲁国高的情况肯定是大多数。我们可以想象,在曹刿率领鲁军与齐军交战屡次失败之后,他就可以用上面这段理论为自己开脱。

曹刿论用兵之机、复战之道

庄公问:"已承蒙教诲了,我方出师有关键时机吗?"曹沫回答说:"有。臣下听说:'敌方三军出动,主将地位卑下、父兄都不推荐、由朝廷遥控指挥,这就是我方出师的关键时机。'"

庄公又问:"我方三军'散果'有关键时机吗?"曹沫回答说:"有,臣下听说:'敌方三军还没有排好阵形时、没有"豫"时、正在爬坡渡河时,就是我方

"散果"的关键时机。'"

庄公又问:"发动战斗有关键时机吗?"曹沫回答说:"有。敌方离去不够迅速,前来不敢迫近,发动攻击的节奏不够迅疾,这就是我方发动战斗的关键时机。因此布阵迟疑必败,战斗迟疑必死。"

庄公又问:"两军已经开战了,有致胜的关键吗?"曹沫回答说:"有。敌方奖赏少而且不公平,诛杀重而不明察,战死者没有人收殓,受伤者没有人恤问,已经开战而有懈怠之心,这就是开战后我方致胜的关键。"

庄公又问:"败仗之后再战,有方法吗?"曹沫回答说:"有。三军大败,死者要收殓,伤者要恤问,善待死伤者是为了安抚、鼓舞生者。君主要自我认错来取悦万民:不要为了田猎去危险的地方,不吃熟食以示自我处罚,不要诛罚而要奖赏,不要怪罪百姓而改换他们的将军。君主如果是亲自率领军队,那就必须聚集相关官员告诉他们:'诸位要勉力,前次的战败过错不在你们,而在寡人。我们前次的战役刚好不顺天命。'回师再战时,一定要召集国内的贵族及奇士,让他们率领士卒,不要再依照之前的常规队形编排。所有的贵人,都要让他们排在军队的前面一行,如果排在后面就会被灭亡。向前推进就依照规定给予食禄爵位,掌握好这关键就不可阻挡。"

庄公又问:"战况胶着之后再战,有方法吗?"曹沫回答说:"有。已经交战过后,重新'豫',号令军中:'修缮甲胄,磨利兵器,明日要再战。'厮徒做饭,来慰劳已编入战斗行列的战士;已经失去车甲的战士,命令他们不要再归入战车的行列,明天将要战斗,让他们列在军队行列前面。又安排我方的间谍来告诉我方将士说,'敌人的将帅都受伤了,车辇也都坏了',说要早点进攻。于是命令没有受过战斗训练的新兵:'一早吃饱饭,载运兵器,各自运好你们的货物。'开战之后要衡量其功过,不要懈怠,不要使民众疑惑。等到您龟卜占筮时,都说结果是'胜利'以鼓舞将士,改换您鼓面的蒙皮,整理好军备。明日回师再战,一定会越过前日盘战胶着的地点。这就是战况胶着之后再战的方法。"

庄公又问:"酣畅的战斗之后再战,有方法吗?"曹沫回答说:"有。必须谨慎戒惧,那样怎么会不克敌致胜呢?不要过于冒进而陷入危险,稳扎稳打,一定要超越前次攻击的地方。奖励有斩获的人,饬戒畏惧的人,以鼓舞他们的斗志;要促使勇敢的人欢喜,惶惧的人惭悔,万民都愿意掉脑袋,想要克敌制胜。这就是酣畅的战斗之后再战的方法。"

庄公又问:"艰苦的战斗之后再战,有方法吗?"曹沫回答说:"有。收拢而聚集战士,约束而厚待他们,重赏而薄罚他们，使他们忘记死亡的恐惧而愿意献出生命。让好战车、好战士去攻取敌人的饵军，让他们的斗志奋起。勇敢者使他们欢喜，畏惧者使他们惭悔，这样以后能改变前次战斗的不足之处，从而获得更好的战果。这就是艰苦的战斗之后再战的方法。"

此为第三部分，可以归纳为"曹刿论用兵之机、复战之道"。在他看来，出师、"散果"、开战、致胜的关键，就是抓住"敌弱我强""敌乱我整"的时机果断行动。但是庄公也知道，与齐国交战，往往不会是抓住机会一举获胜，而是会遇到败仗、胶着、酣战、苦战等各种状况。当他询问曹刿应该如何应对时，曹刿侃侃而谈，颇有见地，再次证明他对于具体军事战术的确是有深入研究的，其中"又安排我方的间谍来告诉我方将士说'敌人的将帅都受伤了，车辇也都坏了'，说要早点进攻""等到您龟卜占筮时，都说结果是'胜利'以鼓舞将士"等以诈谋操纵士兵心理的做法与他在长勺之战时所使用的诈谋颇有异曲同工之妙。这部分他又提出"所有的贵人，都要让他们排在军队的前面一行"，这与上一部分"地位高、食禄多的，让他们走在前面"相呼应。

曹刿论攻守、亲和义、三代之道

庄公又问："善攻者要怎么做？"曹沫回答说：

善攻者以其所有,以攻人之所无有。

"民有三宝:城池、固地、阻隘。三者完全用到而没有疏忽,国家就会壮大。善攻者一定用他所拥有的,去攻击敌人所没有的。"

庄公问:"善守者要怎么做?"曹沫回答说:"他的粮食足以喂饱民众,他的武器足以在战斗中取得胜利,他的城墙坚固可以捍卫疆土,上下和谐而笃厚,结交大国,大国亲近他,天下哪国都不能战胜他。士卒要少而发挥多的功能,少就容易察知,到成功时也好治理。如果战胜,君主要亲自处理胜利后如奖赏之类的事务。使唤民众,君上不亲近民众就不会敦勉,不和睦民众就不会笃厚,不正义民众就不会服从。"

使人,不亲则不敦,不和则不笃,不义则不服。

庄公问:"亲近要怎么做?"曹沫回答说:"君主不要怕亲自操劳,来观察上下的真情假意;匹夫寡妇的狱讼,君主一定要亲自审听。君主所知道的或许有所不足,但是不会不公正,那么民众就会亲近。"

庄公又问:"和睦要怎样做?"曹沫回答说:"不要偏私亲信近臣,不要凌越诸父兄长,奖赏要公平,听意见要公正,那么民众就会与君上和睦。"

陈功尚贤。能治百人,使长百人;能治三军,使帅。授有智,予有能,则民义之。

庄公又问:"正义要怎么做?"曹沫回答说:"陈列功绩,崇尚贤能。有能力治理百人的,让他当百人的官长;有能力治理三军的,让他做三军的主帅。

322

官职要授予有知识、有能力的人，那么民众就会认为君上遵行正义。而且我听说：'士卒有长，三军有帅，国家有君，这三者是作战的主心骨。'因此做民众君长的人，不要舍不得把爵位赐给有功之人，不要干预军队的具体作战，不要逃避自己的罪过，要用这种态度来督导对国家民众的教化。"

庄公问："做到亲、和、义这三者就足以作战得胜了吗?"曹沫回答说："要警戒! 战胜之后不可不谨慎。君主'为亲、为和、为义'不坚持到底则胜利不恒久，不和睦则民众不笃厚，不谦虚畏惧则……其志者，是很少的。"

庄公又问："我听说：'一句话可以让三军都劝勉，一句话可以让三军都勇往直前。'有这种话吗?"曹沫回答说："有。'只注意祭祀鬼神，而轻忽武事，不是教民之道。'君主应该知道，这是先王传下来最高的道理。"

庄公说："沫，我先前所说的实在是不对，恐怕是被小道所迷惑吧! 我很想听听三代之所以成功的原因。"曹沫回答说："臣下听说：'从前三代明王兴起得到天下，是根据他们各自所处的世代，以及他们自身的修为。'现代与古代或许有所不同，臣因此不敢用古代的情况来答复君主。但是古代也有普适的大道理，那就是：一定是以恭敬节俭得到天

必恭俭以得之，
而骄泰以失之。

323

下,而以骄傲奢侈失去天下。君主应该要好好地听听夏禹、商汤、夏桀、商纣兴亡的道理。"

此为第四部分,可以归纳为"曹刿论攻守、亲和义、三代之道"。曹刿正确地认识到,军事是政治的延续,内政昌明是外战胜利的真正决定因素。然而,当鲁庄公问他如何做到"亲近""和睦""正义"时,他的回答又显得平淡无奇,没有一条可以与管仲相比的高见。实际上,曹刿关于如何做到"亲近"的建议,其实是把鲁庄公自己的理念——"大小刑狱案件,我即使不能保证明察秋毫,也一定尽力按照实情进行裁断"(见页190"长勺之战")——拿过来教鲁庄公。

这部分最令人瞩目的观点是"有能力治理百人的,让他当百人的官长;有能力治理三军的,让他做三军的主帅。官职要授予有知识、有能力的人,那么民众就会认为君上遵行正义"。当时鲁国的高层卿大夫都是根据宗法血缘获得世袭官位的公族宗主,在这样的背景下,曹刿提出要完全以知识、能力来作为选拔任用官员的标准,即使是三军主帅的职位也不例外,这是像他这样没有贵族家世背景却有知识、有能力的士人的共同诉求,在当时绝对是革命性的思想。

当庄公问曹刿有没有一句口号可以"让三军都

劝勉""让三军都勇往直前"时,他提出来一句"只注意祭祀鬼神,而轻忽武事,不是教民之道",还说这是"先王传下来最高的道理",可是这句话说出来哪里像"最高的道理",哪里会有半点激励三军的效果呢？我们可以想见,曹刿这个钻研了一些军事战术、自我感觉特别良好、但并没有多少执政经验和深谋远虑的士人在面对君主宏大问题时黔驴技穷的窘态。鲁庄公还不死心,又问他三代成功的原因,而曹刿回答的"一定是以恭敬节俭得到天下,而以骄傲泰侈失去天下"也真的可以说是"卑之无甚高论"。

综上所述,鲁庄公想要重用曹刿与齐国争战,而曹刿也正确地指出,军事行动能否胜利归根到底取决于内政是否修明。然而,曹刿毕竟不是管仲,他是战术家而不是战略家,更不是治国奇才,提不出什么系统性的内政改革方略。实际上,既然曹刿没有能力辅佐鲁庄公从内政基本面上振兴鲁国,那么按照他自己提出的军事理论推断,鲁国在后来也必然会屡战屡败。

探索鲁庄公—曹刿故事的真相

在深入探究了曹刿的政治军事思想之后,我们可以更加细致地分析一下,实力不济的鲁庄公是如何被曹刿"洗脑"走上武力争霸的道路：

在齐襄公、公孙无知相继死于非命之后，隐忍多年的鲁庄公认为这是一个难得的机遇，他想要抓住齐国动乱的机会实现"翻盘"，甚至成为下一个"小霸"。然而，送公子纠回齐国夺权的行动没有成功，鲁庄公亲自率领的鲁军又在齐都郊外的干时被齐军击败。随后，鲍叔率军乘胜攻入鲁国，逼迫鲁人杀死了公子纠，又迎回了奇才管仲。从旁观者角度看，鲁庄公的"翻盘"行动已经失败。

前六八四年，政局基本稳定的齐国正式派军队讨伐鲁国，此次讨伐的诉求很可能是逼迫鲁国与齐国媾和，要求鲁庄公承认企图杀害齐国现任国君的错误，承诺放弃对抗，重启齐襄公去世前在齐姜不懈努力下形成的齐鲁关系改善势头。在曹刿进宫之前，"肉食者"们应该已经跟鲁庄公开会研究过是否抵抗之事，而鲁庄公应该就是在这次会议上表达了自己"将战"的意图。"肉食者"们应该是主张求和，君臣双方产生了矛盾，这才给主战的曹刿入宫进言提供了契机。

如果从春秋时期的政治常识来考虑的话，鲁国选择迎战还是求和，主要应该看这三个方面：第一，鲁国是否占理？答案是否定的，因为整个事情的起因是鲁国入侵齐国、干涉齐政、谋杀齐君，而且一直没有正式认罪，这次是齐国有理、鲁国理亏。第二，鲁国的经济军事实力是否强过齐国？答案也是否定的，因为齐国在齐襄公时期就比鲁国强大，而齐襄公去世后的高层内乱并未损伤齐国实力。第三，先前齐鲁交战，鲁国是否占上风？答案还是否定的，因为鲁国去年在干时惨败，后来又被齐军攻入国境。"肉食者"们可能正是基于这种理性务实的"近谋"，得出了应该求和的结论。

然而，这时鲁庄公的心智被一种不愿服输的执念给牢牢攫住了。他在"对齐亲善派"压制下已经隐忍了十年，实在是不愿意放弃这个珍贵的"翻盘"机会，他想要继续斗争下去，为在齐国暴毙的君父鲁桓公报仇，并且继承君父遗志与齐国争霸。鲁庄公内心真实想法当然是"将战"，但是鲁国与齐国在硬实力上的差距也的确让他感到纠结。

士人"军迷"曹刿得知了朝堂上的对峙状况。他对自己的朋友们宣称，朝堂上那些"肉食者"们都很鄙陋，唯独自己这个民间奇才有"远谋"，自己要进宫给鲁庄公指点迷津。曹刿很清楚，陷入孤立的鲁庄公此时最需要来自于他人的奉迎和怂恿，如果能鼓励鲁庄公出战，自己将得以一展才华、成就功名。由于鲁庄公先前正是听从了"肉食者"施伯的建议才放走了奇才管仲，所以此时鲁庄公很可能是以"不可再错过本土奇才"为由破格召见了曹刿。

　　曹刿见到鲁庄公之后，一开口就不同凡响：他没有按照"君问臣对"的正常套路来为鲁庄公分析战与和的利弊，而是反过来"臣问君对"，要求鲁庄公自己说凭什么与强大的齐军作战。首先，通过这样一个翻转，他这个士人"军迷"一下子成了居高临下评点君主的"上师"，在心理上已经占据了上风。第二，曹刿如果在战前把"击鼓时使诈"的战术方案说出来，鲁庄公是不可能相信的（战胜后鲁庄公也是听了讲解才明白）；而基于硬实力的理性分析又必然会推导出"应该求和"的结论，所以曹刿也只能让鲁庄公自己说，然后随机应变。

　　鲁庄公接下来在曹刿的诱导下说出了"善待身边官员""依礼对待鬼神""据实审理案件"三条理由。冷静地看，它们都是鲁庄公搜肠刮肚硬凑的"好人好事"，根本不足以证明鲁国能取得眼前这场战斗的胜利，如果在"肉食者"面前说出来只会遭到批驳和嘲笑。鲁庄公其实也清楚鲁国硬实力不济，所以也只好拿"君德"这种软实力来碰碰运气。曹刿敏锐地捕捉到了鲁庄公的意图，于是顺水推舟，从这三类事迹中"以小见大"提炼出三项君德，然后用"国君有德就能抵御强敌"的"远谋"来奉迎和怂恿鲁庄公。

曹刿之所以会选择最后一个理由"据实审理案件"并大加吹捧，不是因为这个理由本身有什么特别，而是基于下面两个原因：第一，直接选第一个"善待身边官员"进行吹捧的话，就会暴露自己奉迎鲁庄公、怂恿他出战的真实目的。第二，人在为自己辩护时，说出的第一个理由肯定是最强的，越往后越是凑数。否定鲁庄公自认为最强的理由，而肯定他自认为最勉强的理由，会让鲁庄公觉得曹刿绝不是在迎合自己，而是真有高见。

　　因此，曹刿要故意摆出一副"这个不行，再想一个"的"上师"姿态，逼迫鲁庄公再多说两个，达到"事不过三"后，再围绕第三个理由来进行吹捧，将其中蕴含的君德拔高成足以出战的"大德"。实际上，曹刿无法知道鲁庄公的三个理由分别会是什么具体内容，他也不需要知道。鲁庄公最后说的是"据实审理案件"，曹刿就说，这是"忠之属也，可以一战"。如果鲁庄公最后说的是"善待身边官员"，曹刿就会说这是"惠之属也，可以一战"；如果鲁庄公最后说的是"依礼对待鬼神"，曹刿就会说这是"信之属也，可以一战"。反过来说，如果鲁庄公第一个说的就是"据实审理案件"，曹刿就会用"小忠未遍，民弗从也"将其否定，让鲁庄公再说两个。

　　总而言之，曹刿通过否定前两个理由显示出自己绝不是曲意奉迎,通过夸大第三个理由来迎合国君想要抓"救命稻草"的心理,把凑巧撞上的"忠"德封为鲁庄公需要的那根"救命稻草"。这种针对鲁庄公心理"量身定做"的话术,无疑俘获了鲁庄公的心。

在此基础上,曹刿又说"战则请从",也就是告诉鲁庄公,自己不仅能庙堂论战,还能临阵指挥。从《左传》记载看,曹刿并没有向鲁庄公陈述具体战术方案,而鲁庄公竟然就放心任用他指挥这次战斗。很明显,曹刿"有德就能抵御强敌"的理论贴合了鲁庄公自己本来就有的侥幸心理,使得鲁庄公不但重拾信心决定出战,还决定豪赌一把,让这个没有任何实操记录的士人奇才全权指挥战斗。一言以蔽之,鲁庄公已经被曹刿初步"洗脑"了。

曹刿敢于请求指挥此次战斗,说明他心中必然已经有了胜敌之策。曹刿的真实策略是:硬实力不济的情况下,鲁军战胜的唯一出路就是靠榨取软实力,当然这个软实力绝不是什么审理案件体现出来的"忠"德。鲁国是周公之后,在诸侯中守周礼最为谨严,这就包括交战时守军礼、讲规矩。在曹刿看来,鲁国"谨守周礼"的国际声誉就是最好用的软实力。说得直白一点:从不要流氓的老实人突然开始耍流氓,头一回肯定能占到便宜。在随后的长勺之战中,鲁军就是通过违背双方同时击鼓然后进军的军礼,取得了气势上的优势,从而赢得了战斗的胜利;而齐国之所以失败,就是因为齐人根本没料到自己撞上了鲁国第一次在战场上"耍流氓"。

战胜后的鲁庄公,就像一个绝地翻盘大赚一笔的赌徒,一方面自信心爆棚,另一方面也非常感激和崇拜曹刿。之前一直没有透露战术思想的曹刿此时趁热打铁,做了这样一场"化诡诈为高明"的战术思想分析:首先,曹刿绝口不提鲁军靠违礼使诈取胜的事实,而是抓住"勇"这个褒义概念做文章,阐述了"积蓄勇气是战胜关键"的战术思想;其次,曹刿绝口不提鲁军靠自身诡诈难测取胜的事实,反过来强调齐国诡诈难测,阐述了"胜而不骄、谋定而后动"的战术思想。这番论述说得正义凛然、有条理、有洞见,让曹刿的"神机军师"形象在鲁庄公心目中定型。

至此,曹刿的军事才能已经得到了实战验证,他在战前表现出的"迷之自信"被证明不是狂妄,而是奇才本色。就这样,一个血气方刚、不愿认输的年轻君主和一个自恃远谋、想以鲁国为"赌本"大干一场的士人"军迷"正式结成了联盟,开始一起做一场"战胜齐国、成就霸业"的春秋大梦。至此,鲁庄公已经被曹刿彻底"洗脑"。

换句话说，曹刿在战前克服了自己身份地位低、无实操经历的硬实力劣势，利用鲁庄公"病急乱投医"的非理性心态，以诈谋话术俘获了国君的信任；在战场上又克服了鲁军不在理、不强大、刚战败的硬实力劣势，利用齐人认为鲁人必然守礼的惯性心理以及延后击鼓出战能积蓄气势的战场心理，以诈谋战术赢得了战斗的胜利。"实力不强，攻心为上"，这就是曹刿致胜诈谋的实质。

　　大概就在长勺之战胜利之后，鲁庄公与曹刿进行了多次推心置腹的长谈，《曹沫之阵》所记载的可能就是这几次长谈的主要内容。整体上说，曹刿的军事理论水平还是相当不错的。然而，当鲁庄公真把曹刿当成了自己的管仲，开始询问他如何治国理政时，曹刿的回答就"卑之无甚高论"了，和他的对手管仲完全不在一个数量级。然而，对当时的鲁庄公来说，曹刿前面阐述的军事战略战术已经让他佩服得五体投地，而后面说的那些非常老套的治国理政之道也正与鲁庄公自己的想法相合。鲁庄公接下来采取的整体策略就是：一方面重用曹刿作为军师，指导鲁军运用"曹氏战法"来进行武力争霸；另一方面尽自己的能力，按照四平八稳的"先王之制"来勤政爱民。鲁国从此进入了一种内政层面"励精图治"、军事层面"出奇制胜"的争霸状态。

从《曹沫之阵》的记载来看，曹刿非常清楚，虽然靠使诈可以改变某次战斗的结果，但鲁国与齐国武力争霸最终的结果还是要看两国经济军事硬实力的对比。如果是这样的话，那硬实力较弱的鲁国岂不是必败？那倒也未必。曹刿的盘算应该是：第一，先靠诈谋赢得一两场战斗的胜利，把鲁国拖入争霸战争，让自己得以施展才华；第二，用战争的压力激励鲁庄公修明内政；第三，指望着力度颇大的管仲改革事业会"翻车"。实际上，管仲改革刚启动时，遭到了齐国既得利益集团的激烈反对，当时管仲出行都需要重装兵车保护以防备刺杀。（据《韩非子·南面》）

"君子居易以俟命，小人行险以徼幸"，曹刿就是典型的"行险以徼幸"的小人。可惜的是，小奇才曹刿在齐国的对手是大奇才管仲，管仲改革并没有"翻车"，经济和军事齐头并进的齐国再没有给他侥幸的机会。

从新政到旧礼：管仲改革的地位转变

正是通过与曹刿的比较，我们才能够真切地体会春秋首霸"总设计师"管仲的高明。他充分利用齐庄公、齐僖公、齐襄公时期打下的良好基础，赢得了齐桓公这位性急而有大志的君主的高度信任，积极而稳妥地展开全面和深入的综合改革。在国内方面：他重新规划了国都和鄙野地区，促进行政、教育、手工业、商业、农业的专业化发展；大力从基层士人中选拔文武人才充实中层官僚队伍，并从鄙野农民阶层中选拔优秀分子进入士人阶层；在日常行政中不声不响地推进军队建设和军备制造，为齐国称霸打下了坚实的经济和军事基础。在国际方面：他成功地引导齐桓公放弃穷兵黩武的短视策略，辅佐他尊崇周王、亲睦诸侯、存亡继绝、攘夷讨罪，走上了称霸之路，并在葵丘之盟霸业达到巅峰时果断制止了齐桓公的僭越念头，使得他最终能以春秋首霸的光辉形象载入史册。虽然管仲在去世前的忠言苦谏没能让齐桓公远离奸臣、得到善终，但也算是尽到了肱股之臣的责任。

前五一六年，当时的齐国公室衰败，卿族陈氏势力日渐壮大，贤大夫晏婴在与齐景公谈起如何应对时提出："唯有重振礼治可以止住这种势头。根据礼制的规定，家族的施舍不能危及国家稳定，民众不迁徙，农民不流动种地，工匠、商贾不改变职业，士人不失职，官长不怠慢，大夫不私自收取公室的利益。"有意思的是，晏子所提到的"民众不迁徙，农民不流动种地，工匠、商贾不改变职业"正对应管仲改革举措中的"定民之所""成民之事""相地而衰

在礼，家施不及国，民不迁，农不移，工贾不变，士不滥，官不滔，大夫不收公利。（《左传·昭公二十六年》）

334

征"(参见页 281—295)，"士人不失职"对应葵丘公约里的"士无世官"，而"官长不怠慢"正对应葵丘公约里的"官事无摄"(参见页 260)。

从这里我们可以看出充满生气的改革举措固化成国家正统"礼制"的过程。在春秋早中期，管仲提出的上述改革举措对于当时的礼制来说无疑是"新政"。由于这些新制度成就了齐国在春秋时期的巅峰——齐桓霸业，其正确性已获公认，因此得以"登堂入室"，逐渐成为代表国家正统意识形态的"礼制"的一部分。到了齐景公和晏子所处的春秋晚期，这些昔日的改革举措已经固化为高尚和庄严的先代礼制，它们所蕴含的"改革红利"早已释放殆尽。

然而，晏子可并不是这么看的，他的思路是：既然先代礼制成就了先代盛世，那么，如果齐景公能够下决心重新推行先代礼制，就能遏制公室继续衰败的势头，甚至重现先代盛世。这与孔子周游列国、呼吁国君能给他机会推行西周初年"周公之制"的思路是完全一致的。而正如孔子到处碰壁、无人重用的结局一样，齐景公在听完晏子慷慨陈词之后也只能长叹说："对啊！可惜我不能做到这些。"当时公室衰败、卿族壮大是不可逆的历史大势，不要说像晏子所说的那样复辟先代礼制是不可能完成的任务,即使管仲死而复生、再设计一套综合改革方案出来,齐景公也没有当年齐桓公所掌握的经济资源和政治权威来推行它了。

政者，正也。子率以正，孰敢不正？

——孔子

图一：

图二:

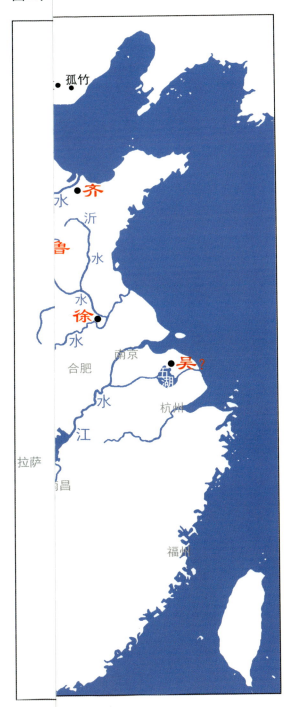

图三：

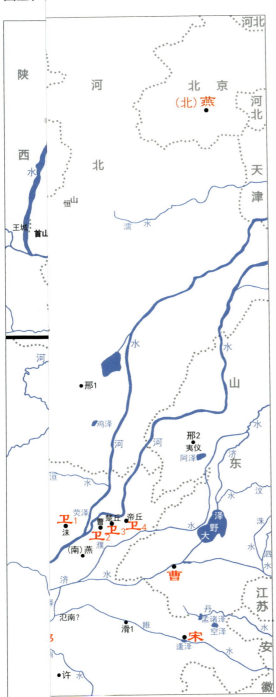

图四：

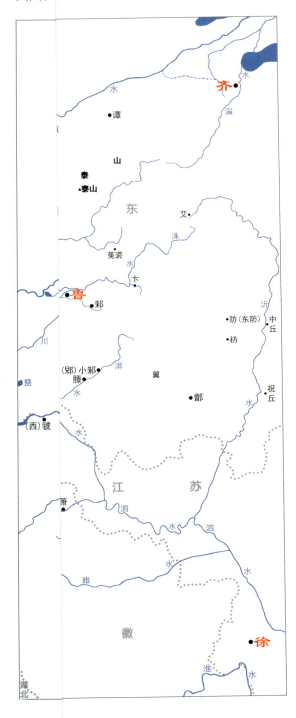

图五：春秋局部示意

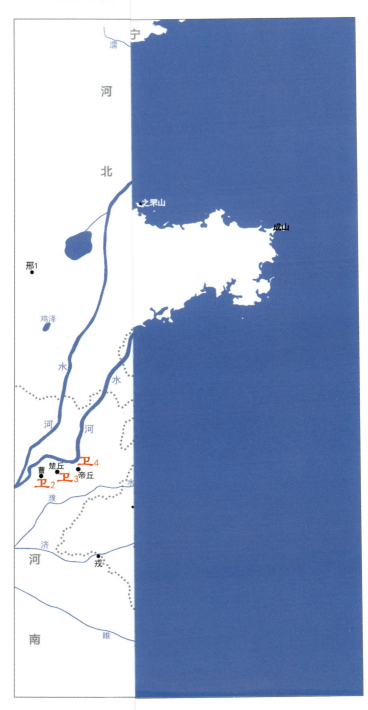

图六：春秋局部示意

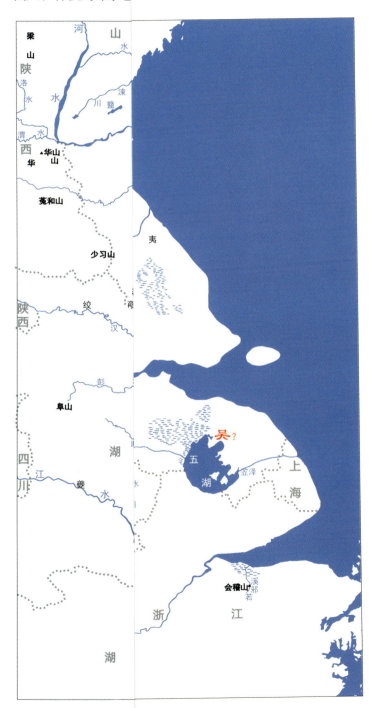

图七：周道示意图

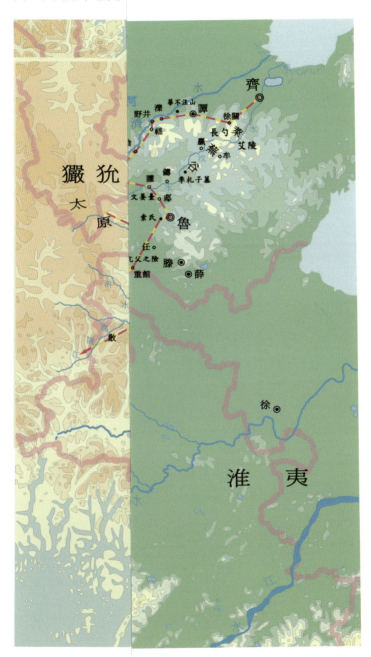

政说春秋系列·第一部

刘勋——著

春秋国际新秩序的建立

称霸

晋文篇

中华书局

出 版 说 明

　　"政说春秋"系列，是以学术研究为背景，从国际政治博弈和国内政治演化角度解读春秋历史的大众读物。《称霸：春秋国际新秩序的建立》为"政说春秋"系列第一种，分为"齐桓篇""晋文篇"上下两册，本册为"晋文篇"。

　　本册围绕"晋文霸业"这一春秋政治关键词，讲述晋国在变革中兴起，在磨难中壮大，在晋文公团队领导下称霸，并与南方霸主楚国共同构建天下新秩序的历程，并从宏观角度梳理了春秋国际秩序"迷茫—探索—新常态—制衡态"的演化脉络，展现春秋前期历史的发展大势。

　　在体例上，叙事性正文为宋体大字，大段基于古文翻译的正文及依据各种史料重构的史事正文用仿宋体大字排版；正文中需要强调的文句，在文字下加着重号；正文中所涉古文的精彩文句，用楷体小字排在边栏；正文注释用楷体小字排在边栏底部，特殊情况则排在边栏上部。

　　书中所用示意地图一至地图六，为作者根据相关地图史料重新绘制而成；示意地图七为雷晋豪教授提供并授权使用。特此说明。

中华书局编辑部

二〇一九年六月

目　录

晋文
与楚成王共创"晋楚争霸"国际新秩序

晋公子广而俭，文而有礼。其从者肃而宽，忠而能力。晋侯无亲，外内恶之。吾闻姬姓，唐叔之后其后衰者也，其将由晋公子乎！

——楚成王

晋国霸业的起点
曲沃小宗夺取晋国政权

分封曲沃国：晋国内乱的导火索

晋国的内乱是从西周晚期的晋穆侯时期（前八一一年至前七五五年）开始的。穆侯夫人在前八〇五年条之战后生了嫡长子，立为太子。由于这次战役晋国战败，与敌对的戎人结下怨仇，因此穆侯给太子命名为"仇"。后来他的次子在前八〇二年千亩之战后出生，由于这次战役晋国得胜，因此穆侯给次子命名为"成师"。根据《左传》记载，师服（晋国名叫"服"的乐师）评论这件事说："奇怪啊，君主这样为儿子命名！那命名规制道义，道义引出礼制，礼制作为政事的本体，政事得体就能端正民心，因此政事能有所成就，而民众听从君主的命令。违背这正道就将催生动乱。美好的一对叫做'妃'，结怨的一对叫做'仇'，这是自古就有的命名依据。如今君主给太子命名'仇'，却给弟弟命名'成师'，这就是开始预示动乱了。哥哥大概会被废吧！"

夫名以制义，义以出礼，礼以体政，政以正民，是以政成而民听。易则生乱。（《左传·桓公二年》）

3

在《史记·晋世家》记载的版本里，师服的话更加直白："奇怪啊，君主这样为儿子命名！太子名叫'仇'，仇是仇敌的意思。少子名叫'成师'，成师是宏大的名号，是成就事业的意思。名称，应该根据事物自身的性质来命名；事物，应该根据自然的秩序来确定。如今嫡子、庶子的名与其尊卑相反逆，此后晋国怎能不发生变乱呢？"

但是，无论是《左传》还是《史记》，若从叙述太子仇、公子成师出生背景的行文看，两人似乎都是夫人姜氏所生。若是这样的话，则成师应为嫡次子而非庶子。然而，《史记》版本说他们两人之间是嫡庶关系，不知是错误还是另有所本。为谨慎起见，以下只称太子仇一支为"大宗"，弟弟公子成师一支为"小宗"。

从表面上看，晋穆侯两次命名，都是遵循同一规则，即纪念某次重大战役的成败，似乎并无偏颇之处。然而，如果晋穆侯重视关爱太子的话，就绝不会给他起"仇"这样的恶名。太子得恶名，次子得美名，这背后的真实原因很可能是穆侯偏爱次子，不然的话，他完全可以采取另外一种与长幼尊卑相适合的命名规则。这种颠倒的命名又会进一步强化两个儿子的实际受宠情况：可以想见，每次晋穆侯唤太子之名"仇"时，想到的是条之战的失败，而呼唤次子之名"成师"时,想到的是千亩之战的胜利。这种潜移默化的心理暗示,对于太子仇的地位也是有害无益。

晋穆侯对太子仇的冷落开启了觊觎君位者的野心。前七八五年,穆侯去世,他的弟弟殇叔废太子仇而自立为君,太子出奔。前七八一年,太子仇带着一群忠于他的党羽回国,袭杀了殇叔,夺回了本属于自己的君位,在前七八○年正式即位,就是晋文侯。

如本书第一章所述,晋文侯在平王即位、东迁重建周王室过程中发挥了关键性的作用:《竹书》和《系年》都认为是他杀了与平王对立的携王,结束了"二王并立"的乱局。此外,《系年》认为是他拥立了平王,《竹书》认为是他会合卫侯、郑伯、秦伯,率领军队护送平王东迁到了成周。在了解晋文侯的身世之后,我们发现,他和周平王一样,都是王后／夫人所生的正牌太子,都有过被废黜后流亡在外的经历,这也许是晋文侯在两周之际的乱局中坚定支持平王的重要原因之一。

据今本《竹书》记载,周平王在东都王城安顿下来后,赐命嘉奖立有拥立、护送大功的晋文侯,命辞就是《尚书》中的《文侯之命》:

王这样说:"伯父义和[①]!伟大显明的先祖文

① "伯父"是周王对同姓诸侯的尊称,"义和"是晋文侯的字。

王、武王,能谨慎昭明美德,昭明升于上天,布陈闻于下民。于是上帝就将天命授予文王。也由于先代大臣能在左在右昭明事奉他们的君主,大小谋划没有不被遵循服从的,使我的先祖能安居在位。

"哎呀!可怜我小子承继大位,正遭遇上天的大责罚,断绝了造福于下民的资财恩泽,戎人大规模侵犯我的国家。而在我的用事臣僚中,没有耆宿老臣在位,我又没有克服灾难的能力。我说,只有我祖辈父辈的诸侯们,在忧念我的身家性命。哎呀!我有促成我一人永远安居在位的人了。

"伯父义和!你能继承你的显明先祖唐叔虞,你又能效法文王、武王,因此会合诸侯继承你的先君,追孝你的有文德的祖先。你有很多长处,在艰难中捍卫我,像你这样,我是非常嘉许的。"

王说:"伯父义和!回去视察你的部众,安定你的邦国。因此赏赐你秬鬯一卣,红弓一张、红箭一百支,黑弓一张、黑箭一百支,以及良马四匹。伯父你上路吧!安抚远方国家亲善邻近国家,施惠康乐小民,不要荒忽贪图逸乐。在国都简练士卒体恤民众,因此成就你显明的德业。"

周平王颁发这份"嘉奖令",是表达周王室对于晋平侯所立功勋的肯定和嘉许;赐予弓、箭,是重申晋文侯作为方伯的征伐特权(西周方伯详见《齐桓

父义和!汝克绍乃显祖,汝肇刑文、武,用会绍乃辟,追孝于前文人。

父往哉!柔远能迩,惠康小民,无荒宁。

6

篇》"从方伯到侯伯"一节)。如果说前面这条只是"虚名"的话,后面这条对于有心谋求发展的晋国来说就是"干货"了:只要晋国能针对周边目标小国罗织几项罪名,比如"内政昏乱"之类,它就能名正言顺地攻伐吞并这个国家,而不必担心其他主要诸侯国前来干涉。

就在晋文侯长年在外为王事操劳、建功立业的同时,他的弟弟公子成师在国都之内培植党羽,积累能力和人望,势力不断壮大。当前七四六年晋文侯去世时,据《史记·晋世家》记载,成师已经五十八岁,以爱好德义著称,国都内的民众都愿意亲附他。

前七四五年,晋文侯的儿子太子伯即位,就是晋昭侯。昭侯一上位,就把自己这位"德高望重"的叔叔分封在国都绛西南方向不远的曲沃①,建立了一个特殊的"国中国",成师也就成了曲沃国首任国君曲沃桓叔。这其中的斗争细节不见于传世文献,很有可能是:公子成师一党(其中应有大夫潘父)在晋文侯去世后企图破坏"父死子继"而主张"兄终弟及",想要拥立年长且强势的公子成师为君,受到太子伯一党反对,最后达成如下妥协:太子伯根据宗法得晋君之位;公子成师得封于曲沃,享受"国中国"的特殊待遇。从这时起,晋国内部出现了"二君

① 曲沃见地图三。

7

并立"的局面。值得注意的是,曲沃是晋国在绛之前很长一段时间的都城,规模比绛都还要大。

师服对此评论说:"我听说建立国家的原则,是根本大而枝梢小,这样才能稳固。因此天子建立比周王室规模小的诸侯国,诸侯建立比国规模小的卿大夫家,卿设置比大宗规模小的侧室,大夫有比大宗规模小的贰宗,士人有可供驱使的子弟,庶人、工、商各自有分出的亲人,整个社会都有符合'本大而末小'原则的等级。所以民众能服从和事奉他们的上级,而下级也没有什么非分之想。如今晋国不过是位于甸服的侯国,却又在内部建立城池规模比国都还大的曲沃国。晋国公室的根本已经虚弱了,怎么能长久呢?"

前七四五年晋昭侯的这一举动,与前七四三年郑庄公即位后迫于母亲武姜压力将其弟公子段封在京邑有类似之处。(参见《齐桓篇》页83)当然,由于晋昭侯的势力比郑庄公更为弱小,而公子成师的势力比公子段要更加强大,因此公子成师一开始就获得了一个正式的"国中国"封君身份,而他谋求篡位夺权的势头也比公子段更为猛烈。①

三代不懈奋斗:曲沃代晋的历程

前七三九年,曲沃桓叔在晋国都城内的党羽潘

吾闻国家之立也,本大而末小,是以能固。故天子建国,诸侯立家,卿置侧室,大夫有贰宗,士有隶子弟,庶人、工、商各有分亲,皆有等衰。是以民服事其上,而下无觊觎。《左传·桓公二年》

① 关于公子段和公子成师的类比,参见童书业:《春秋史(校订本)》,中华书局,2006年。

父杀了昭侯，然后去迎接桓叔。桓叔本想要进入国都夺取晋君大位，遭到国人攻打，他被打败，只好退回到曲沃。国人另立了晋昭侯的儿子平，就是晋孝侯。晋孝侯时，晋国都城名称已经从"绛"改为"翼"（也有学者认为绛、翼是两地）。

前七三一年，曲沃桓叔去世，他的儿子鳝即位，就是曲沃国第二代国君曲沃庄伯。前七二四年，曲沃庄伯讨伐翼都，杀了孝侯。翼都内的国人又立了孝侯的弟弟郤，就是晋侯郤。

前七一八年，曲沃庄伯率领郑国、邢国①军队讨伐翼都，周桓王还派出两个大夫尹氏、武氏率军帮助曲沃庄伯。晋侯郤出奔到境内的随邑②。令人惊奇的是，"以小宗攻大宗"的庄伯竟然获得了周王室的支持，这其中外交游说和政治交易的细节现在已经无从得知了。

同年秋天，曲沃庄伯不知为何又背叛了周桓王。桓王于是命令卿士虢公忌父讨伐曲沃，然后在翼都立了晋侯郤的儿子光，就是晋哀侯。现在晋国内部有了三个君主级别的政治人物，一个是出逃在随邑的晋侯郤，一个是翼都的晋哀侯（晋侯郤的儿子），一个是在曲沃的曲沃庄伯，混乱程度可想而知。

前七一七年，翼都派出一个代表团，前往随邑

① 邢见地图三"邢1"。
② 随见地图三。

9

迎接晋侯郤，并把他安置在距离翼更近的鄂邑①。这应该是晋侯郤和儿子晋哀侯之间的和解行动：从此晋侯郤放弃权力，住在鄂邑了此残生；他的儿子哀侯则正式掌握国家权力。

前七一〇年时，晋国的君主是晋哀侯，而曲沃国的君主是第三代曲沃武公。位于翼都东面的陉庭②不服晋哀侯统治，而投靠了曲沃国。晋哀侯主动出击，入侵陉庭，陉庭人于是前往曲沃告状，引导曲沃出兵讨伐翼都。前七〇九年春，曲沃武公在汾水旁的低洼林地杀了晋哀侯。翼都内的国人又立了他的儿子为君，就是晋小子侯。

前七〇五年冬，曲沃武公把晋小子侯诱骗出来杀了。到了前七〇四年春，曲沃人占领了翼都。同年冬天，周桓王命令右卿士虢公林父讨伐刚刚入主翼都的曲沃武公，武公又回到了曲沃，虢公林父于是立了晋哀侯的弟弟缗为晋侯，就是晋侯缗。到了前七〇三年秋天，虢公林父又联合芮、梁、荀、贾③四国君主讨伐曲沃。

然而，到了前七〇二年夏天，虢公林父这位翼都晋国公室的"拯救者"出事了。先前，他在周桓王面前诬陷自己的下属大夫詹父，没想到詹父抗辩有理，得到周王支持，带着王室军队讨伐虢国，虢公出奔到虞国④，继续讨伐曲沃的事就此搁浅，而晋侯缗

① 鄂见地图三。
② 陉庭见地图三小图。
③ 芮、梁、荀、贾见地图三。
④ 虞见地图三。

10

的末日也就到来了。

前六七九年，曲沃武公率军攻灭晋国公室，杀晋侯缗，把获得的宗庙宝器献给周僖王。前六七八年，周僖王正式任命曲沃武公为晋侯，也就是晋武公，拥有一军(车五百乘，士卒一万二千五百人)。按照周礼的规定，这是小国的军队规模。同年春天，齐桓公、宋桓公、陈宣公、卫惠公、郑厉公在鄄地会盟，齐国开始称霸中原。(详见《齐桓篇》页204)

从前七四五年桓叔分封在曲沃算起，这个晋国公族的小宗经过三代人六十七年的不懈奋斗，终于扳倒了大宗，入承大统。又过了四十七年，前六三二年，晋武公的孙子晋文公率领诸侯军队在城濮之役中大败楚国，接受周襄王策命正式成为"侯伯"(诸侯之长，也就是霸主)，到那时，晋国已经成为一个拥有上、中、下三军和左、中、右三行的大国，实际上达到了天子"六军"的规模。

破坏与新生：曲沃代晋的历史意义

曲沃代晋是晋国史乃至周代史的"大事件"，因为它从多个层面严重破坏了经典的周代宗法制。在这里我们首先要花点篇幅回顾一下宗法制的基本内容。

宗法制是周代根本政治制度，也是周礼的基

石。宗法制的核心是,在理想状况下,君位或爵位必须由嫡长子(嫡妻所生子中最长者)世世继承,百世不迁,是为大宗。宗法制的具体内容分为周王、诸侯、卿大夫三个层次。在这三个层次的贵族组织中,这些世袭的嫡长子称为"宗子"或"宗主",以族长身份代表本族掌握政权,分别成为周王朝、诸侯国、家族的首长。周王王位由嫡长子继承,为大宗,是王族的族长,又是天下政治上的共主,掌有统治天下的最高权力;周王诸弟(诸王子)分封在外为诸侯或者在王廷为官,对周王而言为小宗。诸侯君位由嫡长子继承,为大宗,是公族的族长,又是本国政治上的共主,掌有统治诸侯国的最高权力;诸弟(诸公子)则被任为卿大夫,一般都有分封的城邑,对诸侯君主而言为小宗。卿大夫家族的族长之位由嫡长子继承,为大宗,掌有统治家族的权力;诸弟称"侧室",对族长而言为小宗①。为了简便和切题,下面我们只从诸侯国的层面继续讨论。

在实际情境中,经常会出现没有合适的嫡长子(或者干脆没有嫡子)继承君位的情况,而国家不可一日无主,因此宗法制在政治实践中是有一系列"补充规定"的。根据《左传·襄公三十一年》的记载,该"补充规定"的具体内容是:嫡长子如果早死,就立其他嫡子(嫡长子的同母弟)。如果没有嫡子,

① 关于宗法制的概述,参见杨宽:《西周史》,上海人民出版社,1999 年;童书业:《春秋史(校订本)》。

就立庶长子(诸妾所生子中最长者)。如果可立的两个庶子年龄相当,就选其中较为贤能的那一位。如果两位候选庶子的贤能程度也相当,就用占卜来从中挑选一个。

这种"补充规定"的意义在于,它给予了嫡次子或庶子一种"顺位继承权"。也就是说,如果当年太子仇早死的话,是会轮到身为嫡次子/庶长子的公子成师当国君的。然而这种特殊情况并没有发生,所以,公子成师的名分应该只能是卿大夫。然而,当晋文侯的儿子晋昭侯即位时,他为了平息公子成师一党挑起的内乱,将成师封在曲沃,建立了一个"国中国"。晋昭侯给了公子成师曲沃国君的名分,本来可能只是缓和内乱的权宜之计,没想到曲沃这一支励精图治,一心一意谋求颠覆大宗,最终在两代之后得偿所愿。

曲沃代晋破坏了宗法制的几个基本原则:第一,它破坏了国君只能由大宗宗主担任的原则;第二,它破坏了嫡次子或者庶子只能担任卿大夫成立家族的原则;第三,它破坏了公族小宗必须拥戴和服从大宗宗主的原则。我们下面将要看到,新晋国公室的后代君主(比如晋献公、晋文公)为了应对这次大破坏所造成的严重后果,采取了怎样的断然措施,而这些措施如何让晋国走上了一条不同于其他中原诸侯国的发展道路。

孔子说："唯有礼制待遇和官爵名分，不能借给别人，这是君主要掌握住的东西。"如果说，曲沃代晋是沉重打击了宗法制的话，那么这第一锤其实是晋昭侯自己砸的。国都里的政权是一个国，曲沃的政权也是一个国，那么晋国小宗和大宗之间的争斗就成了两个国家之间的竞争。根据《史记·晋世家》的记载，晋武公的儿子晋献公就将"曲沃代晋"这段历史定性为"当初我的先君庄伯、武公讨伐晋国的动乱"，可见新晋国公室在向后代讲述"先君功业"时，就是回避小宗吞灭大宗的恶名，而把整件事情"包装"成一个昌明国家平定一个昏乱国家动乱的正义行动。

晋献公对于曲沃代晋的定性叙述不能不让我们联想到周人对于自己以武力颠覆商朝政权的定性叙述，这也提示我们，除了从传统的"篡夺""毁灭"角度，我们还可以从"革命""新生"角度来分析曲沃代晋的实质。曲沃国名义上臣属于晋国，正如同周国名义上臣属于商王室；曲沃国经过桓叔、庄伯、武公三代的努力，颠覆了昏乱的旧晋国、建立了新晋国，正如同周人经过季历、文王、武王三代的努力，颠覆了荒淫暴虐的商朝、建立了周朝。在六十七年的漫长斗争岁月中，曲沃公室很可能采用了与

"周得天命灭商"类似的、以"曲沃得天命灭晋"为基调的革命叙事来论证自己进行的一系列刺杀和军事行动的正当性,甚至有可能以此为说辞来争取国际支持(如前七一八年成功获得周王室、郑国、邢国支持),而这种革命叙事在曲沃公室入承大统之后,也就成了新晋国的创业史诗。

为了迅速提升实力、为颠覆大宗作准备,曲沃公室很有可能也像当年的岐山周政权一样不拘一格任用人才,下面将要讲到的晋献公股肱之臣士蒍、荀息(均非近支公族)就是其中的杰出代表,而这又为晋献公在禁止"亲人"(近支公族)参政之后大规模任用"外人"(远支公族和非公族)奠定了基础。特别值得注意的是,由于曲沃公室是靠"造反"夺取的政权,它也具有超强的洞察力去识别新的造反派,并采取断然措施将其扼杀在摇篮里,从而维护新政权的安全与稳定,正如我们在"晋献公统治的功业和危机"一节中将要看到的那样。

从国家竞争的角度来看,当其他分封于西周初年的诸侯公室逐渐失去了当年在商朝旧地开拓创业时期的冲劲、干劲,在长期相对和平的国际环境和卿族强盛胁迫的国内环境下变得日渐孱弱之时,晋国以六十七年"二君并立""内乱不止"为代价,从自己内部孕育出一个志向远大(野心勃勃)、思路开阔（离经叛道）、敢作敢为（手段残忍）、任人唯贤（不恤宗亲）的新公族，在周初分封三百多年后奇迹般地进行自我革命，实现了"新生"。如同我们下面将要看到的那样，"重装系统"后的晋国，披着"长期内乱后的小国、弱国"的伪装，走上了扩张、改革、崛起的道路。

晋文霸业的奠基

晋献公统治的功业和危机

杀尽群公子,谋划灭虢国

前六七九年攻灭大宗晋国公室时,武公在曲沃伯的位子上已经坐了三十七年。他成为晋侯之后不久,就出手干预周王室的内乱。当初,曲沃武公被王室军队讨伐时,曾经讨伐周邑夷以示报复,在这过程中捉拿了守城的大夫夷诡诸。王子颓的师傅蒍国向曲沃武公请求,使夷诡诸得以释放。夷诡诸回到王畿之后,没有给予蒍国期望的报答,于是蒍国作乱,对晋人说"帮助我讨伐夷邑并夺取它的土地",于是带领晋军讨伐夷邑,杀了夷诡诸。周王左卿士周公忌父出奔到虢国。王室的衰弱和刚夺权的曲沃/晋国公室的强横,由此可见一斑。除了武力干预王政,曲沃武公/晋武公还主导攻灭了周边的董国、贾国、荀国、杨国①,开启了晋国开疆拓土行动的序幕。前六七七年,晋武公去世。

前六七六年,刚即位的晋献公(侯爵)和虢公丑

① 董、杨见地图三。

17

（公爵，高于侯爵）一起朝见同样是刚即位的周惠王，惠王设享礼款待二人。值得注意的是，惠王赐给两人的财礼都是五对玉、三匹马（应为四匹马，《左传》记载有误）。《左传·庄公十八年》评论此事说："这是不合礼制的。周王赐命诸侯，名分爵位不同，所用礼仪的数也应该不同（比如财礼的数量），不把超过规范的礼数借给他人。"《左传》的评论让我们注意到，周惠王对于刚结束内乱不久的晋国以及刚即位的晋献公给予了超过礼制规定的特别优待。周王室之所以这么做，很可能是因为它在与曲沃武公／晋武公打交道的过程中察觉到了这个国家不同寻常的发展势头。

同年，虢公丑、晋献公、郑厉公共同倡议为惠王从陈国娶王后，派出王室卿大夫原庄公前往陈国迎回了新妇，就是惠后。晋献公刚一即位，就积极参与王室事务，这为前六五五年周惠王倚重晋国来抗衡霸主齐国埋下了伏笔。（参见《齐桓篇》页 249—250）

自从曲沃旁支成为晋国公室之后，曲沃桓叔（晋献公曾祖父）所生群公子和曲沃庄伯（晋献公祖父）所生群公子在朝中势力越来越大，到了晋献公即位时，已经对君权造成了实质性的威胁，又一场小宗取代大宗的内乱似乎已经在酝酿之中。前六七一年，国卿士蒍出主意说："如果除掉群公子中最

王命诸侯，名位不同，礼亦异数，不以礼假人。

18

有才能的富子，那其他群公子就可以谋划对付了。"
晋献公说："你试着做做看。"于是士蔿在群公子中
间挑拨离间、诬陷富子，发动群公子赶走了他。

　　前六七〇年，士蔿又与群公子商议，挑唆他们
杀掉了游氏的两个儿子。士蔿对晋献公说："可以
了。不到两年，君主一定不会有忧患了。"

　　前六六九年，士蔿挑唆群公子把游氏的族人全
部杀光，然后又诱骗他们住进绛都南面的聚邑①（此
时晋都已改回原名"绛"）。冬天，晋献公发兵包围
了聚邑，把这些他祖父辈和父辈的群公子全部杀
掉，杀戮／驱逐的范围估计还包括这些群公子的子
嗣，试图从根本上杜绝这些小宗篡位的可能性。

　　这次清洗行动是否有"漏网之鱼"？我们知道的
是，至少有一个曲沃桓叔的儿子——韩万（以封邑为
氏）的家族在这场浩劫后延续了下来。不过，在晋献
公统治期间，韩氏很可能受到了公室的冷落和防
备②，韩万之子韩赇伯的事迹没有出现在任何史籍
记载中。韩氏再次出现在《左传》中是在前六四五
年，当时晋、秦两国在韩地的原野开战，韩赇伯之子
韩定伯跟随晋献公之子晋惠公参与了这场战斗，对
于封邑周边地形的熟悉可能是韩氏再次被重用的
原因之一。（参见页102—103）最终，韩氏这个"漏
网之鱼"成为春秋末年瓜分晋国的三大卿族之一。

① 聚见地图三。
② 参见姜鹏：
《春秋晋国韩氏
研究》，河南大学
2010年硕士学位
论文。

19

前六六八年春天,晋献公任命在谋杀群公子行动中劳苦功高的士蒍为大司空,分管国家的工程营造。同年夏天,士蒍主持绛都的整修工程,不仅加固城墙,还特别加高了公宫的宫墙,为国君提供更好的安全保障。

内政稳固后的晋献公急不可耐地开始谋划对外扩张。前六六七年,晋献公提出要讨伐虢国①。虢国横跨河水南北,扼守殽函天险,国君又是周王卿士,是晋国周边较为强大的国家。如前所述,历代虢国君主(虢公忌父、虢公林父)根据周王的命令多次武力阻挠曲沃国篡夺晋国,而现任君主虢公丑也颇有作为,除了在前六七六年与晋献公一同朝见周惠王、并为王娶后之外,他还在前六七三年联合郑厉公平定了王子颓之乱,得到周惠王封赏土地、赐予宝器。(参见《齐桓篇》页 210)晋献公一开始就想吞掉虢国,说明他的野心是不小的。对于晋献公的想法,士蒍说:"不可以。虢公丑骄傲自满,如果屡次胜过我国,一定会胡作非为从而抛弃他的民众。他失去民众支持后我们再去讨伐,即使他想抵御我们,有谁会跟随他呢? 那礼、乐、慈、爱,是打胜仗所必须蓄养的要素。那民众,遇事依'礼'相互谦让、依'乐'欢乐和谐、依'慈'爱护亲人、依'爱'哀悼丧事,然后可以征用他们来作战。虢国不蓄养这

夫礼、乐、慈、爱,战所畜也。夫民,让事、乐和、爱亲、哀丧,而后可用也。《左传·庄二十七年》

① 虢见地图三"(西)虢"。

些,而屡次作战,民众将会气馁的。"

献公听信骊姬,外放重耳夷吾

晋献公虽然杀尽了可能与他争夺君位的群公子,却没有意识到公室内乱的恶苗已经在他的后宫萌发。晋献公的家庭基本情况如下:

一、元配夫人来自贾国,没有为他生下嫡子,已被打入冷宫。

二、为了传宗接代,晋献公"烝"了父亲晋武公的妾齐姜,生下了一男一女,男孩申生被立为太子,女孩就是日后的秦穆夫人。

三、他又从戎人那里娶了两个女子,其中与大戎狐姬(与晋献公同为姬姓)生下了公子重耳,就是日后的晋文公;小戎子生下了公子夷吾,就是日后的晋惠公。

四、晋国讨伐骊戎取得胜利,骊戎君长把骊姬(与晋献公同为姬姓)嫁给晋献公,还把她的妹妹也送来做陪嫁(按《左传》说法)。骊姬深得晋献公宠爱,被立为夫人,之后生了公子奚齐,她妹妹生了公子卓。

从这段描述中我们可以发现一个不正常的现象,那就是晋献公竟然纳了大戎狐姬和骊戎骊姬两位姬姓女子为妾,再加上陪嫁过来的骊姬妹妹,晋献公共有三位妻妾与他同姓。在春秋时期,贵族婚配遵循"同姓不婚"的原则。如果发生了同姓婚配的事情,最可能的原因就是女子绝美,男方宁愿违背礼制也要把她娶回家。据《左传·昭公十三年》的记载,公子重耳得到晋献公的宠爱,这种宠爱很可能与他母亲狐姬貌美一度得宠有关;而骊姬在成为晋献公的妾之后,凭借其美貌和智计获得晋献公专宠,成为晋国内乱的主角之一。

已被立为夫人的骊姬想要"子以母贵",把自己的儿子奚齐立为太子,于是收买了梁五和东关嬖五这两个国君的宠臣,让他们对晋献公说:"曲沃,是君主的宗邑;蒲和二屈①,是君主的疆邑,不可以没有得力的守主。宗邑没有得力的守主,民众就不知道服从君主的威严;疆邑没有得力的守主,就会启发戎人侵犯的念头。戎人产生了侵犯的念头,民众怠慢他们接到的政令,这是国家的祸患。如果让太子主管曲沃,让重耳、夷吾分别主管蒲和二屈,就可以使民众服从君主的威严,使戎人惧怕,而且还能彰显君主的功勋。"骊姬还让他们异口同声地朗诵了一首"打油诗":

① 蒲、屈见地图三。

狄之广莫,
于晋为都。

22

晋之启土，

不亦宜乎！

狄人广漠的荒地，

对晋国来说就是未来的大邑。

晋国开疆拓土，

不也很合乎时宜！

　　晋献公欣然同意，于是在前六六六年夏天，派太子申生前往曲沃，公子重耳、公子夷吾分别前往蒲和屈，只有骊姬和她妹妹的儿子留在绛都。

　　《国语·晋语一》版本绘声绘色地描述了这段史事的细节：

　　晋献公有个优人名叫施，与骊姬私通。骊姬问他说："我想干件大事，向三位公子和他们的党羽发难，应该怎么做？"优施回答说："早点安置他们，使他们认识到自己的地位已经到达极致。那人若知道自己的地位已经到达极致，就很少会再有轻慢的想法。即使有轻慢的想法，也就很容易残害了。"

　　骊姬又问："我要发难，先从谁下手呢？"优施回答说："必须先从太子申生开始。他为人小心谨慎，精诚纯洁，年长而又格外稳重，又不忍心害人。精诚纯洁的人容易被侮辱，稳重到呆板的人正可以迅

精洁易辱，重偾可疾。不忍人，必自忍也。

23

速置于死地。不忍心害人的人，必定对自己忍心。侮辱他这种方式正接近他的品行。"

骊姬说："稳重的人，恐怕难以动摇吧？"优施说："正是那知道羞辱的人才可以侮辱，既然可以侮辱就能动摇他的稳重。如果一个人不知道羞辱，也就必定不懂得稳固而秉持常道，那也同样会失败。现在夫人在内地位稳固，在外得到君主宠爱，而且夫人称赞和否定一个人，君主没有不相信的。如果你在外做出忌惮善待申生的样子，而在内用不义的罪名羞辱他，那他的稳重没有不动摇的。而且我听说：'过分精诚必然愚钝。'精诚的人容易被侮辱，愚钝就不知道躲避祸难。即使想不动摇，他能办得到吗？"

骊姬于是买通梁五和东关五，叫他们向献公进言……[与《左传》基本相同，从略]……献公听了很高兴，就下令增筑曲沃城，让太子申生住在那里；增筑蒲城，让公子重耳住在那里；增筑二屈，让公子夷吾住在那里。骊姬疏远太子之后，就开始编造谗言，太子申生从这时起就开始背负各种罪名。

又据《国语·晋语一》的记载，在太子申生前往曲沃、公子重耳前往蒲城、公子夷吾前往屈之后，晋国太史苏在朝堂上警告诸位大夫说：

"诸位大夫可要戒备了，内乱的本源已经产生

知辱可辱，可辱迁重。

且吾闻之，"甚精必愚"。精为易辱，愚不知避难。

了！昔日君主立骊姬为夫人，民众的不满心态本来就都达到了极点。古代明君征伐，是发动百姓为百姓除害，所以民众能欣喜地拥戴他，因此无不尽忠竭力拼死效力。如今君主发动百姓却是为封赏自己，民众在国外攻战得不到利益，在国内又厌恶君主的贪欲，所以上下已经有分裂了。这种情况下骊姬又生了儿子来稳固她的夫人地位，难道这是天道安排？上天加强了荼毒，民众痛恨这种状况，内乱就要发生了！

　　"我听说君主应该喜欢好的事物，憎恶坏的事物，欢乐时就高兴，安定时就放心，这样统治才能持久正常。砍伐树木不从树根开始，必定会重新萌生；堵塞流水不从源头开始，必定会重新流淌；消灭祸乱不从根基着手，必定会再生祸乱。如今君主杀了父亲骊戎男却又留下女儿骊姬，这正是祸乱的根基啊。蓄养他的女儿，还顺从她的欲望，她想着报杀父之耻并伸张自己的欲望，虽然外貌很美，但内心险恶，不能算真的美好。君主喜好她的美色，必定会给她真情。她得到君主的真情，从而加强她的欲望，放纵她险恶的内心，必定会败坏晋国，并且带来深重的祸乱。祸乱必定来自女人的战事，夏、商、周三代都是这样。"

　　《国语》关于骊姬的记载与《左传》有一个最重

昔者之伐也，兴百姓以为百姓也，是以民能欣之，故莫不尽忠极劳以致死也。

伐木不自其本，必复生；塞水不自其源，必复流；灭祸不自其基，必复乱。

要的不同,那就是在《国语》版本中,晋献公杀死了骊戎君长,俘获了他的女儿骊姬,而不是"骊戎君长把骊姬嫁给晋献公,还把她的妹妹也送来做陪嫁"这么温和。如果真是这样,倒是为骊姬接下来处心积虑的政治阴谋和行动提供了一个合理的解释,那就是先将自己所生的儿子扶上晋国君位,再谋求为自己被晋人所杀的父亲报仇。

晋献公将太子和两位公子派遣到外地的举动引起了士蒍的深切忧虑。献公让士蒍为两位公子增修蒲邑和屈邑的城墙,夷吾发现,本应是由泥土夯实筑成的城墙里掺了木柴,是不堪一击的"豆腐渣工程",于是向献公申诉。献公派使者责备士蒍。士蒍对使者行稽首礼,回答说:"臣下听说,'没有丧事而悲伤,忧愁必然会应和;没有兵患而修筑城墙,仇人必然会占据它'。仇人将会占据的地方,又为什么要谨慎? 身居掌管土木工程的司空官位而废弃君命不去筑城,是不敬;尽心修筑,则是为仇敌巩固堡垒,是不忠。丢失了忠和敬,怎么事奉君主?《诗》说:'心怀美德就是安宁,大宗嗣子就是坚城。'君主如果能修养德行并巩固太子的地位,哪个城邑比得上? 如果不巩固太子的地位,三年以后就要用兵,哪里用得着谨慎?"

士蒍退下来后又赋诗说:

无丧而戚,忧必仇焉。无戎而城,仇必保焉。(《左传·僖公五年》)

怀德惟宁,宗子惟城。

狐裘尨茸，

一国三公，

吾谁适从？

狐皮袍子杂乱蓬松，

一个国家三个主公①，

我究竟该听从谁？

虽然士蒍说"究竟是谁我该听从"，实际上他修城墙掺木柴的行动已经证明，他所效忠的是晋献公，在这一点上他并无犹豫。他出来后所说的这段话，只不过是表达自己在三个主子面前都不受待见的苦闷，因为他一方面为了忠于晋君而得罪了公子重耳、公子夷吾，另一方面又为了国家长治久安进谏而忤逆了晋献公。

献公灭国拓土，太子陷入危局

春秋时期，晋国第一次见于史书记载的灭国拓土行动是在前七五七年晋文侯灭韩国。如前所述，晋国随后陷入曲沃小宗与翼都大宗公室之间的长期内战，对外扩张当然也就停滞下来。到了曲沃武公/晋武公时期，曲沃国已经具备了篡夺晋政的压倒性优势，开疆拓土行动又活跃起来，董、贾、荀、杨

① 指晋献公、公子重耳、公子夷吾。晋献公为国君，重耳、夷吾分别为蒲、屈守主，都是蒲、屈筑城工程负责人士蒍需要听命的人。

27

等周边小国都是在这个时期被曲沃武公/晋武公政权攻灭吞并的。

　　在暂时搁置讨伐虢国的野心后,晋献公将目标锁定在了四邻较为容易讨伐的国家上。前六六一年冬,晋献公扩大军队规模,成立上、下二军。晋献公担任上军帅,赵夙担任他的驾车人,毕万担任他的车右;太子申生担任下军帅(卿职)。接连攻灭吞并了耿、霍、魏①三个临近小国,其中晋献公所率上军攻克的是耿国、魏国,太子申生所率下军攻克的是霍国。胜利之后,晋献公将耿国封赏给赵夙,将魏国封赏给毕万,让两人做这两地的守大夫;又派人为太子申生增修曲沃城的城墙。根据晋献公封赏赵夙、毕万的实例,再考虑到周代诸侯国内部普遍实行分封制的背景,我们可以认为,将新开拓疆土封赏给有功劳的卿大夫,应该是野心勃勃、任贤赏功的曲沃国/新晋国的常规做法。特别需要指出的是,曲沃武公/晋武公、晋献公强势开疆拓土,并将新疆土封赏给卿大夫,是晋国称霸创业史上第一次大规模的土地封赏行动。同年春,中原霸主齐桓公出兵救援被赤狄围攻的邢国。(详见《齐桓篇》页235)

　　士蒍预测说:"太子不会被立为国君了!先前把大邑分给他,如今又给他卿的职位,这是先给他

① 耿、霍、魏见地图三。

限定了极限，又怎能被立为国君？与其遭遇祸难，不如逃走，不要让罪过到来。做一个像吴太伯那样的人①，不也可以吗？还可以拥有好名声。而且谚语说："内心如果没有瑕疵，又哪里需要忧虑有没有家？"上天如果保佑太子，就让他放弃晋国吧！"

心苟无瑕，何恤乎无家？（《左传·闵公元年》）

晋献公带着太子申生出征打仗，在我们现代人看来是重用、历练太子的大好事，为什么士蒍却会做出如此悲观的预测？《国语·晋语一》里记载了此次出征前士蒍劝晋献公不要任命太子申生为下军帅的事，有助于我们去理解这个问题：

军队还没出发，士蒍对诸位大夫说："那太子，是君主的陪贰。恭敬地等着继承君位，何必给什么官职？现在君主分给他土地，还给他安排了官职，这是把他当外臣看待啊。我要向君主进谏，借此来观察他的态度。"于是对献公说："那太子，是君主的陪贰，而您却让他去统领下军，恐怕不可以吧？"献公说："下军就是上军的陪贰。寡人在上，申生在下，不也是可以的吗？"士蒍说："下不可以作为上的陪贰。"

献公问："为什么呢？"

士蒍说："陪贰，就像人的身体，上肢、下肢都有左右两个，互为陪贰，用来辅助心和眼睛，所以才能经久使用而不劳倦，给身体带来好处。上肢互为陪贰的左右手交替举物，下肢互为陪贰的左右脚交替

① 吴太伯是周太王长子。周太王想要立他的幼子季历为太子，太伯和二弟仲雍于是将国家让给季历，两人出逃至荆蛮所在的地区，初创吴国。

29

走步,周旋变换,用来服务于心和眼睛,人才能治理政事,节制百物。如果下肢去引持上肢,或者上肢去引持下肢,就不能正常地周旋变换,违背了心和眼睛,那人就反而要被百物所用,什么事能做得成?

"所以古代组建军队,军队有左军、右军,缺了可以及时补上,补好后敌方不能察觉,所以很少失败。如果以下军作为上军的陪贰,一旦出现缺口就不能变动,失败了也不能补救。没有表示进退的旗鼓指挥,军队是不能移动的。旗鼓的变化超过了规定的数目就会出现队形的空隙,有了空隙敌军就会乘虚而入,敌军突入后形势就凶险,想挽回失败都来不及,谁还能击退敌军呢?敌军一旦得逞,是国家的忧患啊。所以变乱军制,改左右军为上下军,只能侵凌小国,难以征服大国。君主请仔细考虑!"

献公说:"寡人有儿子,自己管制他,不是你该忧虑的。"士蒍说:"太子是国家的栋梁。栋梁已成才去节制他,如同损伤栋梁,不也危险吗?"

献公说:"寡人自己统领上军,让他统领下军以减轻他的责任,虽然有危险,又有何大害?"

士蒍出来告诉众人说:"太子不会被立为国君了。君主改变了太子的规制却不考虑他的困难,减轻了他的责任却不担心他的危险。君主已经有了其他想法,太子又怎能被立为国君呢?他此行若能战胜,奸人将会因为战胜得民心而谋害他;若不胜,奸人大概也会因为战败而加罪给他。无论战胜与否,都没有办法躲避罪责。与其辛苦出力而进入不了好的结局,还不如逃离晋国。这样君主得遂其愿,太子也远离死亡的危险,而且将获得美名,做吴太伯,不也可以吗?"

行之克也,将以害之;若其不克,其因以罪之。虽克与否,无以避罪。

太子听到士蔿的议论后说:"子舆(即士蔿)为我考虑,可以说是尽心尽力了。但是我听说:'做儿子的,担忧的是不顺从父命,不担忧没有美名;做臣子的,担忧的是不辛勤事奉君主,不担忧得不到俸禄。'如今我没有才能,却得到辛劳和跟从君父征伐的机会,还能有什么要求呢?我怎么能比得上吴太伯呢?"

为人子者,患不从,不患无名;为人臣者,患不勤,不患无禄。

太子于是率军出征,打败了霍国回来,诽谤他的谗言更多了。

前六六〇年春,虢公丑在渭水汇入河水的区域击败了犬戎。虢国贤大夫舟之侨说:"虢公无德却取得战胜的福禄,这是灾殃的前兆。灾殃将要到来了。"

太子击败赤狄,父子嫌隙加深

冬十二月,位于晋国以东的赤狄大败卫军,攻入卫都,卫人渡过河水撤退到更加靠近中原腹地的

31

曹邑,在齐桓公的支援救助下建立临时政权。(详见《齐桓篇》页241)与此同时,晋献公派太子申生率军讨伐赤狄别种东山皋落氏[①]。我怀疑晋献公选择此时讨伐东山皋落氏,就是想要抓住赤狄主力出动、老巢空虚的时机,所谓"螳螂捕蝉,黄雀在后"。

国卿里克劝谏说:"太子,是事奉重大祭祀、社稷祭品,并早晚照料君主饮食的人,所以叫做'冢子'。君主出行就留守国家,如果有别人留守就跟从君主出行;跟从在外叫做'抚军',留守在内叫做'监国',这是自古以来的制度。率领军队、专断行军谋略、战前带领军旅宣誓,这是君主和正卿所应该从事的,不是太子的事情。率领军队关键在于控制和命令,太子领兵,如果遇事都要禀报君父获得命令就没有威严,专断发令而不请示君父就是不孝,所以君主的继承人不能率领军队。君主失去了任命职官的正道,太子统率军队也没有威严,有什么用处呢?而且下臣听说皋落氏准备出兵迎战,可能对太子性命造成威胁。君主还是放弃成命为好!"晋献公说:"寡人有好几个儿子,还不知道立谁为嗣君呢!"里克听到这儿,便不再对答,退了下去。

里克随后进见太子,太子看到他的神情,知道事情不妙,说:"我恐怕要被废了吧!"里克对答说:"君主告诉您在曲沃监临治理民众,教导您熟悉军

师在制命而已,禀命则不威,专命则不孝,故君之嗣适不可以帅师。(《左传·闵公二年》)

① 东山皋落氏见地图三。

旅之事,惧怕的是不能完成任务,为什么会被废呢?
而且儿子应该惧怕的是不孝,不应该惧怕不得立为
嗣君。修养自己的德行而不责备别人,就可以免于
祸难。"

太子率领军队出征,晋献公送行时给他穿上左
右不同色、一半与自己衣服颜色相同的奇特衣服,
给他佩戴铜制的玦[①](玦一般应该是玉制的)。在上
军帅太子申生的战车上,狐突驾车,先友担任车右;
在下军帅罕夷的战车上,梁余子养驾车,先丹木担
任车右;羊舌突担任军尉。

在一个太子和他的属臣们都在的场合,先友对
太子说:"穿着君主身上衣服的一半,掌握着军事的
机要,成败在这一回了,您要努力啊!君主分出一
半自身的衣服没有恶意,兵权在手可以远离灾祸,
君主的举动既亲近又没有灾祸,又担心什么?"

其他属臣们对先友的"正能量"提议都表示不
以为然,纷纷开始灌"毒鸡汤"。狐突叹了一口气,
说:"时令,是事情的征象;衣服,是身体的彰显;佩
饰,是内心的旗帜。因此,如果敬重这件事,就应该
在一年开始时发布命令;给身体穿上衣服,就要用
纯色;使人衷心为己所用,就要给他佩戴合于制度
的装饰品。如今在年终发布命令,那是要让事情行
不通;给太子穿杂色衣服,那是要疏远他的身体;给

且子惧不孝,无
惧弗得立。修己
而不责人,则免
于难。

时,事之征也;
衣,身之章也;
佩,衷之旗也。
故敬其事,则命
以始;服其身,则
衣之纯;用其衷,
则佩之度。(《左
传·闵公二年》)

33

他佩戴铜玦,那是表示抛弃他的衷心。用衣服疏远他,用时令使他行不通;杂色,意味着凉薄;冬天,意味着肃杀;金属,意味着寒冷;玦,意味着分离;怎么可以依靠呢? 即使太子要勉力而为,狄人难道可以消灭干净吗?"

梁余子养说:"率领军队出征的将帅在太庙里接受命令,在祭祀土地神的地方接受祭肉,都有规定的服饰。现在太子得不到规定的服饰而得到杂色衣服,君主命令里包含的意思就可想而知。太子死了还要落个不孝的恶名,不如逃跑吧!"

罕夷说:"杂色的奇装异服不合常规,铜玦表示诀别不再回来。即使回来又有什么用? 君主已经有异常的想法了。"

先丹木说:"这种衣服,即使是疯子也不会穿的。君主说'消灭完敌人再回来',敌人可能被消灭完吗? 太子即使消灭完敌人,还会有内部的谗言,不如离开吧!"

违命不孝,弃事不忠。虽知其寒,恶不可取。子其死之!

狐突想要出逃。羊舌突说:"不可以。太子违背君父之命是不孝,您抛弃君主交待的事务是不忠。虽然知道君主对太子的寒冷心意,不孝不忠这样的邪恶行为是不可取的。您还是为此而死吧!"

军队行进到了东山皋落氏所在的地区,太子准备与狄人交战。狐突又劝谏说:"不可以。当年辛伯劝谏周桓公说:"嬖妾与王后并列,宠臣和正卿平分政事,嬖妾所生的庶子和嫡子匹敌,大邑的规模和国都不相上下,这都是祸乱的本源。"周桓公不听,所以遭遇祸难。现在祸乱的本源已经形成,您还能肯定立为嗣君吗? 与其危及自身并招来罪过,为何不尽孝道而安定民众? 您还是好好考虑一下吧!"当时的晋国,内宠(骊姬)、外宠(梁五、东关嬖五)、嬖子(公子奚齐、公子卓)、大邑(曲沃)都已具备,所以狐突悲叹"祸乱的本源已经形成"。狐突实际上是劝太子不战而逃,因为逃亡保命、为父母保全身体发肤是尽孝,不与狄人交战、保全民众性命是安民。

内宠并后,外宠二政,嬖子配嫡,大都耦国,乱之本也。

狐突劝谏太子申生不要出战之事,在《国语·晋语一》里有另外一个版本,这个版本中,不但有狐突的谏言,还有申生的回答:

军队到达稷桑,皋落氏的狄人出来迎战,申生准备要作战。狐突劝谏说:"不可以。我狐突听说:'国君喜好外嬖宠臣,卿大夫就危险;喜好内宠姬妾,嫡子就危险,社稷也危险。'如果惠爱父亲而远离死敌,惠爱民众而且有利于社稷,是否可以考虑不出战? 况且出战不仅在狄地危及自身性命,还会在朝中引起谗言呢!"

国君好艾,大夫殆;好内,適子殆,社稷危。

申生说:"不可以。君父派我出征,不是喜欢我,而恐怕是要揣测我的内心。因此他赏赐给我奇异的衣服,而且告诉我权变,临行又用甜美的话慰抚我。说的话太甜,其中的实质一定苦。谮言在官中已经产生,君父因此产生了其他心思了。虽然明知有内部的谮言,又怎么躲避它?不如出战。不出战就回去,我的罪过更深厚;我若战死,还可以留下个好名声。"

结果在稷桑打败了狄人后回国。针对申生的谗言更多了,狐突于是杜门不出。

根据《国语·晋语一》的说法,晋献公派太子申生出征本身也是骊姬在优施教唆下出的主意:

优施教骊姬在半夜哭着对献公说:"我听说申生很爱好仁德而且强势,宽惠又慈爱民众,这些都是别有用心的举动。如今他说君主被我迷惑,一定会祸乱晋国,他会不会因为国家的缘故对君主施行强力?君主还健在,君主准备怎么办呢?何不杀了我,不要为了一个妾而让百姓遭受动乱。"

献公问:"他难道会惠爱民众而不惠爱他的父亲吗?"

骊姬说:"我也正害怕这个啊。我听外面的人说,施行仁德和治理国家不一样。施行仁德的人,把爱自己的亲人称作仁;治理国家的人,把有利于国家称作仁。所以做民众君长的人没有私亲,而把

为仁与为国不同。为仁者,爱亲之谓仁;为国者,利国之谓仁。故长民者无亲,众以为亲。

36

民众当作亲人。倘若他认为能使民众得利、百姓和睦，还怎么会忌惮君主？为了众人的缘故而不爱私亲，大家会更加拥戴他，他将以作恶开始而得美名终结，用后来的善行掩盖掉前面的罪恶。只要是为民众谋求利益，杀了君主而让民众得到厚利，民众有谁会阻止他呢？杀了父亲但没有施恶于他人，民众有谁会背弃他呢？如果他与民众交换利益而受宠，他的志向实现了而民众愉悦，那就更想这样做，谁能不被这种前景迷惑？他即使想爱君主，可这种迷惑解脱不了啊。

"现在姑且把君主比作商纣。如果商纣有个好儿子，先把他杀了，不张扬商纣的罪恶而强调他的失败。同样是死，就不必借周武王之手了，而且商王室的世系不会中断，祖宗至今还得到祭祀，我们怎么会知道商纣其人是善是恶呢？君主想不忧虑，可以办得到吗？如果到了大难临头时才忧虑，还怎么来得及？"

献公害怕地问："怎么办才可以呢？"骊姬说："君主何不称老退位而把国政交给申生？申生掌握了国政，按自己的欲望行事，得到了他所求索的东西，才会放过君主。而且君主考虑一下：自君主的曾祖曲沃桓叔以来，为了争夺政权谁能爱惜亲人？正因为不爱亲人，所以才能兼并翼都而成为诸侯。"

自桓叔以来，孰能爱亲？唯无亲，故能兼翼。

从骊姬诋毁太子申生的角度看，上面这段是骊姬谗言中最有力度的部分，因为她说到了晋献公即位以来一直最为忧虑的事，那就是公族里有人继承曲沃代晋的"光荣传统"而犯上作乱。实际上，为了防止这件事发生，先前晋献公已经指使士蔿杀尽了祖辈、父辈的群公子，并加强了宫室防御。但是，在进行了"大清洗"行动之后，晋献公与被杀群公子的亲属和党羽之间的关系必然变得非常紧张，每天居住在戒备森严的深宫中，不安全感仍然挥之不去。骊姬先前已经明里暗里说了很多离间太子与君父关系的话，现在这番谗言可以说是正中要害，成功地把献公心中这种不安全感转化成为对太子的深度猜忌和反感。

然而，从晋国的发展角度来看，骊姬这段话非常有洞察力，准确地总结了曲沃成功夺取政权的"法宝"之一，那就是"无亲"。实际上，晋献公通过士蔿杀尽群公子以稳固君位，也正是继承和发扬了曲沃先君的"无亲"作风。后面我们会看到，晋献公正是由于在骊姬提议下禁止在国都内蓄养"亲人"（近支公族），才成为诸侯国中最早打破"任人唯亲"、全面按照"任人唯贤"的原则大量任用"外人"的国家，形成了"尚贤""尚功"的新传统，为晋国的百年霸业奠定了人才基础。从这个角度来说，优施/骊姬可以说是晋国霸业的"功臣",他们的挑拨离间为晋国最终成为春秋时期的超级大国做出了独特的、不可替代的贡献。

献公说:"不能给他国政。我凭着武功和威势,得以临照诸侯。没死就失去国政,不能算有武功;有儿子却制服不了,不能算有威势。我把国政交给他,诸侯必定会断绝和我国的关系。能和我国断绝关系,就必然能祸害我国。丢失国政而且祸害国家,这是不能容忍的。你不必担心,我会好好图谋这件事。"骊姬说:"皋落狄不分早晚侵扰我国的边境,使边民没有一天可以放牧、耕种;君主的仓库本来就不充实,又担心外族削减我国的疆土。君主何不派申生去讨伐狄人,来观察他带兵是否果断,与民众的关系是否确实很和睦。如果他不能战胜狄人,那就自然构成罪名,可以加罪于他;如果他战胜了狄人,那么他就的确善于使用民众,他的要求会更广泛,我们就更要认真图谋对付他。况且如果战胜了狄人,诸侯将会吃惊害怕,我们的边境将不必戒备,国库充实,四邻畏服,疆界稳定。君主得到这些利益,又可以知道申生是否真有能力,利益太多了。你何不谋划一下!"

献公悦服,于是决定派申生讨伐东山皋落氏,让他穿一件左右颜色各异的衣服,给他佩戴铜玦。

仆人赞听到后说:"太子危险了! 君主赐给他奇异的东西,奇就要产生怪,怪就产生无常,无常就预示着太子不能继立为君。君主派他出征,是想先以此观察他是否能善用兵众,用左右颜色各异的衣服预告自己已经转移心意,而且用铜玦表示自己有坚强残忍的权柄,这就必定是厌恶太子的心性而想危害于他的身体了。厌恶太子的心性,就必定在内心盘算如何使他陷入危险;要危害太子的身体,就必定在外面使他陷于危险。危险从内部产生,难以摆脱啦! 而且那件衣服,是狂人也不愿穿的。君主说:'消灭完敌人再返回。'太子即使消灭了敌人,又能拿内部的谗言怎么办呢?"

申生战胜了狄人回来后,针对他的谗言从宫中兴起。

献公借道伐虢,太子自杀明志

虽然晋国内乱隐患正在不断蓄积,从国际层面看,崇尚武功和威势的晋献公仍在稳步推进扩张领土的事业。前六五八年夏,搁置了九年的伐虢计划再次启动。据《史记·晋世家》记载,晋献公说:"当初我的先君曲沃庄伯、武公讨伐晋国的内乱,虢国经常帮助晋国公室讨伐我们,又藏匿晋国逃亡的公子,最后造成了祸乱。如果不攻灭它,会给子孙留下忧患。"

那么,晋献公为什么选择在本年重启攻灭虢国的计划?据《史记·秦本纪》,前六五九年,日后成为一代英主的秦穆公即位,当年他就亲自帅师讨伐虢国境内的茅津戎,取得胜利。从进军路线看,秦穆公此次东征应该是沿着殽函古道(参见页55)从西而来,其目的应该是为控制殽函古道、东进中原作战略试探。因此,晋献公在本年决定要借道伐虢,很可能是受到了秦穆公伐茅津戎的刺激。

于是,晋卿荀息请求国君拿出北屈出产的驾车马和垂棘出产的玉璧,用来向虞国借道,以讨伐虞国南部的虢国。晋献公说:"这是我的宝物。"荀息对答说:"如果能从虞国取得通路,财物给了虞国,如同存放在君主公宫外的府库中一样,早晚会拿回来的。"献公说:"虞国贤大夫宫之奇还在呢。"荀息对答说:"宫之奇的为人,懦弱而不能坚决进谏;而且从小就和虞君在宫里一起长大,虞君跟他很亲近,不把他当回事。宫之奇即使进谏,虞君将不会听从。"

在《穀梁传》版本中,荀息对宫之奇和虞君的分析更加细致,

宫之奇的为人,内心明达而性格怯懦,而且从小跟虞君在一起长大。内心明达,言语就简略;性

且夫玩好在耳目
之前，而患在一
国之后，此中知
以上乃能虑之。

格怯懦，就不能强力谏争；从小跟虞君一起长大，虞君就会轻视他。而且那美好的宝物放在耳目之前，而祸患却远在另一个国家被灭之后，这是中等以上智慧的人才能考虑到的。臣下料定虞君的智慧在中等以下。

晋献公于是派出荀息到虞国去借道，说："当年冀国无道，从颠軨进入，攻打贵国郲邑①的三面城门。冀国后来被我国打败而困苦，则都是为了贵国君主的缘故。如今虢国无道，固守在虢、晋边境的客舍之中，侵犯我国南部边境。我国谨敢请求向贵国借道，以便到虢国去问罪。"实际上，晋国击败冀国是出于自己开疆拓土的需要，而这里荀息将其作为筹码来要求虞国报答。

不出荀息所料，智慧在中人以下的虞公答应了荀息，而且还请求做晋军的先导。据《穀梁传》，宫之奇劝谏说："晋国的使者言辞谦卑而财礼厚重，答应此事一定会对虞国不利。"虞公果然不听。于是在当年夏天，晋卿里克、荀息率军与虞公会合讨伐虢国，占领了位于河水以北的虢国陪都下阳②，虢人迁徙到了河水以南。

在遭遇了如此严重的入侵之后，虢公丑却继续在外征战，秋天又在桑田击败了戎人。晋大夫卜偃说："虢国一定会灭亡了。下阳被占领不知道惧怕，

① 冀、颠軨、郲
见地图三小图。
② 下阳见地图
三小图。

而又有战功,这是上天夺走了虢公照见自己执政错误的镜子,而又加重了他的狂妄病。虢公一定会轻视晋国而不安抚他的民众,不到五年就要灭亡。"

前六五六年春天,齐桓公、鲁僖公、宋桓公、陈宣公、卫文公、郑文公、许穆公、曹昭公联军入侵蔡国、讨伐楚国,"攘夷"取得重大成就。(详见《齐桓篇》页246)

冬天,晋献公夫人骊姬准备将自己的儿子奚齐立为太子,和有实权的卿大夫商量好之后,对太子申生说:"君主梦见了你的母亲齐姜,你一定要尽快去祭祀她的亡灵!"太子于是前往曲沃的宗庙祭祀,并且依照礼制带回祭祀的酒肉准备献给晋献公。献公当时在外田猎,于是骊姬把祭祀酒肉放置在宫中。

六天后,献公回来,骊姬在酒肉中下了毒然后献给献公。献公洒酒祭祀土地,地面隆起;给狗吃肉,狗倒地而死;给小臣喝酒,小臣也倒地而死。骊姬哭着说:"贼害君主的阴谋来自于太子。"太子出奔到曲沃,献公杀了他的师傅杜原款。

有人对太子说:"您回去解释,君主一定会明辨是非的。"太子说:"君父如果没有骊姬,就坐立不安,饮食不饱。我如果解释,骊姬一定会有罪。君父年纪大了,我不乐意这样做。"那人说:"那您出逃吧!"太子说:"君父没有明察罪过,我背负着这杀父的坏名声出逃,谁会接纳我?"十二月,太子在曲沃上吊自杀。

骊姬于是诬陷当时从蒲邑、屈邑前来绛都朝见君父的两位公子,说他们都知道太子的阴谋。公子重耳逃回蒲邑,公子夷吾逃回屈邑。

关于骊姬设计逼死太子申生这件事,《国语·晋语二》记载了一个极为详细的版本,特别是对于里克、丕郑这些卿大夫的政治盘算可谓是刻画入微:

太子申生在稷桑战胜了皋落狄人回来后,过了五年,骊姬对献公说:"我听说申生加害君主的图谋更成熟了。过去,我早就告诉君主说申生得到民众拥护。如果民众没有从他那里得到利益,又怎么能打败狄人? 如今他自满于征伐狄人时善于用兵,志向越来越广大了。狐突不顺从太子,所以堵住门不出来。我听说申生很讲信用而且强悍,又因说话不慎向民众泄露了自己的图谋,即使想罢休,众人也要责备他的。说过的话不能吃掉,众人又不能制止,所以他夺权的谋划越来越深了。君主如果不采取对策,大难就要降临了!"献公说:"我不会忘记对付申生的,只是还没有给他加罪的理由。"

骊姬就去告诉优施说:"君主已经答应我杀死太子改立奚齐了,但我感到里克很难对付,怎么办呢?"优施说:"我把里克请来,一天就能使他就范。你为我准备一整只羊的宴席,我来陪他喝酒。我是个优伶,话说过头也没关系。"

骊姬答应下来,于是准备了宴席,让优施陪里克喝酒。喝到半醉时,优施站起来舞蹈,对里克的妻子说:"夫人请我喝酒,我会教这位大夫如何轻松愉快地事奉君主。"随即就唱起来:

暇豫之吾吾,
不如鸟乌。
人皆集于苑,
己独集于枯。

想要轻松愉快却不敢亲近正确的主子,
他的智慧还比不上鸟雀乌鸦。
别的鸟都落在花木丰盛的林苑,
他自己却独自落在干枯的枝丫。

里克笑着问:"什么叫花木丰盛的林苑?什么叫干枯的枝丫?"优施说:"母亲是君主的夫人,儿子将要做国君,能不叫花木丰盛的林苑吗?另一个母亲已经死了,儿子又有坏话缠身,能不叫干枯的枝丫吗?这枯枝还会折断呢。"

优施走后，里克撤去酒菜，饭也不吃就睡下了。半夜时分，他召来优施，问道："刚才你说的话是开玩笑呢，还是听到了什么风声？"优施说："当然是听到了风声。君主已经答应骊姬杀掉太子改立奚齐，计划已经定了。"里克说："如果要我顺从君主杀死太子，我不忍心。如果和往常一样仍与太子交往，我也不敢。采取中立的态度，大概可以避免灾祸吧？"优施说："可以避免。"

　　早晨，里克去见丕郑，说："那史苏预言的祸乱将要来了！优施告诉我，君主的计划已定，将要立奚齐为太子。"丕郑问："您对优施说了些什么？"里克说："我回答他将保持中立。"丕郑说："可惜啊！不如说不相信有这回事来疏远他，这样也就加强了太子的地位而分化奸人的党羽。再多想些办法，来改变他们的志向，志向逐渐疏离，就可以找机会离间他们了。现在您说保持中立，越发加强了他们的阴谋，他们准备就绪以后，就很难被离间了。"里克说："过往的话已无可挽回，况且那人心思肆无忌惮，又怎么能挫败呢？不知您将如何对付？"丕郑说："我没有一定的主意。作为事奉君主的人，以君主的意见作为我的意见，裁制权不在我手里。"里克说："把弑君救太子看作是耿直，夸大这种耿直会产生骄傲，凭这种骄傲之心去裁制别人的家事，我不敢这么做。但是委屈心志顺从君主，废了太子而给自己谋私利，或者利用手段来成全别人当太子，我也做不到。我只有隐退了！"第二天，里克便称病不再上朝。一个月后，骊姬策划的祸难就发生了。

骊姬用君主的名义命令申生说："昨晚君主梦见你母亲齐姜，你必须尽快去祭祀，然后把祭祀的酒肉带回来。"申生答应照办，就去到曲沃的祖庙祭祀，回来后把祭祀的酒肉送到绛都宫中。献公正外出打猎，骊姬收下祭品后，便把鸩毒放入酒中，又把堇毒放入肉中。献公回来，召来申生进献酒肉。献公把酒洒在地上祭地，地马上鼓了起来。申生惊恐地跑出去。骊姬用肉喂狗，狗死了；给近侍小臣喝酒，也死了。献公下令杀死申生的师傅杜原款，申生逃到曲沃。

杜原款临死前，吩咐小臣圉转告申生，说："我杜原款没有才干，智谋少又迟钝，不能完成教导的任务，以致被处死。我没能洞察君主的心思，让你及早抛弃太子的尊崇、谋求广阔的土地而逃窜隐伏；我又生性拘谨保守，不敢与你一起出走。因此针对你的谗言到来却没有去申辩，使你陷于大难，遭到谗言暗害。但我杜原款也不敢怕死，只能跟进谗言的人（指骊姬）共同分担罪恶的责任了。我听说君子不会丢掉忠爱的感情,不反击谗言,遭到谗言陷害而死并无不可,还有美名留存于世。至死不改变忠爱的感情,是强。坚守忠爱的感情让君父高兴,是孝。抛弃生命以成就志向,是仁。临死还不忘君主,是敬。你这个未即位的继承人以此自勉吧!死后一定会在民间留下仁爱的美名。为民众的思念而死,不也可以吗?"申生答应了。

有人对申生说:"不是您犯的罪过,为什么不逃离晋国呢?"申生说:"不行。我逃了虽能摆脱罪责,但这罪责一定会落在君父身上,这就是我在怨恨君父了。彰显君父的罪恶,让诸侯耻笑,我去哪儿能被接纳呢?在国内不见容于父母,在国外不见容于诸侯,这是双重的困厄啊。背弃君父解脱罪责,是为了逃避一死。我听说:'仁者不怨恨君父,智者不内外交困,勇者不逃避死亡。'假如罪恶不能解脱,出逃必然会使它更重。出走而加重罪恶,这是不智。逃避死亡并且怨恨君父,这是不仁。有罪而不敢去死,这是不勇。出走会加重民众对君父的怨恨,罪恶不能加重,死亡不可逃避,我将留在这里等待命运的发落。"

骊姬去见申生,哭闹着说:"你的父亲都忍心谋害,何况是国人呢?忍心谋害父亲却还希望国人喜好,谁能喜好你呢?杀害父亲来为国人谋求利益,国人谁会从中获利呢？这些都是民众所憎恶的，你这样的人难以活得长久！"

骊姬走后，申生就在曲沃的祖庙里上吊自杀了。临死前，派猛足去告诉狐突说："申生有罪，没有听从您的劝告，落到了死的地步。申生不敢吝惜自己的生命。虽然这样，我的君父年纪大了，国家又多难，您不出来辅佐他，我的君父怎么办？您假使肯出来帮助我的君父谋划，申生就算是受到您的恩赐才死的，即使死了又有什么遗憾！"所以他后来的谥号是"共"。

骊姬逼杀太子申生以后，又诬陷两位公子说："重耳、夷吾都知道共君的阴谋。"

晋文霸业的孕育（一）

晋国政局的长期动荡

重耳奔狄，献公灭虢，百里奚人秦

前六五五年，晋献公听信骊姬的谗言，对两位公子不辞而别感到很愤怒，认定他们的确是有阴谋，于是派寺人勃鞮讨伐蒲邑捉拿公子重耳。蒲邑人想要抵抗，公子重耳说："我依靠君父的赐命而享有养生的禄位，从而得到蒲邑的民众。我有了民众的拥护就反抗君父，没有比这更大的罪过了。我还是奔逃吧。"于是派人巡行宣告说，"抵抗的人，都是我的仇人"，然后逃跑。公子重耳逃跑跨过院墙时，寺人勃鞮几乎就要追上了，挥剑斩断了重耳的袖子。跟随公子重耳逃跑的核心成员包括狐偃、赵衰、贾佗、魏犨、胥臣五人，此外还有颠颉、先轸、狐毛、介之推、舟之侨、壶叔等人。[1]

在这里我想花点篇幅，讨论一下公子重耳出奔时的年龄问题[2]。一种说法认为，公子重耳出奔时

① 关于晋文公从亡人员，参见白国红：《晋文公五贤士考》，《山西师大学报（社会科学版）》2006 年第 2 期。
② 参见王敬泽：《晋文公登位年岁考》，《晋阳学刊》1982 年第 6 期。

年龄是四十三岁。这种说法的依据是,《史记·晋世家》明言"重耳遂奔狄,狄,其母国也。是时重耳年四十三"。另一种说法认为,公子重耳出奔时年龄是十七岁。这种说法的依据是,《国语·晋语四》明言"晋公子生十七年而亡,卿材三人从之",《左传·昭公十三年》也说"我先君文公,狐季姬之子也,有宠于献。好学而不贰,生十七年,有士五人,有先大夫赵衰、狐偃以为腹心,有魏犫、贾佗以为股肱;有齐、宋、秦、楚以为外主,有栾、郤、狐、先以为内主。亡十九年,守志弥笃;惠、怀弃民,民从而与之;献无异亲,民无异望。"我认为十七岁说更为可信,理由有二:

其一,就在本年,晋献公将女儿嫁给秦穆公,就是秦穆夫人。按照《左传·庄公二十八年》及《史记·秦本纪》的记载,秦穆夫人是太子申生的姐姐,而太子申生是公子重耳的哥哥。然而,《史记·晋世家》又说"申生同母女弟为秦穆公夫人"。我认为,既然《史记》保留了两种相反的说法,那么就应当以《左传》记载为准。既然秦穆夫人是公子重耳的大姐,那么,如果公子重耳真是四十三岁出奔,秦穆夫人就是将近五十岁才嫁到秦国,后来竟然还生下太子罃、公子弘、女公子简璧,与常理甚不相合。如果公子重耳是十七岁出奔,则秦穆夫人事迹都与常理相合。

其二,《国语》《左传》都是成书年代早于《史记》的文献,当两者都有明文且无法调和时,本就应以年代较早的《国》《左》为准。

学界质疑"十七岁说"的主要论据是,在十一年前,晋献公听信骊姬建议,让公子重耳出居蒲城。如果公子重耳十七岁出奔,那么他出居蒲城时年仅六岁,似乎也不合事理。然而,文献里没有公子重耳在蒲城期间亲自处理政事、率军出战的记载,小儿出居蒲城、由师傅代行政事并无不可。(参见《齐桓篇》页235"鲁闵公之事")。因此,本书将以"十七岁说"为准。

根据《国语·晋语三》的记载,公子重耳一行人到了柏谷这个地方,占卜求问去齐国或楚国的吉凶。狐偃说:"不用占卜了。那齐、楚两个国家路途遥远而且对投奔的公子期望很大,不能在困厄的情势下投奔它们。路途遥远就难以抵达,期望很大就很难脱身,在困厄中去投奔它们肯定会后悔。将令我们困厄而且后悔,这样的国家不能投奔指望。若按我的考虑,还是去狄地吧!狄地靠近晋国却不通好,狄人愚昧落后而且和邻国结怨甚多,投奔它很容易到达。狄人与晋国不通好,我们正好可以逃窜栖身;狄人与邻国结怨多,我们正可以与它共担忧患。如今我们如果能在狄地休整缓解忧患，静观晋国政局的变化，并且密切关注诸侯国的行动，那就没可能不成大事。"于是公子重耳就逃亡到了狄地。

　　冬天，晋献公又向虞国借道讨伐虢国。宫之奇劝谏虞公说："虢国是虞国的外围。虢国灭亡，虞国必然跟着灭亡。晋国的野心不能开启，外来军队的风险不能轻视。一次已经很过分了，难道可以再来第二次吗？谚语所说的"辅与车相互依存①，嘴唇没了门牙就寒冷"，说的就是虞、虢之间的依存关系。"

　　虞公说："晋国和我国同宗，都是周王室后代，难道会害我吗？"宫之奇对答说："太伯、虞仲（后为虞国始封君），是周太王的儿子。太伯、虞仲没有跟从在太王身边，所以太伯没有嗣位。虢仲、虢叔，是太王之子王季的儿子，做了文王的卿士，对王室有大功勋，相关记载收藏在王室府库之中。如今晋国既然连亲缘关系更近、功勋卓著的虢国都要灭掉，对虞国又有什么值得爱惜的②？而且虞能比曲沃桓叔、曲沃庄伯和晋君更亲么？如果晋君爱惜亲人的话，桓叔、庄伯的家族有什么罪过，要被晋君灭掉？难道不仅仅是因为两族势力胁逼晋君么？亲人凭借尊宠胁逼晋君，尚且会

辅车相依，唇亡齿寒。（《左传·僖公五年》）

① 辅是固定在车轮外侧的两条直木，能够增强辐条的载重力。大车载物必须有辅支持，因此辅与车是相互依存的关系。
② 虢、晋共有祖先为周太王之子王季，而虞、晋共有祖先为周太王。这样说来，虢—晋关系要比虞—晋关系更亲近。

53

被残害,何况是异国呢?"

虞公说:"我享神的祭品丰盛而清洁,神灵必定依从我。"宫之奇对答说:"臣听说,"鬼神并非亲近某个人,而只是依从美德"。所以《周书》说"上天没有私亲,只对有美德的人加以辅助",又说"祭祀的黍稷不算馨香,昭明的美德才是馨香",又说"百姓不能变更祭物,只有美德才能充当祭物"。如果这样,那么不是美德,民众就不会和谐,神灵也不会享用祭品的。神灵所凭借依从的,就在于美德。如果晋国夺取了虞国,而在治理中昭明美德,作为馨香的祭品进献给神灵,神灵难道会吐出来吗?"

虞公不听从,于是答应了晋国的使者。宫之奇带着他的族人出行,说:"虞国举行不了今年冬天的腊祭了。灭虞国就在这次了,晋国不会再次出兵了。"

十二月一日,晋国灭了虢国,虢公丑出逃到周王室。晋军归国,进入虞国都城,在国宾馆吃饱喝足之后,就很轻松地灭了虞国。晋国人抓住了虞公和他的大夫井伯作为晋女(日后的秦穆夫人)出嫁到秦国的陪嫁人员,继续维护虞国的祭祀,并且把虞国的贡赋上交给王室,以表示对王室的尊崇。据《穀梁传》的记载,在灭虞国之后,荀息牵着当年送给虞国的名马,拿着玉璧上前对献公说:"玉璧还是

亲以宠逼,犹尚害之,况以国乎?

鬼神非人实亲,惟德是依。
皇天无亲,惟德是辅。
黍稷非馨,明德惟馨。
民不易物,惟德繄物。

这个,而马的年龄已经增长了!"

晋国吞并虢国,除了扩张疆土之外,最为重要的军事地理意义就在于控制了沟通秦国和中原的殽函古道。西周建立后,定都在宗周镐京(陕西省西安市),但为了控制东方中原地区,又建立了成周雒邑(河南省洛阳市)。两都体系的交通对于周朝统治天下至关重要,因此周人在前人探索开发的基础上,在宗周和成周之间修建了可供马车通行的周道。直到今天,我国东西铁路大动脉陇海线的西安—渭南—三门峡—洛阳段仍然沿用周代两都古道的路线。这条周道从陕西省潼关县到河南省新安县/洛宁县的区段被后人称为"殽函古道",其中,从潼关到河南省三门峡市的区段由于古代通称"函谷",后又有函谷关,可称为"函谷古道";从三门峡到新安/洛宁的区段穿越殽山山区,可称为"殽山古道"。殽山、函谷都位于虢国境内①。

西周灭亡后,秦人占据了宗周旧地。如今晋国占领了虢国,控制了殽函古道,也就是扼住了秦国东进中原的必经之路。到了前六二七年,晋人就是在殽山地区以逸待劳,大败秦军,让秦穆公断了争霸中原的念头。

据《史记·秦本纪》记载,这次陪同晋献公的女儿前往秦国的虞国陪嫁臣子队伍里还有一位叫作

① 宗周—成周道的情况,参见地图七及胡德经:《两京古道考辨》,《史学月刊》1986年第2期。

百里奚的虞国大夫。后来他逃出秦国前往楚国,在楚国边境宛邑被楚人抓住了。秦穆公听说百里奚是个奇才,本想要出重金赎他,又担心楚人反而不答应,于是派人到楚国,说有一个陪嫁臣子逃到了这里,愿意用符合这人身份地位的五张黑公羊皮(五羖)把他赎出来带回秦国。楚人没有起疑,把百里奚交给了秦人,这时百里奚已经七十多岁了。秦穆公和百里奚深谈了三天国事,对他的才能心悦诚服,委以重任,在公开场合称他为"五羖大夫"。百里奚又举荐了他的挚友蹇叔,说两人曾经辗转齐国、周王畿、虞国谋求做官,前两次他听了蹇叔的劝告,先后躲过了齐公孙无知、周王子颓之乱,而第三次没有听蹇叔的劝告,留下来作了虞君的大夫,因此遭遇了虞国灭亡、沦为陪嫁臣子的祸难。秦穆公于是又派人带重礼去请蹇叔,任命他为上大夫。

不过,《孟子·万章上》《史记·商君列传》有另外一种说法:百里奚是楚国郊野的人,听说秦穆公贤德,希望能够谒见,可上路没有盘缠,便将自己以五张黑公羊皮的价格卖给了秦国客商,身穿粗麻衣服喂牛。一年之后,秦穆公知道了他,将他从牛口之下提拔起来,让他执掌国政。

然而,上面所说的《孟子·万章上》版本是万章听说之后告诉孟子的,而孟子认为这个说法不真实，是好事者编造的。孟子所相信的版本是这样的：百里奚是虞国人，在朝廷担任大夫。晋人用垂棘的美玉和屈地所产的良马向虞国借路，来讨伐虢国。当时虞国的大臣宫之奇谏阻虞公，百里奚却不去劝阻他，知道虞公是不可以劝阻的，因而主动离开虞国迁居到秦国，这时已经七十岁了。他得到了秦穆公的赏识，成为秦国的重臣。

让事情更加复杂的是，《吕氏春秋·慎人》中又记载了另一种说法：百里奚没遇到好时机时，流亡到虢国，后来被晋人俘虏，曾在秦国喂过牛，转卖时仅值五张黑公羊皮。公孙枝得到百里奚后对他的才能大为悦服，于是进献给秦穆公，过了三天，就请求穆公把国事委托给他，而自己甘居下位。

围绕百里奚的身世和他被秦穆公所重用的经过，之所以会流传出这么多不同版本的传说，而这些传说又大都围绕着"五羖"进行编造，归根到底是因为百里奚后来成为辅佐秦穆公图强争霸的股肱之臣，从而引发了人们对这个被称为"五羖大夫"的奇才成功前人生经历的强烈兴趣。据《史记·商君列传》的记载："五羖大夫担任秦相六七年，向东讨伐郑国，三次置立晋国的君主，一次挽救楚国北侵中原的祸患。在境内发布政教，连境外的巴人都来进献贡品；对诸侯施予德泽，连八方戎狄都来臣服。

西戎贤人由余听闻五羖大夫的政绩,也来叩关求见。五羖大夫担任秦相时,即使疲劳也不乘安车,即使酷暑也不打伞盖;在国中巡行,没有随从车辆,也不携带武器。他的功名载入史册珍藏在府库中,他的德泽品行流传到后世。五羖大夫去世时,秦国男男女女痛哭流涕,小孩子不唱歌谣,舂谷人不哼小调助力运杵。这就是五羖大夫的德行啊。"

齐桓公不计射钩之怨破格重用曾经商、当兵,后来做官又三次被先君驱逐的管仲;鲁庄公破格重用地位低微、不请自来的士人曹刿;秦穆公破格重用年岁已高、身价只有五张黑公羊皮(赎金价或卖身价)的百里奚,这些故事都生动地反映了春秋时代各主要诸侯国为了谋求跨越式发展、不拘一格任用贤才奇士的社会新风尚。这其中,齐桓公重用管仲最早,开风气之先,因此在春秋早中期,他们的故事已经是广为传诵和引用的佳话,也是秦穆公敢于重用百里奚的思想背景。

如果我们进一步从宣传造势的角度去考虑这个问题的话,甚至可以这样揣测"五羖大夫"出炉的内幕:

秦穆公在公开场合称百里奚为"五羖大夫",是像先前命名"泛舟之役"一样,通过发布一个带有悬念的"热词",把百里奚打造成自己不拘一格用人的经典案例进行宣传推广，与齐桓公在公开场合称管仲为"仲父"有异曲同工之妙。他鼓励国内外用这个绰号来称呼百里奚，而且不发布关于这个绰号的官方解释，从而刺激民间好事之徒围绕这个绰号中的"五羖"悬念开始编造各种情节曲折的百里奚"成功励志故事"，在秦国和更加广大的中原地区广泛流传。这样一来，秦穆公一方面宣传推广了秦国"不拘一格重用贤才"的人才政策以吸引更多人才，另一方面也宣传推广了自己的美德和魄力，把自己塑造成一个可以与破格任用管仲的齐桓公相媲美的英明君主，可以说是一次几乎没有成本而效果绝佳的"秦国人才政策和英主形象推广活动"。

无蓄群公子：晋国称霸的秘笈

在《齐桓篇》中已经说过，周惠王和王后宠爱少子带，想要废黜王太子郑而立王子带为太子。前六五五年夏天，在晋献公攻灭虢国、虞国之前，齐桓公召集宋桓公、鲁僖公、陈宣公、卫文公、郑文公、许僖公、曹昭公在卫国首止与王太子郑会面，展现诸侯对正牌太子的支持，希望使企图废太子的势力知难而退，从而安定王室。齐桓公的强力干涉让周惠王很恼火，他派卿士周公忌父去见郑文公，说："我支持你去服从楚国，还有晋国来辅助你，可以得到些

许安定了。"(参见《齐桓篇》页250)

　　我们回想这段史事,再结合晋献公灭虞国之后的"尊王"举动,可以知道此时周王室内部其实是分成了两派:一边是想要废黜太子的周惠王和王后,支持他的诸侯势力是晋国;另一边是王太子郑,支持他的诸侯势力是齐桓公为首的中原诸侯。我认为,晋献公在杀尽群公子,逼死太子申生,逼走公子重耳、公子夷吾,从而彻底杜绝内乱隐患(至少他自己这样认为),并攻灭耿国、霍国、魏国大肆扩张领土之后,认为晋国已经成为一个君权强盛、疆域不断扩大、军事实力不断增强的新兴强国,于是开始积极介入中原国际事务。此时晋国虽然不可能与强盛的齐国分庭抗礼,但从他支持周惠王这一举动可以看出,晋国并不打算做霸主齐国的听话"小弟",而是有它自己的盘算。

　　前六五四年,晋献公继续清算二公子的"叛逃罪",派遣贾华讨伐屈邑①。公子夷吾没有采取公子重耳那样"政治正确"的不抵抗政策,而是率军抵抗,可又抵挡不住,于是与屈人盟誓之后出逃。重耳团队和夷吾团队的高下差距,从如何对待君父派兵前来讨伐问题上已经可以看得很分明。夷吾本来也准备出逃到狄人居地,他的党羽郤芮说:"您后出逃而前往相同的地方,正是印证了骊姬诬陷二公

① 屈见地图三。

60

子知情的谗言。梁国接近秦国,而且得到秦国的信任,便于日后借助秦国势力。"于是夷吾出逃到了梁国①。

关于夷吾出逃的事,《国语·晋语二》的叙述要更加详细:

重耳到狄国一年以后,公子夷吾也要出逃,说:"为何不跟随我哥哥重耳逃窜到狄地呢?"郤芮说:"不可以。在重耳之后出逃却前往相同的地方,避免不了合谋的罪名。而且如今一起出走,以后想一起进入,困难;聚居而性情不同,容易互相嫌恶。不如投奔梁国。梁国靠近秦国,秦国又与我们的君主亲善。我们的君主年事已高,您去了梁国,骊姬害怕,必定向秦国求援。由于我们住在梁国依靠秦国,她必定来告知悔意,这样我们就能免于祸难。"于是夷吾到了梁国。在梁国寄住两年之后,骊姬派奄楚送来玉环进行解释。四年后,夷吾回国当了国君。

且夫偕出偕入,难;聚居异情,恶。

在太子申生"畏罪自杀",公子重耳、公子夷吾"叛乱阴谋败露出逃"之后,骊姬说服年老多疑的晋献公与群臣发毒誓"无蓄群公子",也就是禁止先君和现任国君所生的群公子留在国内(当然骊姬的儿子奚齐和她妹妹的儿子卓除外);这些在宗法上有顺位继承权、有可能被谋逆势力推举成为君位继承人的公子和他们所率领的族人必须离开晋国,去其

① 梁见地图三。

61

他国家客居做官。由于晋献公先前已经尽杀曲沃桓叔、曲沃庄伯族的群公子(实际上有漏网之鱼,比如韩万),所以这条禁令所打击的对象主要是曲沃武公/晋武公除开晋献公以外的其他儿子,以及晋献公除开太子申生(已死)、公子重耳(已出奔)、公子夷吾(已出奔)、公子奚齐、公子卓以外的其他儿子。前面我们已经详细分析过曲沃代晋对于宗法制造成的严重破坏(详见页 13),而如今晋国颁布的这条禁令,就是晋献公为了应对这场大破坏所带来的或真实、或臆想的恶劣影响而采取的断然措施。

我们在这里要花些篇幅梳理一下晋献公是怎么走到如今这步的。首先,"曲沃代晋"的实质是晋公室曲沃小宗的第三代(曲沃武公)篡夺了嫡系大宗宗主的国君之位。这场劫难破坏了宗法制的诸多基本原则,在当时的晋国造成了严重的思想混乱。比如说,曲沃桓叔所生的公子们(晋献公的祖辈)、曲沃庄伯所生的公子们(晋献公的父辈)可以这样想:如果曲沃武公这个晋穆侯的重孙可以篡夺晋穆侯嫡系后人的君位,我们这些曲沃国先君的公子们为什么不可以夺取先君嫡系后人晋献公的君位?晋献公在君权受到实质性威胁之后,在股肱之臣士蔿的精心谋划下杀掉了曾祖父曲沃庄伯、祖父曲沃桓叔的儿子们(很可能还包括他们的家族),暂时平定了局势。后来,骊姬通过调虎离山、屡进谗言等手段,不断疏远和离间晋献公和他的儿子申生、重耳、夷吾之间的关系,让晚年的晋献公相信自己的儿子们也企图夺权篡位,以至于逼死申生,逼走重耳、夷吾。晋献公最终得出这么一个结论:每一个公子都是潜在的危险人物,要想根除篡权内乱的隐患,终极解决方案就是:除了太子之外,不允许其他公子(包括他的族人)留在国都内。

这项禁令在颁布后曾经被质疑和反对过。据《左传·僖公十五年》记载,在晋献公去世、儿子晋惠公即位之后,晋惠公的姐姐秦穆夫人曾经要求晋惠公废止父亲制定的这项禁令,将在外客居的群公子都召回国。然而,当时的晋惠公在国内不受国人拥戴,在国外得罪了秦穆公,绝不可能将能与他争夺君位的群公子接回来。重要的是,晋文公及以后的晋国君主都遵守了这条禁令,这很可能是因为晋国选人任官制度一旦转变为"尊贤""尚功"之后,卿大夫体系中已经没有群公子的位置了(详见下)。比如说,据《左传》记载,晋文公的几个儿子都没有留在国内,而是外放到别国客居做官,比如公子雍在秦国,公子乐在陈国,公子黑臀在周王室,这是晋文公严守晋献公禁令的明证。

根据《国语·晋语二》的说法,在此项禁令发布后，"晋国从此没有了公族。"《左传·宣公二年》也说，"当初，骊姬作乱，君臣发毒誓禁止蓄养群公子，从那时起晋国没有了公族"。要特别说明的是，这两条记载里说到的"公族"，是特指"近支公族"，也就是由先代或现任国君所生的群公子担任宗主的家族。这类家族的特点是：第一，其宗主（群公子）是现任国君的叔伯、兄弟、儿子，是现任国君最重要的亲人，第二，其宗主在理论上可以被拥立为国君，因此对现任国君的君位具有直接的威胁。下面我们就会看到，晋国的远支公族还大量存在，而且在晋国政治中扮演着重要角色。

这条禁令对于晋国接下来的发展路径产生了深远的影响：

首先，它标志着以"无亲"为特色的晋国宗法制度正式形成。如果说"曲沃代晋"的实质是公室小宗篡夺大宗君权，从而破坏了古典宗法制中"国君由公族大宗宗主担任""嫡次子或者庶子只能担任卿大夫成立家族""公族小宗必须拥戴和服从大宗"等三项原则；那么禁止蓄养群公子的实质就是公室大宗打击小宗，破坏了古典宗法制中"嫡次子或者庶子留在国内担任卿大夫与国君分享治权"的原则。经过这两轮的破坏和重构后，晋国形成了自己特色的宗法制度，归纳起来有如下两个关键点：

第一，晋国君位在正常情况下应由现任国君的儿子继承。在卿大夫弒君后不愿立被杀国君的儿子为嗣君的特殊情况下，晋国君位继承的最底线是"国君必须来自于公族成员"。比如说，晋灵公被杀后，卿族从周王室迎回晋文公之子黑臀即位，就是晋成公；晋厉公被杀后，卿族从周王室迎回晋襄公曾孙周即位，就是晋悼公。

第二，在任国君除太子外的其他群公子不能被任命为晋国的卿大夫，甚至不能居住在国都内，而是要到他国客居做官。既然作为小宗宗主的公子不能留在国内，他的族人肯定也要跟着离开。这些小宗公族在异国内部很难得到像当年曲沃国那样的发展机会，因此也就不会存在当年曲沃桓叔一支经过三代努力、最终由曲沃武公篡夺大宗君权的可能性。另一方面，当晋国内部君位传承出现严重问题时，这些身处异国的顺位继承人和他们的后代还可以作为国君的预备人选。也就是说，群公子只能在他国做等待召唤的"备胎"，而不能在本国发展势力对太子构成威胁。

总之，晋国宗法制最鲜明的特色，就是"无亲"，其具体做法就是"大义逐亲"：为了践行"确保君权由大宗传承、杜绝小宗篡权"的大义，采用最极端、最彻底的方式，把在法统上有顺位继承权的小宗

（群公子及其族人）全部赶走。实际上，前六六〇年骊姬在向晋献公进谗言诬陷太子申生时就已经明确提出了"无亲"的政治主张，她说"自君主的曾祖曲沃桓叔以来，为了争夺政权谁能爱惜亲人？正因为不爱亲人，所以才能兼并翼都而成为诸侯"，而本年"不蓄群公子"禁令的颁布表明，在晋国，经典宗法制中的"亲亲"原则正式被骊姬倡导、晋献公深信不疑的"无亲"原则所取代。

其次，它催生了以"尊贤""尚功"为特色的晋国卿大夫任用制度①。在经典宗法制的框架下，留在国内的群公子和他们的族人是国家官僚体系中卿大夫的当然人选。如今他们都被赶走了，大量的卿大夫职位就空了出来，而填补这些空缺的人才，只可能来自于两类家族：

一类是不在禁令驱逐范围内的姬姓晋国公族，也就是说，这类公族是晋国某位先君的后代，但是到晋献公时，这类公族的宗主都已经排到了先君的孙子、重孙子等辈分，不可能像在世的群公子那样对晋献公的君位造成威胁，所以自然不在晋献公诛杀和驱逐之列。这类公族立族时间已经比较长，与现任国君的亲缘关系已经比较远，我们可以笼统地用"远支公族"来称呼他们。纵观春秋时期的晋国卿大夫家族②，属于远支公族的主要有：

① 晋无公族对卿大夫体系的影响，参见白国红：《春秋晋国赵氏研究》，中华书局，2007年。
② 晋国卿大夫家族的基本情况，参见赵晓斌《春秋官制研究》，浙江大学2009年博士论文。

栾氏：始祖是晋靖侯之孙栾宾，为曲沃桓叔之臣。

籍氏：始祖是晋穆侯之孙黡，为晋穆侯之臣。

韩氏：始祖是曲沃桓叔之子韩万，为曲沃武公╱晋武公之臣。如前所述（参见页 19），韩氏是晋献公╱士蒍清洗行动的"漏网之鱼"。

羊舌氏：始祖是晋武公曾孙羊舌突，为晋献公之臣。

郤氏：某位晋侯之后，始祖为郤叔虎，为晋献公之臣。

狐氏：某位晋侯之后，见于《左传》最早者为狐突，为晋献公、惠公、怀公之臣。

先氏：某位晋侯之后，见于《左传》最早者为先丹木，为晋献公之臣。

庆氏：某位晋侯之后，见于《左传》者唯有庆郑一人，为晋惠公之臣。

胥氏：某位晋侯之后，见于《左传》最早者为胥臣，为晋文公、襄公之臣。

贾氏：某位晋侯之后，见于《左传》最早者为贾佗，为晋文公、襄公之臣。

续氏：狐氏分支，见于《左传》者唯有续简伯（狐鞫居）一人，为晋襄公之臣。

解氏：某位晋侯之后，见于《左传》最早者为解扬,为晋灵公、景公之臣。

祁氏:始祖是晋献侯曾孙高梁伯之子祁奚,为晋景公、悼公、平公之臣。

伯氏:某位晋侯之后,见于《左传》者唯有伯宗一人,为晋厉公之臣。

另一类是始祖根本不是晋国公族成员、不受此禁令影响的非公族。纵观春秋时期的晋国卿大夫家族,属于非公族的包括魏氏、荀氏等姬姓非公族,以及士氏、赵氏等异姓非公族。这些氏族的基本情况如下:

荀氏(附中行氏、知氏):姬姓,始祖荀息(周文王之子原叔之后),为晋献公之臣。荀氏从逝遨之后,分为三支,一支为中行氏,以逝遨之子中行桓子(荀林父)为祖;一支为知氏,以逝遨之子知庄子(荀首)为祖;还有一支仍为荀氏。

魏氏:姬姓,始祖毕万(周文王之子毕公高后代),为晋献公之臣。

士氏(附范氏、彘氏):祁姓,始祖士蒍,为晋献公之臣。士氏从士会开始,一支为范氏,以范武子(士会)为祖;一支为彘氏,以士会庶子鲂为祖;一支仍为士氏。

赵氏:嬴姓,始祖造父,为周穆王之臣。见于《左传》最早者为赵夙,为晋献公驾车人。

梁氏:嬴姓,梁国公室之后。见于《左传》最早者为梁弘,为曲沃武公/晋武公之臣。

里氏：偃姓，唐尧理官皋陶之后，遂以官名为氏。见于《左传》者唯有里克，为晋献公之臣。

董氏：姒姓，周平王之臣辛有之后。见于《左传》最早者为董狐，为晋灵公之臣。

女氏：非姬姓，见于《左传》最早者为女齐，为晋悼公、平公之臣。

远支公族与现任晋君的宗法血缘关系已经很疏远，而非公族则与现任晋君完全没有宗法血缘关系，所以这些宗族的宗主和族人只有依靠自己出众的德行、能力、功绩，才能得到国君赏识，被提拔为高阶卿大夫。在成为世袭卿大夫家族之后，这些家族之间一直明争暗斗，德行有阙、能力低下的家族在斗争中被淘汰，他们的家产被斗争胜利者瓜分，实质上经历了一个"优胜劣汰""兼并重组"的过程，剩下的家族功勋更加卓著、实力更加雄厚。由于这些"远亲"和"外人"在自己的职位上干得有声有色，而且越来越强势，而且这也反过来使得晋国公室再没有动力、也没有能力恢复以宗法血缘为依据任用卿大夫的旧模式。

这样一来，当别的诸侯国卿大夫体系基本上还是被公族把持的时候，晋国逐渐形成了以"尊贤""尚功"为主流意识形态、以远支公族和非公族为主体的卿大夫家族群体，而这个群体为晋国异军突起、成为中原霸主并长期称霸提供了坚实的组织和人才保障。就这样，年老多疑的晋献公在骊姬谗言蛊惑下制定的一个"自断手足"的极端政策，却"歪打正着"地成为了晋国成就霸业的"葵花宝典"。

实际上，即使晋献公推算到这个禁令对于晋国人才结构将带来的颠覆性后果，他对此恐怕也早有心理准备。因为，在这个禁令颁布之前，身为"造反派"的三代曲沃国君和不信任近亲的晋献公早已开始重用来自于非近支公族的贤才，仅晋献公时期就有士蒍(异姓非公族)、荀息(姬姓非公族)、里克(异姓非公族)等多人。忠心且有能力的"外人"和令人无法信任的"亲人"之间的强烈对比，可能正是让晋献公敢于颁布"大义逐亲"禁令的"催化剂"。

然而，这个禁令虽然从根本上解决了小宗公族篡夺君权的问题，却不能确保晋国公室的历代君主都能寿终正寝。随着时间的推移，卿大夫家族不断壮大，公室直接掌控的经济、军事力量不断萎缩，卿族挑战公室、甚至弑君的恶性政变时有发生，春秋时期就发生了前六〇七年赵穿弑晋灵公，前五七三年栾武子、中行献子弑晋厉公两次。到了春秋末年，卿族势力的增长终于引发质变，前四〇三年周王室任命晋卿赵籍、魏斯、韩虔为诸侯，三家往日的卿族成为与苟延残喘的晋国平起平坐的国家，并最终将晋国公室消灭。这一支晋国公室，可以说是

"兴于小宗篡权，亡于卿族篡权"：虽然它设立了"不蓄群公子"的禁令，防止像自己当年那样的同姓小宗再起事端；却挡不住春秋时期公室衰微、卿族壮大的历史洪流。

晋献公身死国乱，秦穆公拥立夷吾

前六五一年，中原诸侯在葵丘盟誓，齐桓公的霸业达到巅峰（详见《齐桓篇》页 257）。这次盟会实际上也邀请了晋国，晋献公在赴会的路上遇到了先行返回的王室卿士周公孔，周公孔说："君主可以不用去参与会盟了。齐侯不致力于积德而忙于远征，所以向北讨伐山戎，向南讨伐楚国，在西边就举行了这次会盟。是否要向东边有所举动还不知道，西边是不会了。君主真正的忧虑恐怕在于内部的祸乱吧！君主应该从事于安定国内的祸乱，不要忙着出行参与会盟。"于是晋献公就折返回国了。

此事说明，齐桓公想要把晋国这个通过开疆拓土迅速成长的新兴诸侯国拉入到他担任霸主的中原诸侯联盟中，而这也为晋献公去世、晋国陷入内乱时齐桓公率诸侯军队干预埋下了伏笔。而晋献公敢于缺席的一个重要原因是，他本来开始也有了自己称霸的初步想法，这次前去的目的本来就是探察情况，而不是真心归服。

君务靖乱，无勤于行。（《左传·僖公九年》）

根据《国语·晋语二》的记载，在送走晋献公之后，周公孔对自己的驾车人说："晋侯快要死了。晋国以霍太山为城墙，以汾水、河水、涑水和浍水为护城河，戎、狄的民众环绕它。虽然有如此广大的国土，但如果违背了它所不应违背的准则，谁还会害怕它！如今晋侯不衡量齐侯德行的丰厚与否，也不揣度诸侯的强弱大势，放弃了闭门修治内政，轻率地上路赶赴盟会，这就失去了正心了。君子失去正心，很少有不死的。"

君子失心，鲜不天昏。

十一月十日，晋献公去世。当初，晋献公任命荀息做太子奚齐的师傅。晋献公病重时，召来荀息，问："把这个弱小的孤儿托付给大夫，您准备怎么办？"荀息行稽首礼并对答说："臣愿意竭尽辅助的力量，再加上忠、贞。事情如果成功，那是托君主的福；不成功，臣就豁出命来去拼。"献公说："什么叫忠、贞？"荀息对答说："对公家有利的事，知道了没有不做的，这是忠。送走逝去的、事奉活着的，两边对我都没有猜疑，这是贞。"

公家之利，知无不为，忠也。送往事居，耦俱无猜，贞也。（《左传·僖公九年》）

晋献公去世后，里克准备依靠太子申生、公子重耳、公子夷吾三位公子的党羽发动政变，杀掉名义上的国君奚齐。里克先打探荀息的立场："三位公子党羽的怨恨将要发作，秦国、晋国（应为齐国）将要帮助他们，您准备怎么办？"荀息说："将拼死护佑奚齐。"里克说："死了也没有益处。"荀息说："我已经和先君表过决心了，不能有二心。我能够想要实践诺言而又爱惜身家性命吗？即使没有益处，又能躲到哪里去呢？而且人们想要做他们认为正确的事，谁不如我？我既然想要对太子奚齐没有二心，又怎能叫其他人停止效忠他们的主子呢？"

据《国语·晋语二》的记载，里克打探了荀息立场之后，又去找丕郑：

里克问丕郑："三位公子的党羽将要杀掉君位继承人（指太子奚齐），您打算怎么办？"

丕郑问："荀息怎么说？"里克回答说："荀息说'将为奚齐而死'。"

丕郑说："您努力干吧。那两个国士所图谋的事，没有不成功的。我来帮助您一起行动。您带着七舆大夫等待我。我让狄人入侵来扰动太子奚齐政权，并援请秦国出兵来动摇太子奚齐政权。拥立人望较薄弱的公子夷吾做国君，我们可以从他那儿获得丰厚财礼，人望深厚的公子重耳我们可以不让他进入晋国。到那时，晋国除了被我们控制，还能是谁的国家！"里克说：

"不可以。我听说，那正义是利益的腿脚，贪婪是怨恨的本源。废弃正义，利益就站立不起来；贪欲深厚，怨恨就会产生。那君位继承人（指太子奚

且人之欲善，谁不如我？我欲无贰，而能谓人已乎？《左传·僖公九年》

夫义者利之足也，贪者怨之本也。废义则利不立，厚贪则怨生。

73

齐)难道得罪了民众吗？只不过是因为骊姬蛊惑君主并且欺骗了国人，诬陷群公子并夺去他们的利益，使君主迷惑昏乱，听信她的谗言而迫使群公子流亡，逼杀无罪的太子申生而被诸侯取笑，使百姓无不将憎恶藏在心中，这恐怕就像堵塞大河一样，溃决了再也无法挽救。

"所以我们打算杀悼奚齐而拥立逃亡在外的公子为君，是为了安定民心、消除忧患，并且可以指望得到诸侯的援助。也许可以说，诸侯认为合乎义的就扶助他，百姓喜欢的就尊奉他，国家才能安定巩固。现在如果企图通过杀了国君(指奚齐)并拥立傀儡新君来贪图他的财富，就是贪婪而且违背了正义。贪婪，民众就会怨恨；违背正义，得到的富贵就靠不住。贪图财富而民众怨恨，扰乱国家而自身危殆，还要害怕被诸侯当作奸臣记载在史册上，这样做是不合常理的。"

丕郑接受了里克的意见。

里克、丕郑决定迎回公子重耳即位。冬十二月，里克在守丧的茅棚里杀死了奚齐。据《国语·晋语二》的记载，骊姬也被杀了。荀息准备遵照承诺以身殉主。有人说："不如拥立骊姬妹妹所生的公子卓而辅佐他。"荀息于是立了公子卓并安葬了晋献公。前六五〇年春正月，里克在朝廷上杀死了公子卓，荀息最终自杀殉主。

　　齐桓公履行霸主职责，率领诸侯军队讨伐晋国，干预晋国内乱。与此同时，郤芮劝说公子夷吾用割地贿赂秦国，以求入国即位，说："现在是别人拥有这个国家，我们有什么好爱惜的？如果能进入国都得到民众，损失些土地又有什么关系？"夷吾按郤芮说的去做，向秦人许诺，事成之后，将东到原虢国、南到华山的河水以南五座城邑（包括焦、瑕）以及到达解梁城①的河水以北地区割让给秦国。秦穆公同意，发兵送夷吾进入晋国。齐桓公得到消息，担心会错过将"平定晋国内乱"作为自己霸主政绩的时机，于是派隰朋率少量军队加速前进，与秦军会合，一同送公子夷吾进入晋都。齐桓公率诸侯联军主力行进到晋邑高梁②时，得知夷吾君位已定，于是罢兵返回。

　　当秦军护送公子夷吾在路上时，秦穆公问郤芮说："公子在晋国内部仰仗谁？"郤芮对答说："臣听说流亡的人在国内没有党羽，因为有党羽就会有仇人。夷吾小时候不喜好玩耍，能够争斗而不过分，长大后这种性格还是没有改变，其他就不知道了。"

　　当郤芮不在场时，秦穆公问大夫公孙枝说："夷吾的君位能稳定么？"公孙枝对答说："臣听说，'只有法则能够安定国家'。《诗》说'不假借后天的知

① 华山、焦、瑕、解梁城见地图三。
② 高梁见地图三。

不识不知,顺帝之则。(《左传·僖公九年》)
不僭不贼,鲜不为则。

忌则多怨,又焉能克?

识,自然顺应上帝的法则",说的就是文王;又说"待人以信,不害他人,很少不被作为他人效法的准则",说的就是没有好恶,不猜忌、不急于求成。如今他的言语猜忌而又急于求成,难啊!"秦穆公说:"猜忌就会招致很多怨恨,又怎能真正成功?拥立一个水平不高的晋国君主对我们秦国有利。"

此时的秦国,经过与戎人一百多年的争战,已经完全占据了以渭河平原为主体的周人旧地,成为与东面的晋国比肩的新兴强国。秦穆公和晋献公一样,已经不再满足于单纯的开疆拓土、富国强兵,而是有了进取中原、参与国际政治的强烈愿望。然而,晋国在占领虢国后控制了崤函古道,阻断了秦国东进中原的道路,晋献公的强势也使得秦穆公不敢轻举妄动。正因为如此,秦穆公才会在晋献公去世、晋国陷入君位继承内乱时积极响应晋人请求,试图担负起一方诸侯之长的职责,通过拥立新君来平定邻国内乱,树立自己的国际威望,并通过将晋国转化成为盟国/仆从国,打开东进中原的局面。前六五〇年可以说是秦穆公称霸中原"梦开始的地方",而他的这个宏大的梦想几经跌宕,在前六二七年随着崤之战的大败而最终破碎。

郤芮的话为何被公孙枝解读为"猜忌而又急于求成"?这是因为,郤芮的回答是根据他们对秦国君臣的"猜忌"，或者说是分析揣测而编造的，而之所以要这样编造，正是因为"急于求成"，也就是为了抓住晋献公去世、君位悬空的宝贵窗口期，笼络和稳住秦国、顺利夺取政权。

郤芮精心编造的回答中，"我听说流亡的人在国内没有党羽"是核心信息，其目的是为了让秦国相信，公子夷吾在国内根基薄弱，因此无论是夺取政权、还是日后执政，都将高度依赖秦国的支持，秦国从而可以预期获得长期的战略利益作为交换。值得注意的是，为了便于日后赖账，郤芮并没有用"公子夷吾在国内没有党羽"这样不可抵赖的话，而是用了一个含糊其辞的"我听说流亡的人在国内没有党羽"，其小心猜忌可见一斑。为了让这个核心信息看起来更可信，郤芮在后面还提供了两条理由：第一，"有党羽就会有仇人"，也就是说公子夷吾在国内没有党羽对他自己也并非都是坏处；第二，公子夷吾的性情从小"不喜好玩耍，能够争斗而不过分"，这种性情自然会导致"无党无仇"的结果。

实际上，晋惠公回国后一年内的种种作为，比如筑墙防备秦国、背弃割地承诺、杀权臣里克、丕郑、祁举、七舆大夫等，已经很清楚地表明郤芮现在这番话完全是刻意编造的谎言：如果不好争斗、没有仇人，为什么一上台就杀那么多人？如果国内没有党羽、没有势力，怎么能杀那么多人还不被推翻？

　　生怕夺权之事会再生变故的公子夷吾集团精心编造了这段话来摸秦国的顺毛，而一心想要图强图霸的秦穆公／公孙枝则通过分析这段话来掂量公子夷吾集团的意图和格局。从下面所引《国语·晋语二》内容可知，秦穆公曾先后试探过公子重耳、公子夷吾这两个候选人，在被公子重耳婉拒之后，已经决定要拥立"顺服的"公子夷吾作为晋国新君，从而将晋国从秦国称霸路上的障碍转变成自己"威服诸侯"的政绩。郤芮在归国途中的这段话，正是在顺着秦国的思路，把公子夷吾描述成一个势单力薄、容易被操纵的傀儡，让秦国能坚定地拥立他，待回国掌权之后再实施自己的真实政纲；而对秦穆公／公孙枝而言，虽然已经看出来这番话充满猜忌和急切、不可轻信，却也一方面确认至少当下公子夷吾集团愿意低眉下眼、服事秦国，另一方面还掂量出公子夷吾集团狐疑猜忌、急功近利，格局不高，即使日后翻脸也不足以与秦国争霸。秦穆公一句"猜忌就会招致很多怨恨，又怎能真正成功"，就已经显示出他对于人性的认识远在公子夷吾集团之上。秦国与公子夷吾集团双方从一开始就各有打算、互相试探，这种尔虞我诈的开始也为之后双方关系破裂、兵戎相见的结局埋下了伏笔。

抓住或放弃：夷吾和重耳的抉择

《国语·晋语二》详细叙述了秦国试探公子重耳和公子夷吾，最终拥立公子夷吾为君的始末：

杀了太子奚齐和公子卓以后，里克和丕郑让屠岸夷去狄地告诉公子重耳说："国家动乱，民众惊扰，得到国家就要在祸乱的时候，治理民众就是要在惊扰的时候，您何不进入晋国当君主呢？我们请求给您当前导。"

重耳告诉狐偃说："里克想接纳我回国继承君位。"狐偃说："不可以。使树木坚固在于开始，开始不稳固好根基，最终一定会枯萎凋落。君临国家的人，要知道哀乐喜怒的节度，用它来训导民众。不哀悼丧事而想趁机求得国家政权，难以成功；乘国家动乱之机进入国都执政，将有危险。因为丧事而得到国家，就必定以国丧为乐事，以国丧为乐事必定会导致哀伤。因为动乱而进入国都执政，就会把动乱当作喜事，喜欢动乱必定会使道德懈怠。这样的话喜怒哀乐的节度就违背了，还怎么来训导民众呢？民众不听从我们的训导，谁有资格当君长？"

重耳说："如果不是丧事，谁能取代君位？如果不是动乱，谁会接纳我？"狐偃说："我狐偃听说，丧乱有小大之分。大丧大乱的锋芒，是不可以冒犯

夫坚树在始，始不固本，终必槁落。夫长国者，唯知哀乐喜怒之节，是以导民。不哀丧而求国，难；因乱以入，殆。以丧得国，则必乐丧，乐丧必哀生。因乱以入，则必喜乱，喜乱必怠德。

的。父母去世是大丧，兄弟间有谗言是大乱。如今您正处于这种境地，所以很难成功。"

公子重耳出来接见使者，说："承蒙您恩惠顾念流亡的人。我重耳在父亲在世时不能尽洒扫的臣子义务，父亲去世后又不敢回国参加丧事而加重了我的罪过，而且屈尊大夫来慰抚我，谨敢辞谢您的建议。那稳固国家的人，关键是要亲近民众而善待邻国，要体察民情并顺应它。如果是民众认为有利，邻国愿意拥立，大夫们还是听从那个人吧，我重耳不敢违背。"

晋都内的吕甥和郤称也派蒲城午去梁国告诉公子夷吾说："您送厚礼给秦人，以请求他们帮助你进入国都即位，我们做您的内主。"

夷吾告诉郤芮说："吕甥打算接纳我回国继承君位。"郤芮说："您努力吧。国家动乱民众惊扰，大夫们不守常法，这个好机会不可以失掉。不是动乱如何进入国都即位？不是国家危难如何安定民众？幸好只要是国君的儿子都有机会，就看谁会去求索了。如今正逢国家动乱民众惊扰，谁能抵御我们？大夫们不守常法，如果众人所立的君主，谁能不服从？您何不倾尽国家的财富来贿赂国内外的势力，不要吝惜国库空虚以求得进入国都即位，进入之后再图谋聚敛财富。"

于是公子夷吾出来接见使者，两次行稽首礼，答应了他。

吕甥在确认公子夷吾会尽全力求得秦国支持并归国夺权之后，出面告诉大夫们说："国君已死，擅自立新君我们不敢，时间拖得太久则害怕诸侯图谋侵犯我国，直接从国外召来公子做君主则民众各有心意，恐怕会加重祸乱，何不请求秦国帮助我们立君呢？"大夫们同意了。

于是晋国就派梁由靡向秦穆公陈述说："上天降灾祸于晋国，谗言繁乱兴起，波及到君主的后代，他们怀着忧虑恐惧离开晋国逃散到远方，寄身在草野之间，没有依靠。又加上我国君主的去世，国丧和祸乱同时到来。托君主的威灵，鬼神发了善心，有罪之人伏罪受诛。晋国的群臣不敢安宁地生活，都在等待君主的命令。君主如能恩惠照顾晋国的社稷，不忘与我国先君的友好，那么请君主屈尊收留我国先君逃亡迁徙的后裔而立为君主，以便让他主持晋国的祭祀，而且镇抚他的国家和民众。四方的邻国诸侯听到君主这样做，谁能不害怕君主的威势，同时又欣喜君主的美德？达成君主的厚爱，新君接受君主的厚赐，群臣接受君主的大德，晋国谁不是君主的臣隶呢？"

秦穆公答应了梁由靡的请求。让使者返回晋

国后,秦穆公于是召见大夫孟明视和公孙枝,问:
"那晋国的动乱,我该选派谁去二位公子那里选择
一位而拥立为新君,以应对晋国急迫的嗣位问题
呢?"大夫孟明视说:"君主派公子絷去吧。公子絷
聪敏而且知礼,待人恭敬而且洞察精微。聪敏能够
暗中谋划,知礼适合派作使者,恭敬不会有误君命,
精微就能知道某位公子可否立为国君。君主应该
派他去。"

絷敏且知礼,敬
以知微。敏能窜
谋,知礼可使,敬
不坠命,微知可
否。

于是就派公子絷去狄地吊慰公子重耳,说:"我
国君主派我来慰问公子的忧虑,还加上父亲丧事的
哀痛。寡人听说:'得到国家常在国丧的时候,失掉
国家也常在国丧的时候。'时机不可放过,国丧不会
太久,请公子好好考虑!"

得国常于丧,失
国常于丧。

重耳把他的话告诉狐偃。狐偃说:"不可以。
逃亡的人没有私亲,而以诚信仁爱为亲,这样的人
被立为君主才不会危险。父亲刚死,灵柩还停在堂
上就谋求利益,谁会认为我们仁爱?别人(指公子
夷吾)也有继承君位的权利,我们如果凭侥幸之心
争先,谁会认为我们诚信?不仁不信,又怎么能长
久地保有利益?"

亡人无亲,信仁
以为亲,是故置
之者不殆。

于是公子重耳出来见公子絷说:"承蒙君主惠
顾慰问逃亡的臣子,又加上帮助我回国的使命。我
重耳自身流亡在外,父亲死了都没有位置参与哭

丧,又怎敢有其他想法,以玷辱贵国君主的正义举动呢?"说完两次拜手而不行稽首礼,站起来哭了一回,退下后也不再私下会见公子絷。

公子絷又去到梁国慰问公子夷吾,说的话就像慰问公子重耳一样。

夷吾对郤芮说:"秦国要为我奔波了!"郤芮说:"公子努力吧。逃亡的人不能清高,清高就行不通。应该用厚重的财礼去匹配帮助你的人的恩德,公子花尽都可以,不要吝惜财货!别人(指公子重耳)也有继承君位的权利,我们凭侥幸去争一争,不也可以吗?"

于是公子夷吾出来见使者,两次行稽首礼,站起来不哭泣,退下后又私下会见公子絷说:"当权的大夫里克已经答应支持我了,我答应事成之后把汾水以北的百万亩田地赐给他。丕郑也已答应支持我,我答应事成之后把负蔡一带的七十万亩田地赐给他。秦君如果辅助我,就无须天命来决定了!我这个逃亡的人如果能进入国都为君,洒扫宗庙,安定社稷,逃亡的人怎敢奢望拥有广大的国土?秦君有的是郡县,还能纳入河水以南的五座城邑。并不是说秦君没有这样的土地,而是为秦君东游到河水桥梁上的时候,就不再会为难着急了。逃亡的人携带着套马带、马肚带来追望秦君车马的扬尘,谨献上黄金四十镒、白玉作的珩六双,不敢说献给公子您,请献给您左右的随从。"

公子絷返回秦国,向秦穆公复命。穆公说:"我支持公子重耳,重耳仁爱。他只两次拜手而不稽首,是表示不贪图成为继承人。站起来哭泣,是爱他的父亲。退下后不私下会见使者,是不汲汲于私利。"公子絷说:"君主的话不对。君主如果寻求通过拥立晋君而成全晋国,那么立仁爱的公子不也可以吗?君主如果寻求拥立晋君来在天下成就秦国的威名,就不如立不仁爱的公子以扰乱它的内政,还可以有进退的余地。我听说,'有为了仁爱而立国君的,有为了武威而立国君的。为了仁爱就要立有德的,为了武威就要立顺服的。'"

仁有置,武有置。仁置德,武置服。

所以秦穆公就先拥立公子夷吾,这就是晋惠公。

《国语·晋语二》的记载让我们得知,公子重耳之所以没有在晋献公去世后夺得政权,并不是因为他没有机会,也不是因为他自己不想抓住这个机会,而是因为他信任大谋士狐偃的判断,接连两次拒绝了来自于晋国内部支持势力和秦国使者的邀请。如果我们把狐偃两次劝公子重耳放弃这次机会的话与郤芮两次劝公子夷吾抓住这次机会的话进行一下对比,估计第一感觉都是,狐偃的立意高尚,但满嘴的仁爱诚信,有些"假大空",似乎不大适用于这种机会稍纵即逝、可能永不会再有的紧急场合;相比之下,郤芮的思路功利,但观点合情合理,看似更符合现实政治的风格和逻辑。

然而,公子夷吾成为国君后,马上就在是否兑现土地重赂问题上陷入了困境:一上台就大面积割地给秦国则会遭受国人唾弃,政权不稳;翻脸不割地就会和秦国结下怨仇,开始积蓄外部风险;赏赐里克、丕郑土田,则会引发其他卿大夫不满;翻脸不赏赐,就会迅速将二人重新推向他们本来就支持的公子重耳。晋惠公选择翻脸不割地给秦国,最终导致在韩原战败被俘;选择杀里克、丕郑以逃避兑现赏赐承诺,导致国内支持公子重耳的势力被激发活跃起来,不断发动舆论攻势以抹黑晋惠公。相比之下,公子重耳在十三年后抵达归国夺权"跳板"秦国后,除了接受联姻之外没有做出任何丧权辱国的实质性承诺,第二年回国后封赏国内卿大夫也是公开地论功行赏。晋文公新政权光明磊落地开局,没有陷入到晋惠公政权的那种纠结困境之中,而是全力推行新政,两年后就甩开秦国独自成就了"出定襄王"的大功,迅速走上了称霸中原的道路。

只有在看到了所有这些后续发展之后,我们才能够明白,狐偃的论述和判断之所以看起来有些

"迂阔"，是因为他的指导思想是"坚持做正确的事，而不是容易的事"，他的奋斗目标是辅佐公子重耳成为一个众望所归、公德（展现在世人面前的德行）高尚、政绩斐然的英主，甚至成就齐桓公那样的霸业。他反对公子重耳在此时归国夺权，一是因为，此时国外有格局庸俗、为夺权无所不用其极的公子夷吾／郤芮，国内还有吕甥、郤称等公子夷吾党羽，夺取政权的道路十分凶险，很可能会陷入"国内父亲尸骨未寒，国外兄弟骨肉相残"的境地，结局难以预料，德望必然受损；二是因为，如果此时谋求秦国拥立，由于秦国还有另外一个候选人公子夷吾，所以要想确保成功就必须向秦国献媚以巩固秦国心意，即位后也很可能会被秦国凭借对重耳有"二选一"的拥立大恩以及手中握有替换人选公子夷吾（如果夷吾没有被重耳杀掉的话）相要挟，到那时，公子重耳如果想要走"知恩图报"的路，就得配合秦国的东进争霸行动而不能独自行动；如果走"翻脸不认人"的路，就很可能在理亏的不利局面下与秦国发生正面冲突。也就是说，现在这个趁父丧归国即位的机会，在只求夺权的郤芮看来是必须要抓住的"桃花运"，而在一心"致君齐桓上"的狐偃看来却是隐患重重的"烂桃花"。

基于这种考虑，狐偃给公子重耳规划了另外一条"舍利取义"的道路,那就是继蒲城不抵抗君父之后(这也应该是处于狐偃的谋划),抓住春秋时期人们普遍认为"让国"之人必有大德的社会心态,在国内使者和秦国使者面前分别上演一场高风亮节、足以让国人和秦穆公感动和敬佩的"让国秀",进一步塑造公子重耳仁爱诚信的高尚形象,为日后光明正大地归国即位积累德望。而公子重耳比公子夷吾高明的地方,就在于他能够理解和认同狐偃的战略定力和长远规划,放弃面前马上可以兑现的宝贵机会,选择继续流亡,继续积累。孔子所说的"君子离开了仁德,又能在哪里成就他的美名",说的就是狐偃所坚持的理念;《礼记·中庸》所说的"君子处于平易的状态以等待天命,小人做危险的事情以妄求幸运",描述的正是公子重耳/狐偃和公子夷吾/郤芮之间的差别。

君子去仁,恶乎成名。(《论语·里仁》)

君子居易以俟命,小人行险以徼幸。

夷吾当权诸事不顺,重耳党羽兴风作浪

前六四九年夏四月,晋惠公正式即位,在场的有霸主齐国代表隰朋,还有周王室代表周公忌父和王子党。接下来,晋惠公干了两件大事。

第一件事,是"杀人"。晋惠公在郤芮的建议下,决定杀了里克作为对齐国声讨晋国内乱的交待,这样除了可以应付齐国,还有三重好处:第一不

用再兑现赏赐里克土地的承诺,第二防止里克再次作乱而迎立公子重耳,第三除去了妨碍晋惠公核心谋士郤芮专权的障碍。惠公派人告知里克说:"如果没有您,就到不了这一步。虽然如此,您杀了两位君主和一位大夫①,当您的君主,不也很难吗?"里克对答说:"没有废黜,君主如何兴起?想要加罪给臣下,怎会没有托辞呢?臣下听懂命令了。"于是里克抽剑自杀。

不有废也,君何以兴?欲加之罪,其无辞乎?(《左传·僖公十年》)

据《国语·晋语三》的记载,晋惠公杀死里克之后又感到后悔,他说:"郤芮呀,是你让寡人错杀了社稷的重臣。"晋惠公的后悔是有理由的,因为杀里克并没有瓦解重耳国内党羽的斗志,反而激化了矛盾,把他们彻底逼到了对立面。接下来,重耳党羽决定抓住晋惠公君位尚不稳固之时奋力一搏,谋求颠覆新政权、拥立重耳为君。

第二件事,是"赖帐"。晋惠公回国之后,马上在秦晋边境修筑城墙防备秦国。然后,他派出丕郑到秦国访问,向秦穆公致歉说:"起初夷吾把河西的土地许诺给贵国君主。如今幸而进入国都立为君主。大臣们说:'土地,是先君的土地。君主流亡在外,怎么能擅自许诺给秦国?'寡人和大臣们争辩不过,因此向秦国致歉。"通过"赖帐",晋惠公一方面洗刷了自己先前为了夺权而"卖国求荣"的恶名,获

①"两位君主"指太子奚齐和公子卓,"一位大夫"指荀息。

得了国内一批强硬派卿大夫们的支持；另一方面也与秦穆公结下了仇怨。

重耳党羽谋划的叛乱行动分为政变和舆论战两个部分。一方面，正在秦国的丕郑得到里克被杀的消息后，马上决定组织政变，于是向秦穆公告发说，晋惠公"赖帐"都是因为吕甥、郤芮、郤称的谋划。丕郑说服秦穆公和他"里应外合"，由秦穆公出面把吕甥等人诱骗到秦国杀掉，然后自己在国内发动政变逐出晋惠公，而秦穆公则以武力护送公子重耳归国。另一方面，国都内其他重耳党羽密切关注晋惠公的一举一动，伺机发动舆论攻击，为重耳归国夺权造势铺路。

如上所述，晋惠公逼死里克之后感到后悔，并试图"甩锅"给出主意的郤芮。重耳党羽核心人物之一、太卜郭偃可不能让晋惠公就这样蒙混过关，他马上发表了这样一段将批判重点直指晋惠公的言论："不仔细谋划就进谏劝说除掉里克的，是郤芮。不仔细考虑就杀人的，是君主自己。不仔细谋划就进谏，是不忠；不仔细考虑就杀人，是不祥。不忠，将受到君主的惩罚；不祥，将遭到天降的祸难。受到君主惩罚，会身死蒙羞；遭到天降的祸难，会绝后代。通晓正道的人不要忘记，灾祸将要到了！"这段话不可谓不狠，但是如果跟重耳党羽接下来要掀

不谋而谏，不忠；不图而杀，不祥。不忠，受君之罚；不祥，雁天之祸。受君之罚，死戮；雁天之祸，无后。《国语·晋语三》

起的舆论风浪相比，这只能算是正式"炮轰"之前的"试射"而已。

杀里克之后，晋惠公决定要举行一场"改葬太子申生"的公关活动，通过给这位品德高洁、感动晋国的冤死太子平反，塑造新政权的正义形象，占据道德制高点，营造有利于稳定局势的正能量舆论氛围。然而，由于不明原因，活动当天现场出了严重事故，棺材盖子错位打开，尸臭弥漫全场。根据《国语·晋语三》的记载，事故发生后，一首抹黑晋惠公、颂扬公子重耳的"民谣"在晋国都城里迅速传播开来：

贞之无报也。

孰是人斯，而有是臭也？

贞为不听，信为不诚。

国斯无刑，偷居幸生。

不更厥贞，大命其倾。

威兮怀兮，

各聚尔有，以待所归兮。

猗兮违兮，心之哀兮。

岁之二七，其靡有微兮。

若狄公子，吾是之依兮。

镇抚国家，为王妃兮。

想按正礼改葬却没有好报哩。

这人是谁,改葬太子申生却发出这样的恶臭?

想按正礼安葬却不被听从,想标榜信义却不见真诚。

国家这样没有刑罚,让偷窃君位的人侥幸生存。

不改变这个君位的正当性,晋国的命运将会倾覆。

畏惧这人啊怀念那人啊,

各自汇聚你所拥有的力量,等待最后的归宿啊。

唉呀想摆脱这人远走他乡啊,又难舍故土内心哀伤啊。

二七十四年后,这人的后代将要微亡啊。

远在狄的公子,我们依傍的是他啊。

他将镇抚国家,作周王的辅佐啊。

大夫郭偃马上配发了这样一段煽风点火的言论:"很难啊,好事真难做!君主改葬共君是想引以为荣,却使自己的恶名更加昭彰。一个人内心美好,必定会表现于外并且传扬于民间,民众会爱戴他。反过来一个人内心丑恶也一样。所以行动不可不慎重啊,必定有人会知道。十四年后,君主的继承人将被废弃吧,这个运数上天已经告知民众了。公子重耳会进入国都即位吧,这迹象已经在民间显现了。他如果进入国都即位,一定会成为诸侯

夫人美于中,必播于外而越于民,民实戴之。恶亦如之。(《国语·晋语三》)

数,言之纪也。
魄,意之术也。
光,明之曜也。

之长而朝见周王,这光辉已经照耀民众了。数字,是预言的记录。迹象,是民意的先导。光辉,是明德的闪耀。用记录预言来表述,用阐发民意来引导,用闪耀光辉来昭示,他不到来还等待什么?想要为他作先导的人可以行动了,他将要到了!"

如果我们不相信国人和郭偃真能准确预测十四年后公子重耳归国夺权的话,我们可以这样揣测这个故事一种可能的形成过程:

晋惠公改葬太子申生的活动上发生了尸臭四溢的事故,这个事故本身很可能就是混迹在工作人员中的重耳党羽所为,为的是毁掉这场利用申生美名来"加持"新政权的公关秀,把它转变为一场利用申生尸臭来彰显新政权"污秽本质"的反公关秀。事故发生后,重耳党羽立刻在国都内散布一首民谣体的政治讽刺诗,使其广泛流传。当然,原诗中并没有"岁之二七,其靡有徵兮"这句话,而只是预测公子重耳未来将会归国夺权。然后,同为公子重耳党羽的郭偃对这首诗进行详细"评论",评论的目的在于宣扬这首歌谣反映了上天的旨意,号召民众为公子重耳归国早作准备,当然,郭偃的原话中并没有关于十四年的那些评论。

公子重耳归国成就霸业之后,后人以这个事件为蓝本进行再创作,加入准确预言重耳将在十四年后归国夺权的桥段,将晋文公称霸之事进一步天意化、神圣化,最终形成了我们今天看到的这个版本。

如果说这场"申生改葬"事件是重耳党羽利用政府公关活动制作的"改编剧"的话,接下来发生的"申生显灵"事件就是他们在尝到甜头后推出的"自制剧"了。根据《左传·僖公十年》的记载,事情的经过是这样的:

秋天,狐突(太子申生生前的驾车人)前往曲沃(太子申生生前居地),在那里遇到了已故的太子申生。申生让狐突上车,并让他重操旧业驾车前行。申生告诉狐突说:"夷吾对我无礼,擅自将我掘出改葬,我已经向天帝请示过了,将把晋国交给秦国,秦国将祭祀我。"狐突回答说:"臣下听说,'神灵不享受别族的祭品,民众也不会祭祀别族的神灵'。如果真把晋国交给秦国,您的祭祀恐怕要断绝了吧?而且民众有什么罪? 让全体晋人为晋惠公一人之罪而遭受灭国之祸,是失掉刑罚的本义;秦人不会祭祀您的在天之灵,这会让您缺乏祭祀。您还是重新考虑一下!"申生说:"好的。我将重新向天帝请命。七天后,在曲沃城外的西边,将会有巫者显现我。"

狐突答应了,申生就消失不见了。七天后,狐突按约定前往,太子之灵附体的巫者告诉他说:"天帝答应我惩罚有罪的夷吾了,夷吾将在韩地失败。"

神不歆非类,民不祀非族。

93

这个"申生显灵"事件在现代人看来自然是荒诞不经,但是它在当时是一个具有"国际影响力"的段子。四年后的前六四五年,秦穆公在韩地击败晋军、俘虏晋惠公,在回国路上对一路尾随的晋国大夫说:"寡人跟随着晋君往西去,也不过是实践晋国的妖梦罢了"(参见页104)。秦穆公的话表明,当时这个故事已经流传到了秦国。不过,在不信邪的秦人看来,整个故事都只是一个"妖梦"而已。

我认为,这个事件既不是全然真实、现代科学尚无法解释的"灵异事件",也不是全然虚无缥缈的"妖梦",而应该是包括狐突在内的公子重耳党羽炮制的又一轮舆论攻击,让晋人都很崇敬的太子申生"现身说法"谴责晋惠公,败坏晋惠公的声誉,支援流亡在外的公子重耳。很可能最早的版本只是说夷吾将失败,而并没有在韩地的细节,而传世的版本则增加了这个细节,以进一步突出天意的神力。在上述定性认识的基础上,我们甚至可以试图还原这次政治诽谤行动的实施过程:

首先,公子重耳党羽安排一位巫者出现在曲沃城的西边,开始装神弄鬼,表演太子申生鬼魂附体,吸引民众围观,然后说了一段"天帝准许我惩罚有罪的公子夷吾,他必将失败"的话(不包括韩地细节)。与此同时,公子重耳党羽混在围观民众中,以道听途说的方式散布此次"申生鬼魂附体巫者显灵事件"的"前情回顾",那就是狐突和公子申生鬼魂在七天前的会面和对话。这段"人鬼对话"篇幅短小,非常便于记忆和口口相传,它的寥寥数语试图达到两个目的:第一,说明晋惠公的所作所为已经把"道德楷模"太子申生的鬼魂气到失去理智、要以灭国来报复的程度,以此极言晋惠公之恶;第二,说明狐突大公无私,以晋国民众福祉为重,正是他的善良仁爱缓和了太子申生鬼魂的过度愤怒。由于狐突的两个儿子狐偃、狐毛正追随者公子重耳在外流亡,抬高狐突的目的其实是为了进一步美化公子重耳的形象。这次"快闪"结束后,一个完整的"申生两次显灵"故事就逐渐在晋国都城的国人中间散布开来,在更大的范围内发挥它诋毁现任君主、支持重耳复辟的"药效"。

公子重耳归国成就霸业之后,后人以这个事件为蓝本进行再创作,加入了准确预言晋惠公会在韩地战败的细节,将晋文公称霸之事进一步天意化、神圣化,最终形成了我们今天看到的这个版本。

在多轮舆论攻击的"炮火准备"之后,重耳党羽策动的政变计划也进入实施阶段。冬天,秦穆公派大夫泠至回报丕郑的访问,并以重礼慰问吕甥、郤称、郤芮三人,召他们去秦国。郤芮说:"财礼重,话

币重而言甘,诱我也。(《左传·僖公十年》)

95

语甜,这是在诱骗我们。"于是杀了丕郑、祁举以及左行共华、右行贾华、叔坚、骓歂、累虎、特宫、山祁等七位舆大夫,这些人都是里克、丕郑的党羽,也是支持重耳复辟的核心力量。这次血腥"肃反"沉重打击了国内的重耳党羽,他们可能从此进入了蛰伏阶段,除了向流亡团队通风报信之外,没有再发动见于文献记载的重大政变和舆论战。

值得注意的是,从共华、贾华的官职看,此时晋国除了用战车作战的上、下两军,还有了专门与山区戎狄作战的步兵——左行、右行,实际上已经有了四军的规模。

丕郑的儿子丕豹出逃到秦国,对秦穆公说:"晋侯背弃大主(指秦穆公)而忌恨小怨,民众不顺从他。您讨伐他,他一定会出逃。"秦穆公说:"晋君若失众心,又怎能成功杀掉里克、丕郑及其党羽?晋国有权势者但求避祸,谁能逐出晋君?"

前六四九年,周王派召武公、内史过到晋国赐予晋惠公策命。晋惠公在接受使者致送瑞玉的环节显得懒散不在意。内史过回来后,向周王报告说:"晋侯恐怕不会有后代长期在晋国掌权吧!王赐予他策命,他却懒散地接受瑞玉,这是先行自暴自弃,还能有什么继承可言?礼,是国家的主干。敬,是礼的载体。不敬,礼就没法施行。礼不能施

礼,国之干也。
敬,礼之舆也。
不敬,则礼不行。
礼不行,则上下
昏,何以长世?
(《左传·僖公十
一年》)

96

行,就会上下昏乱,怎么能延长世代?"

《国语·周语上》记载了一个不同且详细得多的内史过言论,而且他还预言晋惠公党羽吕甥、郤芮也将有祸:

> 周襄王派召公过与内史过向晋惠公颁赐策命,吕甥、郤芮辅相晋惠公行礼时不恭敬,晋惠公执玉圭位置低于礼制规定,拜谢时没有行稽首礼。

> 内史过回来,把这件事告诉襄王说:"晋国如果不亡,它的现任君主一定会绝后,而且吕甥、郤芮将不能免于祸难。"

> 襄王问:"为什么呢?"内史过答道:

> "《夏书》上说:'民众没有好君主,拥戴谁?君主没有民众,就没有人一起保守邦国。'《汤誓》中说:'我一人有罪,不要连累万民;万民有罪,责任在我一人身上。'《盘庚》则说:'国家好,全是你们大家的功劳。国家不好,只是我一人的过失,因此有惩罚。'因此,做民众的君长并役使他们时,不可以不谨慎。

> "民众所关心的是祭祀、战争之类的大事,先王懂得这样的大事必须靠民众才能成功,因此清洁内心而用宽和施惠于民众,将心比心地君临他们,昭明政事规则来训导他们,制定义法得到众人信任之后才去推行。清洁内心,是精;将心比心,是忠;昭

余一人有罪,无以万夫。万夫有罪,在余一人。

97

明政事规则，是礼；制定义法获得民众信任，是信。因此为民君长、役使百姓之道，做不到'精'就不能使民众和睦，做不到'忠'就不能树立权威，做不到'礼'就不能使人顺从，做不到'信'就无法行事。现在晋侯刚即位就背弃诺言不给国内国外拥立者财礼，虐待留在国内的大臣，是背离了信；不敬重周王的赐命，是背离了礼；施行自己所厌恶的做法，是背离了忠；用恶念充满内心，是背离了精。这四条都背弃了，则远方的人不来，邻近的人也不和睦，将凭什么来守卫国家？

"古时候，先王得到天下之后，又尊崇上帝、明神而敬奉他们，于是用祭祀日、月这样的仪式来教导民众事奉君主。诸侯在春、秋两季受命于周王来莅临民众，大夫、士天天在位上恪尽职守来敬奉他们的官职，庶人、工、商各守其业来为上级效劳。这样尚且担心有所失坠，所以制定了车服、旌旗制度来彰显，规定了见面礼、信物符节来镇守，制定了班次爵位贵贱来排列，设立了美名、荣誉来宣扬。仍然有松散、失职、懈怠、轻慢而受到刑法惩处、流放到边地的人，于是就有了蛮、夷这样的国家，有了受到斧钺、刀墨刑罚的罪民，君主自己又怎么可以过分放纵自身呢？

"那晋侯本来不是法定继承人，而得到了君主的大位,勤勉警惕、保守戒惧,还怕不行呢。假如内心膨胀而疏远邻国,欺凌民众而不敬上级(指周王),将怎么固守君位?那玉圭拿得低,是废弃见面礼仪;拜谢不行稽首礼,是欺诬周王。废弃见面礼仪就镇不住,欺诬周王就会失去民众。那上天经常通过一些事情来象征未来,责任重而享大位的人如果不勤勉谨慎必定会很快遇上祸难。所以晋侯欺诬周王,别人也将欺诬他;废弃镇守,别人也将废弃他。大臣享受晋侯的俸禄,不加劝谏反而阿谀奉承他,也一定会遭受祸难。"

夫天事恒象,任重享大者必速及。

前六四九年,晋惠公试图调停戎人和王室之间的紧张关系,但并没有成功,到了前六四八年齐桓公派隰朋出面才暂时解决了问题(见《齐桓篇》页267)。由此可见,晋惠公想要继承晋献公遗志,在中原国际事务中发挥更为积极的作用,然而此时齐国还是中原毫无争议的霸主,晋国还无法与齐国正面竞争。

韩之战晋国惨败,促改革因祸得福

前六四七年冬,晋国已经遭受了连年的饥荒,派人到秦国去购买大量粮食。秦穆公问公孙枝:"卖给晋国吗?"公孙枝对答说:"君主给予晋国双重施舍而晋侯回报,君主还有什么要求?君主双重施舍而晋侯还不回报,晋国民众必定会离心。民众离心君主再去讨伐,晋侯失去民众支持,必定会失败。"穆公问百里奚:"卖给晋国吗?"百里奚对答说:"天灾流行,每个国家都会轮流遭遇。振救灾荒、体恤邻国,这是正道。遵行正道,会有福报。"此时丕豹还在秦国,请求趁机讨伐晋国。秦穆公此时已经决定要救援晋国,于是说:"厌恶的是它的君主,民众有什么罪?"

秦国于是从水路运粮去晋国,从秦都雍到晋都绛,运粮的船只沿渭水顺流东下,到华阴转入河水,又沿汾水逆流而上,最后转入浍水,一路连绵不断。有意思的是,秦穆公给这次运粮行动专门起了一个名字,叫做"泛舟之役"。在春秋时期,"某某之役"一般是指在某地发生的军事或外交行动,所以,将"泛舟"这样一个闲适风雅的词与绝不会和它搭配的"之役"相结合,会产生一种新奇感和悬疑感,使得人们容易记住这个词,并且引诱他们去询问或猜测这个词背后的故事。此时秦穆公已经有了称霸之心,他这样做的目的,应该是希望通过发布这样一个"热词"来广泛传播这一善举,从而为称霸积攒政绩。后来他又发布了另一个引发民众编造各种解释的热词"五羖大夫",也是出于同样的目的(详见页58—59)。

前六四六年冬天,秦国也遭遇饥荒,派人到晋国去买粮，晋人不给。晋大夫庆郑说："背弃施舍，无亲；幸灾乐祸，不仁；贪图所爱惜的东西，不祥；惹怒邻国，不义。四种美德都失掉了，用什么来守卫国家？"虢射说："皮都不存在了，毛又能依附在哪里①？"庆郑说："抛弃诚信，背弃邻国，患难来时，谁来体恤？没有信用，患难就会兴起，失掉外援，必定失败。说的就是现在这种情况了。"虢射说："即使给粮食，对于由于拒绝割地造成的怨恨没有多少减损，反而使敌人增加实力，不如不给。"庆郑说："背弃施舍，幸灾乐祸，是民众所唾弃的。亲近的人还会因此结仇，何况是怨家敌人秦国呢？"晋惠公不听庆郑的意见。庆郑退下来说："君主恐怕是要后悔这个决定的！"

当初晋惠公进入国都即位后，他的姐姐秦穆夫人把贾君嘱托给惠公照顾②，而且说"把当年被驱逐的群公子都召回国"。惠公却直接"烝"了贾君，又不召回群公子，因此秦穆夫人怨恨惠公。惠公回国后背弃诺言，不再给予承诺给国内外支持者的割地。晋国此番又拒绝给发生饥荒的秦国提供粮食援助，秦穆公在积攒了足够强有力的"正当"理由后，于前六四五年率军讨伐晋国。

秦军一路势如破竹，三次击败晋国军队，前锋已经到达了韩地③。晋惠公这时候当然已经知道庆

背施，无亲；幸灾，不仁；贪爱，不祥；怒邻，不义。（《左传·僖公十四年》）

皮之不存，毛将安傅？

① 皮比喻晋惠公先前许诺秦的割地，毛比喻粮食。虢射认为晋既然已经违背诺言不割地给秦，为怨已深，即使这次送粮给秦，也将如无皮之毛，无处附着，不如干脆不送。

② 晋献公从贾国娶了夫人，就是贾君，没有生下儿子。晋献公后来又"烝"了父亲的妾齐姜，生了秦穆夫人和太子申生，贾君因此备受冷落。秦穆夫人怜悯贾君，因而有此嘱托。

③ 韩见地图三。

郑当时的判断是正确的,于是向庆郑请教,问:"敌人已经深入我国了,怎么办?"庆郑却"得理不饶人",挖苦晋惠公说:"是君主的失策导致敌人深入的,能怎么办?"晋惠公看庆郑"蹬鼻子上脸",也被惹火了,说:"放肆!"因此,到了占卜车右人选的时候,虽然庆郑吉利,但火气还没消的晋惠公就不让他担任。最后确定下来由步扬为晋惠公驾车,而家仆徒作为晋惠公的车右。

晋惠公决定选用从郑国进口的小驷马来驾驭战车。这时,刚才惹怒了晋惠公的庆郑却又恢复了理智,进谏说:"古代在本国打仗,一定用本国出产的马驾车:生活在自己的水土上,知道主人的心意;安于主人的调教,熟悉本国的道路;不管放到哪里,没有不如意的。如今乘坐用异国出产的马拉的战车来参加战斗,一旦惊惧而性情大变,就会和驾车人的心意相违背了。马的狂乱之气狡戾而愤懑,血液周身涌动,扩张血脉,血脉突起兴奋,外表显得强健,体内则实干竭,进退不能,转向也不能。君主必然要后悔的。"而此时的晋惠公认为庆郑还在跟自己抬杠,因此没有听从他的合理建议。

九月,晋惠公在韩地迎战秦军。他派出韩定伯前去侦查秦军状况,韩定伯回来后说:"秦国军队人数比我军少,但斗士的数量比我军多一倍。"晋惠公问："为什么?"韩定伯对答说："君主逃出晋国依靠它的资助,君主进入国都是利用它的尊宠,晋国饥荒时吃的是它的粮食。秦国三次施舍我们却没有回报,因此前来讨伐。如今我们又攻击他们,我军懈怠,秦军奋勇,秦军斗士比我们多一倍还不止呢!"晋惠公说(据《国语·晋语三》):"然而,如果现在我不率军迎击,回国后我国一定会被秦国所轻慢。一个普通人尚且不能被轻慢,何况是国家呢?"

晋惠公于是派韩定伯请战,说:"寡人不才,能够集合兵众却不能使他们离散,贵国君主如果不回去,寡人没地方逃命,只能在此迎战。"秦穆公派公孙枝对答说:"晋君还没有进入国都时,寡人为他忧惧。晋君进入国都而没有确定军队行列,还是我所担忧的。如果行列已定,寡人怎敢不接受作战的命令!"韩定伯出来后说:"我要幸运才能得到被俘虏囚禁活下来的下场。"

据《国语·晋语三》的记载,韩定伯回去后,公孙枝向秦穆公进谏说:"过去君主没有送入公子重耳却送入了现任晋君,是君主决定不立有德的人而是立服从的人。立了却未能达到目的,如果现在交战又不能获胜,岂不是要遭到诸侯的嘲笑?君主何不等待时机再说呢?"穆公说:"是这样。过去我不送入公子重耳却送入了现任晋君,确实是我不立有德的人而立服从的人。可是公子重耳事实上当时也不肯做国君，我又能说什么呢？晋君杀了拥立他的内主，又背弃给外国财赂的许诺，他总是堵塞而我总是施舍。难道没有上天主持公道吗？假如还有上天的话，我一定能战胜他。"

十四日，两军在韩地原野上交战。晋惠公兵车的马匹在泥泞中回旋出不来，惠公呼号附近的庆郑前来救援。这时候的庆郑却又被怨恨冲昏了头，赌气说："固执不听谏言，违背占卜结果，本来就是在寻求失败，又逃脱什么呢？"然后就驾兵车离开了惠公。此时，韩定伯居中、梁由靡在左驾车、虢射在右执戈盾的兵车与秦穆公的兵车交战，眼看就能把秦穆公拦下了。就在这时，冷静下来但又没脸自己回去的庆郑又呼叫韩定伯三人救助晋惠公，从而使他们错过了抓获秦穆公的宝贵战机。

秦军最终取得胜利，抓获晋惠公回国。晋大夫披头散发、潦草宿营，一路跟随着秦军。秦穆公派人对他们说："诸位大夫为什么如此忧戚？寡人跟随着晋君往西去，也不过是实践晋国的妖梦①罢了，怎敢做得太过分？"晋大夫三次行稽首礼，说："君主踩着后土，顶着皇天，皇天后土都听到了君主的话，下臣们谨在下风听候吩咐。"

从晋惠公被俘后晋大夫的表现，可以看出虽然

① 指前六五〇年晋人传言太子申生鬼魂显灵，宣称惠公将战败之事，参见页93。

晋国内部有一股反对晋惠公、支持公子重耳的势力在伺机作乱，但朝廷内仍有一批卿大夫是非常支持晋惠公的。这批披头散发追随晋惠公的晋大夫，很可能就是晋惠公回国后坚决要求国君不割地的那批人（参见页88）。同样一个晋惠公，在秦穆公的声讨文辞里是背弃承诺、忘恩负义的反复小人，在这批晋大夫看来则是以国家利益为重、不里通外国的合格国君。

秦穆夫人听说弟弟晋惠公马上要到了，于是带着两个儿子——太子罃、公子弘和女儿简璧登上高台，站在柴堆上，又派人免冠括发、身着丧服去迎接秦军，传话说："上天降下灾祸，使我们两国君主不是拿着玉帛相见，而是兴兵交战。如果晋君早上进入国都，那么婢子就晚上死；如果晚上进入，那婢子就早上死，都听君主裁断！"秦人于是把晋惠公暂时安顿在国都郊外的灵台。

大夫们请求带着晋惠公进入国都。秦穆公说："俘获晋侯，本来是带着丰厚收获归国，如果强行带着晋君进入国都，夫人带着我的儿女自焚，那就成了遭遇丧事归国，有什么用呢？大夫又能得到什么呢？而且晋人用忧戚来加重我，用天地来约束我。如果不为晋国打算，这就加重了他们的愤怒；我说了话不算数，这就是违背对天地的承诺。加重愤

重怒，难任；背天，不祥。（《左传·僖公十五年》）

105

怒，难以担当；违背上天，会不吉祥。必定要放晋君回国。"公子絷说："不如杀了他，不要积聚邪恶。"公孙枝说："放他回国而以他的太子作为人质，必然得到很有利的媾和条件。晋国还不能被灭亡，而杀掉它的君主，只能造成恶劣的后果。而且史佚有话说：'不要发动祸患，不要恃动乱，不要加重愤怒。'加重愤怒，难以担当；欺凌别人，会不吉祥。"

无始祸，无怙乱，无重怒。

此时的秦穆公没有再听从当年劝自己立公子夷吾的公子絷的建议，而是听取了与他理念合拍的公孙枝的建议，决定与晋国讲和。晋惠公得知秦国、晋国将要讲和，于是派郤乞回到晋国将情况告知在国内的吕甥，而且召吕甥到秦国主持讲和。

吕甥却不打算就这样离开晋国。在这个危急时刻，这位足智多谋的大夫决定要做一件非常冒险的事，那就是用"假传君命"的方式来实施一套自己策划的大胆行动，来彻底扭转晋惠公在国人心目中的形象，并且为他即将前往秦国进行的谈判增加获胜的筹码。他教郤乞召集晋都里的国人，声称晋惠公会重赏他们，并且转述晋惠公的话说："我即使回来，也已经给社稷带来耻辱了，还是占卜一下辅佐我的儿子圉当君主是否吉利吧。"国人感动得哭了起来。

郤乞根据吕甥的编排，趁热打铁地宣布，还在秦国的晋惠公决定在晋国推行"作爰田"新政,将大量原属于公室的田地赏赐给国人中担任官职的贵族(也就是下文吕甥称之为"群臣"的人),以换取国人的援助[1]。此举使得国人相信,那个回国后背弃诺言不给里克、丕郑赂田的晋惠公已经悔过自新,愿意和贵族分享利益,从而大大增强了国人对晋惠公回国的支持。从晋国称霸创业史的全过程来看,这是继晋武公/晋献公时期强势开疆拓土并分封给卿大夫之后第二次大规模的土地封赏行动。

此时,吕甥直接跳到前台说:"君主不担忧自己的危亡,却为群臣而忧虑,没有比这更极致的恩惠了。你们准备怎么对待君主?"深受感动的众人说:"您说怎么办最好?"吕甥对答说:"征收赋税、修治甲胄兵器辅佐君主的继承人。诸侯听闻晋国丧失了一个君主又有了一个君主,群臣团结和睦,甲胄兵器更多了,喜好我们的诸侯会自勉,厌恶我们的诸侯会害怕,也许会有益处吧!"

众人悦服,晋国于是开始推行"作州兵"新政,改革征收军赋(兵器、甲胄、粮草等军需物资)和征发兵役的制度,扩军备战。"州"是国都外郊野地区的行政区划单位,这项新政的关键在于打破先前只在国人中征赋、征兵的旧制,以"州"为单位,要求州内的野人缴纳一定数量的军赋,并派出一定数量的

① 关于"作爰田"的分析,参见杨善群:《论春秋战国间的"爰田"制》,《晋阳学刊》2010年第5期;李岩:《春秋中期晋国田制变革中的"国人"问题新解》,《农业考古》2013年第3期。

诸侯闻之,丧君有君,群臣辑睦,甲兵益多。好我者劝,恶我者惧,庶有益乎!(《左传·僖公十五年》)

男丁服兵役。根据《左传》里的"兵"字的用法,"作州兵"里的"兵"应该是以军赋中最重要的一项"兵器"来指代军赋,从吕甥描绘"作州兵"的愿景时说的"甲兵益多"也可以看出这一点①。然而,军队是士兵和军需物资的结合,伴随着更多的军需物资的必然是更多的士兵,这也就是为什么《左传》中常用"赋"来指代军队。我认为,旧有的兵役征发制度已经比较彻底地动员了国人中能征发的男丁,因此"作州兵"后新增的士兵也应该是按照与军需物资一定的比例从"州"里的野人中征发。

由于很大一部分野人原本是依附于国人(主要是卿大夫家族)的臣隶,所以,国家直接向野人征军赋,必然要损害国人的经济利益;征召野人当兵,必然会损害国人的政治特权。吕甥先提出"作爰田",再提出"作州兵",很可能是为了用"作爰田"的物质利益来换取国人对于"作州兵"的认可②

"作州兵"新政是传世文献记载中春秋时期中原诸侯国改革军队建设制度、扩军备战的开端。五十五年后的前五九〇年,鲁国为了应对来自于齐国的军事威胁,开始"作丘甲"以扩军备战。"丘"也是国都外郊野地区的行政区划单位,"作丘甲"就是开始以"丘"为单位向野人征收以甲胄为代表的军需物资,并征发野人服兵役。"作丘甲"受到了保守派

① 一般将"兵"理解为"士兵",将参见张玉勤《晋作州兵探析》,《山西师大学报(社会科学版)》,1985 年第 1 期。
② 关于"作爰田"与"作州兵"的关系,参见辛田:《春秋战国时期社会转型研究》,山西师范大学 2006 年博士论文。

的反对,《公羊传》就认为,《春秋》记载此事是讥讽鲁国以"丘"为单位来役使民众。又五十二年后的前五三八年,郑国中兴贤相子产抓住晋、楚休战的宝贵战略机遇期加强国防建设,启动"作丘赋",其政策内容应与"作丘甲"类似,就是开始以"丘"为单位向野人征收军赋,并征发野人服兵役。"作丘赋"遭到了国人的强烈反对,那句有名的"苟利社稷,死生以之"正是子产面对国人的死亡威胁时的决心宣誓[1]。

晋国"作州兵"之所以没有遇到太大阻力,主要原因有如下几个:第一,新晋国公室来自于靠武力篡权上台的曲沃公室,而且自曲沃武公/晋武公以来一直致力于灭小国、拓疆土,野心勃勃,尚武好战,军队建设一直被放在很重要的位置;第二,当前晋国正处于大战惨败、国君被俘、国家军需物资和国人兵源不足的危机状态下,国人也明白,在这国难当头的时刻,如果不将征赋征兵的手伸向野人,晋国就无法在短时间内重整军队以应对秦国、其他诸侯国或戎狄的伺机入侵;第三,"作爰田"给国人输送的大额利益堵住了国人的嘴。

纵观春秋时期各国军赋(以及兵役)制度改革的历程可以看出,第一,晋国在危机时刻启动的"作州兵"新政开风气之先,为后来中原各国军赋兵役

[1] 关于其他国家军赋制度改革的概况,参见辛田:《春秋战国时期社会转型研究》,山西师范大学 2006 年博士论文。

制度改革指明了方向。第二，与其他中原诸侯国相比，晋国的军赋兵役保障体系在相当长的一段时间里具有明显的制度优越性（比如领先鲁国五十多年、郑国一百多年），它是晋国在"内乱不止"的表象下军事实力不断强大、最终在晋文公执政期间一举击败楚国成就中原霸业的重要保障之一。

秦穆公霸业启动，晋惠公割让河东

在营造了极为有利的国内局势之后，十月，吕甥来到秦国与秦穆公会面，在王城①举行盟誓。

秦穆公已经听说了晋国扩军备战之事，问："晋国像传闻那样和睦吗？"吕甥对答说："不和睦。小人以失掉他的君主为耻，而且哀悼在韩地战死的亲人，不怕征收赋税、修治甲胄兵器来拥立太子圉为君，说："一定要报仇，为了报仇宁可事奉戎狄。"君子虽然爱护他的君主，但也知道他的罪过，不怕征收赋税、修治甲胄兵器来等待秦国的命令，说：'一定要报答秦国的恩德，有必死之志而无二心。'因为这样不和睦。"

秦穆公问："晋人认为你们君主的结局会怎样？"吕甥回答说："小人忧戚，认为他不会被秦国赦免；君子相信秦君会依恕道行事，认为他必定会归来。小人说：'我们毒害了秦国，秦国岂能让君主归

① 王城见地图三，渭水入河水处。

110

来?'君子说:'我们已经知罪了,秦国一定会让君主归来。君主有二心就捉拿他,君主服罪就释放他,德行没有比这更宽厚的了,刑罚没有比这更威严的了。服罪的怀念秦国的美德,有二心的惧怕秦国的刑罚,这一仗,秦国可以称霸领导诸侯。先前送君主回来即位而不让他安定,废掉骊姬子嗣而不能立稳现任君主,使恩德转变为怨恨,秦国不会这样做的!'"

贰而执之,服而舍之,德莫厚焉,刑莫威焉。服者怀德,贰者畏刑,此一役也,秦可以霸。(《左传·僖公十五年》)

秦穆公说:"这正是我的心意啊!"于是改变对晋惠公的待遇,让他住在国宾馆里,按照款待诸侯国君的礼数馈送了七套太牢(牛、羊、猪具备为太牢)。

值得特别指出的是,就在秦、晋韩之战这一年,齐国称霸"总设计师"管仲去世,年老昏聩的齐桓公开始信任重用易牙、竖刁、堂巫、公子开方等奸臣,内政开始出现危机。我认为,吕甥上面这段说辞之所以能够成功,就在于他准确地把握住了秦穆公想要抓住齐国霸业开始衰落的机遇谋求称霸的心理。他声称,如果秦穆公能在战胜晋国之后放回晋惠公,就能把整场战争打造成一个彰显秦穆公德、刑威名的"称霸政治秀",将极大地提升秦穆公的国际知名度和影响力,对他谋求称霸中原将大有助益。果然,秦穆公说"这正是我的心意啊",很大方地承认了自己的称霸雄心。

由此可见，齐桓公霸业不仅在齐国、郑国早期"小霸"探索的基础上重建了自平王东迁以来废弛的中原国际秩序，还为那些有实力、有进取心的周边大国君主(包括偏居西方、远离中原的秦国)树立了一个崇高的奋斗目标：在本国疆土拓展、经济军事实力强大之后，接下来应该做的，就是跳出独善其国的"小我"，而努力去成就一个诸侯拥戴、代表周王室管控天下的"大我"，也就是成为霸主。

回到史事本身，在得知晋惠公即将回国后，晋大夫蛾析对庆郑说："您为什么不出走？"庆郑回答说："我使君主在韩原陷于失败被俘的境地，战败了没有以死谢罪，如果又出逃使君主失去施加刑罚的机会，这就不能算是人臣了。臣下不守臣道，出走，又能进入到哪里去？"十一月，晋惠公回国。二十九日，杀了庆郑然后进入国都。

《国语·晋语三》对晋惠公回国、杀庆郑之事有非常详细的描述：

晋惠公没有回到晋国时，蛾析对庆郑说："君主被俘获，是您的罪过。现在君主就要回来了，您不逃走还等待什么？"庆郑说："我听说：'军队溃败，应该为之而死。主将被俘，也应为之而死。'这两样我没有做到，又加上耽误了别人救君主的机会，而丧失了君主。有这样三条大罪，还能逃到哪里去？君主如果回来，我将等待受刑以使君主快意；君主如果回不来，我将独自率兵讨伐秦国。若不能救回君主，我一定拼死报效他。这就是我等待的原因。做臣子的满足了自己的志向，却使君主羞辱，这是冒犯的行为。君主做出冒犯的行为，尚且会失去国家，何况是臣子呢？"

晋惠公到了绛都郊外，听说庆郑留下没走，就命家仆徒把他召来，问道："你庆郑有罪，还留在都城不走吗？"庆郑说："臣下怨恨君主：如果当初回国时就报答秦国的恩德，威望就不会下降；威望下降后如果能听取劝谏，就不会发生战争；战争发生时要是能选用良将，就不会失败。战败之后执行诛杀，如果又走失了有罪之人，就不能保守封国了。臣下因此等待接受刑罚，以成全君主的政令。"

惠公说："动刑！"庆郑说："臣下直言劝谏，是臣子的行为准则。君上正直用刑，是君主的圣明表现。臣子尽责而君主圣明，是国家的利益所在。君主即使不动刑杀臣下，臣下也必定要自杀的。"

蛾析说："臣下听说，对主动奔赴刑场的臣子，不如赦免他，用他来为国报仇。君主何不赦免庆郑，叫他去报复秦国呢？"梁由靡说："不可以。我们能这样做，秦国难道就不能？况且交战不胜，而派

下有直言，臣之行也。上有直刑，君之明也。臣行君明，国之利也。

113

贼害君主的人去报复，不能算勇武；出国作战不胜，回国后又要惹出麻烦，不能算明智；刚与秦国讲和又背弃诺言，不能算诚信；失去刑罚乱了国政，不能算威严。若这样做了，出国不能用兵，入国不能治理，将会败坏国家，而且如果庆郑率军讨伐秦国，到时候扣押在秦国的君位继承人（指太子圉）也会被杀，不如动刑杀了庆郑。"

惠公说："斩杀庆郑，不能让他自杀！"家仆徒说："有君主不计较前嫌，有臣子甘愿死于刑戮，得到这样的名声，要比刑杀庆郑更好。"梁由靡说："那君主的政令刑罚，是用来治理民众的。不听命令而擅自进退，就是触犯政令；只顾自己快意而丧失君主，就是触犯刑罚。庆郑贼害君主而且扰乱了国家，不可以放过！而且在战场上擅自败退，败退之后还允许他自杀，那么就是臣下随心所欲，而君主却失去了刑罚，以后就无法再用人作战了。"

于是惠公命司马说监斩行刑。司马说召来三军兵士而历数庆郑的罪状说："韩原之战前全军宣誓时说：丧失军阵列次冒犯军令的，处死；主将被俘而部下脸上不挂彩的，处死；散布谣言耽误兵众的，处死。现在庆郑丧失列次冒犯军令，这是你的第一项罪；庆郑擅自进退，这是你的第二项罪；你耽误梁由靡让他丢失了秦君，这是你的第三项罪；君主亲身被俘，而你面颊不挂彩，这是你的第四项罪。庆郑你受刑吧！"庆郑说："司马说！三军兵士都在这里，有人能坐着等待刑罚，难道还怕脸上挂彩吗？赶紧用刑吧！"

丁丑这天，斩杀庆郑，惠公才进入绛都。

当年，晋国又发生饥荒，秦穆公又给晋国输送粮食，说："我怨恨它的君主，而怜悯它的民众。而且我听说当年唐叔虞分封的时候，箕子说'他的后代一定会壮大'。晋国怎么能够期望被我国控制呢？我姑且树立德行，征服晋国的事业留待后世有能力的人完成。"此时的秦穆公在百里奚、公孙枝等贤臣辅佐下，一方面哀矜晋民、宽宏大量，一方面又强调美德、谦称要把称霸大业留给后人，已经完全进入"争霸贤君"的精神状态。有意思的是，秦穆公的预言竟然成了现实，他的后代君主消灭了晋国分裂而来的赵、魏、韩三国，最终一统天下。

此时晋国将惠公承诺的土地割让给秦国，秦人开始在河水以东的割地征收赋税，设置官府。

吾怨其君，而矜其民。（《左传·僖公十五年》）

115

晋文霸业的孕育(二)

公子重耳的多国流亡

重耳流亡记:狄—晋—卫—齐

前六四四年,位于晋国以西的白狄趁着晋国战败而入侵,夺取了北部的狐厨、受铎,乘胜向东渡过汾水,一直打到了昆都①。

到这一年,公子重耳和他的党羽在白狄地已经寄居了十二年。在这期间,白狄人曾经讨伐过一个叫廧咎如的赤狄部落,获得了两个女子叔隗、季隗,把她们都送给了公子重耳。公子重耳娶了年纪小的季隗,生下了伯儵、叔刘;把叔隗赐给了赵衰,生了赵盾。

综合《史记·晋世家》和《国语·晋语四》的记载,这一年,被秦国放归的晋惠公担心公子重耳趁晋国战败、白狄人入侵的机会回国作乱,于是派寺人勃鞮潜入狄地,准备在公子重耳与白狄君长到渭水边狩猎时刺杀他,但是没有成功。公子重耳跟他的党羽们紧急商议对策。狐偃说:

① 狐厨、昆都见地图三。

116

"昔日我们到这儿来,不是因为呆在狄地有什么荣光,而是可以成就大事。我说过:'狄地出奔时容易到达,困窘时能得到资助,可以在此休整以选择有利时机回国,可以安居下来。'现在安居很久了,安居久了便会停滞不前。停滞不前再加上荒淫,谁还能振作有为? 为什么不赶快走呢!

"当初我们不去齐、楚,是为了回避遥远的路途。如今养精蓄锐了十二年,可以远行了。齐侯年纪大了,想要亲近晋国。管仲去世后,他身边尽是些谗谄小人。齐侯谋划国事没有人来匡正,内心就会怀念当初的盛况。他必定会追念选择管仲先前的忠告,希望求得一个好结局。他想要满足邻近国家、追逐远方国家,我们这些远方的人进入齐国归服,不会有什么过错。可以赶上他的暮年,这人是可以亲近的。"

大家觉得狐偃说的有道理,于是决定离开狄地前往齐国。做出这个决定之后,公子重耳对季隗说:"等我二十五年,如果我还没回来,你再改嫁。"季隗对答说:"我已经二十五岁了,等二十五年再改嫁,就差不多要进棺材了。我请求一直等着您吧。"

于是公子重耳一行就上路了。就地理位置而言,白狄位于晋国以西,齐国位于晋国以东,重耳团队是怎么穿过/绕过晋国的? 我认为,白狄此次横穿晋国北部的入侵行动与重耳团队穿过/绕过晋国前往中原很可能有重要关系。具体说来，我认为此次入侵的目的之一应该就是为重耳团队从北部穿过/绕过晋国提供"火力掩护"，甚至存在这样一种可能性：重耳团队就在白狄军中。

公子重耳一行经过卫国①的时候，卫文公不以礼相待。他们通过五鹿②，在郊野向农夫乞求食物，农夫给他们一块泥土。公子重耳很生气，想要用鞭子抽他，狐偃说"这是天赐啊"，马上下拜行大礼，接受了土块放到车上。

《国语·晋语四》先叙述公子重耳一行过卫邑五鹿乞食接受土块的事，然后叙述公子重耳在齐国的经历，之后又叙述公子重耳过卫不被卫文公所礼遇之事。可见，《国语》作者认为公子重耳曾经两次经过卫，细节如下：

公子重耳一行路过五鹿时，向田野里的农夫讨吃的，农夫却举起土块给他们。公子很生气，想要鞭打农夫。狐偃说："这是上天的赏赐啊。民众用献土表示顺服，我们还能有什么要求呢？上天要成事，必定先有征象：再过十二年，我们必定会获得这片土地。你们诸位记住：当岁星运行到寿星和鹑尾之间时，大概会拥有这片土地吧！天象已经这样宣令了，岁星再次行经寿星时，我们必定能获得诸侯

① 卫见地图四"卫3"。
② 五鹿见地图四。

的拥戴，这是天道，征兆就是由此开始的。拥有这块土地，应当是在戊申这一天吧！因为戊属土，而申是推广的意思，所以戊申是广大土地的意思。"于是重耳两次行稽首礼，接受了土块装在车上。

[重耳在齐国的经历从略]

公子重耳一行人经过卫国，卫文公当时正有邢人、狄人联合入侵的忧患，不能以礼相待。宁庄子对卫文公说：

"那礼是治理国家的纲纪，亲是民众的团结，善是美德的建立。国家没有纲纪不可能有好结果，民众不团结就不可能坚固，美德不建立就不可能立身成事。这三者，是君主应当谨慎的。如今君主抛弃它，恐怕不可以吧！

夫礼，国之纪也；亲，民之结也；善，德之建也。国无纪不可以终，民无结不可以固，德无建不可以立。此三者，君之所慎也。

"晋公子是个善人，又是卫国的宗亲，君主不以礼相待，就是抛弃了以上所说的三种美德。臣下因此说要请君主好好考虑一下。卫国的祖先康叔，是周文王的儿子。晋国的祖先唐叔，是周武王的儿子。为周朝统一天下建立大功的是武王，上天将保佑武王的后代子孙。只要姬姓的周朝没有断绝，那么守着上天所聚集的财富和民众的，一定是武王的后代。武王的后代中，只有晋国繁衍昌盛。而晋国公室后代中，公子重耳最有德行。晋国相继在位的君主都无道，而上天将保佑有德的人，晋国能够守

119

住祭祀的，一定是公子重耳了。

"如果重耳能够返国即位而修明德行，镇定安抚他的民众，必然获得诸侯的拥护，到时候就会率领诸侯讨伐以前对他无礼的国家。君主如果不早作打算，那卫国就会在他要讨伐的国家之列了。小人害怕这个，怎敢不尽心而言呢。"

卫文公不听。

公子重耳一行在同年到达齐国，在那里安居下来。

前六四三年夏，根据秦、晋讲和的条件，太子圉到了秦国做人质，秦国归还了晋国河东地区，并且将一位公室女子嫁给太子圉做妻子。

宋襄公强行称霸，楚成王稳步推进

这年冬天，齐桓公去世，齐国陷入内乱，易牙立公子无亏为国君，曾被定为太子、嘱托给宋襄公护佑的公子昭出奔到宋国(详见《齐桓篇》页275)。

前六四二年春，宋襄公、曹共公、卫人、邾人讨伐齐国，三月，齐人杀了公子无亏。郑文公见齐国内乱、霸业将衰，而楚国争霸中原风头正劲，立刻"反水"，开始到楚国朝见。五月十四日，宋军在齐地甗打败了其他四位公子党羽的军队，拥立了公子昭为国君，就是齐孝公(参见《齐桓篇》页275—276)。

前六四一年,春三月,受到伐齐胜利鼓舞、开始寻求称霸的宋襄公逮捕了滕国君主滕宣公。夏六月,宋襄公、曹人、邾人在曹都南部会盟。收到通知的鄫子没有来得及参加此次会盟,于是谋求到邾国,与已经参加了曹南之盟的邾国会盟。令人惊诧的是,宋襄公竟然指使邾文公在睢水边的神社杀了鄫子祭神,试图以此使东夷归服。宋襄公的弟弟公子目夷说:"古时候,用某种动物的祭祀就不应该用另一种动物代替,小祭祀不用大牺牲,何况是敢用人做祭品呢?祭祀,是为了给活人祈福消灾。民众,是神灵的祭主。用人做祭品,哪位神灵会享用呢?当年齐桓公存续鲁、邢、卫三个亡国来会合诸侯,义士还说他德行浅薄。如今君主一次会合诸侯就虐待了滕子、鄫子两位国君,用鄫子作为祭品来祭祀睢水边的淫昏妖鬼,将要靠这些来谋求称霸,不也太难了吗?君主得到善终就算是幸运了。"

祭祀,以为人也。民,神之主也。用人,其谁飨之?(《左传·僖公十九年》)

秋天,宋人包围了曹国,惩罚它不服从宋国。公子目夷又劝谏说:"当年周文王听闻崇国德行昏乱而讨伐它,包围了三十天崇国还不投降。文王退兵而修明教化,然后再次讨伐,沿用以前的营垒而崇人最终投降。《诗》说:'在嫡妻面前作出示范,进而作为兄弟的表率,以此来治理卿大夫的家族和诸侯的邦国。'如今君主的德行是不是仍然有所阙失,

刑于寡妻,至于兄弟,以御于家邦。(《左传·僖公十九年》)

却来讨伐其他国家,想要怎样呢? 君主为什么不姑且内省一下自己的德行? 等到没有阙失而后再行动。"

宋襄公为什么要指使邾国君主来杀鄫国君主? 要理解这个问题,我们要了解以下三点:

第一,鄫国是周王室分封夏王室后代形成的国家,是华夏小国之一。如前所述(《齐桓篇》页 268—273),齐桓公生前最后几年的主要精力都是花在对付侵扰中原的淮夷(淮水流域的东夷部族和国家),他在前六四四年亲自参加的最后一次诸侯联合行动,正是救援被淮夷侵扰的鄫国。

第二,邾国是东夷国之一。《左传》中有多处明证:前六三八年鲁僖公母亲成风说,邾国灭鲁附庸国须句是"蛮夷扰乱华夏";前五二九年鲁卿子服惠伯说邾国是"东夷里面的小国";前五一九年鲁卿叔孙昭子说"邾国又是东夷国"。

第三,西周初年,散居的东夷人和东夷大国徐国曾经参与商纣长子武庚为首的东土叛乱,被周公东征镇压。此后,东夷仍然是历代周王征伐的对象,也是齐桓公"攘夷"的重要对象。

了解了以上三点,我们就能明白,宋襄公的上述举动,实际上是指使一位有心投靠自己的东夷小国君主,杀了中原霸主齐桓公在三年前想要力保的

华夏小国君主,来祭祀睢水边的东夷神社,试图以此
向东夷诸国及部族示好。他想充分利用东夷曾支持
商朝遗民叛乱的历史渊源,不但不"攘夷",反而通过
"媚夷"来吸引东夷归服宋国、支持他的称霸事业①。

宋襄公与齐桓公截然相反的称霸理念和明显
违背周礼的"人祭"行动让中原诸侯感到错愕和反
感。冬天,在陈穆公的提议下,齐国、鲁国、陈国、蔡
国②、郑国、楚国代表一起在齐国都城会盟,怀念齐
桓公的功德。特别值得注意的是,楚国第一次出现
在了中原会盟之中,可见当时楚成王希望利用齐桓
公去世、中原没有其他强国可以与楚国武力对抗的
难得时机,坦然地以"正常国家"的姿态参与中原国
际事务,逐渐洗白身上的"荆蛮"污点,为称霸中原
铺路。也是在这一年,秦国吞并了秦、晋之间的
梁国③。

前六三九年春,宋襄公想要会合诸侯,在宋地
鹿上④与齐人、楚人会盟,希望楚国能允许自己召集
中原诸侯称霸,楚人同意了。公子目夷说:"小国争
当盟主,这是祸事。宋国恐怕要灭亡了!能晚一点
失败就是幸运。"

宋襄公对楚人的"许可"信以为真,同年秋天,
他与楚成王、陈穆公、蔡庄公、郑庄公、许僖公、曹共
公在宋地盂⑤会盟。公子目夷说:"祸事大概要在此

① 关于宋襄公
指使邾文公杀鄫
子的分析,参见
周兴:《宋襄公
用人祭原因辨
析》,《烟台师范
学院学报(哲社
版)》1994 年第
2 期。
② 蔡见地图四
"蔡1"。
③ 梁见地图三。
④ 鹿上见地图六。
⑤ 盂见地图六。

时发生了吧！君主强行称霸的欲望已经太过分了，诸侯怎么能受得了呢？"

不出公子目夷所料，楚成王在会盟现场扣押了宋襄公，押解着他讨伐宋国。冬天，楚人派国卿子西(斗宜申)前往鲁国进献伐宋的战利品，这应该是在刻意模仿前六六三年霸主齐桓公前往鲁国进献北伐山戎战利品的先例(参见《齐桓篇》页228)，将当下的楚国比拟成当年担当中原霸主时期的齐国。

十二月，诸侯们在宋地薄①会盟，释放了宋襄公。到这时，到底谁才是中原霸主的"实力派"候选人，其实已经非常清楚了。然而，非常了解宋襄公的公子目夷说："祸事还没有完结，诸侯们的行动还不足以惩戒君主。"

前六三八年春三月，郑文公再次前往楚国朝见楚成王，表明郑国正式服从于楚国。这是楚成王争霸中原所取得的重要进展。夏天，宋襄公率领卫文公、许僖公、滕子讨伐郑国，惩罚郑国投奔楚国。讨伐新归附楚国的郑国，等于就是向楚国宣战，因此公子目夷说："我所说的大祸就在此时了。"

秦穆公东迁戎狄，太子圉逃归晋国

晋国这年秋天，秦国、晋国联合行动，将瓜州地区(秦、晋之间山区)的允姓陆浑戎人(传说是颛顼

① 薄，即亳，见地图六"亳"。

逆子、恶人梼杌的后代)向东迁徙到伊水流域。这次行动在《左传》中留下了准确的年份,说明它是有组织、整体性、一次性的迁徙行动,很可能是利用了周道网络的宗周—成周道完成的[1]。伊水、雒水流域地形为浅山丘陵,北有晋国,南有楚国,西有秦国,东与王畿紧邻,在本年之前就已经是西来戎人的散居之地,前六四九年讨伐王城的扬、拒、泉、皋、伊、雒之戎就来自于这个地区(参见《齐桓篇》页266)。

东迁陆浑戎,是秦人在河西地区驱逐戎狄、开疆拓土行动的又一重大进展。从秦人的角度考虑,采用步兵作战将散居在瓜州山区的戎人赶尽杀绝的难度很大,他们的余部逃散至邻近山区后也容易重新聚集起来。如果能够威逼利诱他们整体搬迁到伊、雒地区,一则可以兵不血刃地占有瓜州,二则可以杜绝今后戎难复发的隐患。从戎人的角度考虑,比起时刻遭受秦国武力威胁的瓜州,位于富庶中原腹地的伊水、雒水流域可以说是一个更宜居的地方。然而,在前六五五年晋献公灭虢国之后,联系河西和伊、雒地区的宗周—成周道已被晋国控制,没有晋国的许可和配合,这样的大规模迁徙行动是不可能成功的。有学者认为,要求晋国配合秦国将瓜州戎人东迁到伊、雒地区,应该是前六四五

① 相关周道参见地图七。

125

年秦、晋就释放晋惠公问题在秦地王城谈判时，秦国提出的条件之一（参见页110），而今年秦、晋东迁陆浑戎，正是落实王城盟约的行动。

此次行动让秦国在短期内获利是毫无疑问的，然而晋国在同意配合之后，也决定"将计就计"为本国谋利。从传世文献的记载中可知，与秦国逼迫驱逐戎人形成鲜明对比的是，晋国做出一幅同情戎人遭遇、帮助戎人在东方安顿下来的姿态，这对于初来乍到、急需获得本地势力支援的陆浑戎来说可以说是"雪中送炭"，从此陆浑戎成为了晋国在伊、雒地区的盟友。晋国在相当长的一段时间里并无意夺取伊、雒地区，而是将其视为晋、楚之间的缓冲地带，因此陆浑戎在这期间就发挥了协助晋人控御楚人北上、制衡中原诸侯的重要作用。前六〇六年楚庄王北上争霸，就是在打败陆浑戎之后才到达东周王畿、问九鼎大小轻重。前五八五年，晋国联合诸侯及戎蛮讨伐宋国，就有陆浑戎参与。

然而，晋人与陆浑戎之间的同盟关系没能走到最后。前五二五年，晋国攻灭了与楚国关系不断升温的陆浑戎，陆浑子出奔到楚国。不过，到前五二〇年晋人出兵平定王室内乱时，陆浑余部又出现在了晋国盟军的行列之中[1]。

陆浑戎并不是唯一一支在这一时期被东迁的

① 关于晋人与陆浑戎的关系，参见赵瑞民：《晋国与陆浑戎》，《晋阳学刊》2003 年第 3 期。

戎人部族。同样是在晋惠公被放回之后，位于瓜州的姜姓戎人（姜姓之祖／唐尧之臣太岳的后代）也在秦人的驱逐和晋人的引导下东迁到了殽山附近的晋国南部边境地区，并且成为了协助晋国控御成周一宗周要道的忠诚盟友。前六二七年，晋人、姜戎在殽山地区协同作战大败秦军。

在详细讨论了晋、楚东迁瓜州戎人这一重大历史事件之后，我们的叙述再次回到前六三八年，地点转换到晋国。这一年晋惠公病重，据《史记·晋世家》的说法，他除了太子圉之外，还有其他几个儿子。此时作为人质住在秦国的太子圉说："我的母家是梁国，梁国如今已经被秦国灭了，我在外被秦国轻视，在内也没有来自于国都内势力的援助。君主如果一病不起，大夫们会轻易改立其他公子。"

于是太子圉想和妻子怀嬴一起回国，他对怀嬴说："和你一起回晋国怎么样？"怀嬴对答说："您，是晋国的太子，而屈尊居住在秦国。您想要回去，不也是很正当的吗？我国君主让婢子拿着毛巾、梳子伺候您，是为了让您安心住在秦国。如果我跟着您回去，那是抛弃君主的命令。婢子作为秦君臣民不敢跟从您，作为您的妻子也不敢告密。"太子圉于是独自逃回晋国。

重耳流亡记：齐—曹

据《国语·晋语四》的记载，公子重耳在六年前
到达齐国之后，齐桓公把女儿嫁给公子重耳为妻，
待公子重耳很好。公子重耳有马二十乘（一乘四
匹，可驾车一辆），生活安逸，打算老死在齐国了。
他说："人活着就是图个安乐，谁还去管别的什
么呢？"

前六三八年，狐偃知道齐国不可能帮助公子重
耳返国执政，也知道公子重耳已有在齐国终老的想
法，打算离开齐国，又担心公子重耳不肯走，于是就
和其他公子重耳的跟随者在一棵桑树下商量这件
事。一个养蚕的小妾正好在树上采桑叶，但谁也没
有发觉她。小妾报告了姜氏，姜氏怕泄露消息，就
把她杀了，然后对公子重耳说："您的追随者想要带
着您一起离开齐国，那个偷听到这事的人，我已经
除掉了。您一定要听从他们的，不能有二心。遇事
有二心，就不能成就天命。《诗》上说："上帝正在监
临你，你不可以有二心。"先王大概是知道天命的，
因此能成大事，有二心能行吗？当初您逃离晋国的
危难而来到这里。自从您离开以后，晋国没有安宁
的岁月，民众也没有一个有成就的君主。上天还没
有要灭亡晋国，献公也再没有其他的公子了。能得

上帝临女，无贰
尔心。

128

到晋国的,除了您还有谁? 希望您好好努力! 上天在监临您,有二心一定会遭殃。"

公子说:"我不会再动弹了,一定要老死在这里。"

姜氏说:

"这样不对。《周诗》上说:"风尘仆仆的行人,担忧来不及把事情办好。"昼夜奔忙在道路上,没工夫安坐休息,还怕来不及。更何况顺从身体、放纵嗜欲、贪恋安逸,又怎么来得及呢? 一个人如果不主动追求达到,又怎么能达到呢? 日月都不停歇,人们谁能真正获得安逸呢? 西方的书上有句话说:'怀恋妻室和贪图安逸,是要败坏大事的。'《郑诗》上说:"仲子令我思念,外人的闲话,也可畏啊。"

"以前管敬仲说的话,小妾也听闻过,说:'敬畏天威就像畏惧疾病,是人的上等。顺从自己的怀恋就像流水一样,是人的下等。面对怀恋能想起天威,是人的中等。只有敬畏天威就像畏惧疾病一样,才能树立权威、统治民众。有权威才能居于民上,对天威无所畏惧则最终将受到刑罚。顺从怀恋就像流水一样,那距离建立声威就很远了,因此说是下等。在上述比喻中,我愿意做中等。《郑诗》上的话,我愿意遵从。'这就是大夫管仲能够治理齐国、辅佐先君成就霸业的原因。现在您要丢弃这样

莘莘征夫,每怀靡及。

人不求及,其能及乎? 日月不处,人谁获安?

怀与安,实疚大事。

畏威如疾,民之上也。从怀如流,民之下也。见怀思威,民之中也。

的原则,不会难于成就大事了吗?

"齐国政治已经衰败了,晋国无道已经很久了,您的追随者谋虑够忠心了,时候到了,公子得到晋国的日子近了。您去当君主可以解救百姓,如果放弃这事业,那简直不算人了。齐国政治败坏不可久居,时机不可错过,您追随者的忠诚不可丢弃,对妻室的怀恋不可顺从,您一定要赶快上路。我听说晋国最初受封的时候,岁星正在大火星的位置,大火星是阏伯的星辰,象征着商朝的命运。商代享有国家一共三十一位君王。瞽史的记载说:'唐叔的后裔享有晋国的世代数目,将同商朝的世代数目一样。'如今还不到一半。晋国纷乱的局面不会长久下去,公子中只有您还在,您肯定能得到晋国。为什么还要怀恋安逸呢?"

但是,公子重耳仍然不听这些劝告。姜氏与狐偃商量出一条计策,把公子重耳灌醉了,用车送走。公子重耳酒醒后,拿起一把戈就追打狐偃,说:"假如事业不成功,我要吃了舅舅的肉,恐怕才能满足吧!"狐偃一边逃一边回答说:"假如事业不成功,我还不知道死在哪里,谁又能与豺狼争着吃我的肉呢?假如事业成功的话,那么公子不也就有了晋国最柔滑嘉美的食物,能美美地食用。我狐偃的肉腥臊,有什么用呢?"

公子重耳一行于是离开齐国向西行进,同年到了曹国。曹共公听说公子重耳上身的肋骨排列紧密好像并成一块,想要亲眼看看。于是他就趁公子重耳洗澡的时候,从一个帘子后偷看他的裸体。

曹大夫僖负羁的妻子说:"我看晋公子的追随者,都足以辅相国君。得到这些人的辅相,那人必定能返回他的国家即位。公子返回他的国家即位后,必定会在诸侯中实现他的志向。在诸侯中实现志向后,他如果惩罚无礼的诸侯,曹国是首当其冲的。您为什么不早点自己有二心而与公子交好呢?"僖负羁于是给公子重耳送食物,在食物下面放着玉璧。公子重耳接受了食物,而送还了玉璧。受食,表示感谢僖负羁的情意;还璧,表示不贪求财货,也是为了不留下把柄。

据《国语·晋语四》的记载,则僖负羁私下结交公子重耳之后,曾进谏曹共公说:"那晋公子在此,他的地位与君主相当,难道不应当以礼相待吗?"曹共公反驳说:"诸侯各国在外流亡的公子多了,谁不经过此地呢?逃亡的都是违背礼制的人,我怎么能都以礼相待呢?"僖负羁说:

"臣下听说,'爱护宗亲,昭明贤人,是政事的主干;礼遇宾客,同情穷困,是礼制的根本;用礼制来纲纪政事,是国家的常道'。失去了常道就不能自

爱亲明贤,政之干也;礼宾矜穷,礼之宗也;礼以纪政,国之常也。

立,这是君主所了解的道理。君主没有私亲,只是以国为亲。我们的祖先叔振,出自周文王。晋国的祖先唐叔,出自周武王。周文王、武王的功劳,在于建立姬姓诸侯国。所以二王的后代,世代都不废弃亲善的关系。如今君主抛弃了这一传统,是不爱宗亲。晋公子十七岁流亡国外,三个具有国卿才能的人追随他,可称得上是贤人了,而君主蔑视他,是不昭明贤人。说起晋公子出逃流亡,不可以不加怜悯;即使将他比作宾客,也不可不以礼相待。如果失去了这两者,那就是不礼遇宾客、不怜悯穷困了。

守天之聚,将施于宜。宜而不施,聚必有阙。

"守着上天聚集的财富,应当施用在适宜的场合。适宜的场合不能施用,那么聚集的财富一定会阙损。玉帛和酒食,如同垃圾一般。爱重垃圾而毁弃三种立国的常道,失去君位而阙损财富,这样还不感到有祸难,恐怕不可以吧?希望君主好好谋划一下。"曹共公不听从僖负羁的劝告。

宋襄公兵败泓水,楚成王胜利在望

大约在公子重耳在离开齐国、前往曹国期间,楚人讨伐宋国以救援郑国。宋襄公准备迎战。司马公孙固劝谏说:"上天抛弃商王室已经很久了。您想复兴它,这是违背天意而不能被赦免的大错。"

① 泓水见地图六。

这年十一月一日,宋襄公率军与楚国在泓水①

交战。宋国已经在泓水岸边排好了军阵,而楚人还没有完全渡过泓水,场面比较混乱。公孙固说:"他们人多我们人少,趁着他们还没有完全渡过泓水,请求攻击他们。"宋襄公说:"不行。"楚人渡过泓水后军阵还不整齐,此时公孙固又请求出击,宋襄公说:"不行。"楚人已经布好军阵之后宋人才出击,大败,宋襄公伤了大腿,担任国君护卫的卿大夫子弟伤亡殆尽。

国人都怪罪宋襄公。宋襄公辩解说:"君子不重复伤害已经负伤的敌军,不捉拿头发花白的中老年敌军。古代行军打仗,不依靠险隘的地形。寡人虽然是亡国(指商朝)的残余,也知道不进攻没有摆好阵列的敌军。"公子目夷说:

"君主不懂作战。强大的敌人,由于地形狭隘而没有列阵,这是上天在帮助我们。阻拦然后击鼓攻打他们,不也可以吗? 就是这样还害怕会失败呢。而且如今这强大的,都是我们的敌人。即使涉及到老年人,捕获了就抓回来,管他什么头发花白不花白? 昭明战败的耻辱,教习作战技术,是谋求杀死敌人。敌人受伤而没有死,为什么不可以再次伤害? 如果爱惜敌军伤员而不再次伤害,就应当从一开始就不伤害他们;爱惜他们头发花白的老兵,那就应当从一开始就服从他们。

若爱重伤,则如勿伤;爱其二毛,则如服焉。(《左传·僖公二十二年》)

"三军是根据战场有利条件而决定如何使用的，鸣金击鼓是用声音来激励士气奋勇杀敌的。既然三军有利就该使用，那么利用险隘地形阻击是可以的；既然金鼓的声音大作是用来达到激励斗志的目的，那么击鼓进攻队列不整的敌人也是可以的。"

十一月八日，郑文公夫人文芈（楚公室女子）、姜氏（齐公室女子）在郑地柯泽慰劳楚成王，楚王向两位夫人展示了楚军抓获的宋国俘虏。九日，楚成王进入郑国都城，郑成公以最高规格的享礼款待他。楚成王晚上出城，文芈一直送他回到营垒。楚成王娶了两位郑国公室女子为妾之后班师回国。郑国此时已经完全投入楚国怀抱。

就在宋襄公战败后不久，公子重耳一行到达宋国。据《国语·晋语四》的记载，公子重耳在宋国期间结交了司马公孙固，公孙固对宋襄公说："晋公子流亡在外十几年，已经由孩子长大成人了，喜好做正确的事而不自满，像对待父亲一样对待狐偃，像对待老师一样对待赵衰，像对待兄长一样对待贾佗。狐偃是他的舅舅，仁惠而又足智多谋。赵衰是为他先君驾御战车的赵夙的弟弟，文雅而又忠贞。贾佗是晋国的公族，见多识广而又恭敬。这三个人在左右辅助他。公子平时对他们谦下，有行动都咨询他们的意见，从年幼到长大成人从无懈怠，可以说是有礼了。在行礼上有所建树,一定会得到善报。《商颂》上说:'商汤急于尊贤下士,圣德天天向上升高。'尊贤下士,就是有礼的表现。请君主好好地考虑一下。"

宋襄公听从了他的意见,送给公子重耳二十乘马。值得注意的是,宋襄公送给公子重耳的马匹跟齐桓公当年送的一样多,可见此时宋襄公直到此时还以霸主自居。据《史记·晋世家》的记载,公孙固劝狐偃说:"宋国是小国,新近又遭困厄,不足以依靠来谋求进入晋都,应该另赴大国。"公子重耳一行于是离开宋国。

前六三七年春,齐孝公率军讨伐宋国,声讨它前六四一年不参加齐都之盟(参见页123)。夏五月,宋襄公伤重不治去世。秋,楚司马子玉(成得臣)率军讨伐陈国,讨伐它曾经有过归服宋国的念头,攻取了焦邑、夷邑①,修筑了顿国②城墙之后回国。楚令尹子文认为他立了大功,就把令尹的位子让出来让子玉来做。蒍吕臣说:"您这样做是准备把这国家怎么办?"子文对答说:"我这样做是为了安定国家。立了大功而得不到尊贵的官位,那人能安定不作乱的有几个?"

从前六六四年(楚成王八年)临危受命担任令尹、毁家纾难重整楚国内政到本年(前六三七年),

汤降不迟,圣敬日跻。

吾以靖国也。夫有大功而无贵仕,其人能靖者与有几?《左传·僖公二十三年》

① 焦、夷见地图六。
② 顿见地图六"顿1"。

135

子文已经担任了二十八年的令尹,期间曾两次短暂离职。在这期间,子文辅佐楚成王修明内政,向东开疆拓土,并北上大败宋国、收服郑国,在中原诸侯中已没有对手,成就霸业指日可待。

据《国语·楚语下》记载,前五〇七年楚大夫斗且廷谈起令尹子文时说:"从前斗子文曾经三次辞去令尹之职,他家中连一天的积蓄都没有,就是体恤民众的缘故。成王听说子文吃了早饭没晚饭,于是就在每天上朝时准备一束干肉、一筐干粮送给子文。直到今天朝廷为令尹准备干肉、干粮,还是惯例。成王每次要提高子文的俸禄,子文必定辞官逃走,成王放弃然后子文才回来。有人对子文说:'人活着就是追求财富,而您却逃避它,为什么呢?'子文回答说:'那从政的人,是为了庇护百姓。如今民众大多贫困,而我如果求取财富,这是劳苦民众来封赏自己,那离死就不远了。我是逃避死难,不是逃避财富。'所以庄王之时,剿灭若敖氏,只有子文的后人得到保存,到今天还住在郧,世代做楚国的良臣。这岂不是先体恤民众然后使自己得到真正的财富吗?"

据《论语·公冶长》记载:"子张问道:'令尹子文三次担任令尹,没有高兴的神色;三次免职,没有怨恨的神色。每次交接工作时,自己担任令尹的执

夫从政者,以庇民也。民多旷者,而我取富焉,是勤民以自封也,死无日矣。我逃死,非逃富也。

子张问曰:'令尹子文三仕为令尹,无喜色;三已之,无愠色。旧令尹之政,必以告新令尹。何如?'子曰:'忠矣。'

政经验，一定毫无保留地告知新令尹。这个人怎么样？'孔子说：'可算是尽心尽力了。'"

据《战国策·楚策》记载，战国晚期，莫敖子华向楚威王谈起令尹子文时说："从前令尹子文，穿着黑色帛衣上朝，穿着鹿皮粗衣居家；天不亮就站在朝廷上等候君王，天黑才回家吃饭；家里穷得朝不保夕，没有一个月的存粮。所以那为官清廉、自身贫困而心忧国家的人，就是令尹子文。"

从这些传世文献的记载可以看出，子文不仅政绩卓著，而且其人公忠体国、清正廉洁，是楚人世代称颂的高官楷模，可以说是"先秦版周总理"。子文可能认为，此时楚成王称霸中原已成定局，此时让新人接班最为稳妥。然而，看似距成功仅一步之遥的成王霸业就会断送在他所看好的新人子玉手上。

宋襄公：信天追梦的商王后裔

至此，宋襄公称霸的闹剧以兵败身死而宣告结束。如何理解宋襄公这个人，以及他的称霸努力？[①] 首先，我们要深入了解宋国的特殊之处。宋国始封君微子启是商朝末代君王商纣的庶兄，德行非常高尚。宋公室是商王室之后，受到周王室优待，特许使用商王室礼乐，与特许使用周王室礼乐的鲁国一起，是各诸侯国观摩王室礼乐的两大"教学基地"。

① 关于对宋襄公的分析，参见周兴：《重评宋襄公》，《辽宁师范大学学报（社科版）》1992年第4期。

在这种环境下成长起来的太子兹父/宋襄公,对于始封君微子启故事和商王室传统应该是非常熟悉的。

如前所述,姬族、姜族是周朝两个支柱性的族群(参见《齐桓篇》页22)。西周末年,姬姓周王室被姜姓申国率领缯人、犬戎攻灭,可以理解成是这两个长期联姻合作的族群之间一场崩盘性的"火并"。在这里让我们再回顾一下前七一二年,郑庄公(姬姓)攻下许国(姜姓)后,对留守许国的郑大夫公孙获说的一番话(参见《齐桓篇》页121):"凡是你的器用财货,不要放在许国。我一死,你就赶快离开这里。我的先君武公在这里新建城邑,根基还很不稳固。周王室的地位已经卑微了,我们这些周王室的子孙一天天失去了秩序。那许国,是太岳的后代。上天已经厌弃了周人的德行,我们这些周王室的子孙怎么能跟许国争斗呢?"

从这番悲观言论中我们可以察觉到,在当时的天下流传着一种带有"天命论"色彩的观点,那就是上天已经厌弃了姬姓周人的德行,将转而眷顾太岳之后的姜姓族人。其后姜姓的齐桓公称霸似乎是坐实了这种"天命论"观点。葵丘之盟时齐桓公企图跨过底线,封禅天地,与周王平起平坐,有可能也是相信此时天命已转移至姜姓头上,而管仲也正是用一套"天命未至"的说辞劝住了齐桓公。然而,齐桓公去世后,齐国大乱,诸侯纷纷转投楚国,霸业迅速崩解。受齐桓公委托照顾齐太子昭的宋襄公率军攻入齐国,打败了支持其他齐国公子的齐国军队,将太子昭送上君位。

即位前的宋襄公(时为太子兹父)把国家让给庶兄公子目夷,在当时的中原诸国间应享有美名;即位后,宋国在左师公子目夷的治理之下,政事大治,得到齐桓公格外器重,以太子昭相托付;齐桓公去世、齐国内乱时,宋襄公又顺利攻入不可一世的霸主齐国,行拥立大事。这一切如有天助,似乎不能只以常理来解释。我认为宋襄公的这些亲身经历在他心中激起了这样一种信念:周王室倾覆、齐国霸业崩溃表明,如今天命已经抛弃姬姓、姜姓这两个建立周朝的支柱族群,而将重新眷顾子姓商王族。作为商王族后裔的他应该接过齐桓公的"霸业接力棒",谋求成为下一个中原霸主。

宋国称霸,应该遵循怎样的理念呢?我们知道,齐桓公称霸,其核心理念是"尊王攘夷",这里的"王",自然是周王。周朝本来就是姬、姜二族共同的事业,齐桓公尊崇周王自然没什么问题。然而,如果宋襄公认为天命已经抛弃周王室,他又怎能再去尊崇周王呢?我认为,宋襄公是一个对商朝灭亡深感痛惜的有志君主,而他称霸的核心理念应该是顺应天命指向,复兴他所尊崇的商王室传统并重新在天下推行,简言之就是"复古兴商"。泓之战前,大司马公孙固在苦劝宋襄公不要跟楚国交战时说:"上天抛弃商王室已经很久了。君主想复兴它,这是违背天意而不能被赦免的大错!"(参见页132)公孙固的这句谏言,一语道破了宋襄公的称霸理念。

下面,我们可以从这个假说出发,来重新分析一下宋襄公称霸过程中的三个重要事件,试图重新理解这个被毛泽东斥为"蠢猪式的仁义道德"的"奇葩"国君。

第一件事,是前六五二年宋桓公病重,召来嫡长子太子兹父(也就是后来的宋襄公)传位,而太子兹父却认为庶兄公子目夷比他年长且有贤德,提出要把君位让给公子目夷。这个提议明显违背了嫡长子继承制这一周代宗法基本原则,所以不出所料,遭到"务实尊周"的公子目夷坚决反对,没有实现。太子兹父当上国君后,仍然重用公子目夷,依靠他将宋国治理得井井有条。太子兹父对庶兄公子目夷的高度推崇,很可能是源于他商朝灭亡历史教训的深刻反思:如果当年纣王能重用年长且有贤德的庶兄微子启,或者设想得更大胆一点,如果当年是庶长子微子启继承王位,商朝也许根本就不会灭亡,而商王室也不会降格成为宋公室。

在宋襄公走上称霸道路之前,他与公子目夷的奋斗目标是一致的,那就是励精图治、振兴宋国。然而,在宋襄公开始谋求迅速称霸之后,宋襄公"复古兴商"的理念和公子目夷"务实尊周"的理念就不可避免地发生正面碰撞,于是就有了我们前面所看到的、公子目夷针对宋襄公称霸行动一系列毫不留情面的警告。用"爱之深、责之切"来形容公子目夷对弟弟宋襄公的态度,可能是比较恰当的。

第二件事,是前六四一年,在首次专门为称霸而组织的宋、曹、邾三国会盟之后,宋襄公指使邾文公在睢水边的神社杀了鄫子祭神,试图以此使东夷归服(参见页 121)。如前所述,"务实尊周"的公子目夷对此激烈反对,因为周代人道兴盛,到了春秋时期,用牲畜祭祀早已是不可质疑的正礼,杀人祭祀只会引起诸侯的反感。然而,从甲骨文记载和考古发现我们已经知道,杀人祭祀是商王室的常规做法,也许在商人心目中,重大祭礼只有用人献祭才能体现对神灵的诚意。另外,东夷诸国当时也普遍存在用人祭祀或殉葬的习俗①。也就是说,宋襄公可能根本就不是从杀人献祭是否残忍这个周人的角度去看问题,而是遵循"复古兴商"理念,企图恢

① 东夷国莒国、鄅国墓葬中都发现了殉人,参见吴文祺、张其海:《莒南大店春秋时期莒国殉人墓》,《考古学报》1978 年第 3 期;山东省兖石铁路文物考古工作队:《临沂凤凰岭东周墓》,齐鲁书社,1988 年。

复商王室的人祭传统，向遗留有类似风俗的东夷人宣示商王室的重新降临。

所以，宋襄公所信仰的道德根本就不是周人所理解的道德，而是商王之德。一方面，这种商王之德有跟周代道德有兼容的部分，这部分被当时和后代的很多人当做"仁义"来称颂或嘲笑；另一方面，这种商王之德与杀人祭祀又是完全兼容的，不虔诚祭祀怎能算是有德商王？

第三件事，是前六三九年宋襄公请求楚国允许自己称霸、被楚国侮辱之后仍然继续争霸。宋襄公并没有丧失对政治现实的清醒认识，他非常清楚，以硬实力论，自己绝不是楚国的对手。然而，跟主宰一切的天命相比，硬实力又算得了什么呢？齐国硬实力比楚国更强，还不是霸业崩溃、要依靠自己率领诸侯来平定内乱吗？宋襄公的逻辑是这样的：楚成王会在硬实力远强于自己的情况下答应自己的称霸请求，是因为天命感化了楚成王，让他服从自己；而楚成王押着自己攻打宋国，则是"天将降大任于斯人也，必先苦其心志"，是上天在考验自己的天命信仰是否坚定。很明显，宋襄公已经进入了一种无论成败都能自我强化的非理性信仰思维模式，务实的劝谏和现实的失败都是无法使其清醒的，所以公子目夷会说"诸侯们的行动还不足以惩戒君主"。所以，宋襄公的问题不是"愚蠢"（智商有问题），而是"痴狂"（信仰不靠谱）。

第四件事，就是前六三八年泓之战时，宋襄公两次放弃了攻击楚人的战机，等到楚人渡过泓水、排好阵势后再交战，从而招致惨败（参见页133）。战后宋襄公和公子目夷的对话，可能又是一次"复古兴商"和"务实尊周"之间的"鸡同鸭讲"。宋襄公小时候从师、傅那里学到的商代军礼，很可能是商朝遗民对于前朝制度一种理想化、美化的叙述。而他决定在泓之战中所做的，就是要遵循"复古性商"理念，企图恢复这种他所崇尚的"古代"战法，将其应用于实战。而公子目夷所论述的，正是在古典军礼逐渐崩溃背景下日渐成形的、以杀敌制胜为核心的春秋军礼。春秋军礼的精髓，在《左传·宣公二年》讲得很清楚："军事，发扬'果'和'毅'的精神以服从命令是军礼的原则。杀敌是'果'，达到'果'是'毅'。" _{戎，昭果毅以听之之谓礼。杀敌为果，致果为毅。}

总而言之，宋襄公在成功拥立齐孝公之后，就坚信天命重新眷顾商王族，要顺应天命谋求称霸、重振商王室雄风，并在这种信仰的指导下，全然不顾宋国的实力和春秋时期的主流价值观，强行推进以"复古兴商"为核心理念的称霸事业。正是由于坚信天命，所以对他而言，称霸路上获得的每一点"成就"都是天命眷顾商王族的见证，而每一次挫折都是上天对他信仰坚定性的考验。正是由于以"复古兴商"为己任，所以身为嫡长子将君位让给庶兄不算违礼，杀人献祭不算残忍，用古法作战不算迂腐，所有这些在"务实尊周"之人看来都十分荒唐疯狂的思想和行动，在宋襄公看来都是自洽的、合理的、顺乎天命的。如果说宋襄公有病的话，他的病不是"时而仁爱、时而凶残"的精神分裂症，而是坚信"天降大任于斯人也"的信仰狂热症。历史阴错阳差地让这位本来可以成为模范诸侯的商王后裔做起了一场"复兴商朝"的春秋大梦，而他也为这梦想拼尽了全力，至死不渝。

前六三八年末，当鲁卿臧文仲得知宋襄公要在来年春天会合诸侯、强行谋求称霸时，他评论了这么一句："调整自己的欲望顺从他人，就可以成功；迫使他人服从自己的欲望，很少能成功。"这句话的前半句说的其实就是齐桓公的成功经验，因为他的称霸欲望满足了中原诸侯对于"尊王""攘夷""平乱""救患"的需求；后半句说的其实就是宋襄公的失败教训，因为他试图强迫国人和其他诸侯去满足自己"复古兴商"的称霸欲望。

以欲从人，则可；以人从欲，鲜济。（《左传·僖公二十年》）

重耳流亡记：宋—郑—楚—秦

前六三七年，公子重耳一行到达郑国，郑文公不以礼相待。国卿叔詹劝谏说："臣下听说上天为之开启门户的人，别人根本赶不上。晋公子具备三条，上天或者要建立他成为君主吧，君主还是以礼相待吧！按常理说，父母同姓，子孙不能昌盛。晋公子是姬姓女子所生，而活到了今天，这是一。晋公子遭受在外流亡的忧患，而上天不使晋国安定，大概是将要为他成为君主开启门户，这是二。有狐偃、赵衰、贾佗三个贤士，足以居于别人之上，却一直追随他，这是三。晋、郑地位平等，两国子弟路过，本来就应当以礼相待，何况是上天为之开启门户的人呢？"郑文公不听。

《国语·晋语四》记载了一个更为详细的版本：

重耳经过郑国，郑文公也不加礼遇。叔詹劝谏说：

"臣下听说，'亲近有上天相助的人，遵循前人的教诲，对兄弟之国的公子以礼相待，资助穷困的人，这是上天所福佑的'。

"如今晋公子有三种不同常人的福分，上天将要为他开启门户。同姓男女不结婚，担心不能生养后代。狐氏是晋国始封君唐叔的后代。狐姬是狐突的女儿，生了重耳。重耳长大成人后才能出众，离开祖国却有容身之所，长久处于穷困而没有什么事端，这是一。同出于晋献公的九个公子中，现在

亲有天，用前训，礼兄弟，资穷困，天所福也。

只有重耳还活着，虽然遭受在外流亡的忧患，而晋国内部却一直不安定，这是二。晋侯每天承载新的怨恨，国外国内都抛弃了他；重耳则每天承载新的美德，又有狐偃、赵衰等贤臣为他出谋划策，这是三。《周颂》上说：'天作高山，大王荒之。'荒，就是扩大的意思。扩大上天所生成的，可以说是亲近有上天相助的人了。

"晋、郑是兄弟之国。我们的先君郑武公和晋文侯曾同心协力，做周王室的股肱，共同辅佐周平王，平王慰劳感激他们，赐给他们盟信，说：'世世代代互相扶持。'如果说亲近有上天相助的人，那么重耳这样获得三种天赐福分的人，可以称得上是扩大上天了。如果说遵循前人的训诲，晋文侯的功劳，郑武公的业绩，可称得上是前任的训诲了。如果说对兄弟要以礼相待，晋、郑两国的宗亲关系，周平王的遗命，可称得上是兄弟了。如果说要资助贫困，公子从小到大流亡在外，乘车周历各诸侯国，可称得上是穷困了。抛弃这四条，从而招致天祸，恐怕不可以吧！君主请仔细考虑一下。"

郑文公不听。

叔詹又说："君主如果不能以礼相待，那么就请杀了他。有一句谚语说：'黍稷如果不长，就不能开花。黍苗不能长成黍，就不会茂盛。稷苗不能长成稷，就不会繁育。不怀疑种什么就生长什么的道理，是培养德行的根本。'"郑文公还是不听。

公子重耳一行离开郑国，来到了此时争霸中原接近成功的楚国。据《国语·晋语四》记载，楚成王主动提出要用款待诸侯国君的享礼接见重耳，包括九次献酒以及摆满整个庭院的酬礼。重耳想要推辞，狐偃鼓励他说："这是上天的意志，您还是接受吧。逃亡在外的人却以国君之礼接待，身份地位极不对等却像对待国君那样为您陈设礼物，若不是上天有灵，谁会使楚成王有这样的想法呢？"

据《左传》的记载，在享礼过程中，楚成王问："公子如果返回晋国成为君主，将用什么报答我①？"公子重耳对答说："男臣隶、女臣隶、美玉、丝帛，君王已经拥有了；鸟羽、皮毛、象牙、犀革，那是君王土地上出产的。那些波及晋国的，已经是君王的剩余了，能用什么来报答君王呢？"楚成王说："尽管这样，公子究竟用什么报答我？"公子重耳对答说："如果托君王的福，我得以回到晋国，一旦晋、楚两国演习军事，在中原相遇，我将率军回避君王九十里。如果还无法获得君王宽大的命令，我就左手执鞭执弓，右边挂着箭袋弓袋，跟君王周旋一番。"

子玉请求楚成王杀掉公子重耳。楚成王说："晋公子志向宽广而生活俭朴，举止文雅而遵行礼

① 原文中，楚成王自称"不谷"。"不谷"本是周王的谦称，前五六五年，中原霸主齐桓公代表周王室南征楚国，在与楚大夫屈完交谈时曾自称"不谷"。此处楚成王自称"不谷"，体现出他想要接替齐桓公成为中原霸主的志向。

晋公子广而俭,文而有礼。其从者肃而宽,忠而能力。

天将兴之,谁能废之?违天,必有大咎。(《左传·僖公二十三年》)

制。他的追随者做事严肃而待人宽和,品性忠贞而能力不凡。晋侯不能亲近臣民,国外国内都厌恶他。我听说姬姓封国里面,唐叔虞的后代将是较晚衰落的,这个预言将由晋公子来实现吧!上天将要兴起的,谁能废黜他?违背上天,必定有大祸。"

子玉和楚成王的对话,《国语·晋语四》的版本有所不同,还提到要扣留重耳最重要的谋臣狐偃:

令尹子玉说:"请求杀了晋公子。如果不杀,而让他回到晋国,将来一定会使楚军惧怕。"楚成王说:"不可以。楚军感到惧怕,是因为我方不修德。我方无德,杀了他又有什么用?上天如果保佑楚国,谁能让我们惧怕?如果楚国不值得保佑,在冀州的土地上,难道不会出现好君主吗?而且晋公子机敏而有文,处于困境却不对人谄媚,三位大才服侍他,这是上天在保佑他啊。上天要兴起的,谁能废黜?"

子玉说:"那么请求扣留狐偃。"楚成王说:"不可以。《曹诗》上说'他们那些人啊,不配享受优厚待遇',那是犯了错误。那犯了错误还去仿效,就错得更过分了。仿效错误,是违背礼的。"

据《史记·晋世家》《国语·晋语四》、清华简二《系年》的记载,太子圉潜逃回晋国,让秦穆公十分不满,于是派人到楚国召请公子重耳,想要立他为君。秦穆公想要拥立公子重耳，而楚成王也希望成全他的远大志向，于是楚人将公子重耳送到秦国。据《史记·晋世家》的记载，楚成王在送别公子重耳的时候说："楚国偏远，要经过好几个国家才能到达晋国。秦、晋接境，秦君贤明，您努力前行吧！"还送给他丰厚的财礼。

重耳在秦国（一）：迎娶怀嬴，出席享礼

公子重耳到达秦国之后，秦穆公送给他五位女子做妾，其中包括昔日晋太子圉的妻子怀嬴。有一天，怀嬴捧着匜倒水给公子重耳洗手，公子重耳洗完后没有按照礼数用毛巾擦手，而是很随意地挥手将水甩掉。这一举动激怒了怀嬴，她说："秦、晋是匹敌的国家，为什么轻视我！"公子重耳害怕，赶紧换了低等级的衣服，把自己囚禁起来表示谢罪。

据《国语·晋语四》记载，在发生此事之后，秦穆公会见公子重耳，说："寡人的嫡女中，这个（指怀嬴）是最有才能的。以前太子圉屈尊在我国作人质时，她曾担任太子圉的妃嫔。我想要让她和公子成婚，害怕因为她曾是太子圉的妃嫔，从而使公子遭受不好的名声。除此之外，那就没有其他不适合做妻子的原因了。我不敢依照送侍妾的礼数把她直接送给你，是因为喜欢她的缘故。公子这次解衣受

149

辱,是寡人的罪过。如何处置她,唯公子之命是听。"

公子重耳想推辞不娶怀嬴。胥臣说:

"同姓的才是兄弟。黄帝的儿子有二十五人,其中同姓的只有二个人而已:那就是青阳与夷鼓,他们都姓己。青阳是方雷氏的外甥,夷鼓是彤鱼氏的外甥。其他同父所生而姓不同的,四个母亲的儿子分别有十二个姓。黄帝的儿子,一共有二十五支,其中得姓的有十四人,分为十二姓,那就是姬、酉、祁、己、滕、箴、任、荀、僖、姞、儇和依,其中姬姓、己姓各二人。只有青阳与苍林氏的道德与黄帝相同,因此都得以姓姬。同德从而同姓竟这样难。以前少典娶了有蟜氏,生了黄帝和炎帝。黄帝依姬水而成长,炎帝依姜水而成长。长大以后两人的德不同,因此黄帝姓姬,炎帝姓姜,两帝动用武力互相残杀,就是因为德不同的缘故。

"姓不同德就不同,德不同就不同类。不同类的人即使亲属关系接近,男女也可以成婚,为的是生育儿女。姓相同德就相同,德相同心就相同,心相同志向就相同。如果志向相同的话,即使亲属关系远,男女也不可以成婚,是怕亵渎了恭敬之情。亵渎就会产生怨恨,怨恨就会产生灾祸,灾祸产生就会消灭同姓。因此娶妻要避开同姓,是害怕祸乱

同姓则同德,同德则同心,同心则同志。

150

灾难。因此德不同可以合姓成婚，德相同则以义相亲近。以义结合可以生利，利又可以使同姓相厚。姓和利相互联续，相成而不离散，就能保持稳固，守住土地和住房。现在您和子圉虽然是伯侄关系，但实际上由于德不同因而不同类，如同道路上的陌生人那样，取他所抛弃的女人，以成就返国即位的大事，不也可以吗？"

公子重耳对狐偃说："你看如何？"狐偃回答说："您将要夺取他（晋怀公）的国家，娶他的妻子又有什么呢？只管听从秦的命令吧。"

公子重耳又问赵衰："你看如何？"赵衰回答说："《礼志》上说：'将要请求他人，必定要有所接纳。想要他人爱自己，一定要先爱他人。想要他人顺从自己，必定要先顺从他人。对他人没有恩德，却想有求于人，这是罪过。'现在您将要通过联姻以服从秦国，接受他们的好意以与他们相亲爱，听从他们以使他们认为您有德。只怕不能这样，又怀疑什么呢？"

有请于人，必先有入焉。欲人之爱己也，必先爱人。欲人之从己也，必先从人。无德于人，而求用于人，罪也。

如果比照孔子所说的"质朴多于文采就会流于粗野，文采多于质朴就会流于虚浮。文采和质朴配合适当，这样之后才是君子"，可以这样评价上面这场咨询会议：胥臣言辞冗长，关于"姓"的论证繁复曲折，直到最后一句才点到正题，可以说是"文采多

质胜文则野，文胜质则史，文质彬彬，然后君子。（《论语·雍也》）

于质朴就会流于虚浮"。狐偃只讲实际利害,一语中的,然而言辞质朴如同鄙夫,没有任何理论依据,可以说是"质朴多于文采就会流于粗野"。赵衰言辞长短适中,先引《礼志》作为理论依据,再讲实际利害,理论和实际相得益彰,可以说是"质朴和朴实配合适当,这样之后才是君子",这与宋司马公孙固对赵衰"文雅而又忠贞"的评价(《国语·晋语四》)也非常符合。重耳见三位风格各异的谋臣都给出了同样的策略建议,心里有了底,这才下定决心向秦国正式纳聘礼,亲自迎娶怀嬴。据《史记·晋世家》记载,这一举动使得"秦穆公非常高兴",达到了预期效果。

有一天,秦穆公通知公子重耳,将设享礼款待他。公子重耳叫狐偃随从。狐偃说:"我不如赵衰那样善于文辞,请让赵衰跟随您吧。"于是,公子重耳便叫赵衰随从前往。

据《国语·晋语四》记载,秦穆公用款待君主的隆重礼节来招待公子重耳,赵衰做公子重耳辅相,完全按照宾客的谦恭礼节来回礼。在第二天的宴礼上,秦穆公首先朗诵了《采菽》。

《诗经·小雅·采菽》

采菽采菽,筐之筥之。

君子来朝,何锡予之?
虽无予之,路车乘马。
又何予之? 玄衮及黼。

觱沸槛泉,言采其芹。
君子来朝,言观其旂。
其旂淠淠,鸾声嘒嘒。
载骖载驷,君子所届。

赤芾在股,邪幅在下。
彼交匪纾,天子所予。
乐只君子,天子命之。
乐只君子,福禄申之。

维柞之枝,其叶蓬蓬。
乐只君子,殿天子之邦。
乐只君子,万福攸同。
平平左右,亦是率从。

泛泛杨舟,绋纚维之。
乐只君子,天子葵之。
乐只君子,福禄膍之。
优哉游哉,亦是戾矣。

采豆采豆，方筐圆筐。
诸侯来朝我王，该用什么奖赏？
纵使没有厚赐，路车四马强壮。
还有什么给予？黑色黼纹衣裳。

涌泉翻腾，采芹泉旁。
诸侯来朝天子，翩翩旗帜在望。
旗帜随风翻飞，鸾铃碰响叮当。
三马四马驾车，乘它直至殿堂。

红皮蔽膝到股，绑腿斜缠腿上。
不骄不怠适度，天子自然奖赏。
诸侯喜乐欢愉，天子策命嘉奖。
诸侯喜乐欢愉，洪福厚禄天降。

柞树枝条修长，叶子茂密兴旺。
诸侯喜乐欢愉，辅佐天子家邦。
诸侯喜乐欢愉，万种福禄安享。
左右臣子能干，遵循君命安康。

杨木舟，河中荡，不被冲走靠船缆。
诸侯喜乐欢愉，天子准确衡量。
诸侯喜乐欢愉，厚赐福禄奖赏。

优哉游哉度日，生活闲适平安。

这首诗主旨是周天子欢迎前来朝觐的诸侯，秦穆公朗诵此诗是表示对公子重耳前来秦国的欢迎。赵衰让公子重耳下堂拜谢。秦穆公也下堂辞谢。赵衰说："君主用天子赐予诸侯的待遇来任命重耳，重耳怎敢有苟安的想法，又怎敢不下堂拜谢呢？"

拜谢完毕后两人又登堂。赵衰让公子重耳朗诵了《黍苗》。

《诗经·小雅·黍苗》
芃芃黍苗，阴雨膏之。
悠悠南行，召伯劳之。

我任我辇，我车我牛。
我行既集，盖云归哉。

我徒我御，我师我旅。
我行既集，盖云归处。

肃肃谢功，召伯营之。
烈烈征师，召伯成之。

原隰既平,泉流既清。

召伯有成,王心则宁。

黍苗蓬勃生长,全靠好雨滋润。

召伯南行遥远,沿途慰劳民人。

用车拉,用肩扛,马车牛车运输忙。

建筑谢城已完毕,何不一同回家乡。

你步行来我驾马,师旅列队就出发。

建筑谢城已完毕,何不一同早还家。

迅速建成谢邑,召伯苦心经营。

队伍气势热烈,召伯谋划成行。

高地低地已整治,泉水河水已变清。

召伯大功已成就,宣王欢喜心安宁。

　　公子重耳自比黍苗,把秦穆公比作雨水,以表达自己的感激之情。赵衰说:“重耳仰望君主,就像久旱的黍苗仰望阴雨一样。如果君主能庇护滋润他,使他能成长为嘉谷,奉献给宗庙,那都是依靠君主的力量啊。君主如果能发扬光大先君秦襄公的荣耀,东渡河水,整顿军队使周王室再度强大起来,这是重耳所盼望的。重耳如果能聚集恩德而回国祭祀宗庙,成为晋国民众的君主,成就封国,那他怎会不顺从?君主如果能放心大胆地任用重耳,四方的诸侯,谁还敢不小心翼翼地听从君主的命令呢?"秦穆公感叹道:"这个人将依靠自己拥有这些,哪里是单由寡人得到呢!"

秦穆公朗诵了《鸠飞》,应该就是今本《诗经·小雅》中的《小宛》篇。

《诗经·小雅·小宛》
宛彼鸣鸠,翰飞戾天。
我心忧伤,念昔先人。
明发不寐,有怀二人。

人之齐圣,饮酒温克。
彼昏不知,壹醉日富。
各敬尔仪,天命不又。

中原有菽,庶民采之。
螟蛉有子,蜾蠃负之。
教诲尔子,式谷似之。

题彼脊令,载飞载鸣。
我日斯迈,而月斯征。
夙兴夜寐,无忝尔所生。

交交桑扈,率场啄粟。
哀我填寡,宜岸宜狱。
握粟出卜,自何能谷?

温温恭人,如集于木。
惴惴小心,如临于谷。
战战兢兢,如履薄冰。

小小斑鸠,高飞上天。
我心忧伤,感念祖先。
不寐到天明,怀念我双亲。

敏捷明智之人,饮酒也见沉稳。
也有昏聩不智,每饮必醉日甚。
各自慎重威仪,天命不再保你。

田野长满豆苗,众人一起采摘。
螟蛉生幼子,蜾蠃背它来。
教育你的子孙,继承祖先风采。

看那小鹡鸰,边飞边欢鸣。

天天在外奔波,月月在外远行。

起早贪黑不歇,不辱父母英名。

小青雀,叫叽叽,沿着谷场啄小米。

自怜贫病无依,连遇诉讼可气。

抓把粟米占卜,何时能够吉利?

那些温良恭敬人,就像鸟儿集树上。

怕呀怕呀多小心,好像走近深谷旁。

颤呀颤,抖呀抖,好像走在薄冰上。

穆公为公子重耳多年流亡在外感到忧伤,希望公子重耳能敬慎威仪,珍视天命,未来能成就不忝辱先人的功业。

公子重耳朗诵了《河水》,应该就是今本《诗经·小雅》中的《沔水》篇。

《诗经·小雅·沔水》

沔彼流水,朝宗于海。

鴥彼飞隼,载飞载止。

嗟我兄弟,邦人诸友。

莫肯念乱,谁无父母?

沔彼流水,其流汤汤。

鴥彼飞隼,载飞载扬。

念彼不迹,载起载行。

心之忧矣,不可弭忘。

鴥彼飞隼,率彼中陵。

民之讹言,宁莫之惩?

我友敬矣,谗言其兴。

漫漫流水东入海。

迅疾鹞鹰飞又停。

嗟叹兄弟与好友,

谁愿国家动乱,谁无父母双亲?

漫漫流水哗哗响。

迅疾鹞鹰齐飞扬。

念及作乱贼子,不禁起身彷徨。

心忧伤,不能忘。

迅疾鹞鹰,翱翔山陵。

民间谣言,无人澄清。

我友言行须谨慎,害人谗言易勃兴。

公子重耳将自己比作流水，将秦国比作大海，以流水归于大海比喻自己返国后将恭顺地事奉秦国。

秦穆公又朗诵了《六月》。

《诗经·小雅·六月》

六月栖栖，戎车既饬。

四牡骙骙，载是常服。

狁孔炽，我是用急。

王于出征，以匡王国。

比物四骊，闲之维则。

维此六月，既成我服。

我服既成，于三十里。

王于出征，以佐天子。

四牡修广，其大有颙。

薄伐狁，以奏肤公。

有严有翼，共武之服。

共武之服，以定王国。

狁匪茹，整居焦获。

侵镐及方，至于泾阳。

织文鸟章，白旆央央。
元戎十乘，以先启行。

戎车既安，如轾如轩。
四牡既佶，既佶且闲。
薄伐狎狁，至于大原。
文武吉甫，万邦为宪。

吉甫燕喜，既多受祉。
来归自镐，我行永久。
饮御诸友，炰鳖脍鲤。
侯谁在矣？张仲孝友。

六月备战匆忙，兵车整顿停当。
四匹公马强壮，车上旌旗飘扬。
狎狁气焰嚣张，朝廷戒备提防。
天王帅师出征，救助王国祸难。

四匹黑马强壮，操练合乎规章。
值此仲夏六月，制我威武戎装。
威武戎装齐备，即刻奔赴战场。
天王帅师出征，吉甫辅佐天王。

四匹公马高强,体格宽大肥硕。
出师讨伐猃狁,必有功劳斩获。
上下严明诚敬,慎重对待战争。
心怀敬慎而战,王国方得安生。

猃狁自大轻敌,占我边城焦获。
犯我镐京北方,泾阳亦遭兵祸。
鸟纹旌旗飘扬,白绸大旆昭彰。
冲锋战车十辆,攻破猃狁军行。

兵车行动稳当,前后一仰一俯。
四匹公马齐整,平日训练有素。
出师讨伐猃狁,直到太原远方。
吉甫能文能武,实为万国榜样。

吉甫饮宴喜乐,承受各种吉祥。
镐京远道来归,出行岁月漫长。
招待朋友欢聚,烤鳖脍鲤鲜香。
有谁出席宴会? 张仲孝友在场。

秦穆公用这首诗来勉励公子重耳,预祝他归国
即位之后,能匡扶周室成就功业。赵衰赶紧让公子
重耳下堂拜谢。秦穆公也下堂辞谢。赵衰说:"君

主提出辅佐天子、匡正诸侯来命令重耳,重耳怎敢有怠惰之心,怎敢不遵从有德之人的命令呢?"

赵衰这最后一句答辞甚为机巧,一方面延续先前答词的表面谦恭,另一方面又将"批准"晋国日后谋求称霸的话塞到了秦穆公的嘴里:当年可是您亲口要求我们"以佐天子""以匡王国",我们称霸正是按照您的指示精神办呀!

重耳在秦国(二):接受试探,赢得支持

在上述以传世文献为依据的公子重耳在秦事迹之外,二〇一七年公布的清华简第七辑(以下简称"清华简七")《子犯子余》篇披露了很多秦穆公团队和公子重耳团队之间相互试探、秦穆公团队内部君臣谋划的细节,包括秦穆公询问狐偃(子犯)、赵衰(子余),秦穆公询问谋臣蹇叔,以及公子重耳询问蹇叔三组对话:

公子重耳从楚国前往秦国,住了下来。三年后的一天,秦穆公召来狐偃询问,说:"您看,您事奉的公子是一位贤良的庶子,那晋国发生了祸乱,公子不能把握时机夺取政权,却逃跑离开了它,难道不是公子谋划之心实在不足的缘故吗?"狐偃回答道:"确实像主君您所说的那样。我们的主子喜好正直,恭敬诚信,不获取祸乱带来的利益,自己不忍心

吾主好正而敬信,不秉祸利,身不忍人,故走去之,以即衷于天。

伤害他人,因此逃跑离开了国家,来靠近上天的本心。主君如果说的是努力获取利益,我们的主子的谋划之心有什么不足的呢? 只不过我们的主子坚持不愿意获取祸乱带来的利益而已。"

过了一会儿,秦穆公召来赵衰询问,说:"您看,您事奉的公子是贤良的庶子,那晋国发生了祸乱,公子不能把握时机夺取政权,却逃跑离开了它,难道不是公子身边没有贤良辅佐的原缘故吗?"赵衰回答说:"确实像主君您所说的那样。我们的主子对待诸位辅佐的臣子,不阻挡良善的规劝,不遮蔽善良的言行,同时坚决排除邪恶。我们的主子对待祸难,心存戒惧,如果幸运得到利益不喜欢独占,而是想要与人共享。如果有了过失,不喜欢归罪给他人,必定自己来承担。我们的主子没有强大的依靠却有坚强的意志,不承受祸乱带来的利益,注意回顾过失引以为鉴,因此逃跑离开了晋国。主君如果说我们的主子没有贤良的辅佐臣子,实在是不了解他的志向。"

吾主之于二三臣,不扞良规,不蔽有善,必出有恶。

吾主弱寺而强志,不秉祸利,顾监于过,而走去之。

秦穆公于是召来狐偃、赵衰,对他们说:"二位事奉公子,如果能像这样尽心辅佐,上天怎么会图谋降祸给公子呢?"于是分别赏赐了佩剑、大带、上衣、下裳并称赞他们,让他们回去。

秦穆公于是问蹇叔说:"那公子没能留在晋国,

真的是天命使然吗？为何有这样好的仆从却不能得到国家政权？是因为民心真的难以收拢吗？"蹇叔回答说："民心确实很难收拢，也可以说很容易收拢。凡是能做到让民众秉承法度，端正僭越和差错就能收拢民心；居于上位的人弹出的墨线没有过失，民众的斧子砍下去也不会有差错。"

秦穆公于是又问蹇叔说："叔，昔日的圣哲之人实施政令刑罚，役使民众就像役使一个人一样，我敢问他们遵循的是什么道理呢？假如叔听闻了遗老的话，一定要跟我说呀！就算我不能全部采用，就像追捕山鸡那样，就算抓不到，我至少应当通过山鸡的飞行来观看风的方向。"蹇叔说："凡是君主所问的，没人听闻过。一定要说的话，昔日成汤以祭神来事奉山川，用美德来和睦民众。四方的夷人争前恐后，见到成汤就像得到了甘霖一样，奔走相告，然后都安居下来，因此成汤果断地征伐九州并施行统治。后来到了殷纣的时候，杀了三个无辜的大臣，兴起炮烙酷刑，虐杀孕妇，还做了三百副桎梏。殷国的君子，不论势力大小，不论距离远近，见到殷纣政权就像大山马上就要崩塌，于是纷纷逃跑离开，害怕自己还没死，刑罚就加到了自己身上。殷国于是就坠落灭亡了。因此凡是国君所问的，没人听闻过。"

信难成緊，或易成也。凡民秉度，端正僭忒；在上之人上绳不失，斤亦不僭。

宁孤是勿能用，譬若从雉然，吾当观其风。

公子重耳问蹇叔说："流亡的人不谦逊，斗胆请教：天下的君子，如何使国家兴起？如何使国家灭亡？"蹇叔回答说："如果想要使国家兴起，就去看商太甲、盘庚、周文王、周武王；如果想要使国家灭亡，就去看夏桀、殷纣、周厉王、周幽王。兴亡之道都在公子内心了，又何必费力来问呢？"

从这些新材料里可以看出如下三点：

第一，就像秦穆公当年用"公子在晋国内部仰仗谁"这样的问题来试探公子夷吾团队的志向和格局一样（参见页75），秦穆公对公子重耳团队也进行了巧妙的试探。他故意把公子重耳当年主动放弃秦国拥立（参见页84）说成是重耳团队的重大失误，然后质问狐偃和赵衰：发生了这么大的失误，到底是公子重耳自己谋划能力差呢，还是他没有合格的谋臣呢？这样尖酸刻薄的质疑应该是秦穆公团队精心设计出来的，其目的就在于考验公子重耳这两位心腹谋臣的应对能力，并揣摩公子重耳的志向格局。狐偃、赵衰沉着冷静，他们坚持"塑造公子重耳英主候选人形象"这个一以贯之的整体策略，采用当年公子重耳在晋国和秦国使者面前慷慨陈词时所定的调子，强调公子重耳是因为坚持自己的道德操守而主动放弃了这个机会，但同时又表达出如今想要得到秦国这个"强大的依靠"的愿望，二人口径

如欲起邦，则大甲与盘庚、文王、武王；如欲亡邦，则桀与纣、厉王、幽王。

一致、不卑不亢的回答得到了秦穆公的钦佩和奖赏。

第二，秦穆公看到公子重耳团队如此优秀却长期在外流浪不得回国，不禁感慨万分，于是向贤大夫蹇叔请教民众的信任为何如此难以获得，以及古代圣哲之君如何能使民众团结和睦。蹇叔也抓住这个机会向秦穆公灌输治国正道，用先弹墨线再砍削木料作比方来阐述"秉持法度"的重要性，又用成汤得到民心、殷纣丧失民心的鲜明对比来阐述"用美德和睦民众"的道理。秦穆公对于蹇叔的尊敬和信任，由此可见一斑。

第三，秦穆公通过询问狐偃、赵衰来揣摩公子重耳，公子重耳团队也想用这种"旁敲侧击"的方法来揣摩秦穆公。公子重耳深知蹇叔是秦穆公的心腹谋臣，于是特意谦恭地向他请教国家兴亡之道。蹇叔也知道公子重耳前来请教，很可能是想通过自己的回答来揣摩秦穆公的施政方略，所以跟公子重耳"打太极"，只提了一堆贤君和暴君的名字让公子重耳自己去体悟，而不像对秦穆公那样详细解说。蹇叔忠于秦国、老成谨慎的品格跃然纸上。

在这里我们可以花点篇幅，回顾一下秦穆公废立晋国君主的"心路历程"。前六五〇年晋国内乱之时，秦穆公派公子絷去探访在狄地流亡的公子重耳和在梁国流亡的公子夷吾,准备从中选择一位立为国君。公子重耳听从狐偃的谋划,"高风亮节"地婉拒了公子絷的提议;夷吾则听从郤芮的建议,非常积极地谋求入国为君,甚至到了卖国求荣的地步。公子絷回来汇报后,秦穆公一开始更倾向于有仁德、有节操的公子重耳,然而考虑到公子重耳的拒绝以及公子絷的建议,最后决定拥立当时看来俯首帖耳的夷吾。

然而,夷吾当上国君之后,背弃承诺拒绝割地,加强边境防备,并在秦国饥荒时拒绝输出粮食,完全不像公子絷预想的那样顺服秦国,最终导致秦晋两国在前六四五年兵戎相见。秦穆公在战前跟公孙枝谈话时就已经表示,后悔当年没有坚持初心拥立公子重耳。前六三八年作为人质押在秦国的太子圉(晋怀公)潜逃回国、开始清算国内外反对势力(见下文)之后,秦穆公意识到晋怀公这个破坏人质协定、为达目的不择手段的人也绝不是会与秦国友好相处的善类。为了不让当年拥立晋惠公所造成的局面重演,秦穆公下定决心再行废立之事,拥立他一直欣赏的公子重耳回国夺权。在谋臣的正确引导下,重耳在与秦穆公交往的过程中尽量表现得谦恭顺服,但又不像晋惠公那样做出难以兑现的卖国承诺,这让秦穆公一方面对重耳夺权后秦、晋两国交好怀有期待,另一方面又对晋国今后可能会日渐强盛产生一丝担忧。

那么,秦穆公为什么在明知公子重耳很可能会成为一代明君、振兴晋国的情况下还要支持他回国即位?为什么不杀了公子重耳、吞并晋国?

首先,这里要再次强调,不能用战国时期大国之间互相攻灭的思维模式去理解春秋早期的大国君主。在齐桓公成就中原霸业之后,他必定成为了楚、秦等其他大国君主尊崇和效仿的榜样。齐桓公树立的称霸理想,或者说是"霸主梦",是大国英主通过恩威并施的政治、军事手段获得各主要诸侯国的服从、信任和拥戴,率领诸侯消除和管控各种不安定因素(戎狄入侵、诸侯国内乱、相互侵略等),通过尊崇王室来维护周礼"普世价值观",共同建设和维护一个和平、稳定的中原国际秩序。当然,那种通过削弱、甚至吞并其他主要诸侯国来谋求本国强盛的"战国思维"已经萌芽,比如说,齐桓公在前六六一年鲁国内乱时曾经试探性地问"鲁国可以夺取吗",然而,和齐桓公树立的称霸理想相比,这种"战国思维"在春秋前期还远没有成为主流价值观。当年,秦穆公之所以在晋国正处于君位继承危机之时出手干预晋国内政,正是向成功干预鲁国及周王室内政的齐桓公学习,希望通过成功地稳定晋国政局,积攒称霸政绩。秦穆公之所以优先考虑拥立仁爱的公子重耳,是顺从他正直宽宏的内心,想要成就一番"存亡继绝""拨乱反正"的称霸功绩。在明确得知公子重耳拒绝了自己的试探后,他之所以转而拥立顺服的公子夷吾,还是想要成就一番"存亡继绝""威服晋国"的称霸功绩。当晋惠公用事实证明他既不是明君、也不顺服秦国之后,他对于秦穆公来说就完全失去了意义;秦穆公先前的拥立行动不但没有为他谋求称霸加分,反而成了他称霸路上的"败笔"。正是在这样的考虑下,秦穆公决定重新启动符合自己初心的策略,拥立重耳,安定晋国。

其次,即使秦穆公脑中闪现过上述"战国思维"式的设想,晋国的实力状况也会促使他打消这个念头。晋国在晋献公去世后的政治动荡是围绕着君位继承展开的,这种高层内斗对于国家的经济、军事实力影响不大,政局虽乱,国本未损,晋献公统治期间所取得的开疆拓土、扩大军队规模等实质性成果并没有丧失。韩之战的失败的确让晋国付出了丧失河西土地的沉重代价,然而晋国在河东的广大疆土并未受损(河东部分割地在两年后就已归还),晋惠公的被俘更是促使晋人紧急启动了"作爰田""作州兵"等新政,达到了"群臣团结和睦,甲胄兵器更多"的成效,战争的失败反而促进了晋国的团结、刺激了晋国的发展。在这种背景下,秦军离开易守难攻的渭河平原,渡过河水,孤军深入占领同仇敌忾的晋国,实际上是极难成功的任务。总之,秦穆公所追求的"霸主梦"会引导他去试图安定晋国、博取美名、树德立威,而晋国的强大实力也会使秦国趁机吞灭晋国的设想不具可行性。

实际上,楚成王厚待重耳,并且把他送到秦国,也是想要通过模仿齐桓公的"存亡继绝"功绩,来积累成为中原霸主所必需的德誉。具体说来,在前六三八年收服郑国、大败宋国之后,楚成王苦心经营多年的称霸中原事业在实力层面已经接近成功,而他还需要进一步加强的正是"积德服人",那就是通过模仿齐桓公树立的各种范例,用事实让中原各国消除疑惑、确信这个"非我族类"的强势君主是真心想要按中原主流政治价值观做一个值得拥戴的霸主。楚成王在与子玉对话时以"修德""尊天""守礼"立论,正体现出他希望用中原诸国普遍接受的价值观体系来包装自己帮助重耳复辟的决策,把自己塑造成一个三观端正、值得信赖的霸主候选人。与楚成王相比,秦穆公虽然满怀东进争霸的理想,秦国也积累了相当的实力,但是它长期偏居西北,没有参与过中原国际政治事务,对楚国称霸的威胁可能还抵不上仍然自命不凡的齐国。

不过,无论是认为自己即将称霸中原的楚成王,还是在为东进争霸积蓄力量的秦穆公,恐怕都没有把公子重耳／晋国当作一个短期内会对他们的称霸事业构成实质性挑战的对手。毕竟,晋国长期游离于中原国际政治体系之外,从未明确表达过称霸意向,况且此时重耳能否顺利夺权、掌权还未可知,一个政局不稳、内顾不暇的国家怎么可能在短期内做到内政脱胎换骨、外交上摆脱秦国控制、并南下中原打败楚国？正是基于这种完全合乎常理的判断,楚成王拒绝了子玉杀掉重耳的建议,秦穆公也没有因为对于重耳发展潜力的担忧而停止拥立行动。晋文公即位一年后出定襄王、四年后称霸中原这种"黑天鹅"事件,是当下的楚成王、秦穆公都完全没有预料到的。

晋文霸业的兴起

修明内政，出定襄王

重耳夺权即位，成功稳定政局

我们先来看看公子重耳归国夺权前夕的晋国内部情况。前六三七年九月晋惠公去世后，此前已逃回晋国的太子圉即位，就是晋怀公。晋怀公即位后，命令国内的卿大夫都不能帮助流亡在外的公子重耳和他的党羽。怀公向这些流亡者在国内的家族发出通知，要求这些家族督促流亡者限期归国投诚，过期不来的，就不再赦免。平心而论，晋怀公政权在重耳团队即将依靠国外势力武装夺权的危局下，实施一次先行明令告知、限期投案自首、自首就能获得赦免的整肃行动，真不能算是无道暴虐之举。家族中有流亡者的大臣中就有狐突，他的两个儿子狐毛、狐偃都在重耳流亡团队中效力，狐偃更是重耳的心腹谋臣。冬天，怀公决定"杀鸡儆猴"，于是逮捕了狐突，对他说："你的儿子回来，你就能免于刑罚。"

对于舆论战急先锋狐突来说，这是再次发动攻击的绝佳机会。狐突很清楚，自己的两个儿子不可能在夺权大业马上就要胜利的当口脱离流亡团队回国；夺权胜利后，有两个功臣儿子继承家业，狐氏未来也一定会昌盛。自己横竖是死，那还不如拼上自己的老命再对晋怀公政权做一次"自杀式抹黑"。于是，狐突正义凛然地对答说："儿子到了能够入仕的年纪，父亲要教他'忠'的道理，这是自古以来的制度。名字写在了主公简策上、向主公进献见面礼之后，再有二心就是有罪的。如今臣下的儿子，名字登记在重耳的简策上，已经好几年了。如果又召他们回来，那就是教他们事奉主公有二心。父亲教儿子有二心，那还怎么事奉君主？刑罚不滥用，从而彰显君主的英明，这是臣下的愿望。如果君主滥用刑罚以图快意，谁会没有罪？臣下明白君主的命令了。"

话说到这份上，晋怀公为了维护君令严肃性别无他法，只能下令杀了"死硬分子"狐突。狐突被杀是重耳武装夺权前夕晋国内部政治斗争趋于白热化的标志性事件，而狐突这段从道义角度激烈批判晋怀公"通缉亡人"举措、并进而抹黑晋怀公君德的话，也是他为重耳夺权事业所做的最后一份贡献。

与狐突同为舆论战急先锋的郭偃并没有亲属

跟随重耳流亡，不在这次"严打"范围内，于是他选择称病躲在家中，同时继续放话抹黑晋怀公，他说："《周书》上有这样的话：'君主伟大贤明，而后臣民顺服。'自己不贤明，反而杀人以图快意，不也很难了吗？民众看不到德行，而只看到杀戮，他哪里还能有后代？"

前六三六年春正月，秦穆公率领军队护送公子重耳回国。到了河水边，狐偃把一直由他保藏的玉璧交给公子重耳，说："臣下背着马具跟随主君巡行天下，臣下一路上犯下的罪过太多了。臣下自己都知道，何况主君呢？请求从此处流亡他乡。"公子重耳说："我一定与舅舅同心协力，有河水为证！"于是将玉璧投入河中，作为献给河神的誓言信物。

护送公子重耳的秦军渡过河水，包围令狐，进入桑泉，取得臼衰。《国语·晋语四》的说法是，公子派人前往三地招降，三地守军纷纷归降，并没有发生武力冲突。二月甲午，晋军驻扎在庐柳。秦穆公派公子絷前往晋军营垒进行说服工作。晋军后退，驻扎在郇。辛丑（甲午七天后），狐偃与秦国以及晋国支持公子重耳的卿大夫们在郇盟誓。壬寅（辛丑一天后），公子重耳进入晋军营垒。丙午（壬寅四天后），公子重耳进入到公室宗邑曲沃。丁未（丙午一天后），公子重耳到晋武公庙朝拜。戊申

（丁未一天后），公子重耳派人在高梁^①杀了晋怀公。至此，公子重耳成功夺权成为国君，就是晋文公。

曾经在前六五一年迎回晋惠公、又在前六四九年杀公子重耳在国内党羽的吕甥、郤芮害怕晋文公报复，准备纵火烧死晋文公。曾经两度追杀公子重耳的寺人勃鞮得到了消息，请求进见。

晋文公派人责备和拒绝他，说："蒲城那一役，先君献公命令你第二天到达蒲城，你当天就到了。后来我跟随狄君在渭水岸边田猎，你为惠公前来谋求杀掉我，惠公命令你三天之后到达，你第三天就到了。虽然有君命，你执行起来多么神速啊！蒲城之役时那只被你斩断的袖口还在。你赶紧出走吧！"寺人勃鞮对答说："臣下认为君主这回进入国都当上君主，大概已经知晓为君之道了。如果还没有的话，那么君主又将遇上祸难。君命一出，必须没有二话尽力执行，这是自古以来的制度。除掉君主眼中的恶人，有多大能力就应该使出多大能力。君主当时就是叛乱的蒲人、狄人，对我来说算什么呢？因此臣下只管尽力捕杀。如今君主已经即位，恐怕也会像臣下当时一样不怜悯蒲人、狄人吧！齐桓公放下被管仲射中衣带钩的旧怨，而使管仲做相国。君主如果违背齐桓公的宽大做法，臣下自然就会出走，哪里需要君主屈尊下命令呢？走的人会很多，

君命无二，古之制也。除君之恶，唯力是视。（《左传·僖公二十四年》）

① 令狐、桑泉、臼衰、庐柳、郇、曲沃、高梁见地图三小图。

177

哪里只是像臣下这样的刑余之臣?"晋文公赶紧接见投诚的寺人勃鞮,从而得知了吕甥、郤芮的图谋。

三月,晋文公潜逃出公宫,西渡河水,与秦穆公在王城①秘密会见。月底,公宫起火,吕甥、郤芮却没有找到晋文公。晋文公的卫队与叛党交战,吕、郤准备出逃,秦穆公诱骗他们前往秦国,在河水岸边杀死了他们。

躲过纵火劫难的晋文公迎接他在秦国娶的正妻嬴氏回国。秦穆公派出三千名得力的侍卫仆从跟随着晋文公,以震慑晋惠公/晋怀公的余党,稳定晋文公的君位。在局势稳定之后,白狄人将一直等待着晋文公的季隗送到了晋国,而请求将两个孩子伯儵、叔刘留在白狄地。

当初,公子重耳出逃的时候,负责保管财物的小吏头须带着财物离开了队伍回到国都,为促成公子重耳回国之事到处行贿,用光了这些财物。由于头须行贿之事都在暗中进行,公子重耳等人并不知情,他们都认为头须是携财潜逃、挥霍享受的叛徒。等到公子重耳当上国君之后,头须求见。晋文公以正在洗头为由拒绝了他,其实是表示对他的厌恶。头须对出来传话的仆人说:"洗头时俯身向下,心的朝向颠倒了,心颠倒了图谋就会反常,难怪我得不到进见的机会。留在国内的人做他社稷的守护者,

① 王城见地图三,渭水入河水处。

178

跟从君主流亡的人做他扛马具的仆人，都是可以的，为什么要怪罪留在国内的人？堂堂一国之君却跟一个匹夫结仇，如果这样的话，心里害怕从而萌生逃跑或作乱念头的人可就多了！"仆人把头须的话告诉了晋文公，文公赶紧接见了他。

国君而仇匹夫，惧者其众矣。《左传·僖公二十四年》）

晋文公即位之后，想要出兵参与中原国际政治事务，担心国内会再起内乱，于是宣布要赏赐追随者以收买人心（据《史记·晋世家》）。跟随逃亡的人中其中有一个叫介之推的微臣，他曾经在一行人遭遇断粮危机时割下自己大腿上的肉给公子重耳吃（据《韩诗外传》）。介之推不主动去要求俸禄，负责此事的官员也没有给他俸禄。

介之推对母亲说："献公的儿子有九个，只有君主还健在。惠公、怀公没有亲近的人，国内外都抛弃他们。上天还没有断绝晋国的国运，必定会有英主出现。主持晋国祭祀的，除了君主还能有谁？这实在是上天把他安置在君位上，而诸位大夫却认为是由于自己的力量，不也是胡说八道吗？偷窃凡人的钱财，尚且称之为盗窃，何况是贪图上天的功劳以为是由于自己的力量呢？臣下把贪天之功的罪过当作是正义的，主上赏赐臣下的奸邪，上下互相欺骗，实在是难以相处了！"

窃人之财，犹谓之盗，况贪天之功以为己力乎？《左传·僖公二十四年》）

他的母亲说："为什么不也去求赏？就这样穷

困而死，又能怨谁？"介之推回答说："明知不对又去效仿，错误就更大了。而且既然已经口出怨言，就不能再吃他的食禄。"

他的母亲说："也让国君知道一下你的情况，如何？"介之推回答说："言语，是身体的文饰。身体将要隐藏，哪里还用得着文饰？如果此时再去诉苦，就是为了追求显扬名声了。"

他的母亲说："你真能做到如此高洁么？我和你一起归隐吧。"介之推于是归隐山林，后来就死在了山中。晋文公派人寻找他没有找到，听说他进入了绵上①山中，于是将附近土田封为介之推的享田，说："用这来标志我的过失，而且褒扬像介之推这样的善人。"

据《史记·晋世家》的记载，另外一位跟从晋文公流亡的贱臣壶叔主动提出："君主三次论功行赏，赏赐都没有惠及臣下，胆敢前来请罪。"晋文公回答说："用仁义来引导我，用德惠来防范我，这类人接受上等的赏赐。用实际行动来辅导我，最终取得成功，这类人接受次一等的赏赐。承担流矢飞石的危难，立下汗马功劳，这类人接受再次一等的赏赐。如果以苦力事奉我而不能补救我的缺陷的，这类人授予更次一等的赏赐。前三次赏赐之后，本来就将轮到您了。"晋人听到这番话，都很悦服。

夫导我以仁义，防我以德惠，此受上赏。辅我以行，卒以成立，此受次赏。矢石之难，汗马之劳，此复受次赏。若以力事我而无补吾缺者，此复受次赏。

① 绵上见地图三。

至此,晋文公成功地稳定了国内局势,坐稳了君位。为达到这个目标他做了三方面的工作:第一,借助秦国力量消灭了吕甥、郤芮这样的死硬反对势力,拔除了内乱的最大隐患。第二,任用了曾经多次要杀死自己的寺人勃鞮以及携财"叛逃"的头须,使国人知晓他就像当年的齐桓公那样能宽宏大量、弃怨任贤,从而安抚了民心。第三,对跟随流亡的人分档次论功行赏,一方面进一步笼络了这批核心团队的人心,另一方面也预告了他未来执政中将要秉承的"尊贤""尚功"理念。此外,他对于在封赏行动中特立独行的高洁之士介之推大加尊崇,其实是在给这次大封赏中获利的从亡者"敲边鼓",希望他们不要得寸进尺、见利忘义。

晋文公改革(一):主要内容和总设计师

晋文公在政局稳定之后,立即大力修明内政,推进全面改革。这是因为,此时的晋文公及其核心团队已经非常明确地将参与中原争霸作为自己的核心执政目标,而齐桓公的成功经验已经说得很明白:要争霸,必须强大;要强大,必须改革。从公子重耳回答楚成王的话"如果托君王的福,我得以回到晋国,一旦晋、楚两国演习军事,在中原相遇,我将率军回避君王九十里。如果还无法获得君王宽大的命令,我就左手执鞭执弓,右边挂着箭袋弓袋,跟君王周旋一番",可以知道最迟到前六三七年,公子重耳团队已经明确以强国争霸为己任。而根据《孔子家语·在厄》,孔子认为,"晋公子重耳开始有称霸雄心,就是在曹国、卫国那段最为困窘的时候。"

《国语·晋语四》记载了晋文公改革的主要内容:

晋文公会集百官,授予官职,任用有功的人。

废除旧债,减免赋税,布施恩惠,分财给寡少的人。

救济贫困的人,起用埋没的人,匡正困顿的人,资助无财的人。

减轻关税,修治道路,便利通商,宽待农民。

劝勉农耕,提倡互助,节省费用,充盈资财。

改良器物,昭明德教,使民心更加淳厚。

推举善人,任用贤人,制定常法来确定事物,辨正名分来培育善德。

昭显旧族,惠爱亲戚,光大贤良,尊崇贵宠,奖赏功劳,敬事老者,礼待宾客,友爱故旧。

胥、籍、狐、箕、栾、郤、伯、先、羊舌、董、韩等十一族,担任近官;姬姓家族中的贤良之人,担任中官;异姓家族中的才能之人,担任远官。

公室收入来自于贡赋,大夫收入来自于采邑,士人收入来自于禄田,庶民收入来自于劳动,工商收入来自于职官,皂隶收入来自于职务,官员家臣收入来自于官员的加赐。

上述政策施行之后,晋国政治平顺,民生丰足,财用不匮乏。

齐桓公内政改革的"总设计师"是管仲,那么晋文公内政改革的"总设计师"又是谁? 我们先来看《韩非子·南面》里的一段记载:

不懂得治理国家的人,一定说:"不要改变古制,不要改变常规。"究竟是改变还是不改变,圣人不听别人怎么说,只是看它能否使政治走上正轨罢了。这样的话,那么古制是否不要改变,常规是否不要改变,就在于这些常规、古制是可行还是不可行。伊尹如果不改变殷商的古制常规,齐太公如果不改变周国的古制常规,那么商汤、周武王就不能称王了。管仲如果不更改齐国的古制常规,郭偃如果不改革晋国的古制常规,那么齐桓公、晋文公就不能称霸了。

凡是认为改变古制很困难的人,是害怕改变民众所安心的状态。但不改变古制,是在因袭祸乱的覆辙;迎合民众的心愿,是放纵奸邪的行为。民众

骨、籍、狐、箕、栾、郤、伯、先、羊舌、董、韩,实掌近官。诸姬之良,掌其中官。异姓之能,掌其远官。

公食贡,大夫食邑,士食田,庶人食力,工商食官,皂隶食职,官宰食加。

政平民阜,财用不匮。

变与不变,圣人不听,正治而已。则古之无变,常之毋易,在常古之可与不可。

夫不变古者,袭乱之迹;适民心者,恣奸之行也。民愚而不知乱,上懦而不能更,是治之失也。人主者,明能知治,严必行之,故虽拂于民,必立其治。

愚蠢而不知道祸乱,君上懦弱而不能改变古制,这是政治的失误。当君主的,明智能知道治国的方略,威严必须要实行这些方略。所以,即使冒着违逆民众的风险,还是要建立起自己的治国方略。对这种论点的一个解说案例就是商君进出时用铁殳和层层盾牌来预防警戒民众作乱。所以郭偃刚开始治理晋国的时候,晋文公配备了国家的军队;管仲刚开始治理齐国的时候,齐桓公配备了全副武装的战车——这些都是防备民众的措施啊。

韩非把郭偃和管仲相提并论,认为他在晋国推动的改革是晋文公成就霸业的关键原因。而且他提到,郭偃、管仲推行改革的初期,都曾经遭到民众的激烈反对,甚至到了触发武装冲突的程度,由于晋文公、齐桓公的坚定支持,才得以将改革进行下去。管仲改革中可能存在的"维稳难点"我们前面已经分析过(见《齐桓篇》页286),那么上引《国语·晋语四》所记载的、看似四平八稳的郭偃改革举措中,到底是哪条对既得利益者触犯最大、最容易引发民众闹事,也正是下面分析过程中必须要回答的问题。

郭偃的改革思想,也就是所谓"郭偃之法",在《商君书》和《战国策》中还有遗存。《商君书·更法》中是这样记载的:

公孙鞅说:"臣下听说:'犹豫不决的行动不会有成就,迟疑不定的行事不会有功效。'国主赶快确定变法的主意,还是不要去顾忌天下之人如何议论这件事。况且那具有出众行为的人,本来就要被世俗所非议;具有独特见识的人,必然会被民众所嘲笑。俗话说:'愚人弄不明白既成事实,智者观察到还没露出苗头的事。民众不可以与他们谋划事业的开始,只可以和他们欢庆事业的成功。'郭偃的法度说:'讲究最高道德的人不与世俗附和,成就丰功伟绩的人不与民众谋划。'法度是用来爱护民众的,礼制是用来方便办事的。因此圣人如果可以使国家强盛,就不去效法那旧的法度;如果可以用来使民众得到利益,就不去遵循那旧的礼制。"

《战国策·赵策四》中是这样记载的:

客说:"郭燕(即郭偃)的法度,有所谓'柔痈'的,大王知道吗?"赵王说:"没听说过。"客说:"所谓'柔痈',是指左右亲幸的大臣,以及夫人、倡优、受宠爱的美女。这些人都能乘大王喝醉迷糊的机会,向大王寻求所想要的东西①。这些人如果在宫廷内得手,那么大臣就在外面为他们贪赃枉法。所以日月外面放出光辉,贼害却藏在里面;谨慎防备他所憎恶的人,可是祸患却出自他所宠爱的人。"

根据《韩非子》《商君书》《战国策》里的记载,郭

愚者暗于成事,知者见于未萌。民不可与虑始,而可与乐成。

论至德者不和于俗,成大功者不谋于众。

故日月晖于外,其贼在于内,谨备其所憎,而祸在于所爱。

① 郭偃所说的"柔痈",其现实背景应该就是骊姬、优施蛊惑晋献公之事。

偃应该就是晋文公时期内政改革的"总设计师"①。实际上,《国语》《左传》中也保存了不少郭偃的政治言论,比如前面我们已经读到的批评晋惠公杀里克(页 89)、改葬太子申生(页 91)以及批评晋怀公滥用刑杀(页 176)等。从这些言论可以看出,郭偃虽然是国内的大夫,却对晋惠公、晋怀公两任国君非常不满,一心盼望公子重耳能回国即位。在晋文公即位之后,郭偃得到重用,得以推行上文所概述的全面改革。

对比晋惠公和晋文公,我们可以发现,同样是回国夺取政权,时机和方式的选择会对后续的执政带来很大的影响。前六五一年晋献公去世后,公子夷吾听从郤芮的建议,不择手段地向秦国和国内权臣大开赠予土地的"空头支票",以求抓住宝贵"国丧窗口期"立即返国即位;而公子重耳则听从狐偃的建议,婉拒秦国的试探,选择继续流亡等待时机,在积累了十五年的政治经验和名望之后,在对晋怀公极度失望、决意拥立贤君的秦穆公护送下回到晋国。公子重耳没有对支持自己的楚国、秦国许下出卖晋国重大利益的诺言,对国内的大臣也没有做出预先的贿赂承诺;先君晋献公的儿子仅剩他一人,国内也没有其他公子,宗法上的正统性无人能够挑战。这些前提条件使得晋文公新政权没有像晋惠

① 参见刘进:《〈韩非子〉论晋国》,山西师范大学 2014 年硕士论文。

公那样一上台就陷入到是否要兑现大额"空头支票"的挣扎之中,而能以一种相对"光明正大"的立场开局。

然而,晋文公新政权所面临的形势也非常严峻。一方面,吕甥、郤芮的叛乱提醒晋文公,国内原有政治势力并非都支持新政权,如何稳定旧族人心、争取他们的支持,是政权能否稳固的关键。另一方面,晋文公长期流亡期间,有一个团队和他一起跋山涉水、同甘共苦,而国内也有不少家族为他通风报信、助他返国。虽然他没有像晋惠公那样许下不切实际的承诺,但回国后仍然面临着支持者们高涨的封赏需求。狐偃在河水边说的那番话,其实就是在晋文公最离不开他的关键时刻逼晋文公表态,事成之后将如何对待他这样的从亡功臣。介止推躲进山里,其实就是因为不能忍受当时各种自诩有功者争先恐后讨赏的乌烟瘴气。如何处理好这两方面的问题,是晋文公改革方案关注的重点。

无论是对于旧族还是新贵,国君能够使用的主要调控工具,一是官员的选拔和任用,二是以土地为核心的收入分配。因此,官员任用制度改革和土地/收入分配制度改革,也就成为晋文公/郭偃改革的重点任务。

晋文公改革(二):官员任用制度改革

第一项改革重点任务,是继承晋献公以来"尊贤""尚功"的用人传统,同时调和晋献公过于严酷的"无亲"政治风格,构建以"昭旧族""爱亲戚""明贤良""赏功劳"为特色的官员任用体制。

晋文公上台后做的第一件事就是"召集百官,授予官职,任用有功的人(公属百官,赋职任功)",足见此事的重要性和紧迫性。这里所说的百官,大部分是一直留在国内的先君朝臣,小部分是公子重耳流亡团队的成员。既然这些人都已经是百官,那么这里所说的"授予官职",其实是对他们的官职进行调整,包括职级上的升迁、贬黜和岗位职务上的调整。职级升迁的标准显然是"有功",比如说,同情和支持流亡者公子重耳在晋怀公时期是死罪(狐偃的父亲狐突因此被杀),但在新政权看来无疑是大功。也就是说,对于官僚体系中的"存量"官员,晋文公的态度是通过提拔重用的方法来团结笼络一批,并希望其他官员认清形势,在新政权里努力工作、建功立业。

在调整"存量"官员岗位职务、任用新人充实队伍时,晋文公/郭偃遵循的是如下三条原则:

第一条原则,是"胥、籍、狐、箕、栾、郤、伯、先、羊舌、董、韩等十一族,担任近官(胥、籍、狐、箕、栾、郤、伯、先、羊舌、董、韩,实掌近官)"(这十一族的基本情况详见页 67—69)。所谓"近官",应该是指最接近国君的卿大夫,既包括有资格进寝宫内朝与国君直接议政的高级卿大夫,也包括太史、太祝这样为国君提供咨询、占卜、祷告等服务的专业官员。这十一族中,胥、籍、狐、栾、郤、伯、先、羊舌、韩是远支公族,董氏是姒姓非公族,箕氏族姓不明。由于下文专门提到"选拔姬姓家族中的贤良之人,担任中官",所以这第一条的选择标准并不是族姓。我认为,这十一族的共同特点很可能是,他们都是当时国都内势力较大的"旧族"。晋文公重用这十一族作为近官,主要有两层考虑。第一层考虑,是通过"昭旧族"来传达出新政权充分尊重、信任国都内原有政治势力的态度,从而迅速获得国人的支持,稳定政权。第二层考虑,则是奖赏公子重耳流亡期间对他有功劳的家族。比如说,根据《左传·昭公十三年》的记载,当公子重耳在国外流亡时,国都内的栾、郤、狐、先四族同情和支持他,是他在国都的"内主",而狐偃、胥臣、先轸还跟随公子重耳流亡有功,因此栾、郤、狐、先、胥五族必然都在重用之列。

然而,这其中郤氏的情况比较复杂。此时晋文公任用的,应该只是部分支持他的郤氏族人,而曾想要烧死晋文公的郤芮先前已被秦穆公杀死，他的儿子郤缺被外放到曾是郤氏封邑的冀①，成了一个农夫。

后来有一天，胥臣出使他国，路经冀邑，正看到郤缺在耘田除草，妻子来送饭，两人相待的态度就像对方是贵宾那么恭敬。胥臣大受感动，带着郤缺回到国都，对晋文公说："恭敬，是美德的集中体现。能够恭敬，就必定有美德。秉承美德来治理民众，君主请任用他！臣下听说：'出门好像要去会见贵宾，承担事务好像主持祭祀，这是仁的准则。'"文公说："他的父亲有罪，可以任用吗？"胥臣回答说："虞舜惩办罪人，诛杀了鲧，他举拔人才却启用鲧的儿子禹。管敬仲，是试图贼害齐桓公的人，桓公是靠任命他为国相而得到成功。《康诰》说："父亲不慈爱，儿子不诚敬，哥哥不友爱，弟弟不恭顺，这是和别人无关的。"《诗》说："采芜菁，采萝卜，不用它们的下体。"君主节取他的长处就可以了。"晋文公于是任命郤缺为下军大夫。后来到了晋襄公时，郤缺抵御狄人立了大功，襄公任命他为卿，并且将冀邑重新封给了他。

第二条原则，是"选拔姬姓家族中的贤良之人，担任中官（诸姬之良，掌其中官）"。所谓"中官"，是指与国君的距离不近不远的大夫，主要包括在国都

敬，德之聚也。能敬必有德。

出门如宾，承事如祭，仁之则也。（《左传·僖公三十三年》）

内中央官府各机构任职的官员。第一、二条结合起来看，我们会发现，除开妫姓董氏和族姓不明的箕氏，晋文公政权的近官和中官都来自于与公室同姓的姬姓家族，这可能包括与国君有宗亲关系的远支公族，也可能包括与公室没有直接宗亲关系、但同为周王室之后的姬姓非公族。一方面，明确宣示重用姬姓家族，体现出新政权一种"爱亲戚"的新风尚，调和了晋献公、晋惠公、晋怀公时期"无亲"的肃杀气氛，不仅有助于笼络国内人心，还有助于让其他中原姬姓诸侯国更容易理解和接纳晋国。另一方面，晋文公仍然坚持晋献公制定的不蓄养近支公族、不根据宗法血缘关系任用官员的政策，从姬姓家族中选人的标准是看此人是否贤良，这又延续了晋献公以来形成的"尊贤""尚功"用人思路。一言以蔽之，晋文公／郭偃重用姬姓贤良之人的举措，可以说是一个巧妙的折中策略，非常符合孔子所推崇的"中庸之道"。

第三条原则，是"选拔异姓家族中有才能的人，担任远官（异姓之能，掌其远官）"。所谓"远官"，是指与国君的距离较远的大夫，主要包括国都之外的地方官员，比如边境重要城邑的长官。由于异姓家族与晋文公没有任何亲缘关系，因此这条举措的目标很明显是"明贤良""赏功劳"。晋文公时期最为引人注目的异姓家族是赵氏。赵氏是嬴姓族,与秦公室同源,始祖是造父,事奉周穆王有功,受封于赵,遂以邑名为氏。赵氏在晋献公时崭露头角,赵夙曾担任献公驾车人,他的弟弟(一说为儿子)赵衰跟随公子重耳流亡有大功。据《国语·晋语四》的记载,公子重耳"像对待老师一样事奉赵衰"。晋文公与赵衰关系非常亲密,先前在狄地时,就曾将狄人送来的女子分给赵衰为妻;回到国都后,又将自己的女儿嫁给他。赵衰自身德才兼备,又得到国君如此关爱,势力发展自然很快。一年后的前六三五年,晋文公收服了南阳地区的原邑,就任命赵衰做原邑大夫,这正是所谓的"远官"。

晋文公改革(三):土地/收入分配制度改革

第二项改革重点任务,则是在晋献公、晋惠公一系列既有政策的基础上,将分封土地推行到极致,建立起具有很强激励作用的土地/收入分配制度①。

晋国大量封赏土地给卿大夫始于曲沃武公/晋武公、晋献公时期,由于曲沃武公/晋武公时期的情况没有详细文献记载,因此下面只讨论晋献公。当时晋国强势侵略扩张,攻灭了周围的霍、耿、魏、虢、虞等诸侯国,并且向北、向东与狄人争夺疆土,从而

① 关于晋文公大规模分封土地的分析,参见邹昌林:《晋文公的大分封和晋国中期贵族土地所有制的变化》,《中国社会科学院研究生院学报》1986 年第4 期。

在短期内拥有了大量新国土。此时的晋国面临着与周人灭商后同样性质的问题（当然规模要小得多），那就是如何守卫、开发、治理这些新国土。晋献公采取的办法也与西周初年的周王相似，那就是将这些土地分封给臣下来治理，比如前六六一年灭耿国、魏国之后，将耿国旧地赐给赵夙，将魏国赐给毕万。不过，周初的天下分封，是以基于宗法血缘的姬姓王族分封为主，基于功劳的外族分封为辅；而晋献公的国内分封，是伴随着他杀尽先君群公子、驱逐自己亲生儿子的"无亲"统治进行的，因此分配土地的对象只能是依靠贤德、才能、功劳上位的远支公族和非公族。

到了晋惠公时期，如前所述，前六四五年，晋国在韩之战中惨败，晋惠公被秦穆公俘虏扣留在秦国（见页104）。晋惠公为了洗刷自己当年背弃土地贿赂承诺的恶名、争取国人支持他回国复位，将部分公室直辖的土地赏赐给国人中担任官职的贵族，这就是所谓"作爰田"新政。然而，赏赐"爰田"只能算是国难当头时的权宜之计，还没有形成稳定的制度。

晋文公即位之后，明确提出要建立"公室收入来自于贡赋，大夫收入来自于采邑，士人收入来自于禄田（公食贡，大夫食邑，士食田）"的土地／收入分配制度。这项举措乍看起来并没有什么特别的地方，似乎我们通常理解的春秋时期诸侯国内贵族土地/收入分配制度本来就是如此。可是，如果真是这样的话，《国语》完全没有必要把这句话详细陈述出来作为晋文公/郭偃改革的重要举措。更加重要的是，如果不是在土地/收入分配这样的根本问题上有大刀阔斧的改革，《国语》所提到的其他举措似乎都不足以引发国内紧张局势，以至于促使晋文公动用军队来维护社会稳定。

我认为，晋文公/郭偃此项改革举措的具体内容，是沿着晋献公、晋惠公的政策导向进一步深化，将公室直辖的土地全部（或至少是绝大部分）封赏给卿大夫和士人，作为他们的收入来源。其中，大部分公室土地以采邑的形式分配给卿大夫，只要他们的世袭官职没有在政治斗争中被剥夺，这些采邑在实际上就是他们家族的私产；少部分土地以禄田的方式分配给士人，这些禄田也与他们的官职挂钩。不过，也有学者认为晋文公只是将公室土地委托给卿大夫代管，到后来公室不断衰弱，代管土地收不回来了，才真正成为卿大夫的私家土地①。

在公室直辖土地全部（或至少绝大部分）转变为卿大夫采邑和士人禄田之后，晋国公室的收入构成不再是"直辖土地赋税收入＋卿大夫/士人贡赋

① 关于晋文公将公室土地交由卿大夫代管的分析，参见邹昌林：《晋文公的大分封和晋国中期贵族土地所有制的变化》；张宁：《由春秋时期晋文公分封看晋国土地私有制的发展》，《农业考古》2014年第4期。

收入"，而是全部来自于卿大夫、士人的贡赋，实现了"公室收入全部来自于贡赋"，这是改革的关键所在。这次改革之后，大量居住在公室直辖土地上的民众从直属于公室的"公民"转变成为贵族的私家臣隶，这很可能是晋文公／郭偃改革里最引起争议和社会动荡的地方。《韩非子》里所叙述的晋文公调集军队，可能就是为了防备这一批地位下降、利益受损的民众造反闹事。

促使我对晋文公／郭偃改革这项举措具体内容做出上述猜测的，是后来鲁国从前五六二年至前五三七年所进行的"三分公室"—"四分公室"改革，因为鲁国改革的后果也是公室收入全部来自于卿族的贡赋。

鲁国公室原本拥有相当数量的直辖土地。这些公室直辖土地（简称"公邑"）和依附于公邑的民众（简称"公民"）既是公室的重要收入来源，也是鲁国左、右二军的军需物资和兵员的来源。前五六二年，执掌鲁国政事的三大卿族——季氏、孟氏、叔孙氏决定要扩大军队规模，成立左、中、右三军。三大卿族决定采取"一家承包一军"的办法来操作此事：首先，将现有的左、右两军分为三份，同时将供养军队的公邑和公民也分为三份，分给三家托管，所谓"三分公室，而各有其一"。然后，每家毁掉自己分到的三分之二军的原有编制,与自己的私家军队进行混编,补足剩下的三分之一,从而在较短时间内成立三军,季氏执掌左军,孟氏执掌右军,叔孙氏执掌中军。

在如何管理自己分到的公邑和公民的问题上,三家采取了不同的方式,而且在改革早期和后期政策还有所调整。为了简化叙述,这里只简述其后期政策"季氏尽征之,叔孙氏臣其子弟,孟氏取其半焉":

季氏的做法是:自己所分得公邑所对应的公民不再向国君交纳赋税,而是直接交给季氏,用以供养季氏"承包"的左军,而季氏私家财政则不需投入,即"季氏尽征之"。这样一来,这部分公邑和公民与公室的经济关系被完全切断,实质上已经变成了季氏的私邑和私民。其实季氏一开始就想要求其他两家采用自己的方案,但其他两家在一开始不愿做出这种公开剥夺公室经济来源的事,季氏"各征其军"的设想并没有马上实现。

叔孙氏的做法是:自己分得公邑所对应的公民仍然向国君交纳赋税,但是公民中的子弟辈青壮年要承担叔孙氏私家臣隶的工作,以作为叔孙氏用私家财政收入供养中军的补偿,即"叔孙氏臣其子弟"。

孟氏的做法是：自己分得公邑所对应的公民仍然向国君交纳赋税，但是公民中的子弟辈青壮年的一半要承担孟氏私家臣隶的工作，以作为孟氏用私家收入供养右军的补偿，即"孟氏取其半焉"。

　　三家之中，季氏以供养国家军队的名义直接截留自己分得公邑／公民原本交给国君的赋税，私家付出最少、对公民剥削最重，因此获利最多。经过了二十五年，到了前五三七年时，季氏已经成为三家中实力最为雄厚的一家。其他两家终于决定不再硬撑，都采用季氏的方法，三家重新将公邑和公民划分为四份，季氏得两份，孟氏、叔孙氏各得一份，所有公民都直接将赋税交给各自所属的那一家，这样一来，孟氏、叔孙氏管理的公邑、公民也全部转变成为了两家的私邑、私民。三家在满足了自己供养军队、壮大私家的需要之后，再向公室转移支付一部分贡赋，维持公室不至于垮台。这就是所谓"四分公室，季氏择二，二子各一。皆尽征之，而贡于公"。《左传》评价说："这是导致公室卑微的行动。"

　　我认为，鲁国至此实现了公室收入全部来自于三大卿族的贡赋，而这背后的改革就是公邑／公民被分给三大卿族，并从托管逐渐过渡为私有。由此我猜测，晋文公／郭偃的这项年代更早、结果相似的改革举措正是鲁国"三分公室"—"四分公室"改革的先驱,而它的具体内容应该也包括将公邑/公民以封赏/托管的方式分配给卿大夫家族。

鲁国公室直辖土地被瓜分是由于三大卿族的巧取豪夺而并非鲁国君主的主动作为,而晋文公/郭偃主动采取彻底封赏/托管公室直辖土地的政策,在很大程度上则是顺应重要卿大夫的建议,而这些建议所表达的,就是当时有功求赏者的集体利益诉求。据《说苑·政理》的记载:

晋文公向狐偃询问如何治理国政,狐偃回答说:"分熟肉不如分生肉,分生肉不如分土地。割地分给民众,并增加他们的爵禄,因此君上获得新土地,民众就知道他们也能富足;君上丧失土地,民众就知道他们会因此贫困。古人所谓'冒死攻入敌阵挑战',说的就是实行分地政策后达到的效果。"

晋文公时,狄人有进献大狐皮和文豹皮的,文公长叹说:"大狐、文豹有什么罪过!因为它们身上的毛皮而有了罪过啊。"大夫栾枝说:"土地宽广而不平坦,财物聚集而不分散,难道不是大狐、文豹的罪吗?"文公说:"好啊!说下去!"栾枝说:"土地宽广而不平坦,人们就要平整它。财物聚集而不分散,人们就要争夺它。"晋文公于是割地分给民众,散发财物以赈济贫穷。

198

公室以采邑和禄田的方式分配土地给国中贵族,这是各诸侯国都实行的常规制度。然而,从晋献公大规模攻灭小国并将新增土地分封给卿大夫,到晋惠公作"爰田"进一步赏赐公室土地,到晋文公将全部公室直辖土地封赏/委托给卿大夫和士,晋国的贵族分地运动在中原各诸侯国中规模上最大、程度上最为彻底。这一轮始于晋献公、在晋文公时达到高潮的分地运动主要有三类受益者:一类是晋献公根据能力功劳而不是血缘提拔重用的一批远支公族和非公族;一类是晋惠公作"爰田"时重点赏赐和笼络的家族;还有一类是晋文公内政改革时期重用的有功旧族、姬姓贤良、异姓能者,当然,这三类之间可能有很大程度的重叠。

在农业经济占绝对主导地位的晋国,土地是最为重要的经济资源。大量分配土地给有德望、有能力、有功劳的卿大夫,而不是只按照宗法制分配给与国君血缘关系近的公族成员,改变了传统宗法分配模式下"无功受禄"的严重弊端,把贵族对国家所做的贡献和享受的物质待遇联系了起来,在当时释放出巨大的改革红利,激励有德才的卿大夫建功立业,推动了晋国的经济军事发展,并且稳固了新开拓的大片疆土,支撑了晋国进一步向各个战略方向开拓的国家战略。

从整体上看，晋文公内政改革在当时很好地处理了改革、发展和稳定的关系，缓和了晋献公、惠公、怀公时期过于酷烈的"无亲"统治，同时又坚持了"不用近亲""尊贤""尚功"的晋国特色，在晋献公、惠公前期探索的基础上确立了基于贤德、能力、功劳而不是基于宗法血缘的官员任用和土地/收入分配制度，从而迅速稳定了民心和政局，激发了贵族阶层励精图治的积极性，使晋国不仅延续了自晋献公以来虽有波折但从未中断的崛起势头，还驶上了加速发展并走向称霸的"快车道"。

晋国"不用近亲""尊贤尚功"的官员任用制度和土地分配制度，从晋国主要卿族的氏称和始祖背景可以看出来。在主要以宗法血缘任命卿官的郑国，著名的"七穆"——罕氏、驷氏、良氏、国氏、游氏、印氏、丰氏都是以卿族始祖的字命氏的，而这七个卿族的始祖（子罕、子驷、子良、子国、子游、子印、子丰）都是郑穆公的儿子。在传统宗法制同样非常强势的鲁国，著名的"三桓"——季氏、孟氏（《春秋》称仲氏）、叔孙氏，都是以卿族始祖的排行命氏，而这三个卿族的始祖（成季、共仲、僖叔）也都是鲁桓公的儿子。与之形成鲜明对比的是，在晋国中晚期的六大卿族中，赵氏、魏氏、韩氏、知氏、范氏是以封赏的采邑名为氏，中行氏是以官职名为氏。这其中,赵氏、魏氏、知氏、范氏、中行氏都是非公族,韩氏是远支公族。六大卿族没有一个近支公族,充分体现了晋国"不用近亲"的特色;以采邑名、官名为氏,充分体现了晋国轻宗法血缘、重政绩封赏的特色。

然而,这次改革对于公室的长期"毒性"也是显而易见的,《左传》对于鲁国"四分公室"改革的评价"这是导致公室卑微的行动"也完全适用于晋文公/郭偃改革。提拔重用贤德、能力、功劳出众的贵族本没有错,但是,土地是农业国家的根本,公室在给予贵族官职的同时,将土地也全部分配给了他们,这就是主动放弃了制衡、管控贵族的战略资源,从根本上架空了自己的统治基础。一方面,国君将绝大多数直辖土地分配给卿大夫,使得公室不再是国内最大的地主,这就从根本上改变了君臣的实力对比,削弱了公室管控卿大夫的底气和能力。另一方面,靠真本事上位的"外人"卿大夫都具有出众的能力和野心,又都有机会合法地获得大量土地,因此,他们一方面积极进取、为晋国霸业做出重大贡献,但另一方面也积极壮大家族实力,其中最优秀的几家逐渐成为世袭卿族。这样发展了几代之后,晋国就很自然地形成了公室傀儡化、卿族把持军政实权的局面。

到了春秋后期，晋国赵、魏、韩、知、范、中行六大卿族全力扩大自家地盘、增强自家实力，相互争斗也不断升级，使得晋国表面上的经济军事总量不断增大，而内部的政治统一度不断降低，逐渐变成了一个"多胞胎孕妇"，六个"国中国"在其体内逐渐成形、互相踢斗。最终，赵、魏、韩三家胜出，撑破母体成为战国三雄，而晋国公室则气绝身亡①。

除了传世文献之外，清华简七《晋文公入于晋》披露了晋文公修明内政的更多细节，包括董理刑狱、减免债务、丰洁祭祀、兴修农田水利等，特别是详细描述了整顿晋军旗帜体系的情况：

晋文公从秦国进入晋国，穿着端冕□□□□□□□□□□母，不论是好的善的、轻的丑的都接见。

明日早朝，集合国中的老臣，发令说："因为我从前没能任用诸位大夫修治晋国的政事，命令加紧拘押逮捕释放断案，不要再举债务，四境之内都是这样。"

明日早朝，发令说："因为我从前没能任用诸位大夫修治晋国的祭祀，命令养牛羊、养犬猪，具备黍稷酒醴进行祭祀，四境之内都是这样。"

明日早朝，发令说："为了发展农业，命令疏浚旧沟渠、增修旧堤防，四境之内都是这样。"

明日早朝，发令说："因为我们晋国处在仇敌之

① 关于晋国大规模封赏土地弊端的分析，参见景红艳：《论晋国历史上的土地赏赐》，《宝鸡文理学院学报（社会科学版）》2013年第4期。

间,命令聚集修治先君的乘式车甲,四境之内都是这样。"于是制作旗帜:设立升龙之旗,军队据此前进;设立降龙之旗,军队据此后退;设立左□□□□□□□□□□□□□□□□□设立角龙之旗,军队据此交战;设立交龙之旗,军队据此预备;设立日月之旗,军队据此持久;设立熊旗,大夫据此出动;设立豹旗,士人据此出动;设立菱采之旗,侵扰聚粮者据此出动。于是设立三种旗帜来"成至":远旗表示死,中旗表示用刑,近旗表示处罚。在郊外三次"成之以象",依靠这些大举起兵。

周襄王出居郑国,王子带盘踞温城

根据《国语·周语上》的记载,晋文公君位稳定之后,周襄王派遣太宰文公及内史兴到晋国赐给晋文公策命,表示王室对晋国新政权的正式承认。晋国上卿到边境迎接周王使团,晋文公到都城郊外迎接并慰劳,安排使者住在宗庙内,进献九牢,在庭中设大火烛。到了日期,在晋武公庙举行仪式,设晋献公神主,并布展祭席。太宰莅临现场主持仪式,晋文公穿着端委礼服进入殿堂。太宰以周王之命赏赐晋文公侯爵冕服,内史相助礼仪,太宰三次宣命,晋侯三次推让之后穿戴上冕服。仪式完毕,款待宾客、举行飨礼、赠与礼物、设宴践行都按照周王公卿命诸侯的标准礼仪,而且在宴会上加赠礼物。

亲眼见证了晋惠公、晋文公两人对待王室不同态度的内史兴回到王城后,把情况禀告给周王,并说:

"晋国不可以不善待。它的君主一定会称霸:他迎接王命态度恭敬,尊奉的礼仪都合乎道义。尊敬王命,是恭顺的正道;礼仪得当,是美德的准则。以美德为准则来引导诸侯,诸侯必定归服。

敬王命,顺之道也;成礼义,德之则也。

"况且某国遵礼的情况,是观察某国是否遵行忠、信、仁、义的依据。忠,是分配的原则;仁,是行为的原则;信,是守护的原则;义,是节制的原则。遵循忠来分配就能均匀,遵循仁来行事就能得到报答,遵循信来守护就能稳固,遵循义来节制就能有度。分配均匀就没有怨恨,行为得到报答就不会匮乏,守护稳固就不会苟且,节制有度就不会离心。

忠,所以分也;仁,所以行也;信,所以守也;义,所以节。忠分则均,仁行则报,信守则固,义节则度。

"如果民众不怨恨而财用不匮乏,政令不苟且而举动不离心,做什么事情不会成功?内心应和外在,这是忠;三次推让而且穿戴得当,这是仁;遵守礼节而不过分,这是信;奉行礼仪没有毛病,这是义。臣下进入晋国后,看到忠、信、仁、义四者都不缺失,臣下所以这么说:'晋侯大概是能守礼的,大王您要善待他!'与有礼的诸侯树立良好关系,回报必定丰厚。"

周襄王听从内史兴的话,重视与晋国发展友好关系,派到晋国的王室使者,在路上络绎不绝。下面我们会看到,襄王对晋文公的善待马上得到了回报。

回顾前六四九年周王派召武公、内史过到晋国赐予晋惠公策命,晋惠公懒散不合礼制的故事(参见页96),两位晋侯的格局高下一目了然:晋惠公的目标主要是守住政权不被秦国和其他晋公子夺去,因此对于冗长烦累而又不能给他带来什么短期利益的"尊王"礼数敷衍了事;晋文公及其团队有强烈的称霸意愿,因此必须效仿齐桓公葵丘之会上坚持向周王使者下拜行礼的"政治正确"举动,为自己称霸积攒"尊王"政绩。这里必须指出的是,从后面所述的晋文公向周襄王开口请求享受天子待遇来看,此处晋文公对周王使者的礼敬,真的就是为了满足称霸的"剧情需要",内史兴指出了晋文公想要称霸的意图,但是他的解读还是有点过于"君子"了。

前六四〇年,郑国攻入滑国①都城,惩罚滑国背叛郑国而亲附卫国②,当时滑人表示愿意服从郑国。郑国军队回国后,滑国又倒向卫国。于是,在前六三六年,郑国再次派出军队讨伐滑国。襄王派出伯服、游孙伯两位大夫到郑国,请求郑国放过滑国。此时的郑国已经跟楚国结成亲密盟国,有楚成王撑腰的郑文公怨恨前六七三年周惠王即位之后对郑厉公赏赐不如虢公丑，而且又怨恨襄王袒护卫国、滑国，于是不听王命，还逮捕了两位周王室大夫。襄王发怒，准备要联合狄人讨伐郑国。大夫富辰劝谏说：

"不可以。臣下听说：'最理想状态是不分亲疏地以美德抚育民众，次一等则是先亲近自己的亲人，然后逐渐扩散到关系较远的人。'当年周公感伤夏、商末世疏远亲戚，使得王室失去藩篱屏障而至于灭亡，因此广泛地分封土地、建立同姓诸侯国作为周王室的藩篱屏障：管、蔡、郕、霍、鲁、卫、毛、聃、郜、雍、曹、滕、毕、原、酆、郇，是周文王的后代；邘、晋、应、韩，是周武王的后代；凡、蒋、邢、茅、胙、祭，是周公的后代。

"厉王、宣王时期的召穆公忧虑周德日渐不善，所以在成周集合宗族并作诗说：'常棣花开明丽，花萼紧连花蒂。试看如今世人，无人能比兄弟。'这首诗第四章又说：'兄弟在家争吵，在外齐心抗暴。'像这样的话，那么兄弟之间虽然会有小的忿恨，不会因此而废弃美好的宗亲关系。如今天子不能忍耐小忿恨而抛弃了与郑国的宗亲关系，是准备要怎样呢？

"酬答勋劳，亲爱宗亲，团结近臣，尊敬贤人，这是美德中的大德。靠拢耳聋的人，跟从昏暗的人，赞成固陋的人，任用奸诈的人，这是奸邪中的大奸。抛弃美德，崇尚奸邪，这是祸患中的大祸。郑国有匡扶平王、惠王的勋劳①，又有厉王、宣王的宗亲关系②，舍弃宠臣而任用三位贤良大臣，在姬姓诸国中与周王室最为亲近，四种美德都具备了。耳朵不能听到五声的唱和是耳聋，眼睛不能辨别五色的章华是昏暗，心里不遵从德义的准则是固陋，嘴里不说忠信的话是奸诈。狄人以这些为准则，四种奸邪都具备了。

　　"周朝有美德的时候，尚且说'无人能比兄弟'，因此分封土地、建立诸侯国。周王室关怀柔服天下的时候，尚且害怕有外敌欺侮。抵御欺侮的方法，没有比亲爱宗亲再好的了，所以用宗亲作为周王室的屏障。召穆公的诗也是这个意思。现在周德已经衰败，而这时又改变周公、召公的做法而跟从各种奸邪，恐怕不可以吧！民众没有忘记先前王子颓、王子带的祸乱，大王又把它挑起来，怎么对得起文王、武王？"

　　襄王不听，执意派遣颓叔、桃子两位大夫请狄人出兵。

　　到夏天，狄人讨伐郑国，夺取了栎邑③。襄王感激狄人，准备立狄女为后。富辰劝谏说："不可以。

庸勋、亲亲、昵近、尊贤，德之大者也。即聋、从昧、与顽、用嚚，奸之大者也。弃德、崇奸，祸之大者也。

① 周平王东迁，依靠晋、郑；周惠王出奔，虢、郑使其复位。
② 郑始封君桓公为周厉王之子、周宣王同母弟。
③ 栎见地图四。

207

臣下听说：'报答的人已经疲倦了，施舍的人还不满足。'狄人本来就贪婪，大王又进一步引导他们。女子感激起来没有尽头，妇人怨恨起来也没有终结。狄人必然成为祸患。"周王又不听。

报者倦矣，施者未厌。（《左传·僖公二十四年》）

关于富辰这两次劝谏，《国语·周语中》记载了一个很详细而且有所不同的版本：

周襄王十三年，郑国讨伐滑国。襄王派游孙伯请求郑国放过滑国，郑人扣押了使者。襄王大怒，将要引来狄人去讨伐郑国。富辰劝谏说：

兄弟谍阋，侮人百里。

"不可以。古人说：'兄弟间因谍言而争斗，但仍然会联手欺侮关系疏远的外人。'周公作诗说：'兄弟在家争吵，在外齐心抗暴。'如果能这样，那么即使争斗也是内部欺侮，而且虽然争斗也不会败坏了亲情。郑国与王室，是兄弟关系。郑武公、庄公曾经在平王、桓王时有拥戴王室的大功勋；我周王室东迁，依靠的是晋、郑两国；子颓发动叛乱，又由郑国平定。现在因为小怨恨就抛弃郑国，是因为小怨而搁置大德，恐怕不可以吧！

章怨外利，不义；弃亲即狄，不祥；以怨报德，不仁。夫义所以生利也，祥所以事神也，仁所以保民也。

"况且兄弟之间有怨恨，不该征召他人来解决。征召他人来，利益就会外泄。彰显怨恨并外泄利益，不义；抛弃亲情接近狄人，不祥；用怨恨报答恩德，不仁。道义是产生利益的本源，祥和是事奉神明的态度，仁爱是保有民众的基础。不行道义则利益不丰厚,不祥和则神福不会降临,不仁爱民众就不会前来。古代贤明的君主不丧失这三种美德,所以才能拥有广大的天下,协和安宁百姓,美名不被忘记。大王千万不可以抛弃郑国。"

襄王不听。

十七年,襄王召来狄人军队去讨伐郑国。襄王感激狄人,打算娶狄君之女为王后。富辰劝谏说:

"不可以。那婚姻,是祸福的阶梯。通过它使内人得利就有福,使外人得利就有祸。现在君王使外人获利,这不是招引祸害吗?从前挚、畴由于太任而得利,杞、缯由于太姒而得利,齐、许、申、吕由于太姜而得利,陈由于太姬而得利,这些都是能使内人得利而亲爱亲族的例子。过去隔由于仲任而灭亡,密须由于伯姞而灭亡,郐由于叔妘而灭亡,聃由于郑姬而灭亡,息由于陈妫而灭亡,邓由于楚曼而灭亡,罗由于季姬而灭亡,卢由于荆妫而灭亡,这些都是使外人获利而离弃亲族的例子。"

襄王问:"利益如何能使内人得到?如何能使外人得到?"富辰对答道:

"尊重贵族,昭明贤人,任用功臣,恭敬长者,友爱亲族,礼遇新人,亲近故旧。这样,民众没有不齐心竭力执行主上的命令,官府不必变更常道而财用不匮乏,要求没有达不到的,举动没有不成功的。

夫婚姻,祸福之阶也。由之利内则福,利外则取祸。

尊贵、明贤、庸勋、长老、爱亲、礼新、亲旧。

209

百姓民众人人奉献利益而归于主上，这就是使内人得利。如果上述七种德政分崩离析，民众就会怀有二心，各自因为私利而退散，主上的要求达不到，这就是让外人得利。

"那狄在王室的诸侯序列中没有位置，而郑国是南方的伯爵之国，君王却瞧不起他，这是不尊重贵族。狄人的德行跟豺狼没有两样，而郑国没有违背周室的典制，君王却蔑视它，这是不昭明贤人。平王、桓王、庄王、惠王都接受过郑国的辛劳恩惠，君王却抛弃它，这是不任用功臣。郑伯年纪已经大了，君王却把他当年轻人来对待，这是不恭敬长者。狄是隗姓，郑出自于宣王，君王却虐待它，这是不友爱亲族。根据那礼制的规定，新的不可以取代旧的，君王以狄女取代姜氏、任氏为王后，这是违背礼制、抛弃故旧的行为。

必有忍也，若能有济也。

"君王的一个举措就使抛弃了七种美德，所以臣下说这是使外人得利。《书》中说：'必须有所忍耐，若想有所成功。'君王不能容忍小忿恨而抛弃郑国，还要提升叔隗从而引来狄人。狄人像野猪豺狼一样，是不可能满足的。"

襄王不听。

前面已经提到，王子带很受周惠王后宠爱，惠后准备立他为王，还没来得及实施，惠后就去世了。

前六五三年,周襄王即位。前六四九年,王子带鼓
动戎人攻打王城。前六四八年,周襄王率军攻打王
子带,王子带出奔到齐国,在那里一呆就是十年。

　　前六三八年,王子带终于得到襄王赦免回到王
城,又跟狄后隗氏通奸。襄王知情之后无法忍受,
又废了狄后。颓叔、桃子说:"当初是我们指使狄人
出兵的,现在狄人恐怕会怨恨我们。"于是决意作
乱,前六三六年奉王子带为主,率领狄军攻打襄王。
侍卫准备要抵抗,襄王说:"先王后在天之灵看到我
们兄弟相残会怎么说我呢? 宁可让诸侯来考虑这
件事情。"于是从王城出逃,到了坎欿①,王城的国人
又把他迎了回去。

　　秋天,颓叔、桃子奉王子带为主,再次率狄军讨
伐周王室,大败王室军队,抓获了周公忌父、原伯、
毛伯、富辰。襄王逃到了郑国,住在氾邑。王子带
和隗氏住在河水以北的苏都温邑②,这说明王子带
乱党背后有苏子的支持。

　　宋国在两年前曾与楚国在泓水岸边交战而惨
败,宋襄公随后伤重去世,在一年前又遭到仍自诩
为中原霸主的齐国讨伐。前六三六年冬天,宋国和
楚国讲和,新即位的宋成公前往楚国朝见楚成王,
表明宋国服从楚国。这是继收服郑国之后,楚成王
争霸中原取得的又一重大进展。

① 坎欿见地图
四。
② 氾、温见地图
四。

平定王室内乱，占据宝地南阳

寄居在郑国的襄王派出使者向各诸侯国告急，这其中既包括只能客套地回答一句"天子在外边蒙受尘土，我们怎敢不奔跑着前来慰问随从官员"的鲁国，也包括正期望通过出兵"勤王"积攒争霸功绩的秦国和晋国。然而，周襄王却并没有向当时实力最强、参与中原政治最积极、称霸势头最盛的楚成王求救。

前六三五年春，接到告急文书的秦穆公出动军队到达了河水岸边，应该就是在宗周—成周道的原芮国节点附近，等待着晋文公率军沿着晋都—令狐—原芮国道南下，两军会合后一同沿着宗周—成周道东进中原，护送襄王复位①。这时狐偃劝晋文公说："求得诸侯成就霸业，没有比为王室出力更好的途径了。诸侯会因此信任君主，而且这样做符合大义。继承晋文侯拥立周平王的功业，而且在诸侯中宣扬信义，如今就是最好的机会。"

《国语·晋语四》记载的狐偃言辞有所不同：

民众已经开始亲近您，但还不知道大义，君主何不派兵护送周王回国，以此来教导民众懂得大义呢？如果君主不护送，秦国就会护送他回国，那就会失去事奉周王室的机会，又凭什么来求得诸侯成

求诸侯，莫如勤王。诸侯信之，且大义也。（《左传·僖公二十四年》）

① 相关周道参见地图七。

就霸业？不能修养自身的品德，又不能尊奉他人，他人怎么会依附呢？继承晋文侯的事业，建立晋武公的功绩，开拓国土安定疆界，就在于这次了，请君主为此而努力。

无论是哪个版本，都再次清楚地表明，齐桓公通过"尊王"而称霸的实践经验，已经成为后来称霸候选人信奉的成功不二法门。如果说齐僖公"尊王"是在摸着石头过河，齐桓公"尊王"就是在先君摸石头探出的路径上架起了桥，而晋文公／秦穆公"尊王"则是直接走齐桓公架好的桥，向成就霸业的目的地狂奔。

晋文公十分赞同狐偃的建议，于是就送钱财给盘踞在晋国东南部的草中之戎和丽土之狄等戎狄部族，打开东进中原的道路，一边派出使者谢绝与秦军一同进发，一边独自率军抄近道东进到达河水以北的南阳地区，武力干预周王室内乱。前六三七年，在招待公子重耳的宴会上，秦穆公面对赵衰代表公子重耳所作的那番谦恭对答，意味深长地说"这个人将依靠自己拥有这些，哪里是单由寡人得到呢！"，可以说是颇有洞察力了。不过即使是秦穆公，估计也没有料到晋文公团队在仅仅两年后，当面对重大机遇时，就敢从"小心翼翼地听从秦穆公的命令"直接跳到"甩开秦穆公单干"，连"与秦穆公合作共赢"的过渡形态都不要了。

三月十九日,晋军驻扎在阳樊,右师包围了温邑,左师前往氾邑迎接周王。夏四月三日,襄王回到王城。右师攻入温邑抓获王子带,在隰城①杀了他以绝后患。四月四日,晋文公朝见周襄王,周王设享礼款待。

在享礼期间,文公请求王室特批让自己在死后可以按照天子之礼用隧道墓下葬。周王不答应,说:"这样做是违背王室规章的。晋国还没有足以取代周王室的德行,如果天下出现二王并立的局面,也是叔父所厌恶的吧。"周襄王是在拿当下的情况比拟两周之际的周平王与周携王的并立,这其中,周襄王自然是正统的周平王,那晋平公就成了后来被晋平侯杀死的周携王了,所以周襄王会说这"也是叔父所厌恶的吧"。

为了嘉奖晋国的勤王之功,王室把阳樊、温、原、欑茅、州、陉、絺②、组等八个"南阳"(太行山以南,河水以北)城邑赏赐给了晋国,晋国从此开始试图实际控制南阳地区。

关于周襄王拒绝晋文公的话,《国语·周语中》记载了一个非常详细的版本:

"昔日我的先王拥有天下的时候,划出方圆千里的土地作为甸服,以便供给上帝山川百神的祭

① 草中之戎、丽土之狄、阳樊、隰城见地图三。
② 阳樊、温、原、欑茅、州、陉、絺见地图四。

品，以配备百姓万民的用度，以应付诸侯不来王庭朝贡和不能预料的灾患。其余的土地则平均分配给公、侯、伯、子、男各级诸侯国，使他们各有安宁的住所，以顺从天地尊卑的等级，不至于遭到灾害。先王哪里打算为自己谋取过度利益呢？他的内官不过九御，外官不过九品，足以供奉神灵而已，哪里敢满足放纵自己的耳目心腹之欲而败坏百种制度呢？周王只不过是生前死后享用的衣服器物文采章华与诸侯有所不同，用来君临统治百姓并宣布轻重尊卑的等级罢了。除此之外，周王与其他人还有什么两样呢？

"现在上天将灾难降临到周王室，我一人也只能守护住王室府库而已，又因为我的不才以致劳动了叔父，但是如果拿先王规定的重大待遇来酬劳我私人从叔父这里所接受的恩德，那么叔父将一面应承一面心生憎恶，从而责怪我一人。如果不是担心这个的话，我一人哪敢吝惜隧道葬礼呢？先民有言道："改变佩玉就要改变行为。"叔父如果能光扬伟大的美德，来变更姬姓周朝而改换服物，创造新制度在天下推行，自己宣布大功告成，从而收取周王生前死后享用的所有待遇用来安定抚养百姓，我一人即使被流放居住到边远荒地，又能有什么话可说？

"如果仍是姬姓周王室掌有天下，叔父依然作为周王室的诸侯，以复兴先王规定的职责，那葬礼这样的重大待遇不可更改。叔父继续努力发扬光明的美德，重大待遇将会自己前来，我如何敢为了私人接受的功劳就改变先世的重大典章，以至取辱于天下？要怎么面对先王和百姓呢？又怎么制定政令呢？如果不是这样的话，叔父自有土地，自行用隧道墓下葬，我怎么能知道呢？"

　　出定襄王、开拓南阳是晋文公霸业兴起的标志性事件。晋文公此次请求自己死后能用隧道墓葬礼待遇，让人不由得想起前六五一年齐桓公在葵丘之盟期间准备接受周王优待而不下拜的旧事（参见《齐桓篇》页263）。两次都是称霸强国试图僭越礼制而享受天子待遇，而两次也都是以失败告终，从而最终保全了齐桓公、晋文公的霸主名节。不同之处在于，齐桓公想入非非之时，他早已是劳苦功高、天下拥戴的霸主，僭越的机会是周襄王主动奉送的，而阻止齐桓公的是他的股肱之臣管仲；晋文公则是在称霸路上刚取得了第一场"尊王"大捷，就急不可耐地主动要求王室以特殊待遇回报自己，而阻止晋文公的是他本应尊崇的周襄王。而且，齐桓公如果当时"跟着感觉走"真不下拜，会盟现场的诸侯都看在眼里，他僭越的坏名声马上就会传开；而葬礼是晋文公去世后才会享受的待遇，也就是说，如果周王室答应了文公的要求，双方就此事保密，那么外人就只会知道晋文公尊王有功，而不会立刻知道他已经为自己"预订"了天子级别的葬礼。由此可知，晋文公提出隧道葬礼的要求不是临时起意，而是事先谋划的结果。孔子说"晋文公诡诈不正派，齐桓公正派不诡诈"，说的就是这两人在行事风格上的显著差异。前面所说的晋文公抛下等在河水边的秦穆公，抄近道南下独占勤王头功，恐怕也是孔子这番评论的依据之一。

晋文公谲而不正，齐桓公正而不谲。（《论语·宪问》）

如果回顾一下前文，河水以北的南阳地区是西周时畿内国苏国的疆域，春秋初年平王东迁后在表面上被王室收编，与河水以南的王城地区在名义上共同构成东周王畿。当年，对于威望崩塌、治理能力衰弱的周王室来说，南阳地区和自己真正能够有效统治的河南王城地区之间隔着河水，而当时对南阳地区仍有很大实际控制权的苏子(苏国君主)又不愿意放弃"地头蛇"地位，不愿意与河水以南的王畿真正实现"一体化"，因此南阳地区一直是王室的"问题资产"，王室、苏国之间矛盾摩擦不断。在前七一二年，周桓王抓住郑庄公"尊王"的时机，将这一地区十二个城邑打包"赐给"郑国，而从郑国手里换来四个邻近王城地区的城邑(详见《齐桓篇》页124)。

217

南阳在名义上归属郑国之后,位于河水以南、距离更远的郑国同样无力进行有效统治,其中的盟、向二邑挑头不服郑国、兴兵作乱,前七〇五年被郑人率诸侯讨伐后又向周王室求救。周桓王出来收拾局面,将盟、向民众迁到河南王畿居住(详见《齐桓篇》页147)。然而,此后苏子与周王室矛盾仍然不断,前六七五年王子颓之乱时,苏子成为乱党的靠山(详见《齐桓篇》页209)。此后南阳地区虽然名义上重新属于王室,但仍然不像河南王畿那样稳固,前六三六年又成了王子带叛乱的根据地。到了前六三五年,周襄王一方面深知王室无力管控河水对岸的南阳,另一方面又想要巴结和安抚做出"尊王"姿态、但又野心勃勃的晋文公,而南阳地区对晋国南下争霸又非常有利,于是顺水推舟,将这块王室始终无力消化的"问题资产"奉送给晋国。

从自然地理角度看,南阳地区位于豫北平原和黄土高原的过渡地带,地势西北高东南低,土地肥沃,水系密布,春秋时期的气候也比现在温暖,是中原重要的农业区。从军事地理角度看,南阳地处中原核心地带,北有太行山,南有河水,周道网络中的成周—卫—齐道西段就在境内,而周道网络总枢纽之一的成周就在河水对岸,是晋国南下中原争霸的"前进基地"[1]。占据南阳之后,晋国向南渡过河水,

① 相关周道参见地图七。

便可利用便利的周道网络快速进军征伐中原诸国，若战事不利则可据河水防守，即使河水防线失守，还可退居太行山防线继续防守，从而形成了狐偃所描述的以河水为天然护城河、以太行山为天然城墙的"表里山河"形势。晋文公能在短短几年内就成为与齐桓公比肩的第二位正式中原霸主，原因之一是大力修明内政、激发国内臣民的活力，原因之二就是即位仅一年后，就从周王室那里获得了占据南阳地区的"许可证"，并最终吞并了这块背山面河的"风水宝地"①。

晋国实际占领南阳地区的过程并不顺利。比如说，晋人在接收阳樊②的过程中就遭遇到当地民众的抵抗，晋人于是包围了阳樊。阳樊守主苍葛宣言说："用美德柔服中原地区的民众，用刑杀威慑四方的夷狄，这才是我们所认同的霸主行为准则，而晋国竟然用武力威慑王畿的民众，我们当然不敢服从。这里的人谁不是周王的亲戚，晋国竟敢俘虏我们吗?"晋人最后将阳樊民众迁出后，才占领了这座城邑。

关于苍葛的言论，《国语·周语中》记载了一个更加详细的版本：

周襄王从郑国回到王城，将阳樊赐给了晋文公。阳樊人不肯服从晋国，晋文公率军包围了阳

德以柔中国，刑以威四夷。(《左传·僖公二十五年》)

① 关于南阳地区的战略地位，参见莫凡:《春秋霸政时代中的晋国南阳地略述》,《首都师范大学学报(社会科学版)》2011年增刊。
② 阳樊见地图四。

樊。仓葛大声喊道：

"周王因为晋君能布施恩德，所以把阳樊赐给晋君作为犒劳。阳樊人怀念周王的恩德，所以还没有服从晋国。我们以为您将布施什么德惠来关怀柔服我们，使我们不产生叛离的心。现在却要泯灭我们的宗庙，蔑视杀戮我们的民众，无怪乎我们不敢服从啊！

"三军的用处，应是蛮、夷、戎、狄骄横放纵不恭顺，因而要投送武力。现在这个赢弱的阳樊，只不过是不习惯君主的政令，所以没有应承命令。君主如果施加恩惠给我们，只要派遣官吏前来征召就可以了，我们怎敢违抗命令，何必调动大军？

"君上这般耀武扬威，难道不会亵玩武力而使将士困顿吗？臣听说：'武力不可滥用，文德不可藏匿。滥用武力就没有功业，藏匿文德就无法光大。'阳樊不再承担王室甸服的义务，又遇到君主滥用武力，臣因此而惧怕。否则，我们岂敢只顾自己而不服从呢？况且阳樊，哪有关系疏远的边民，而都是天子的父兄甥舅，为什么要虐待我们呢？"

晋文公听了这些话，说："这是君子所说的话啊！"于是让阳樊居民迁出。

《国语·晋语四》的版本又有所不同：

阳樊人不愿归服。文公派军队包围了它，准备

武不可觌，文不可匿。觌武无烈，匿文不昭。

残杀阳樊的民众。仓葛大喊说:"您帮助周王恢复王位,是为了遵循礼制。阳樊人由于还不习惯您的德行,因此不敢接受您的命令。您就要屠杀他们,这不是又违反了礼制吗?阳樊人有夏、商遗留下来的典章,有周王室的驻守军队,由樊仲及其后人守卫。城里的人,不是樊氏的属官,就是王室的父兄甥舅。您安定王室却残害王室的姻亲,民众怎么会依附呢?我私下斗胆向军吏陈说此情,请您仔细地考虑!"晋文公说:"这是君子说的话啊。"于是就下令放阳樊的百姓出城。

综合三个版本,我认为当时的情况是:

阳樊拒绝服从晋人官吏的命令,使得晋人接收南阳的行动遭遇挫折,难以继续推进。晋文公高度重视,亲自率军包围阳樊。双方对峙不断升级,急于求成的晋文公已经准备要强攻阳樊并屠杀顽抗的民众。就在局势将要失控之时,阳樊守主苍葛在城上大声疾呼,教训晋文公,使他悬崖勒马,最终以和平方式将城内军民迁出。

阳樊这一役,实际上是给开始全力介入中原事务的"新人"晋文公上了一堂"称霸常识课",告诫他光靠军事手段是不够的,要遵循齐桓公开创的"尊王守礼""以德服人"策略,才能使中原民众真心归服。

当年秋天,秦、晋率军讨伐鄀国。楚申公斗克、息公屈御寇率军在鄀国都城商密的城外戍守。这次行动中,秦军抢先经过析邑①,从丹水回曲之处进入鄀国境内,然后捆绑军中徒役,把他们伪装成被俘虏的析人,押着这些假俘虏包围了商密,黄昏的时候逼近城墙。到了夜里,秦人挖坑、歃血、埋盟书,故意做出一个与楚军主帅斗克、屈御寇盟誓的现场给商密人看。商密人害怕了,说:"秦人夺取析邑了! 戍守的楚人反叛了!"于是投降了秦军。秦军趁机打败了戍守的楚军,俘虏了斗克、屈御寇回国。楚令尹子玉追击秦军,没有追上,于是率军包围了陈国,并且把先前被陈国逐出的顿子送回顿国②。

此时秦、晋两国,虽然表面上还算是合作关系,但实际上已经开始了称霸的竞争。本年早先时候,晋文公背弃了与秦穆公共同勤王的约定,从南阳地区抄近道渡过河水,独自包揽了"尊王"平定王子带之乱的全部功劳,可以说是先胜一局。这次秦、晋联手南下,表面上是讨伐鄀国,其实是在挑战鄀国背后的南方霸主楚国。从上文叙述可知,本次军事行动,秦军是绝对的主角,这很可能是秦穆公试图通过"攘夷"扳回一局的仓促举动,而已经名利双收的晋人也知趣地甘当陪衬,以维持表面上的"秦晋

① 鄀、析见地图六。
② 顿见地图六"顿2"。

222

之好”。

晋文公当时的注意力仍然集中在占领南阳地区上。冬天,晋文公率军包围另外一个拒绝归服的原邑①。他充分吸取了本年早先围攻阳樊被守主苍葛斥责、造成不良国际影响的教训,将此次围城行动当作一个“以德服人示范项目”来实施。晋文公事先下令,围城军队只带三天粮食。三天后原邑不投降,晋文公命令军队撤离。城中间谍出来,说:“原邑马上要投降了。”军吏说:“请君主再等等。”晋文公说:“诚信,是国家的珍宝,民众的庇护。得到原邑而失去了诚信,还怎么庇护民众?继续围城失去的更多。”晋军撤退三十里之后原人就投降了。晋人将原伯迁到晋邑冀②居住。

信,国之宝也,民之所庇也。(《左传·僖公二十五年》)

晋文公围原与先前围阳樊的做法大相径庭,每个举动、每句话都符合周礼,意在树立诚信形象,占据道德高地,一看就是事先精心策划的结果,“表演”痕迹很重。从这以后,晋文公走上了“崇德守礼”“尊王攘夷”的称霸正道。

南阳地区基本平定后,晋文公任命赵衰为原邑大夫,任命狐偃哥哥狐毛的儿子狐溱为温邑大夫,这正是晋文公重用异姓能者(赵氏)、有功旧族(狐氏)的例证。

① 原见地图四。
② 冀见地图三。

晋文霸业的巅峰

城濮之战大败楚国

楚子文让位子玉，晋文公建立三军

前六三五年，卫人成功调停鲁国、莒国之间的紧张关系，十二月十二日，鲁僖公、卫成公、莒卿庆在洮地结盟。前六三四年春，王正月，鲁僖公又与莒兹丕公、卫宁庄子在向地①盟誓，重申洮之盟的誓言。齐国凭借着先前的王室"认证"，此时仍自诩为中原霸主，于是派出军队讨伐鲁国西部边境，惩罚鲁国私自与他国会盟。到了夏天，齐孝公又亲自率军讨伐鲁国北部边境。卫国②根据洮之盟的约定，出兵讨伐齐国以救援鲁国。同时，刚加入楚集团的宋国敏锐地察觉到晋国的崛起，又仗恃着晋文公流亡时曾经得到过宋襄公的善待，决定脱离楚国转投晋国。

在这种国际政治背景下，鲁卿东门襄仲、臧文仲前往楚国，与令尹子玉会面，引导他讨伐齐国、宋国，以惩罚他们不向楚国称臣。由此可见，继郑国

① 向见地图五。
② 卫见地图四"卫3"。

224

（前六三八年）之后，鲁国也脱离了齐集团，而转而服从当时积极谋求称霸中原的楚国。

冬天，楚令尹子玉、司马子西率军讨伐宋国，包围了缗邑①。随后，鲁僖公带着楚军讨伐齐国，攻占了齐邑谷②。僖公把齐桓公之子公子雍安置在谷邑，让易牙奉养他，作为鲁国对抗齐国的后援，而楚申公叔侯则率军在谷邑戍守。自诩为中原霸主的齐国领土上竟然出现了楚国驻军，此外还有七个齐桓公的儿子都在楚国做官，这充分说明齐国的霸业已经衰败，而楚国称霸中原的野心已经膨胀到了前所未有的程度。

前六三三年夏六月十八日，齐孝公去世。据《史记·齐太公世家》，孝公的弟弟公子潘靠着权臣卫公子开方杀了孝公的儿子而自立，就是齐昭公。

楚成王准备包围宋国，命令已经致仕养老的前令尹子文重新出山。子文在睽地操练军队，一早上就完毕了，没有惩处一个人。令尹子玉又在蒍地操练军队，一整天才结束，鞭打了七个人，穿了三个人的耳朵。如前所述，前六三七年子文已经将令尹的位置让给了子玉，此时楚国执政是令尹子玉，掌管军事的是司马子西，子文已经退居二线。楚成王此次命令子文出来操练军队，其实是表示对子玉不信任，希望由子文主持此次军事行动。但子文仍然看

① 缗见地图六。
② 谷见地图五。

好子玉，因此故意潦草完事，不行威权，把展示的舞台再次让给子玉。

军队操练结束后，许多卿大夫都向子文道贺，祝贺他选了子玉这样一个严格强干的接班人。子文跟他们一起喝酒，大家相谈甚欢。大夫蒍贾当时还年轻，他也收到邀请参加酒会，但却迟到了，而且到了之后也不向子文道贺。子文问他为什么这样，蒍贾说："我不知道有什么值得祝贺的。您当年将国政传给子玉，说'是为了安定国家'。国内安定，国外战败，能获得什么？子玉如果大败，是因为您举荐他做他无法胜任的令尹职位。您举荐子玉使国家失败，我有什么好祝贺的？子玉刚强而不遵礼制，不可以任用他治理民众。如果让他带领超过三百辆兵车的军队去作战，恐怕就不能再带着军队安全进入楚国了。子玉如果能平安进入国都我再道贺，有什么晚的呢？"

冬天，楚成王、陈穆公、蔡庄公、郑文公、许僖公率军包围宋国都城。在晋文公流亡时就与他有私交的宋卿公孙固前往晋国告急。先轸说："报答当年宋国对我们的施恩，拯救宋国被楚集团围攻的祸患，取得战胜楚国的威名，奠定称霸中原的大业，就在此时了。"狐偃说："楚国刚刚得到曹国的投诚，而且新近与卫国联姻，这两个国家是楚国维护其称霸

报施、救患、取威、定霸，于是乎在矣。（《左传·僖公二十七年》）

事业大好局面必然要力保的国家。如果讨伐曹国、卫国,楚国一定会转而救援它们,那么齐国、宋国就能免于兵祸了。"

晋国于是在被庐进行大阅兵,在上、下二军的基础上增设中军,并开会商议元帅(中军帅)人选。赵衰说:"郤縠可以。臣下几次听他讲话,这个人喜好礼、乐而厚爱《诗》《书》。《诗》《书》,是道义的府库;礼、乐,是美德的准则。美德、道义,是利益的根本。《夏书》说:'有益的话全部采纳,根据功效加以试验,如果成功,则用车马服饰作为酬劳。'君主试用一下他吧!"于是任命郤縠为中军帅,郤溱为中军佐。

《诗》《书》,义之府也;礼、乐,德之则也。德、义,利之本也。(《左传·僖公二十七年》)

文公准备任命狐偃为上军帅,狐偃把这个位子让给了哥哥狐毛,自己做了上军佐。

文公准备将赵衰从大夫提拔为卿,让他在下军任职。据《国语·晋语四》的记载,赵衰推辞说:"栾枝忠贞谨慎,先轸有谋略,胥臣见多识广,都可以作为辅臣,臣下不如他们。"于是将下军职位推让给栾枝、先轸。晋文公于是任命栾枝为下军帅,先轸为下军佐。此外,文公还任命荀林父为元帅驾车,魏犨担任元帅战车的车右。

晋国六卿(三军帅、佐)由郤氏、狐氏、栾氏、先氏成员担任,这四个家族都在前文所述的十一个旧族之列,而且就是《左传·昭公十三年》所说的、为晋文公夺权出力最多的四个家族,是晋文公任用旧族、重用功臣担任朝廷"近官"的明证。

需要指出的是,晋国采取的是"军政合一"的卿官体制,三军帅、佐与六位正卿一一对应,因此当时晋国六卿按位次是:

一、中军帅郤縠(执政卿)

二、中军佐郤溱

三、上军帅狐毛

四、上军佐狐偃

五、下军帅栾枝

六、下军佐先轸

在春秋时期,各诸侯国采取的都是"军政合一"的卿官体制,也就是说,各国的卿平时在朝廷担任政务官,战时就担任军队将帅,而不像后世那样,文官与武将分工,军权与行政权分离。但值得注意的是,《左传》列举其他国家正卿时,都是称呼他们的政务官职,比如《左传·文公七年》这样列举宋成公去世后的宋国六卿:"夏,四月,宋成公去世。当时公子成担任右师,公孙友担任左师,乐豫担任司马,鳞矔担任司徒,公子荡担任司城,华御事担任司寇。"

然而,从此次被庐阅兵首次列举晋国众卿起,

《左传》每次列举晋国众卿时，一直以军职称呼他们，而从不称呼其政务官职，以至于后人都无从知晓晋国众卿平时担任的是什么政务官。这表明晋国在此前后已经建立了一种具有"先军政治"特色的卿官体制，也就是说，晋国正卿首先是军队将佐，军职名称就是他们的官名，平时则各自分管一块政务工作。建立"先军"卿官体制与大力推进军队规模扩张和装备水平升级（参见页271）相呼应，反映出晋文公政权极度重视军队建设的战略思路，为推动晋国成为春秋时期头等军事强国起到了非常重要的作用。

被庐阅兵之后，晋国不仅建立起了"先军"卿官体制，还专门设置了叫做"执秩"的新官职来管理卿大夫的职级、位次、爵禄等事务，它所执行的法度被后世称为"执秩之法"，可以说是先秦版的"高级干部管理条例"[①]。前五九三年，晋执政卿范武子励精图治，其中一项重要措施就是在修治后重新颁布实行晋文公制定的"执秩之法"；前五一三年，孔子批评晋卿赵简子、中行文子在铁鼎上所铸的刑书是"乱制"，他的建议就是要恢复晋文公时期的"执秩之官""被庐之法"，可见此次大阅兵期间进行的制度建设在后人心目中具有多么崇高的地位。

① 关于执秩之法的分析，参见彭邦本：《"执秩之法"与春秋中期晋国的霸业》，《河南大学学报（社会科学版）》，1992年第1期。

晋文公侵曹伐卫，设计激怒子玉

前六三二年春，晋文公准备讨伐曹国，从卫国[①]借道，卫人不答应。这正中晋人下怀，晋军返回，绕路从卫国以西渡过河水，然后向东进军，讨伐卫国，正月九日，攻占了当年曾接受过野人土块的五鹿[②]。之所以要夺取五鹿，除了因为此地是周道网络的交通枢纽(可沿五鹿—陉山道直抵曹国都城)[③]，很重要的目的是为了应验狐偃关于上天赐予晋文公土地的预言(参见页 118)。《商君书》《吕氏春秋》《韩非子》都记载，此次伐卫之后，晋迫使卫国将其境内田垄方向变成东西方向，目的是方便晋军战车日后入侵卫国。

二月，晋军中军帅郤縠去世。排位第六的下军佐先轸被破格提拔为排位第一的中军帅，胥臣补先轸缺担任下军佐。据《国语·晋语四》，此次攻取五鹿就是先轸的计策，文公因此破格提拔他；而补先轸位的则是去年赵衰推荐过、还未安排职位的胥臣。

晋文公、齐昭公在卫地敛盂[④]举行会盟。齐昭公在去年刚刚依靠政变上台，需要外部势力的支持来帮助他稳定君位，这可能是促成他与晋文公结盟的重要原因之一。卫成公请求参与会盟，晋人不答

① 卫见地图四
"卫 3"。
② 五鹿见地图
四。
③ 相关周道参
见地图七。
④ 敛盂见地图
四。

应。卫成公又打算投靠楚国，国人反对，于是把卫成公逐出国都来作为对晋国的交待。卫成公出居到卫地襄牛。

先前，鲁国派出国卿公子买帮助卫国戍守都城。当晋军讨伐卫国时，楚人曾试图救援卫国，没有成功。鲁国发觉楚国不像它之前预料的那样强大，害怕晋国战胜后回来惩罚鲁国，于是派人杀了公子买，说戍守卫国是公子买自己的主意，以此向晋国解释。但是，鲁国又不敢跟楚国完全决裂，于是又向楚人解释说，杀了公子买是因为他还没到期限就私自撤兵回国。鲁国试图在两大争霸强国间左右逢源的情态可谓是跃然纸上。

晋文公包围了曹国都城，攻打城门，没有攻下，死了很多晋人。曹人把尸体陈列在城墙之上，晋文公为此感到很忧虑。他听到军队中舆人的谋划，说"在城外曹人墓地上扎营"，于是命令全军照做。城内曹人担心先人墓冢被晋人毁坏，十分害怕，于是赶紧把战死晋人的尸体装入棺材送出城。晋人趁着曹人军心不稳的时机发动猛攻，三月八日攻入曹都。

入曹之后，晋文公数落曹共公不能重用贤臣僖负羁，而且区区小国竟然有三百名乘坐轩车的卿大夫，而且还提到了当年曹共公偷看自己洗澡的丑行。他命令晋人不准进入僖负羁的住所，而且赦免他的族人，报答僖负羁当年对公子重耳的善意。

文公对僖负羁的报答激起了魏犨、颠颉两位晋大夫的忿恨。这两位都是当年跟随晋文公流亡的人，然而去年建立三军时，魏犨仅仅担任车右，颠颉官职就更低，而当时的中军帅郤縠（此时已过世）、中军佐郤溱、下军帅栾枝都不是跟从流亡的人。这两人说："不替有功劳的人着想，还谈什么报答？"于是违抗晋文公的命令，烧了僖负羁的家。在烧房子过程中，魏犨和僖负羁的家臣发生打斗，胸部受了伤。文公要杀了魏犨，又爱惜他的才能，于是派人去慰问他，并探察他的伤情，如果身体太弱成了废人，就用刑杀了他。魏犨把胸口的伤口包扎好，出来对使者说："托君主的福，怎么会不安好！"于是跳远三次，跳高三次，表示伤口已无大碍。文公这才放过了他，而只杀了颠颉，架着尸首巡行军中，用以威慑兵众。魏犨虽然免了死罪，但是车右一职已被革除，于是任命从亡诸臣之一的舟之侨担任车右。

宋人派出门尹般前往晋军营垒告急。晋文公说："宋人告急，如果舍弃宋国不救，宋国就将与晋国断绝关系而转投楚国；告诉楚国使其放过宋国，楚国又不会答应。我想要与楚国交战，但齐国、秦国还没有答应出兵支持，怎么办？"先轸对答说："让宋人放开我国,而去给齐国、秦国送财礼,请这两个大国去求楚国,请它放过宋国。与此同时,我国逮捕曹君,而把一部分曹国、卫国的田地赐给宋人,以稳固宋人跟从我国的志向。楚国重视曹国、卫国,绝不能容忍背叛自己的宋国得到土地,而新归附自己的曹国、卫国却丧失土地,因此一定不会答应齐国、秦国。齐国、秦国一方面为宋国送的财礼感到欣喜,一方面对楚国的顽固感到愤怒,还能不出兵支持我国与楚国交战吗?"文公悦服,于是逮捕了曹共公,而把一部分曹国、卫国的土地分给宋人。

　　就在晋国高层谋划如何引诱齐国、秦国支持自己与楚国交战时,楚成王回到楚国境内的申县①,同时命令申公叔侯从齐邑谷撤兵,子玉从宋国撤兵,说:"不要跟从晋军与它交战。晋侯在外流亡了十九年了,而最后得到了晋国。世道的险阻艰难,都已经尝过了;民众的真情假意,都已经知道了。上天借给他年岁,而除去了妨碍他的祸害。上天要安置的,怎么可能废弃呢?《军志》说'适可而止',又说'知难而退',又说'有德之人不可以与之为敌'。这三条,说的就是晋国。"

　　子玉收到楚成王的命令之后,派斗椒到申县请求出战,说:"不敢说一定能有军功,只是希望借此机会塞住谗言罪恶小人的嘴。"子玉将楚成王要求

晋侯在外,十九年矣,而果得晋国。险阻艰难,备尝之矣;民之情伪,尽知之矣。天假之年,而除其害。天之所置,其可废乎?(《左传·僖公二十八年》)

① 申见地图六。

撤军的命令解释成受小人谗言蛊惑之后所做的错误决定并拒绝执行，这让楚成王非常生气。但此时子玉正志得意满，楚成王也不好断然否决，为了防止战败损伤楚国元气，于是只给了他西广、东宫和若敖六卒所属的军队。

子玉派出使者宛春告诉晋军说："请晋国使卫侯复位，而使曹国复国，臣下也会放弃对宋国的包围①。"

狐偃说："子玉无礼啊！我国君主只取得楚国放过宋国这一项成果，而子玉作为臣子，却取得使卫成公复位、使曹国复国这两项成果，不能失去这次与楚国交战的机会。"先轸对晋文公说："您答应他。安定他人符合礼。楚国一句话而安定宋、曹、卫三个国家，我们一句话就使它们失去这种安定。如果我们拒绝楚国，那就是我们无礼，凭什么来开战呢？不答应楚国的请求，这是抛弃宋国；本来是为了救援宋国却又抛弃他，对诸侯怎么交待呢？楚国提出这个要求就相当于有三项施恩，我们如果拒绝楚国的要求就相当于有三项怨仇，怨仇如果多了，将要凭什么作战？不如在表面上答应子玉之后，再私底下答应恢复曹国和卫国来使他们与楚国离心，逮捕宛春来激怒楚国，等仗打起来再说。"

晋文公采纳了狐偃、先轸的建议，于是违背外

① 卫成公出居于襄牛，尚为君主；曹共公被晋人扣留，已失去君位。所以子玉要求"使卫成公复位"、"使曹国复国"。

交惯例扣留了宛春，并且私下答应恢复曹国、卫国。曹国、卫国宣布与楚国断交。需要指出的是，此时的卫国应该已经分为两股政治势力，宣布与楚国断交的是国都内的卿大夫，而出居在外的卫成公则派遣军队参与了楚集团联军。

晋人的做法果然激怒了子玉，他解除了对宋国的包围，率领全部军队跟随晋军，寻求决战。晋军向后撤退。晋国军吏说："让君主躲避臣子，这是屈辱的行为。而且楚军已经疲敝了，为什么要后退？"狐偃说："军事行动有理就勇壮，理亏就疲敝，哪里在于时间久呢？如果没有楚国当年给予的恩惠我们到不了这里，依照君主当年对楚王的承诺而后退九十里避让楚军，就是对楚国的报答。我们如果背弃恩惠不兑现诺言，来捍卫楚国的仇家宋国，那就是我们理亏，楚国有理。他们的兵众向来士气饱满，不能说是已经疲敝。如果我军退避后楚国也班师回国，我们还有什么别的要求呢？如果楚军还不回国，君主后退、臣子冒犯，那就是他们理亏了。"于是晋军后退九十里。楚国兵众想要停下不再进逼，子玉不答应。

城濮大战败楚军，践土朝王任霸主

夏四月初一，晋文公、宋成公、齐卿国庄子、齐

师直为壮，曲为老，岂在久乎？（《左传·僖公二十八年》）

235

① 城濮见地图四。

② 古时土地肥力有限，需要轮流休耕。去年已耕种过的旧地今年不再使用任其长草，而使用去年已经休耕好的新田，所以说"舍弃旧的而谋划新的"。这句顺口溜的寓意是劝晋文公丢掉对楚国旧恩的顾虑，建立新功业。

战而捷，必得诸侯。若其不捷，表里山河，必无害也。（《左传·僖公二十八年》）

卿崔夭、秦卿小子憖率军驻扎在卫地城濮①。与他们对峙的是令尹子玉率领的楚集团联军。据《左传·僖公二十八年》、清华简二《系年》的记载，则晋集团参战的还包括晋惠公时期从秦地迁来的群戎，楚集团参战的还包括郑国、卫国（卫成公党羽）、陈国、蔡国和群蛮夷。

晋文公看到楚军背靠着险峻的丘陵扎营、占据着地形优势，感到很担心；他听到舆人们编的顺口溜，说"肥沃的休耕地上青草茂盛，舍弃旧的而谋划新的"②，又感到不能放弃这个机会，因此非常纠结。狐偃说："开战吧！交战胜利了，必定能得到诸侯成就霸业。如果不胜，晋国外有河水，内有太行山，必定不会有大祸害。"文公问："拿先前楚国对我们的恩惠怎么办？"栾枝说："汉水以北那些姬姓诸国，都是楚国攻灭的。想着小恩惠而忘记大耻辱是错误的，不如开战。"

然而晋文公的纠结并没有结束。他又告诉群臣，自己睡觉时梦到与楚成王搏斗，楚王趴在自己身上并咀嚼自己的脑，因此对开战感到害怕。狐偃说："这个梦是好兆头。我们得到天，楚趴着认罪，我们还柔服了它。"晋文公仰卧，面向上，狐偃将其解释为"我们得到天"。楚成王面朝下趴着，狐偃将其解释为"楚趴着认罪"。古人认为脑是阴柔之物，楚成王咀嚼晋文公的脑,狐偃将其解释为"我们还柔服了它"。这些充满"正能量"的解释让晋文公打消了疑虑,下定决心与楚国决战。

大概就在晋文公做恶梦前后的几天,楚方主帅子玉也做了个梦。先前,子玉请人为自己做了一顶琼瑰装饰、玉饰系带的精美皮冠,做好后还一直没有戴过。在子玉的这个梦里,河水之神对他说:"给我你的皮冠,我赐给你宋国腹地孟诸泽①的麇鹿。"所谓"赐给你孟诸泽的麇鹿",也就是保佑子玉此战取胜,赢得宋国归服。

子玉醒来之后将这个梦告诉了左右臣子,并且表示并不打算将皮冠投入水中献给河神。大夫孙伯和子西派荣黄去劝谏子玉,子玉不听。荣黄急了,说:"献出生命如果对国家有利,尚且要去做,何况是献出一顶琼玉装饰的帽子?与战争的胜利相比,皮冠的价值就像垃圾一样低贱,如果可以用它使得军事行动成功,还有什么好爱惜的?"子玉还是不听。荣黄出来之后,对孙伯、子西说:"不是河神要让令尹失败,令尹自己不为民众尽心尽力,实在是自寻失败。"

如果荣黄是真心相信河神法力,那么他劝谏的主要原因就是担心河神被子玉拒绝之后,会发怒降祸于楚军,导致楚军在战斗中失败。我倾向于认

① 孟诸泽见地图四。

为,荣黄并非真心相信河神有什么法力,而他劝谏的主要原因就是看重这一举动对于相信鬼神的普通楚军将士心理上的影响作用。子玉如果愿意将皮冠拿出来献给河神,那么楚军领导层就可以在河水边举行一场沉宝祭神仪式,广为宣扬,使军中将士相信河神会帮助楚国,那么作战时楚军将士必将奋勇争先;如果消息传到晋军营垒中,还能动摇晋人军心士气,总之对于取得胜利只有好处。然而,由于子玉拒绝将宝物献给河神,这就使得楚军高层必须要将此事保密,如若泄露出去,就会使将士认为河神将不会帮助楚国,甚至可能会加以阻害,那么作战时楚军将士将心存疑虑,遇到困难时更容易溃退,从而促成楚军战败。泄露范围越大,负作用越大。子玉不以大战胜败、国家荣辱为重,而爱惜区区一顶皮冠,主动放弃这一大好的借助神力作战/鼓舞军心士气的机会,因此荣黄认为:第一,此战必败;第二,如果战败,子玉要承担全部责任,而不能扯上河神为自己辩白。

子玉派子上请战,说:“我方请和君主的士兵游戏一番,君主扶着车前横杠观看,得臣也得以瞄一眼。”晋文公派栾枝对答说:“我国君主收到命令了。楚君的恩惠,我方不敢忘记,因此后撤九十里到了这里。认为大夫您会退兵,臣子怎敢抵挡君主?我国君主既然得不到楚国撤军的命令,谨敢劳烦大夫告诉楚军中的诸位大夫:'敕令你们的战士驾好战车,崇敬你们君主的军政大事,明早将在战场上相见。'"

此时晋军战车七百乘,已经装备停当。晋文公登上有莘之墟①观看军容,说:"新兵老兵严守军礼,这支军队可以用来作战。"又组织士兵砍伐树木,新造了一批兵器。

第二天,晋军在城濮摆开军阵。两军阵型如下:

楚左师 子西	晋上军 狐毛(将)　狐偃(佐)
楚中军 若敖六卒　子玉	晋中军 先轸(将)　郤溱(佐)
楚右师 陈蔡之师　子上	晋下军 栾枝(将)　胥臣(佐)

子玉在战前放话说:"今天一定要灭了晋军!"

战斗开始,晋下军佐胥臣给战马蒙上虎皮,先攻击对面楚右师阵营里的战斗力较弱的陈、蔡军队。陈、蔡军队奔逃,楚右师随之溃败。

这时,晋上军帅狐毛让两辆前驱兵车插上大旗故意让楚军看到,然后率领并未受到攻击的晋上军向后撤退;晋下军帅栾枝也命令战车托着树枝制造扬尘,使得其他楚军看不清晋下军—楚右师战场的

① 有莘之墟见地图四。

239

真实状况,然后率领晋下军不但不乘胜追击楚右师,反而也向后撤退。

楚左师看到远处晋下军—楚右师阵地上尘土飞扬、晋人似乎在向后撤退,而且自己面前的晋上军也往后撤退,以为晋军正在整体后撤,于是决定抓住战机,冲出阵地追击晋上军。

等楚左师大部分冲入晋上军所在区域之后,晋中军帅先轸、中军佐郤溱率领由远支公族组成的中军精锐部队拦腰攻击楚左师,然后与上军帅狐毛、上军佐狐偃一起前后夹击楚左师,楚左师溃败。

至此,楚右师、楚左师均已溃败,胜负已定。子玉及时收束住中军士卒不让他们进攻,所以楚中军没有溃败,撤出战场。

从交战的情形看来,晋军是在有条不紊地实施事先精心策划好的作战方略,而楚军主帅子玉则毫无预谋,作战时也没有发挥中军主帅统御全局的作用,导致楚右师、左师各自为战,先后落入了晋军的圈套,被晋军各个击破。

晋军吃楚军留下的粮食,修整了三天,到六日班师回国。有学者综合传世文献及清华简二《系年》认为,晋军在击败楚国之后,决定乘势压服与楚国关系最为密切的郑国,于是在回国路上讨伐郑国[①],其情形如《国语·晋语四》所述:

① 参见马楠:《〈系年〉第七章与城濮之战史事补证》,《简帛研究》2015 年秋冬卷,广西师范大学出版社,2015 年。

晋文公以"声讨观望"为由讨伐郑国,摧毁了城上的矮墙。郑人用名贵的宝物来求和,晋文公不答应,说:"把当年建议杀掉我的叔詹交给我,我就退兵。"叔詹请求前往,郑文公不答应。叔詹坚持请求说:"牺牲臣下一个人可以解救百姓、安定社稷,君主何必对臣下如此爱惜呢?"

郑人将叔詹交给了晋国,晋人将要烹煮叔詹。叔詹说:"我希望得到机会把话说完再死,那是我的心愿。"晋文公听他陈辞。叔詹说:"上天把灾祸降给郑国,使郑国过分地在中原霸主和楚国之间骑墙观望,抛弃了礼制,违背了宗亲关系。我曾经劝阻说:'不可以这样。那晋公子贤明,他的左右随从都是国卿级别的人才,如果回到他的国家,而在诸侯中实现志向成为霸主,郑国的祸难将无法赦免。'今天祸难来了。我当初尊重贤明、遏制祸患,这是智慧。我现在牺牲自己、救赎国家,这是忠贞。"说罢便跑去受烹刑,用手抓住鼎耳大声呼喊:"从今以后,人们知道忠心事奉君主的人,都会落得和我叔詹一样的下场!"晋文公于是下令不杀叔詹,待以厚礼,然而将他送回了郑国。郑人任命叔詹为将军。

尊明胜患,智也。杀身赎国,忠也。

二十七日,晋军到达郑地衡雍。周襄王得知晋军战胜,亲自前往衡雍附近的郑地践土①慰劳,晋人

① 衡雍、践土见地图四。

为周王修筑了行宫。郑国派大夫子人九到晋军营垒求和。栾枝进入郑都与郑文公盟誓。五月九日，郑成公来到衡雍，与晋文公盟誓，表示服从晋国。

十日，晋文公在践土行宫向周襄王进献楚俘，包括一百辆披甲战马牵引的战车、一千名步兵。郑文公辅相襄王接受晋文公献俘，所用的正是当年郑武公辅相周平王给晋文侯赐命时所用的礼仪。

十二日，襄王设享礼款待晋文公，又命尹氏、王叔文公、内史叔兴正式策命晋文公为"侯伯"（诸侯之长，也就是霸主），赐给他大路车、戎路车，一把红弓、百支红箭，十把黑弓、千支黑箭，鈇钺，一卣香酒、一套圭瓒，三百位虎贲勇士[①]，说："王对叔父说：'恭敬地服从周王的命令，以安抚四方诸国，惩治驱逐对王室行恶事的人。'"晋文公三次推辞，然后接受策命，说："重耳谨敢两次行稽首礼，接受和宣扬天子重大光明的赏赐与策命。"接受简策出去。

此次接受赏赐的不仅有晋文公，还有他的股肱谋臣狐偃（子犯）。就在这一天，狐偃接受诸侯国贡献的铜块，铸造了一套编钟。这套编钟有十六枚流传到了今天，现收存于台北的公、私藏家（台北故宫博物院十二枚，私人藏家四枚），分为两组，每组八枚。两组编钟均有铭文，内容相同。每组铭文分铸

敬服王命，以绥四国，纠逖王慝。

① 据《礼记·王制》，赐予弓箭，象征授予征伐的权力；赐予鈇钺，象征授予刑杀的权力；赐予香酒、圭瓒，象征授予祭祀的权力。

在八枚上，合为全铭，释文如下①：

唯王五月初吉丁未，子犯佑晋公左右，来复其邦。诸楚荆不听命于王所，子犯及晋公率西之六师搏伐楚荆，孔休大功，楚荆丧厥师，灭厥渠。子犯佑晋公左右，燮诸侯，俾朝王，克奠王位。王赐子犯辂车、四马、衣、裳、带、市、佩。诸侯羞元金于子犯之所，用为和钟九堵，孔淑且硕，乃和且鸣，用燕用宁，用享用孝，用祈眉寿，万年无疆，子子孙孙永宝用乐。

从编钟铭文可以看出：

第一，当时晋国称楚国为"楚荆"，一方面承认其正名"楚"，另一方面在后面加上暗示其为"荆蛮"的"荆"。这个称呼强调了晋国的正统性，渲染了楚国的南蛮属性，跟"国民党反动派"有异曲同工之妙。

第二，晋国对城濮之战的官方表述是：楚荆不听周王之命，晋文公率六师(即三军，每军两师，分别由将、佐率领)讨伐楚荆，楚荆一败涂地，晋国协调诸侯，使他们共同朝见周王，成功地安定了周王的地位。这个表述将城濮之战塑造成晋国"尊王攘夷"的伟大胜利，强调了晋国作为霸主为协调诸侯、安定王室所做的重大贡献。

第三，狐偃在晋国地位极高，是晋文公的首席

① 关于子犯编钟钟铭的释读，参见王泽文：《春秋时期的纪念铜器铭文与〈左传〉的对照研究》，中国社科院研究生院 2002 年博士学位论文；赵晓龙：《子犯编钟铭文补释》，《文物世界》2009 年第 1 期。

辅臣，也是城濮之战的重要功臣，因此得到周王赏赐命服，还得到诸侯贡献铜块铸造编钟以记功劳。

楚令尹羞愤自杀，温之会君臣对讼

楚成王得知楚军失败的消息后震怒，不假思索地派出使者斥责子玉说："大夫如果回国，怎么面对兵源地申县、息县的父老？"子玉不知何故没有出来见使者，当时在场的子西、孙伯对使者解释说："子玉先前想要以死谢罪，我们劝阻他说：'你不能自杀，因为君王将要诛戮你。'"

楚成王派出第一批使者后，火气也消退了下去，这时他突然想起当年范地的巫师矞似曾经预言自己、子玉、子西三人都将不得好死，意识到使者的斥责会刺激子玉自杀，从而使楚国在军事失败之后又折损重臣，于是赶紧派出第二批使者去救人。当第二批使者与回国的楚军相遇时，子玉已经自杀，而子西也试图上吊自杀，不巧绳子断了，摔在了地上，留下一条性命。

晋文公听说子玉被杀的消息后，喜形于色，说："没有人能害我了！蔿吕臣做令尹，奉养自己而已，心思不在领导民众。"《史记·晋世家》记载了晋文公在城濮之战胜利后的思想演变过程：

晋军焚烧楚军营垒，大火数日不息，晋文公却在叹息。左右侍臣说："战胜楚军而君主仍然忧愁，为什么？"晋文公说："我听说能够取得战争胜利而心安的只有圣人，而我不是圣人，因此忧惧。况且子玉还在，怎么可以高兴呢？"

子玉战败回国，楚成王恼恨他不听自己的话，贪恋与晋人交战，斥责子玉，子玉自杀。晋文公说："我在国外攻击，楚王在国内诛杀，真是内外相互呼应。"于是才高兴。

至此我们可以更加细致地体会老令尹子文当年在物色接班人时的考虑：子玉刚而无礼，但他强势进取，有辅佐楚成王争霸中原、建功立业的志气；蒍吕臣则只是一个但求无过、明哲保身的守成之臣。两人相比较，子文自然要选择子玉作令尹，并且在楚国霸业马上就要取得胜利的时候交班给子玉，给子玉创造了"临门一脚"的大好局面。然而，子玉无视楚成王对形势的正确判断，违抗了他的撤军命令，最终在城濮惨败，辜负了子文的一片苦心。

五月二十六日，周王卿士王叔文公在践土行宫的庭中与晋文公、齐昭公、宋成公、鲁僖公、蔡庄公、郑文公、卫夷叔、莒兹丕公盟誓，盟辞最后说："全都辅助王室，不要互相伤害。谁要违背这盟约，昭明的神灵将诛杀他，使他军队颠覆，不能享有国家，祸难一直延续到玄孙，不论老幼！"

践土之盟是晋文公霸业鼎盛的标志。如我们前面说过的那样,齐桓公霸业鼎盛的标志是葵丘之盟(参见《齐桓篇》页257)。葵丘之盟只约言而不歃血,盟辞最后并不是诅咒背盟的人不得好死、断子绝孙,而是"所有我们参与盟会的人,从订立盟约以后,完全回归到旧日的友好关系。"总体上说,齐桓霸业是很有点理想主义色彩的,而晋文霸业则要现实冷酷得多,这从两个盟辞结尾的差别中已经能看出端倪。

　　楚国战败后,派遣军队参与了楚集团联军的卫成公十分惧怕,于是出奔楚国,后来又到了陈国,让国都内的大夫元咺陪同自己的同母弟夷叔参加盟誓。陈国在楚国失败后也决定转而服从晋国,但到会时盟誓已经结束。

　　这时,有人向卫成公报告说:"元咺已经私自拥立夷叔为君了。"元咺的儿子元角正跟随卫成公在外流亡,成公马上派人杀了他。元咺虽被诬陷,仍然没有反叛,而是奉夷叔进入卫都固守。

　　六月,晋人决定送卫成公回国复位。此时,跟随卫成公流亡的人和跟随元咺守国都的人之间相互猜疑,人心不安。卫卿宁武子在卫地宛濮①与双方代表盟誓,盟辞说:"上天祸害卫国,君臣不和协,所以才遭到这样的忧患。现在上天引导出自己的

① 宛濮见地图四。

本心,让大家都放下成见而相互听从。没有留下的人,谁来守卫国家? 没有出行跟随君主的人,谁去捍卫君主的牛马财产? 由于留下的人、出行的人不和协,因此在大神您面前明白乞求宣誓,以求诱导上天的本心。从今天以后,出行的人不要仗恃自己的辛劳,留下的人不要害怕有罪。谁要违背盟约,祸害就会降临到他头上。昭明的神灵和先君,都将惩治诛杀违约的人。"国人听到这个盟誓,人心才安定下来。

然而,卫成公仍然担心国内有人会预谋害他,于是在约定日期之前突然回国。成公进城时,夷叔正准备洗头,听说国君回来了,非常高兴,于是握着头发走出来,卫成公的前驱公子歂犬、华仲把他射杀了。卫成公看到杀人现场,知道夷叔的确没有造反,于是赶紧仆倒在地,把自己的头枕在夷叔尸体的大腿上,做出为他痛哭的样子。歂犬向外逃,成公派人杀了他。元咺出奔到晋国。

城濮之战时,晋国中军在沼泽中遇到大风,丢失了前驱大兵车左边的旍旗。执掌军政的司马依据军法杀了掌管军旗的祁瞒,在诸侯军中巡行示众,任命茅茷取代他。

晋军班师回国,六月十六日,渡过河水。戎车车右舟之侨无视军纪,先行回国,范武子摄行车右之职。

秋七月，晋军整顿军旅，奏凯歌进入国都，在太庙向祖先进献俘虏，举行酒会，重赏功臣，征召诸侯在温邑会盟，目的是观察他们对晋国的态度，并讨伐有二心的诸侯。杀了违反军纪的舟之侨，将尸首在国中巡行示众。国都内的民众，从此对晋文公衷心拥戴和顺服。

据《史记·晋世家》记载，晋文公颁行赏赐时，定狐偃为头功。有人说："城濮之役取得胜利，是靠先轸的谋略。"文公说："城濮之役，狐偃劝我不要失信。先轸说'军事以胜利为重'，我采用他的谋略而获胜。然而此处先轸所说的只是适用于一时的权宜说法，而狐偃所说的却是千秋万世的功业，怎能把一时的利益凌驾于千秋万世的功业上呢？因此狐偃的功劳排在前面。"

然此一时之说，偃言万世之功，奈何以一时之利而加万世功乎？

实际上，《左传·僖公二十七年》在叙述城濮之战前，就专门回顾了晋文公在狐偃指导下，为这次晋楚争霸大决战所做的准备：

晋文公刚进入国都时就教导民众，一年后就想用他们作战。狐偃说："民众还不知道大义，还没有安居乐业。"文公于是出国稳定襄王君位，入国务求让民众获得利益，民众安于生计了。

民未知义，未安其居。

此时晋文公准备要征用民众出战。狐偃说：

"民众还不知道诚信，不明白它的作用。"文公于是讨伐原邑来示范诚信。在此之后，即使是做买卖的商人，也不谋求丰厚的利润，都明码实价。

民未知信，未宣其用。

文公问："现在可以征用民众出战了吗？"狐偃说："民众还不知道礼制，社会上没有生成恭敬的氛围。"文公于是在被庐举行大阅兵来演示礼制，建立"执秩"来端正官制。民众听从君主命令，行事不迷惑，然后才用他们作战。

民未知礼，未生其共。

在这里我们要回顾一下狐偃这位一直陪伴着晋文公的股肱之臣。在公子重耳十九年的流亡生涯中，能谋善断的狐偃一直是从亡者团队中的"灵魂人物"：公子重耳决定出奔到狄地等待时机、拒绝在晋献公去世后回国夺权、离开狄地前往齐国、收下五鹿城外野人土块、放弃齐国安逸生活重新上路、迎娶晋怀公抛弃的怀嬴等关键决定，都是出于狐偃的谋划，可以说是一位善断大事的奇才。正因为如此，所以楚国令尹子玉在劝说楚成王杀公子重耳以绝后患被拒绝之后，又劝成王杀掉狐偃以断其羽翼。

然而，狐偃也有他的"短板"，那就是文才不足，因此不善于在外交场合应对宾客、构思复杂细致的政策。晋文公归国即位之后，起用了才能出众、深知国政弊端、富有改革意识的国内名臣郭偃主导头绪繁多、任务复杂艰巨的内政改革,在人才、经济、军事等方面为称霸积蓄力量;而狐偃则继续引导晋文公申明大义、示范诚信、端正礼制,在"核心价值观"层面将晋国改造成一个足以使中原诸侯真心归服的霸主国。在城濮之战整个过程中,狐偃又力主与楚决战,一路出谋划策,为战争的胜利起到了重要作用。

《墨子·所染》篇以给蚕丝染色比喻贤臣对春秋时期五位霸主的影响,说:"齐桓公受到管仲、鲍叔的染色,晋文公受到舅犯(即狐偃)、高偃(即郭偃)的染色,楚庄王受到孙叔、沈尹的染色,吴王阖庐受到伍员、文义的染色,越王勾践受到范蠡、大夫种的染色。这五位君主受到了恰当的染色,所以能够称霸诸侯,功名传于后世。"这段话明确指出齐桓霸业的头两位功臣是管仲、鲍叔,而晋文霸业的头两位功臣是狐偃、郭偃,都是很准确的评价。

冬天,晋文公、齐昭公、宋成公、鲁僖公、蔡庄公、郑文公、陈共公、莒兹丕公、邾文公、秦人在南阳温邑会面,会议的主旨是声讨不服从新霸主晋国的国家,主要是卫国和许国。

会议期间,在晋人主持下,卫成公和元咺进行了一场诉讼。由于君臣地位不对等,不能直接打官司,因此由宁武子担任辅相,陪同卫成公在旁等候;鍼庄子担任"坐",代表卫成公出席诉讼;士荣担任"大士",具体负责与元咺一方往来辩论。卫成公一方败诉,晋人杀了士荣,砍了鍼庄子的脚,认为宁庄子是忠良之人,免除对他的惩罚。晋人于是逮捕了卫成公,把他安置在周王室王城的深室中,由宁武子负责提供衣食。元咺回到卫国,立了公子瑕为国君。

这是春秋时期见于记载的第一次在霸主主持下进行的"国际法庭审判",可以说是启动了一种全新的诸侯国内部矛盾化解机制。虽然晋人通过安排鍼庄子、士荣代表卫成公与元咺争讼,试图规避君臣直接打官司对周礼"君尊臣卑"基本设定的直接破坏,但此次君臣争讼还是召来了保守派的强烈谴责(详见下文周襄王的论述)。然而,在务实的晋文公看来,正视在各国内部客观存在的君臣矛盾,由最具权威的霸主出面组织"国际法庭"来进行审判或仲裁,从而用一种相对公平合理(但不合周礼)的方式解决问题、防止事态进一步恶化引发国际局势动荡,这是作为国际秩序管控者的霸主应该承担的责任,可以说是明确了"霸政"的第八项主要任务"裁决"。卫成公败诉后被关押在周王室监狱,表明霸主的裁决权来自于他所代表的周王。

在此次大会期间，晋文公还再次召来周襄王，带领诸侯朝见他，并邀周王到河水以北的南阳地区狩猎。这从表面上看是晋文公"尊王"，可是他"以臣召君"的行为，严格说来已是违礼，体现了晋文公在内心深处只是将周王作为证明自己霸业成就的工具。选择南阳地区的目的，应该是利用"周王狩猎秀"向天下宣示：南阳这块周王室和郑国都没能成功收服的"烫手山芋"，在赐予晋国短短三年后，已经完全处于晋人控制之下，是周王可以安心狩猎的地方了。也就是说，周王此次前来，其实是在给晋国的"南阳新区""剪彩"，给新科霸主晋文公的内政成就"背书"。晋文公的做法，可以说是孔子批评他"诡诈不正派"的有力证据。

十月十二日，与会诸侯包围不肯归服晋国的许国。这时，晋文公生病，曹共公的小吏贿赂了晋国的筮史，让他在给文公诊治时说："曹国是化解疾病的关键。当年齐桓公召集会盟而重封异姓国，如今君主召集会盟而灭亡同姓国①。曹国始封君曹叔振铎是文王的儿子，晋国始封君唐叔虞是周武王的儿子。而且会合诸侯灭亡同姓兄弟，不合于礼；曹与卫一样在城濮之役前得到了晋许诺使其复国的命令，但在战事结束以后却不能与卫一同复国，不合

① 齐桓公前六五九年封邢、前六五八年封卫。齐为姜姓，而邢、卫为姬姓，所以说"重封异姓国"。晋国与曹国都是姬姓，而晋国至今没有兑现重封曹国的承诺，所以说"灭亡同姓国"。

于信;罪行相同而惩罚不同,不合于刑。礼是用来推行义的,信是用来守护礼的,刑是用来纠正邪的。舍弃礼、信、刑这三者,君主准备怎么办呢?"晋文公悦服,恢复了曹共公的地位,疾病不久痊愈,和诸侯在许国城外会面。最后,诸侯未能使许国归服,无功而返。

礼以行义,信以守礼,刑以正邪。(《左传·僖公二十八年》)

遏止楚王称霸势头,奠定南北争霸格局

为了真正理解城濮之战的历史意义,我们要先回顾一下中原霸主国与南方楚国争雄的历史。前六五六年,齐桓公率诸侯讨伐楚国,在紧邻楚方城的召陵与楚人盟誓,齐国对楚国的战略压制在此时达到顶峰。前六四三年齐桓公去世后,齐国建立起的中原联盟迅速解体。宋襄公认为天命抛弃姬姓、姜姓两大周朝支柱族群,重新眷顾商王室,于是跳出来上演了一场"复古兴商"的称霸闹剧,而在前六三八年泓之战终结这场闹剧的,正是抓住机会北上中原争霸的楚成王。宋襄公黯然退场后,中原再无人与楚成王争衡,楚国称霸中原的事业势如破竹。前六三八年,郑文公再次前往楚国朝见,郑国服从楚国。前六三六年,宋成公前往楚国朝见,宋国服从楚国。前六三四年,鲁卿东门襄仲、臧文仲前往楚国请求出兵,鲁国也转投楚国。

到了前六三二年城濮之战时，楚国已经收服了郑国、鲁国、陈国、蔡国、许国、曹国，并已与卫国联姻，河水以南的中原地区还没有倒向楚国的，就只剩下仍然以霸主自居的齐国，以及大胆"押宝"晋国而叛楚的宋国。再看战场城濮的地理位置，已是曹、卫、鲁之间的中原腹地，楚国此时气焰之盛，在春秋时期可以说是空前绝后。这一仗，如果楚国获胜，则楚成王将成为事实上的中原霸主，最终逼迫周王室给予正式任命也并非没有可能。然而，晋国这个刚加入中原争霸的"新手"联合秦国、齐国、宋国，主要靠自己的军事力量一举击败楚国，而楚国先前拉扯起来的同盟体系也很快土崩瓦解，郑、鲁、陈、蔡、曹、卫都归服了晋国，周襄王也在战后立即策命晋文公为霸主。因此，城濮之战无疑是晋文霸业的巅峰，它标志着在十一年的缺位期之后（从前六四三年齐桓公去世算起），晋国接过齐国的接力棒，在名义上作为周王的代理人继续管控中原国际秩序。

　　楚成王将即将到手的中原霸主之位拱手送给晋文公，从表面上看是由于城濮之战的军事失败，而实质上是由于他对争霸形势的严重战略误判。从他自己带头撤到方城以内、要求令尹子玉和申公叔侯撤军来看，他的战略是避开晋文公的锋芒，让晋文公得不到正面交战的机会。然而,在令尹子玉反对撤军之后,楚成王的态度是模棱两可的:一方面,他没有坚决要求子玉撤军,而是允许子玉与晋集团寻求正面交战;另一方面,他又减少了子玉率领军队的数量,从而加大了楚军失败的风险。楚成王此时的战略判断很可能是:子玉如此坚决求战,真打起来未必失败;即使失败了,也不会造成太严重的国际政治后果。毕竟,楚王毫发无损,楚军主力仍在,难道那些中原诸侯国会因为一场败仗就忘记楚国这么多年来对中原形成的高压态势,转而投向晋国这个长期游离于中原体系之外的"空降兵"吗?

然而,楚成王认为的"小概率事件"真的发生了:中原主要诸侯国真的在城濮之战后全部倒向先前在中原国际政治舞台上长期缺席的晋国,周王室也以令人难以置信的高效率任命晋文公为接替齐桓公的中原霸主。楚成王的失误,在于他对于"人心向背"因素严重估计不足,无论是从周王室角度还是从中原诸侯国角度看都是如此。

从周王室角度来说,任命晋文公为霸主,首先能够将天下的名义统治权(归属姬姓周王室)和实际管控权(归属姬姓晋公室)重新收归姬姓周人所有;其次也是西周初年周成王分封唐叔虞为方伯

（详见页 313）、春秋初年周平王嘉奖晋文侯东迁之功、前六三五年周襄王嘉奖晋文公勤王之功的合理演进。在最极端的情况下，如果晋文公悍然废掉周王室而僭越称王，那也无非是一次类似于曲沃代晋的小宗颠覆大宗事件，天下还在姬姓周王室宗亲手里。

然而，如果周襄王任命楚成王为霸主，则相当于承认周王室历代先君"征服南方、一统天下"的理想在自己在位期间彻底失败，公开承认蛮夷入主华夏，这是已经只剩下空壳的周王室无法承受的奇耻大辱。楚国在没有称霸之前尚且称王、与周王对立，称霸之后怎么可能反而自降身段成为周王室五等爵体系中的诸侯？如果楚成王提出要周王室正式承认楚国长期自封的王位，那么与周王地位相当的楚王如何能算是周王的代理人？在最极端的情况下，如果楚成王悍然废掉周王而成为天下的新王，那天下就真的要改姓易族了。

正因为如此，所以前六三六年周王室发生内乱时，周王室没有力邀当时实力最强、参与中原政治最积极的楚国前来"勤王"。也正因为如此，所以周王室一旦看到晋文公有心、有力成为下一个中原霸主，在城濮又打了一个胜仗，便"趁热打铁"赶紧给予他正式的霸主名分，支持他接替齐桓公维护中原国际秩序。

从某个中原主要诸侯国角度看，晋国虽然长期与中原不发生关系，但它毕竟是唐叔虞之后、周王室宗亲封国，在华夏体系中地位尊贵，与中原各国在意识形态、文化水平上没有隔阂，与鲁、卫、曹、郑等各国更有同姓之亲。非常重要的是，公子重耳从前六四四年到前六三七年四处流亡寻求支持，在当时的霸主齐国住了六年，并且先后到过卫国、曹国、宋国、郑国、楚国、秦国，其德行、能力得到齐桓公、楚成王、秦穆公、宋襄公等重量级君主的肯定，在即位之前已经积累了相当高的国际人望和期待。晋文公即位之后，又不负众望，成功"尊王"平定王子带之乱（请求周王级别葬礼待遇一事在当时可能并未广为人知），在接收南阳过程中表现出"崇德守礼"的姿态，城濮之战又成功"尊王""攘夷"击败楚国，如果拥戴他为霸主，可以期待他将遵循齐桓公所确立的"尊王攘夷""崇德守礼"的基本原则，保持齐桓公开创的中原国际秩序的稳定。

相比之下，楚国是南蛮国，其君主已经自立为王，抛弃了周朝的封国体系。如果拥戴楚成王为霸主，他将如何处理与周王的关系、如何处理各国在周封国体系中的地位、如何管控中原国际秩序，都是一个巨大的未知数。实际上，即使是到了霸道政治已经名存实亡的春秋晚期，当吴王夫差与晋定公在前四八二年黄池之会上争夺霸主之位时，晋定公仍然提出，如果吴王想要先歃血成为中原霸主，那就不能称"吴王"而只能称"吴公"，因为"诸侯国内部不可有两个君主，而周的天下也不可以有两个王"（《国语·吴语》）。而吴王之所以会同意晋国提出的要求，是因为吴国也是姬姓诸侯国，本身就愿意加入中原兄弟们的行列。

因此，中原各主要诸侯国虽然先前迫于楚国的硬实力而与它结盟，但一旦看到晋国有能力与楚国正面对抗、有意愿接替齐国管控中原国际秩序，就纷纷"弃暗投明"去拥戴能给他们更确定未来的晋文公。

除开这些基于人间事理的考虑，我们绝不能忽视在当时意识形态领域处于笼罩性地位的"天命"信仰。在宗周覆灭、姬姓周王室地位一落千丈之后，各国高层人士普遍认为天命已经开始抛弃姬姓周人而另觅新宠，连强势的姬姓郑国君主郑庄公在攻占姜姓许国都城后都哀叹说："上天已经厌弃了周人的德行，我们这些周王室的子孙怎么能跟许国争斗呢"。从姜姓申侯灭宗周、姜姓齐僖公小霸到姜姓齐桓公称霸，在很长一段时间里，越来越多的人认为天命下一个保佑的是姬姓周人最

诸侯无二君，而周无二王。

重要的"合伙人"——姜姓诸族,并逐渐明确为姜姓齐公族。齐桓公正是在这种"天命在齐"观念的怂恿下,在霸业达到巅峰的葵丘之盟时差一点准备要僭越为新王,而管仲也正是用"天命未至"劝住了他。

然而,齐桓公去世后齐国霸业的迅速衰落打碎了"天命在齐"的观点,争霸大戏再度拉开,对于天命所归的猜想也重新激活。宋襄公狂热地相信天命将重新眷顾姬姓周王族的"前任"子姓商王族,从而归于商王族后裔建立的宋国,因为只有子姓商王族曾经达到过与姬姓周王族一样统御天下的地位。当然,这种没有实力支撑的"天命在宋"信仰刚产生几年,就被现实无情地击碎。楚成王很可能相信天命已经彻底抛弃姬姓、姜姓这两个周政权的支柱族群,也绝对没有选择"前任"子姓商王族的余孽宋公族,而是将转移至芈姓楚王族,因为它自春秋初期楚武王称王以来就与姬姓周王族"二王并立",是天命抛弃姬姓周王族和他的合伙人姜姓诸族之后最自然的"新欢"选择。现实中,中原诸侯国一个接一个地归服楚国,楚国在"洗白"为正常国家的路上也走得非常顺利,这足以让楚成王对自己的"天命在楚"信仰越来越有信心。偏居西方的秦穆公积极谋求参与争霸的同时,恐怕也在揣测天命所归,毕竟秦国占据的正是当年周族兴起、发展、并长期号令天下所依据的渭水流域。

就在各国争霸英主都认为天命将垂青于己之时，一个天赋异禀的晋国公子来到了他们的朝堂之上。公子重耳是同姓婚配所生，却身体康健奔走四方；他在外流亡多年，晋国也就内乱多年；他只是一个流亡公子，却有多位相国级俊才一路追随，这些似乎都不能只用常理解释，而更像是上天保佑的征兆。所以郑卿叔詹说"晋公子具备三条，上天或者要建立他成为君主吧"，楚成王说"我听说姬姓封国里面，唐叔虞的后代将是较晚衰落的，这个预言将由晋公子来实现吧！上天将要兴起的，谁能废黜他？违背上天，必定有大错"，可见当时天下不少与公子重耳接触过的贤明君臣有这样一个判断：晋公子受天命护佑，一旦返国即位，必将成为晋国一代明君。然而，稳定局势需要时间，积累执政经验需要时间，修明内政需要时间，整训军队需要时间，楚成王和秦穆公在帮助公子重耳时，都只是认为自己这样做可以为自己的称霸事业"积德""加分"，他们谁也没有严肃地考虑过晋文公会迅速加入争霸的可能性。如果把上天赐予天命比喻成发盒饭，那么楚成王、秦穆公认为自己领到的是"霸主套餐"，而公子重耳领到的是"明主套餐"，而支持明主、匡扶诸侯,本就是霸主该做的事。

然而,晋文公回国后,一年就甩开秦军独自平定周王室内乱,并成功控制周王室和郑国都没有收服的南阳地区,四年后就大举出兵侵曹、伐卫,并在城濮之战中大败楚军。长期以来,在中原国家眼里,晋国是一个游离于中原体系之外、如有新闻几乎都是负面新闻(曲沃代晋、骊姬之乱、韩原战败、父子相残、兄弟相争等等)的国家,而如今却一下子窜升成为实力强大、战无不胜、"尊王攘夷"的负责任大国。我猜测,在很多中原高层人士看来,晋文公这种"一飞冲天"式的成功是很难用常理解释的(因为中原诸侯对晋国的了解非常不准确、不全面),必须归结于天命赐福,或者说,上天发盒饭,晋文公领到的才是"霸主套餐"。这种相信天命"加持"晋文公称霸的观念,可能是促使中原诸侯在战后不再观望、立即集体叛楚服晋的深层心理动因之一:在他们看来,城濮之战不是楚成王称霸之路上的一次不大不小的挫折,而是上天打破沉默、表明自己护佑晋文公称霸的"天启"。谜底最终揭晓了:天命兜了一个大圈子,最后仍然眷顾姬姓周人,只不过它喜新不弃旧,一方面大力支持姬姓晋公族,另一方面还没有完全抛弃姬姓周王族。这也就是为什么周襄王在拒绝晋文公请求天子级别葬礼时要强调说，晋公族还不具备足以取代周王族的德行："皇天无亲，惟德是辅"，德行没到那份上，天命自然也不会完全转移。

那么，中原诸侯忽略了哪些至关重要的信息，以至于对于晋文公的成功感到特别惊诧呢？我认为，首先，中原诸侯只看到了晋国高层动荡不安、负面新闻频出，没有充分注意到处于中原大戏台之外的晋国一直在埋头开疆拓土、发展生产，综合实力已经达到了大国的级别。第二，中原诸侯恐怕只看到了曲沃小宗篡夺大宗君权、晋献公"尽逐群公子"的残酷，却没有充分注意到这一系列离经叛道事件"歪打正着"地促使晋国率先大规模地任人唯贤、崇德赏功，在人才队伍建设方面远远走在了前面。晋公子重耳带出来的这支包括狐偃、赵衰、贾佗等人的高水平从亡者团队，就是晋国人才队伍建设一个很好的"成果展示"。第三，中原诸侯恐怕只听说背信弃义的晋惠公在韩原惨败，被秦穆公生擒回国，却没有充分意识到晋惠公党羽为了救回国君紧急启动的"作爰田""作州兵"新政，极大地提高了国人的积极性，并让晋国率先成为兵源最为充足、扩军备战最快的国家，在军队建设方面又远远走在了前面。这种对晋国发展和实力的战略性低估以及由此造成的对晋国"空降中原"战胜楚国的猝不及防，类似于一战之后欧洲国家对德国发展和实力的战略性低估以及由此造成的对二战初期德国"闪电战"横扫欧洲的猝不及防。

从秩序建立的角度来看,晋文公在城濮之战中取得胜利成为中原霸主,而战败的楚成王又并没有遭受毁灭性打击,也并没有因此放弃称霸的志向,所以,晋文公通过这场"定位之战",不仅是继承了齐桓公创立的中原国际秩序,还与楚成王"联手"开创了一个维持了将近九十年的天下国际新秩序。这个天下国际新秩序有这么几个要点:

第一,它的关键大国是两个霸主,也就是管控河、济地区国际秩序的中原霸主晋国和管控江、淮地区国际秩序的南方霸主楚国。他们所管控的地区加起来,也就构成了当时的"天下"。

第二,它的核心矛盾是晋楚争霸,准确点说是"晋守霸,楚争霸",也就是说,晋国致力于维护自己根据周王正式授权而获得的霸主地位,稳固晋集团的势力范围,而楚国则不断挑战晋国的霸主地位,试图扩大自己的势力范围,将主要诸侯国纳入楚集团之中。

第三,它的主要模式是"各自管控,互相竞争,长期制衡",也就是晋国、楚国分别管控各自势力范围内的国际秩序，并且率领各自管控的诸侯国在南北方向上展开争当天下霸主的争霸竞争（包括外交博弈和战争），而这场争霸竞争的两个对手谁也无法彻底战胜对方，使得天下整体局势长期处于一种"制衡态"。

在这个新秩序建立起来之后，无论是中原还是南方，天下所有的其他诸侯国都要在这个秩序的框架内选边站队，寻找自己的战略定位和生存空间。晋、楚两国的势力范围有一片不小的重叠区域，其中包括郑、陈、蔡、许这几个主要诸侯国。实际上，晋、楚争霸的主要表现形式，就是争夺这几个"骑墙"国家的归属，其中尤以对郑国的争夺最为典型。比如说，从晋灵公十三年（前六〇八年）到晋悼公十二年（前五六二年）的近五十年里，郑国曾六次服从晋国，又六次叛晋服楚。在将近九十年的南北争霸之后，晋、楚两国都深刻意识到谁也无法彻底压服另一方，双方的盟国也都希望休战安民，最终于前五四六年在宋国斡旋下达成全面和解，结束了这场旷日持久的大国角力。

恩威并施控诸侯，建立五军拟天子

与居住在山地的狄人作战需用步兵，前六五〇年前晋国已经建立了左行、右行两支步兵部队。晋文公在中原一战而霸之后，立即着手加强针对晋国周边狄人的军事力量。前六三二年底，晋文公在左、右两行的基础上增加一行，成为左、中、右三行，由荀林父担任中行将，屠击担任右行将，先蔑担任左行将。

前六三一年夏六月，周王卿士王叔文公、鲁僖公、晋卿狐偃、宋卿公孙固、齐卿国庄子、陈卿辕宣仲、秦卿小子憖在王畿翟泉①会盟，重温去年践土之盟达成的协议，而且谋划讨伐仍旧没有完全归服的郑国。

前六三〇年春，晋人入侵郑国，试探其军事实力，说明此时郑国又在晋、楚之间有所摇摆。狄人抓住晋国专注于郑国的时机，在夏天入侵齐国。

卫成公被关押在王城深室期间，晋文公派医衍准备用鸩毒来毒死他。宁武子得到了消息，贿赂医衍，让他下毒时减轻剂量，卫成公就没有死。鲁僖公帮卫成公请命，给周襄王和晋文公都送了十对玉，襄王同意了。秋天，卫成公获释。

《国语·周语中》记载了周襄王反对晋文公杀卫成公的言论：

在温之盟期间，晋人逮捕了卫成公，送到周王城。晋文公请求杀了卫成公，周襄王说："不可以。那政事的施行应从上而下，在上者制定政令，而在

① 翟泉在成周城附近，见地图四。

下者执行它而不背逆,所以上下都能没有怨恨。如今叔父制定了符合礼义的政策却不执行,恐怕不行吧?君臣之间不应该狱讼。如今元咺虽然有理,却不应听取。如果君臣之间都狱讼,那父子也将狱讼,那就没有尊卑上下了。可是叔父却听取元咺的申辩,这是一次背逆了礼义。又要为了臣下而杀了他的君主,那该用什么刑令才恰当?宣布了刑令而不用,这是再次违背了礼义。仅仅一次会合诸侯,就发生两起忤逆礼义的政事,我怕今后再没有会盟诸侯的机会了。不然的话,我又何必偏袒卫侯呢?"晋人于是放还了卫成公。

据《国语·鲁语上》,则鲁卿臧文仲在晋文公毒杀卫成公不成之后,曾劝鲁僖公为卫成公请命:

臧文仲对鲁僖公说:"那卫君大概是无罪的。刑不过五种,没有隐秘毒杀的,隐秘毒杀就是因为有所忌讳。大刑是用甲兵讨伐,其次是用斧钺斩首;中刑是用刀锯断肢或去势,其次是用钻笮刺字;最轻的是鞭打体罚,都是用来威慑民众的。所以大刑在野外执行,中刑、小刑在集市、朝堂执行,五种刑法三个场所,都不是隐蔽地执行的。现在晋人毒杀卫侯不成功,也没有责罚他们派出的使者(指医衍),是有所忌讳而且厌恶担上擅杀诸侯的罪名。倘若有诸侯出面替卫君求情,晋人一定会赦免卫

君臣皆狱,父子将狱,是无上下也。

266

君。臣下听说，'班爵相同的互相体恤，所以能够关系亲近'。诸侯有了患难，其他诸侯去体恤他，这样才能训导民众互相帮助。君主何不替卫君求情，以在诸侯间显示亲近，并且以此感动晋国呢？那晋国刚刚得到诸侯成为霸主，让它也说：'鲁国不背弃它的亲近诸侯，我们也不可以恶劣地待他。'"僖公很高兴，送了二十对玉送给周王和晋侯，才促成晋人赦免了卫侯。

夫诸侯之患，诸侯恤之，所以训民也。

晋文公试图暗杀卫成公，其本心是要绕过持反对意见的周襄王、执行"国际法庭审判"的判决，除掉这个猜忌心重、反复无常的君主，从某种意义上可以说是想要为卫国除害。然而他的这种暗地里下毒的阴狠做法，又成了孔子批评他"诡诈不正派"的有力证据。如果说齐桓霸业是令诸侯感戴的"冬日暖阳"，那么晋文霸业就更加像是令诸侯敬惧的"盛夏烈日"。

应该说，晋文公对卫成公的看法还是很准确的。卫成公获释后，马上派人贿赂周歂、冶廑，说："如果能接纳我当国君，我让你们当卿。"周歂、冶廑杀了元咺、公子瑕和公子瑕亲弟弟。卫成公进入国都之后，祭祀先君。周歂、冶廑已经穿好礼服，准备在太庙接受任命。周歂先进入太庙，到了门口，暴病倒地而死。冶廑决定推辞不接受卿位。

九月十日，晋文公、秦穆公包围郑都，讨伐郑国仍然与楚国联络，而且先前晋文公流亡经过郑国时没有受到礼遇。晋军驻扎在函陵，秦军驻扎在氾南①。

　　郑大夫佚之狐对郑文公说："国家危急了，如果让烛之武见到秦君，秦军必定会退兵。"郑文公听从了他的意见，请来烛之武。烛之武推辞说："老臣壮年的时候都比不上别人，所以没有被君主注意到；如今老了，无能为力了。"郑文公说："我没能早点任用您，如今着急了求您，是寡人的罪过。然而郑国要是灭亡了，您也不利啊。"烛之武答应了。

　　晚上，烛之武借助绳索下到城外，见到秦穆公，说：

　　"秦国、晋国包围郑国，郑国已经知道要灭亡了。如果灭亡郑国对君主有利，谨敢劳烦贵国执事去执行。

　　"越过其它国家（指晋），而将远方的土地（指郑）收纳为自己的边疆地区，君主知道它的难度。为什么要用灭亡郑国来增加邻国（指晋）的土地？邻国变厚，君主就变薄了。如果赦免郑国，让郑国作为秦国在东道的主人，这样的话，秦国使者往来于秦国和中原，经过郑国时，郑国将供给照顾使者的缺乏和困难，这对君主也实在没有什么坏处。

① 函陵、氾南见地图三。

268

"而且君主曾经被晋君(指晋惠公)'赐予'过。晋君许诺割让给君主焦邑、瑕邑①,可他早晨渡过河水,晚上就开始竖立筑墙板修城墙以防御秦国,君主是知道的。那晋国哪会满足?如果秦国攻灭郑国,郑国最终必然被临近的晋国吞并,这样的话晋国在东边将郑国纳入封疆之后,如果又向开拓它的西部边疆,不缺损秦国,将从哪里取得?缺损秦国以使晋国得利,请君主图谋一下。"

本来已经与晋文公貌合神离的秦穆公觉得烛之武这番话很有道理,于是单独与郑人盟誓,留下杞子、逢孙、杨孙戍守郑都,就单方面撤军回国了。

狐偃请求出兵攻打秦国以表示抗议。晋文公说:"不可以。没有那个人(秦穆公)的助力我到不了今天。先前依靠那个人的力量才得到政权,如今却要损害他,不仁;失去这个我们亲近的国家(指秦),不智;用交战的动乱代替合作的齐整,不武。我们还是回去吧。"于是晋国也撤军回国。

当初,郑文公驱逐自己的儿子,公子兰出奔到晋国,此次被要求跟着晋文公讨伐郑国,他请求不要参与包围郑都的战役。晋文公答应了他的请求,让他在晋国东部边境待命。晋国撤军后,郑大夫石癸、侯宣多迎回公子兰作为太子,用以向晋国示好求和,晋人答应了。三年后,郑文公去世,公子兰顺

① 焦、瑕见地图三。

269

利继位,就是郑穆公。

此次伐郑,本来是秦穆公协助晋文公教训郑国,没想到秦穆公"喧宾夺主"与郑人单独结盟、留下戍守之人后扬长而去,这明显是在报复前六三五年晋文公丢下等在河水边的秦穆公独自南下、包揽勤王功劳的旧怨。秦穆公的称霸雄心一直没有消退,而晋文公又是刚被周王室任命的中原霸主,"一山不容二虎",秦、晋之间的裂痕越来越扩大,最终在晋文公去世后反目成仇、在殽山兵戎相见。而郑国一方面接受秦人戍守自己的都城,一方面又将流亡晋国的公子兰接回国立为太子,小国试图两头讨好的情状跃然纸上。

这年冬天,鲁卿东门襄仲前往王城、回报王室卿士周公阅对鲁国的访问,然后就前往霸主晋国访问。这次访问期间,晋人告知鲁国,来年将举行专门会议,确定如何分配晋国从曹国获取的土地给毗邻的诸侯国。

前六二九年春,鲁国派臧文仲前去参会。据《国语·鲁语上》的记载,臧文仲途中住在重地的馆舍。一位馆舍工作人员对他说:"晋国刚刚称霸,想巩固诸侯对它的拥戴,所以划分有罪曹国的土地赐给诸侯。诸侯无不希望分到土地,因而想亲近晋国,都想抢先;晋国未必按照诸侯固有的班次来分配,而必定亲近先去的诸侯让他们多分土地,您不可以不火速前去。鲁国的班爵本来就排在前面,如果又能抢先到达,诸侯谁还敢期望与鲁国相比？倘若您稍稍歇息,恐怕就来不及了。"

臧文仲听从了馆舍工作人员的建议,结果鲁国获得的土地在诸侯中是最多的。回来复命后,他为馆舍工作人员请功说:"分得土地这么多,是重地馆舍工作人员的功劳啊。我听说:'一个人的善行彰显,即使身份低贱,也应奖赏;一个人的恶行露出端倪,即使地位高贵,也应惩罚。'现在由于他的一句话而开辟了疆土,功劳的彰显很大了,请君主奖赏他。"僖公于是提拔这个馆舍工作人员,赐给他爵位。

善有章,虽贱,赏也;恶有衅,虽贵,罚也。

晋文公将曹国土地以"先到多得"的方式分给亲附诸侯,其实是把他在晋国内部通过大规模封赏土地来调动卿大夫积极性的成功做法运用到了国际层面。如果对比一下春秋初期鲁国、郑国之间为了交换许田和祊邑这两小块"飞地"所花费的周折,我们可以清晰地体会到周王室的权威是如何从当时的衰弱走到了今天的丧失殆尽。

这年秋天,晋国在晋地清原①举行大阅兵,再次调整军队建制,废除先前建立的左、中、右三行,成立中、上、下、新上、新下五军。废除三行,并不意味着从此以后不再与戎狄作战,而很可能是晋人通过

① 清原见地图三。

271

战争实践发现，与戎狄作战的需求通过临时从"军"中抽调士兵组成步兵部队即可，不需要保有专门的、只能与戎狄作战的"行"。与三军三行相比，五军虽然在建制数上有所减少，但是"军"是装备战车的重装部队，是管控中原国际秩序、与南方楚国争霸必须的武装力量，因此晋军从三军到五军，整体的装备水平和服务霸政战略目标的能力无疑得到了大幅度的提升。天子六军，而晋文公此时已拥有五军，他与周王仅一步之遥的强势霸主格局显露无遗。此时晋军帅佐/正卿依次为：

一、中军帅先轸

二、中军佐郤溱

三、上军帅先且居

四、上军佐狐偃

五、下军帅栾枝

六、下军佐胥臣

七、新上军帅赵衰

八、新上军佐箕郑

九、新下军帅胥婴

十、新下军佐先都

这里我们可以简单回顾一下晋国军队规模扩张和建制变更的历程：前六七八年，曲沃武公以一军为晋侯。前六六一年晋献公建立上、下二军。前六五〇年晋惠公即位时，晋已有上、下二军及左、右二行。前六三三年晋文公建立中、上、下三军（左、右二行是否并存未知）。前六三二年，晋文公在上、中、下三军之外又建立左、中、右三行。本年，晋文公废三行，建立中、上、下、新上、新下五军。

实际上，如果我们只看重装战车部队"军"的话，对于晋文公统治时期的扩军速度会有更清楚的认识。晋国从一军起家（晋武公），十七年后扩张至二军（晋献公），又二十八年后扩张至三军（晋文公），又四年后扩张至五军（晋文公），很明显可以看出，晋文公的扩军速度远远超过了他的前任。前六三六年上台后，晋文公用了短短七年时间，将晋国战车部队的规模扩大到原来的 2.5 倍（5/2）。他之所以能够做到这一点，一方面应该是充分挖掘晋惠公开创的"州兵"制度的潜力，大规模向野人征兵、征军需物资，另一方面应该是发动了一场制造战车、打造兵器、繁育/购买战马的"大跃进"运动。面对着晋文公扩军的惊人数据，我们几乎可以在脑海里重现当时晋都内战车和兵器作坊里热火朝天的赶工场面。

此时狄人对中原又发起了新一轮的攻势，冬天，狄人包围了卫国都城楚丘①。十二月，卫国再次迁都到更加靠近中原的帝丘②。

① 楚丘见地图四"卫3"。
② 帝丘见地图四"卫4"。

晋国霸业的巩固

殽之战大败秦国

前六二八年冬十二月九日，晋文公去世。同年，郑文公也去世。戍守郑都的秦大夫杞子派人回到秦国报告说："郑人让我掌管他们国都北门的管钥，如果偷偷地派军队过来，国都是可以夺得的。"

秦穆公想要抓住晋文公及郑文公去世、两国服丧，郑国又有秦人内应的绝佳机会放手一搏，实现自己东进中原争霸的梦想。他向老臣蹇叔询问意见。蹇叔说："劳动军队奔袭远方，从来没有听说过这样的战法。军队劳顿力气枯竭，远方的君主还有防备，恐怕是不可以吧！我军的所作所为，郑国一定会知道。军队奔波而没有用武之地，一定会产生悖乱的念头。而且千里远征，周边其他国家谁会不知道？"

秦穆公没有接受他的意见，召集了孟明视、西乞术、白乙丙，要求他们集结军队，从东门出征偷袭郑国。蹇叔出来送行，老泪纵横地对孟明视说："孟子！我看到军队出东门，看不到它再进入了！"秦穆公派人斥责蹇叔说："你知道什么？等到孟子好好地活到六七十岁时,你已经死了很多年,坟头上的树早已有两手合拱那么粗了!"

蹇叔的儿子也在军中,他哭着送儿子,说:"晋人一定会在殽山地区抵御我军。殽山地区有两座山陵,南陵有夏后皋(夏王之一)的墓,北陵有当年周文王躲避风雨的地方。你必定会死在这两座山陵之间,我就到那里收你的尸骨了!"据《公羊传》的记载,百里奚(孟明视的父亲)和蹇叔都跟着自己的儿子哭泣。秦穆公很生气,说:"你们为什么哭我的军队!"两位老臣回答说:"臣下不敢哭君主的军队,只是哭臣下的儿子。"

秦军于是沿着宗周—成周道向东进军,平安地穿过晋国南部的函谷-殽山地区(晋国于前六五五年灭虢国之后控制这一地区,详见页55)①。

前六二七年春,秦军经过周王城北门,车左、车右两名士兵脱去头盔,跳下车向周王致敬,然后又从后面飞身跃上战车,显示他们的勇武。周大夫王孙满在城头看到之后,对周襄王说:"秦军轻率而且不守军礼,一定会失败。轻率就会缺少谋划,不守军礼就会散漫。进入险地而散漫,又不能谋划,能够不失败吗?"

秦军经过王城之后继续向东行进,到达了滑国②。郑商人弦高前往周王畿做生意,途中遇上了

轻则寡谋,无礼则脱。入险而脱,又不能谋,能无败乎?(《左传·僖公三十三年》)

① 相关周道参见地图七。
② 滑见地图四"滑2"。

秦军先头部队。弦高马上明白了是怎么回事,赶紧从自己贩卖的货物里挑选了四张熟牛皮、十二头牛,假托郑穆公的名义来犒赏秦军,说:"我国君主听闻您将行军经过敝国,谨敢犒劳您的随从。敝国物产虽不丰厚,因为您的随从可能要在此久留,您住下一天敝国就提供一天的生活物资,您行军一天敝国就提供一晚的警卫。"

弦高一面拖延秦军的时间,一面通知驿站派快车向刚即位的郑穆公报信。郑穆公接到消息后,马上派人探察杞子等人下榻的客馆,发现秦人已经在捆扎物品、磨砺兵器、饲喂战马了。郑穆公派皇武子前往告谕,说:"各位在敝国待了很久了,我们这里待客的肉脯、干粮、牲口都用尽了,认为各位应该要动身自己找吃的了。郑国有原圃泽,就像秦国有具圃泽一样。各位捕取那里的麋鹿,让敝国喘口气,怎么样?"

杞子知道事情已经败露,出逃到齐国,逢孙、杨孙出奔到宋国。消息传到秦军那里,主帅孟明视说:"郑国已经有防备了,不能指望偷袭成功了。攻城打不下来,包围又没有后援,我们还是回去吧。"于是秦军攻入滑国都城充作军功,然后掉头向西回国。

晋国得知秦军无功而返的消息,先轸说:"秦国违背蹇叔的劝告,而因为贪婪折腾民众,这是上天奉送我国良机。上天的奉送不可错失，敌人不可放纵。放纵敌人，生患；违背上天，不祥。一定要讨伐秦军！"栾枝说："还没报答秦国的施恩，却讨伐它的军队，这是蔑视死去的、感恩秦国的先君吗？"先轸说："秦国不哀悼我国的丧事，而讨伐我国的同姓宗亲郑国，秦国就是无礼，还管什么当年的施恩？我听说，"一天放纵敌人，就会带来数世的祸患"。谋划延及子孙，这能说是蔑视死去的先君吗？"

奉不可失，敌不可纵。纵敌，患生；违天，不祥。（《左传·僖公三十三年》）

晋国高层决定采纳先轸的意见，于是立刻征召散居在附近山区的姜戎共同作战。服丧中的晋襄公穿着染黑的丧服出征①，梁弘驾车，莱驹担任车右。夏四月十三日，晋人与姜戎联军在殽山地区大败秦军，抓获孟明视、西乞术、白乙丙回国。大胜之后，晋人就穿着染黑的丧服安葬文公。

在殽之战六十八年之后的前五五九年，当时晋集团的成员国出现了离心离德的趋势，晋国执政范宣子认为这是因为姜戎向诸侯泄露了晋国机密，于是准备在一次诸侯会盟前逮捕前来参加的姜戎君长驹支。在抓人之前，范宣子亲自在朝堂上数落他说："过来！姜戎氏！当年秦人在瓜州逼迫驱逐你的祖先吾离，你的祖先吾离身披蓑衣、头戴草帽前来归附我们先君。我们先君惠公有并不丰厚的土田，与你们分享，让你们靠它吃饭。如今诸侯事奉

① 戎服为黑色，晋襄公此时居丧，服白色丧服，不适合出征，因此将其染黑。

我国君主不如以前，大概是因为说话泄露机密，应当是由于你的缘故。明天早晨的会盟大事，你不准参加！如果你一定要参加，就把你抓起来！"驹支对答说：

"昔日秦人仗着他们人多，贪求土地，驱逐我们各部戎人。惠公显示了他的大德，认为我们各部戎人是太岳的远代子孙，不可以剪除抛弃。惠公赐给我们晋国南部边境的土田，是狐狸出没、豺狼嗥叫的蛮荒地方。我们各部戎人砍掉荆棘，驱除狐狸豺狼，作为先君不侵犯不背叛的臣下，直到今天没有二心。

"昔日晋文公和秦国讨伐郑国，秦人偷偷地和郑国结盟，并在郑国安排了戍守，因此有了殽山战役。晋国在上边抵御，戎人在下边对抗，秦国的军队没能回国，实在是我们各部戎人让他们这样的。拿捕鹿打比方，晋人在前面抓住它的角，各部戎人在后面拖住他的腿，与晋人齐心协力让它仆倒。戎人凭什么不能免于罪责呢？从那时以来，晋国的多场战役，我各部戎人一个接一个不失时机地参加，以追随晋国执政，如同殽山战役一样，又怎敢违背？

"如今晋国各级官员工作上恐怕实在是有阙失，因而使诸侯离心离德，不自我反省改正，却来责备我们各部戎人！我各部戎人饮食衣服与华夏不同,财礼不相往来,言语不通,能够做什么恶事呢?不参加会盟,也没什么可发愁的!"

驹支还朗诵了《青蝇》这首诗讽喻范宣子:

《诗经·小雅·青蝇》
营营青蝇,止于樊。
岂弟君子,无信谗言。

营营青蝇,止于棘。
谗人罔极,交乱四国。

营营青蝇,止于榛。
谗人罔极,构我二人。

苍蝇嗡嗡飞舞,篱笆边沿稍停。
平易近人君子,害人谗言莫听。

苍蝇嗡嗡飞舞,棘篱枝上稍停。
恶人谗言无边,搅乱邻国安宁。

苍蝇嗡嗡飞舞,榛篱枝上稍停。
恶人谗言无边,离间多年交情。

范宣子赶紧道歉,并让驹支参与会盟。

从范宣子和戎子驹支的对话可以看出以下几点:

第一,殽之战的大概情形是:在殽山地区的宗周—成周道上,晋襄公率领的晋军战车部队在前面迎击班师回国的秦军,而姜戎诸部的步兵则从山上杀下,从后面堵住秦军。晋人、姜戎前后夹击,秦军大败,三帅被俘。

第二,姜戎和陆浑戎一样,在秦穆公/晋惠公时期被秦人驱逐出瓜州。只不过陆浑戎迁徙到了伊水、雒水流域,而姜戎则迁徙到了晋国南部边境土地,在名义上成了晋国附庸。在殽之战成功联手之后,晋国和姜戎之间形成了一种长期稳固的战略合作关系:晋国允许姜戎在自己的南部边境地区居住,享受中原霸主这把"保护伞"的荫庇;姜戎则协助晋国扼守沟通渭河平原和中原腹地的殽函地区,并作为附庸势力参与晋国的对外战争。由于和晋国的长期沟通交流,以戎子驹支为代表的戎人高层已经熟习华夏礼乐文化,包括在外交场合赋诗的礼节。

第三,霸政的主要任务之一是"攘夷",然而在实际的国际政治博弈中,霸主晋国一面与"南蛮"楚国争衡、并向北、向东夺取戎狄居地开疆拓土;一面又与处于晋南战略要冲的姜戎、陆浑戎等部族密切合作，先后取得城濮之战、殽之战的胜利。可见，晋国对于戎狄蛮夷的态度，完全取决于自身发展和维护霸业的实际考量，而并不被所谓"攘夷"的理念所束缚。

晋文公夫人、晋襄公嫡母、秦女文嬴为被抓获的秦国三帅请命，说："就是他们这几个人挑拨离间我们两国君主怂恿秦穆公出兵偷袭郑国，秦国君主如果能得到他们，吃他们的肉还嫌不满足，君主何必要屈尊去处罚他们呢？让他们回去在秦国接受诛戮，使秦国君主快意，如何？"晋襄公答应了。

先轸次日早朝，询问秦国囚犯的情况。晋襄公说："先君夫人为他们请命，我已经把他们放了。"先轸大怒，说："武夫费尽力气在战场上抓住了他们，妇人花言巧语却让他们在国都内得到赦免。丢掉了战利品而助长了敌人的仇恨，灭亡没有几天了！"不转头就当着晋襄公的面往地上吐了一口唾沫。

武夫力而拘诸原，妇人暂而免诸国。堕军实而长寇仇，亡无日矣！《左传·僖公三十三年》）

晋襄公赶紧派阳处父去追赶，在河水岸边追上了，可是这时三人已经上船离开岸边了。阳处父解下马车左边的骖马，以国君的名义赠与孟明视，请孟明视上岸领赏，实际上是希望趁机捉拿他。孟明视没有上当，他在船上行稽首大礼说："承蒙君主的恩惠，不把我这个被捆起来的臣下杀了祭奠新军鼓,使我能回到秦国接受诛戮。我国君主如果诛戮我,我死而不朽。如果承蒙君主的恩惠得以免除死刑,三年后将拜谢君主的恩赐。"

秦穆公身着凶服,住在国都郊外,向着回国的败军哭泣,说:"我违背了蹇叔的告诫,让诸位大夫受辱,是我的罪过。"他没有撤掉孟明视的职务,说:"是我的罪过,大夫有什么罪?而且我不会因为一次过错而掩盖大德。"

在军队入城之后,他朝堂上的大夫和左右近侍都说:"这次失败是孟明视的罪过,一定要杀了他。"秦穆公第三次说:"是我的罪过。周大夫芮良夫的诗[1]这样说:"大风迅猛摧毁一切,贪婪之人败坏法度。听人说话便要插嘴,听到诵读经典就昏昏欲睡。不能任用有才能的人,反而使我与道义相悖。"这是因为贪婪的缘故,说的就是我啊。我由于贪婪而使夫子受祸,夫子有什么罪过?"

前六三五年秦、晋讨伐都国时,楚申公斗克战败被俘,后来被囚禁在秦国。本年秦穆公在殽山战败后,马上释放了斗克,让他回到楚国传递消息,最终促成了两国化解先前交战的仇怨,结成了共同反对晋国的同盟。从这以后,楚、秦同盟一直稳固,共同对付晋国的结盟目标也一直没有改变,直到前五四六年晋、楚全面和解前夕,楚人、秦人还曾联手入

大风有隧,贪人败类。听言则对,诵言如醉。匪用其良,覆俾我悖。(《左传·文公元年》)

① 见于今本《诗经·大雅·桑柔》。

282

侵吴国、郑国这两个晋国的盟国。

前六二五年春，孟明视率军讨伐晋国，再次被晋人击败，晋人嘲笑秦军是"拜谢恩赐的军队"。在此之后，秦穆公仍然重用孟明视，在他的主导下修明国政，大力施惠给民众。赵衰对诸位大夫说："秦军再来，一定要避开。秦人忧惧而增修美德，这是不可抵挡的。诗说'怀念你的祖宗，修明他的美德'，孟明可说是敬念这两句话了。敬念美德而不懈怠，难道可以抵挡吗？"同年冬天，晋卿先且居、宋卿公子成、陈卿辕选、郑卿公子归生率军讨伐秦国，夺取了汪和彭衙①，以报复秦国的入侵。

前六二四年夏，秦穆公亲自率军讨伐晋国，向东渡过河水进入晋国境内后，秦军烧了舟船表示有进无退的决心，夺取了王官和郊两地。晋人如同赵衰所建议的那样，避其锋芒，坚守不出。秦军从茅津②向南渡过河水，来到殽山，封土纪念战死的秦人，然后班师回国。在晋国的"配合"下，秦穆公取得了足以向国人宣扬的战绩，洗刷了殽之战以来的败绩之耻。

秦穆公也意识到，在晋国内政稳定、霸业昌盛、控制殽函天险的形势下，自己有生之年争霸中原已无希望。他打消了东进的念头，在孟明视、由余等贤臣的辅佐下，修明内政，主动出击讨伐戎狄，在河

惧而增德，不可当也。
毋念尔祖，聿修厥德。（《左传·文公二年》）

① 汪、彭衙见地图三。
② 茅津见地图三小图。

水以西大规模开疆拓土，"遂霸西戎"。到前六二一年秦穆公去世时，晋、楚、齐、秦四大国都已成形，雄踞在中原地区的北、南、东、西四方，它们之间的政治军事博弈主导着天下形势的发展。

从秩序建立的角度看，殽之战的胜利，标志着刚继位的晋襄公没有重蹈齐国霸业止于齐桓公一君的覆辙，扼杀了秦国东进称霸的可能性，稳定了父亲所开创的晋国霸业，从而确立了以晋楚争霸为核心的天下国际新秩序。也许正是因为充分认识到了殽之战对于晋国霸业的重大意义，所以晋人将晋襄公穿黑丧服安葬晋文公的特例变成了国家礼制的一部分，从此在丧礼中用黑色，而不是其他诸侯国通用的白色，以世世代代纪念殽之战的胜利。

这场大战之后，秦、晋之间的原本遮遮掩掩的"暗战"转变成了公开的军事对抗，秦国从此成为长期威胁晋国霸主地位的二号劲敌，并与城濮之战以来确立的头号劲敌楚国结成了反晋同盟，和晋国一直争战到前五四六年弭兵之会前夕。除了楚、秦这两个公开的敌对大国之外，晋国还要时刻提防着齐国这个不安分的同盟大国。正如前五五〇年鲁卿臧武仲所说的那样，齐国对霸主晋国的态度是：晋国安宁强盛时就事奉它，晋国内乱、国势下行时就趁机谋求发展，甚至起兵讨伐晋国。齐庄公前五五

○年讨伐晋国之后,还曾联络楚国寻求援助。

从总体来看,晋国以一国之力,同时应对楚、秦、齐三大国的挑战,综合实力最强,国际地位最高。如果一定要在四大国中选一个天下霸主的话,那也只能是有周王室正式授权、实力最强、地位最高的晋国。

晋国霸业的延续与终结

　　我们说晋国是实力最强的大国,并不意味着他在将近九十年的晋、楚争霸中一直占据上风。从前六三二年城濮之战到前五四六年弭兵之盟期间,晋、楚地位对比不断波动,郑、宋、陈等中间地带国家也在不断调整它们的结盟策略以求自保。如果抛开细节、只看大国决战的话,前五九七年邲[①]之战楚国大败晋国,楚庄王在河水边祭祀先君,郑国、许国[②]前往楚国朝见,之后又在前五九四年迫使宋国与之结盟,楚国霸业大盛;前五八九年鞌[③]之战晋国大败齐国,前五八七年作六军声威复振;前五七五年鄢陵[④]之战晋国大败楚国。也就是说,楚国北上中原争霸的最高峰是楚庄王时期,无怪乎《荀子》《墨子》《史记》都认为楚庄王是继齐桓公、晋文公之后的又一位霸主。然而,楚庄王并没有得到周王室的正式任命,他的霸主声威是完全建立在实力和军功基础上的。

　　在鄢陵之战前,晋卿范文子与郤昭子围绕是否应该出战起了争执。范文子不愿与楚交战,他讲了

① 邲见地图六。
② 许见地图六"许1"。
③ 鞌见地图五。
④ 鄢陵见地图四。

286

这么一番回头看来颇有远见的话："我们先君屡次征战是有原因的：当时秦国、狄人、齐国、楚国都强盛，如果不尽力相争，子孙将会衰弱。如今秦、狄、齐三个强敌已经顺服，真正的敌人只剩下楚国。只有圣明之人能够做到国外、国内都没有祸患。如果不是圣明之人，外部安宁之后必然会有内部的忧患。为何不放过楚国，把它作为使我国警醒的外部恐惧呢？"

惟圣人能外内无患。自非圣人，外宁必有内忧。盍释楚以为外惧乎？（《左传·成公十六年》）

鄢陵之战得胜归来之后，晋厉公下狠手剿灭一门三卿的郤氏，而目睹了晋厉公在朝堂上陈列三郤尸首惨状的卿族栾氏、中行氏又反过来杀了晋厉公。前五七三年晋悼公继位后，致力于缓和公室与卿族之间的矛盾，任用能臣、修明内政，晋国出现短暂的中兴"复霸"景象。前五五八年晋悼公去世，他是最后一位为后人所称道的晋国霸主。晋平公年幼即位，为各大卿族进一步专擅国政提供了契机。前五五〇年，赵、魏、韩、知、范、中行六家联手灭栾氏，六卿把持国政的局面初步形成。

前五四六年晋、楚弭兵之盟后，两国的盟国互相朝见，天下享受了短暂的松弛与和平。然而，前五四〇年，楚令尹王子围杀其君郏敖而即位，就是楚灵王，楚国在他的领导下又开始急速侵略扩张、谋求称霸。前五三八年，晋平公被迫同意强势崛起的楚灵王召集诸侯在楚国申县盟会,等于是同意与楚国分享霸主地位,当时宋、陈、蔡、许①等"中间地带"主要诸侯国都参加了这次盟会。前五三四年,晋国在都城地区筑成规模庞大而奢华的虒祁宫,被迫前去道贺的诸侯回国后对晋国更加离心离德。

前五二九年,就在楚灵王即将攻下徐国时,楚国发生内乱,灵王被逼自杀,楚平王领导下的楚国改弦更张,进入一种"战略收缩"的状态。晋人抓住这次机会重新确立自己的霸主地位,刘献公(王室代表)、晋昭公、宋元公、鲁昭公、卫灵公、郑定公、曹武公、莒著丘公、邾庄公、滕悼公、薛伯、杞平公、小邾穆公在平丘②会面,晋国出动了四千乘兵车,这是晋人召集的最后一次中原诸侯大会。齐国其实也派了代表到场,却不同意参与盟誓,晋大夫叔向严词训斥,齐人被迫答应。叔向发现局势非常不利,说:"诸侯与晋国之间有嫌隙了,不可以不向他们展示军威!"

于是晋人在八月四日整顿军队,五日挂上作战旗帜,用武力恐吓在场诸侯,使他们不敢背叛晋国。晋人又听信邾人、莒人投诉,认定鲁国侵犯这两个毗邻小国有罪,不允许鲁昭公参与盟誓。鲁国不服,向晋人抗辩,晋大夫叔向这样回答:"我国君主有四千乘兵车在会盟现场,即使不按道义行事,也

① 许见地图六"许2"。
② 平丘见地图四。

288

必然是可怕的。何况他还遵循道义，还有谁能抵挡？牛虽然瘦了，压在小猪身上，难道怕小猪不死吗？鲁国对南蒯、子仲发动叛乱的忧虑，难道可以忘记吗？如果晋国执政带领晋国的大军，使用诸侯的军队，靠着邾国、莒国、杞国、鄫国对鲁国的愤怒，声讨鲁国的罪行，利用鲁国内部南蒯、公子憖两大忧患，想要什么得不到？"鲁人惧怕，只得接受晋人的命令。

寡君有甲车四千乘在，虽以无道行之，必可畏也。况其率道，其何敌之有？牛虽瘠，偾于豚上，其畏不死？（《左传·昭公十三年》）

从这次会盟的种种细节我们可以看出，此时晋国的霸业主要依靠其强大的军事实力来维持，已经很像我们今天理解的"霸权主义""横行霸道"，而与齐桓公当年"以德服人"的称霸理念相去甚远了。

在失去了来自楚国的"外部恐惧"后，晋国进一步陷入一种"卿族强盛、国政涣散"的状态：一方面，六卿专注于通过攻占狄土扩大封地、发展私家经济、扩大私家军规模，因此作为一个整体来看的话，晋国疆土仍在不断扩大、实力仍在不断增强；另一方面，国君日渐傀儡化，国政由六卿分割把持，明争暗斗，"晋政多门"的涣散状态日益严重，处理中原国际事务屡次失误，霸业开始走下坡路。此时的晋国的历史使命，实际上已经不是管控天下，而是孕育六个"国中国"，这其中的赵、魏、韩三家最终吞掉范、中行、知三家，破壳而出，成为战国时期的三个大国。

前五〇六年,晋国联合吴国入侵楚国,攻打方城不利(据清华简二《系年》)之后,晋定公在方城以东的召陵会合刘文公(王室代表)、宋景公、鲁定公、蔡昭公①、卫灵公②、陈怀公、郑献公、许男斯③、曹隐公、莒郊公、郯隐公、顿子、胡子、滕顷公、薛襄公、杞悼公④、小邾子、齐卿国惠子,谋划入侵楚国,最终由于内部意见不一致而放弃。这是晋国最后一次试图组织诸侯讨伐楚国。吴国却抓住了这次机会,联合蔡国、唐国、陈国(据清华简二《系年》)、胡国(据清华简二《系年》)讨伐楚国,五战五胜,攻破郢都,楚昭王出逃流亡。从此,晋国的老对头楚国的国势也进入了一个较长的低谷期,无心无力北上争霸了。

前五〇三年,齐景公与郑献公在咸地会盟,又与卫灵公在沙地⑤会盟,拉拢郑、卫两国公开背叛晋国,另组同盟。失去齐、郑、卫这三个中原主要诸侯国,标志着晋国霸业彻底终结。

尾声
霸道、霸政与春秋国际新秩序

四王之王也，树德而济同欲焉。五伯之霸也，勤而抚之，以役王命。

——宾媚人

齐桓晋文霸业总论

通过本书的详细讲述，我们已经可以看得很清楚，春秋前期大国称霸/争霸，其主要目的决不仅仅是谋求本国的强盛，而是为了在王道衰微、王政废弛的现实条件下，谋求建立和维持一个以霸道为经、霸政为纬的国际秩序。

霸道，就是霸主之道；霸政，就是霸主之政。根据《左传》等传世文献的记载，霸主的正式称谓是"侯伯"。周代家国同构，"伯"字源于家中兄弟排行，也就是今天说的"老大""大哥"。所以，"侯伯"说得文雅点就是"诸侯之长"，说得通俗点就是"诸侯的老大""诸侯的大哥"。一般认为，"霸"是"伯"的假借字，《国语·郑语》说"齐庄、僖于是乎小伯"，"小伯"就是"小霸"。

霸主之道，也就是霸主管控国际秩序应遵循的基本原则；霸主之政，也就是霸主管控国际秩序要承担的主要任务。春秋时期的中原霸道/霸政发端于齐僖公、郑庄公"小霸"，发展于齐襄公"小霸"，在齐桓公、晋文公称霸时期基本定型，在晋国长期称霸时期进一步调整变化。我们接下来归纳总结的霸道基本原则和霸政主要任务，主要来自于齐桓公、晋文公这两位春秋前期无争议霸主的霸业实践。不过在此之前，还要再做两点重要的说明：

第一，齐桓公和晋文公的霸政／霸道是有所区别的。具体说来：

齐桓公称霸，从前六七九年诸侯尊奉齐桓公为霸主到前六四三年齐桓公去世，长达三十六年。在此期间，齐桓公领导的齐国独自北上讨伐山戎解救北燕、缓解中原戎患；率领诸侯解救遭受赤狄围攻的卫国、邢国将其安置在齐国西境，解救遭受淮夷侵扰的杞国将其安置在齐国东境，以限制自身开疆拓土为代价"存亡继绝"；率领诸侯南征楚国，适可而止订立召陵之盟，奠定了中原霸业的"攘楚"基调；坚持周代宗法制"父死子继"原则、采取稳健手段平定鲁国内乱，坚持"不易树子"原则、率领诸侯制止周惠王废嫡立庶图谋。然而，齐桓公／管敬仲一死，齐国霸业随即中衰，终春秋之世未能再次称霸。总而言之，齐桓公霸道以"模拟"西周王道政治为指向，是带有一定理想主义色彩的霸道，文胜于武的霸道，付出大过获利的霸道，不可持续的霸道，也是后世儒家最为认可的"正而不谲"的霸道。

晋文公称霸，即使从前六三五年出定襄王到前六二八年晋文公去世，也只有七年。在此期间，晋文公领导的晋国背弃与恩主秦国的约定独自南下中原平定王子带之乱，在胜利之后向周襄王提出要享受天子葬礼的请求，而且得到了南阳地区作为酬劳；组织包括群戎在内的军队在城濮之战大败楚国，确立了晋楚争霸的基本格局，在胜利之后得到周王册命霸主作为酬劳，在此期间一度灭了同姓诸侯曹、卫，组织卫成公-元咺对讼并为臣执君，并命令周襄王到南阳地区狩猎以彰显自己的霸业成就。晋文公去世后，晋襄公联合姜戎在殽之战中击败秦国，从此晋国霸业绵延百年，直到春秋晚期随着晋国内部卿族分裂而告终。总而言之，晋文公霸道以开启南北争霸政治为指向，是带有鲜明现实主义色彩的霸道，武胜于文的霸道，获利与付出相当甚至大于付出的霸道，可持续的霸道，也是后世儒家多有批评的"谲而不正"的霸道。

第二，这套霸道／霸政最为人熟知的两个特征——"尊王""攘夷"并不是楚国这个头号争霸大国所能认同和推崇的。

首先，"尊王"是尊周王，而楚君自熊通称王（楚武王）以来，就一直与周王分庭抗礼，二王并立。对楚成王来说，没成为霸主时一直是王，如果城濮之战打败了晋文公，真成了中原霸主，难道反而要降级成为诸侯,尊奉自己一直蔑视的周王吗？我们已无法得知楚成王对这个问题到底是怎么想的,然而从楚国第二个争霸高峰时期楚庄王派人到周王室去问九鼎轻重的事实来推测,楚国一旦称霸成功,绝不会尊周王,而将取而代之,推行新王道,霸道自然也就退出历史舞台了。

其次,自从齐、楚南北对峙局面形成之后,"攘夷"的最重要内容之一就是"攘楚"。如果楚成王成了中原霸主,他应该会将楚国从"荆蛮"升格为华夏正常国家,而"攘夷"恐怕也会被王道政治中更为大气的"柔服四夷"所取代。当然,历史无法假设,城濮之战楚国战败,晋国接替齐国成为中原霸主,中原霸道/霸政也因此得以存续直至春秋晚期。

一、春秋前期中原霸道的四条基本原则

春秋前期中原霸道的基本原则有四条,即"作伯""怀仁""行义""求同"。

(一)作伯。霸主作伯,也就是在同盟诸侯中"当老大""当大哥"。用一个聚族而居的大家庭做比方,周王是年迈已管不了事的老父亲,霸主是家中张罗公共事务、爱护教训诸弟的长房大哥,其他同盟诸侯则是其他房的诸弟。一方面,诸侯君主要行霸道,自然要有"当老大"的志向和担当,也就是不满于"独善其国",而是想要"兼济天下",担负起

原来由周王室承担的管控责任,提供原来由周王室提供的"公共产品"。因此,称霸是有实力的大国英主才能够承受的"奢侈品",宋襄公就是因为宋国实力不济又要强行称霸,才落得兵败身死的悲惨下场。另一方面,诸侯君主要行霸道,还要有"尊老父"的智慧和气度,清楚地认识到自己还不具备当年周文王、周武王的大功大德,克制住自己想要废周王而代之的欲望,至少在表面上继续谨守诸侯的位分和礼制。因此,称霸是知进退的大国英主才能答好的"考卷",无论是齐桓公还是晋文公,都曾经动过僭越的心思,差点就毁掉了自己霸主的美誉。总而言之,做一个让老父安心、让诸弟归心的好大哥,是霸道的出发点和落脚点。

(二)怀仁。霸主怀仁,不是泛泛的"爱护他人",而是要落实到以具体举措来捍卫华夏诸侯的利益,增进他们的福祉。齐桓公／管仲心忧天下诸侯,北伐山戎、南征楚国、平定鲁乱、拯救卫邢,得到中原诸侯的拥戴和感念,在惠爱诸侯方面为后世霸主树立了一个难以超越的典范,所以不轻易以仁许人的孔子会大力赞扬齐桓霸业"总设计师"管仲的仁德,充满感情地说"如果没有管仲,我们恐怕都会披散头发,衣襟向左边开,沦为夷狄了"(《论语·宪问》)。晋文公在这方面虽然没有达到齐桓公的高度,但在他执政期间,"自己的宫殿矮小,没有可供观望的台榭,用省下的经费扩建诸侯使者居住的馆舍""宾客到了馆舍就像回家一样,哪还有什么灾患"(《左传·襄公三十一年》),也留下了让小国感念的仁德事迹。

(三)行义。霸主行义,不是泛泛的"主持正义",也不是僵化地推行西周时周王室制定并推行的周礼,而是制定和执行一套带有"国际法"性质的国际公约。公约里的国家行为准则和国际关系准则都是根据春秋时期的现实状况和现实问题制定的,具有较大的妥协性和较强的针对性。就拿"阳谷倡议""葵丘公约"里都提到的"不要换掉已经树立为继承人的儿子"来说,一方面,这项属于国内行为准则的规定并不追究这个儿子是否是嫡子、立为继承人的过程是否符合周礼,给各国公室留下了足够的内政操作空间;另一方面,这项规定针对各国废立继承人引发内乱、从而危及国际秩序稳定的现实问题提出禁止性要求,一来试图能防患于未然,二来在果真出现内乱时能为霸主组织的武力干预行动提供国际法依据。

(四)求同。春秋前期中原霸业的核心内容,就是齐桓公建立了霸主管控的中原国际新秩序,而晋文公进一步巩固了这种秩序。不过,我们要注意的是,春秋前期霸主国管控中原诸侯国的模式,并不是"霸主发令,诸侯执行",而是"霸主召集诸侯会盟,达成共识后一起执行",带有很明显的协商求同性质,这也是春秋前期中原霸道的重要原则之一。

参加霸主召集的诸侯会盟的国家,也就是所谓的"列国",常见于传世文献记载的有鲁、卫、宋、郑、陈、蔡、许、曹、邾、莒等国。这些国家在西周晚期至春秋初期也都进行了一定程度的开疆拓土,通过吞并周边小国不同程度扩大了自己的领土,增强了自己的实力。只不过,由于这些国家处在中原腹地,无法通过驱除夷狄来获得大片领土,所以他们的扩张潜力要比晋、楚、齐、秦要小。从实力上说,春秋前期霸主国与这些诸侯国之间的实力差距,远小于西周前期王室与这些诸侯国之间的实力差距,而这种实力层面的现状就奠定了春秋时期霸主国要通过协商求同来管控国际秩序的基本格局。

由于霸主国没有西周时期周王室那样足以管控天下(至少是中原地区)的绝对实力,因此霸主国也没有周王室那样直接号令诸侯的权威。所以,当霸主国需要开展某项外交或军事行动之前,他总要召集列国代表开会商议,主要通过协商求同的方式得到支持,达成某种程度的共识,并且用盟誓的方式来固定这种共识,然后在共识的基础上率领诸侯一起尊王、攘夷、平乱、救患、讨罪。在遇到某个列国表面接受盟誓、但事后又反悔背弃盟誓的情况时，霸主有时不得不多次为同一议题举行诸侯会盟，比如说齐桓公为了使郑国服从齐国，就举行了多次会盟。

通过这种谋求共识的诸侯会盟和后续践行共识的联合行动，中原主要诸侯国结成了一个以霸主为核心的"中原命运共同体"，共同体内的成员国一方面要按照霸主国的倡议和命令承担自己的各项成员义务(例如出兵参与联合军事行动)，一方面享受霸主带领其他成员国为自己提供的各项服务(例如平定本国内乱)。

二、春秋前期中原霸政的八项主要任务

春秋前期中原霸政的主要任务有八项，即"尊王""攘夷""主会""平乱""救患""讨罪""裁决""立约"。

(一)尊王。尊王是处理诸侯和周王的关系，具体说来就是霸主率领同盟诸侯，共同尊奉周王继续担任天下名义上的共主。东迁后的周王室已经如此落魄，强大的齐国、晋国却还要尊奉他，是因为它们的实力、功绩、德望还不足以成为新王者，却足以做周王的代理人。"尊王"不仅是一种政治态度和口号，也体现在许多具体行动上，比如以王室命令

作为重大会盟和讨伐行动的依据,并邀请王室代表参与;迎娶王室女子作为国君夫人;为周王室从各诸侯征收贡赋;带领诸侯戍守王畿、修缮王室城邑等。

在这里特别要指出的是,当"周王不像个周王",也就是现任周王带头违背先王制定的周礼时,霸主有可能会为了维护先王之制而反对现任周王。霸主这样做时,他也是在"尊王",只不过这时他尊的是先王之制而不是现任周王。比如说,前六五五年时,霸主齐桓公召集诸侯在首止会见王太子郑,就是旗帜鲜明地反对周惠王及其王后想要废掉太子而改立受宠少子的图谋,因为这样做违背了先王之制中关于王位继承的基本规定。不过,这种实质性的"尊王"只是在齐桓公时期偶有体现;到了晋国称霸之后,"尊王"基本上已经是霸主偶尔为之的形式主义表演了。

(二)攘夷。攘夷是处理华夏和蛮夷戎狄的关系,具体说来就是霸主独自或组织中原诸侯抵御蛮夷戎狄的入侵,或是主动讨伐戎狄以求从根本上解决问题,可以说是霸主提供的一项以"服务"性质为主的"公共产品"。在春秋早期,中原"攘夷"的重点对象是来自于北方的北戎/山戎和赤狄,以及盘踞在王畿附近伊水、雒水流域的多部戎人。从前七二七年齐桓公率诸侯伐楚开始,中原"攘夷"的重点转变为"攘楚"。虽然在宋襄公兵败身死之后,楚成王领导下的楚国曾有机会"洗白"成为正常国家,然而城濮之战晋国战胜之后,楚国又被打回"荆蛮"原形,而从此"攘夷"也几乎成为了霸主晋国对楚国采取军事行动的说辞。需要指出的是,华夏和蛮夷戎狄的关系并非只有对抗一种选择,比如说,晋国与位于其南部边境的姜戎和位于伊水、雒水流域的陆浑戎就进行了长期的战略合作。

(三)主会。主会是指霸主组织召集诸侯开会(会后常有盟誓仪式),以订立盟约、调解争端、商议重大国际议题、制定联合征伐方案,在集会期间还可能举行阅兵、"国际法庭"审判等活动,可以说是霸主提供的一项兼具"管控"和"服务"性质的"公共产品"。比如说,齐桓公被周王室正式任命为霸主之后召集举行了十次诸侯会盟,会议主题包括攘夷(阳谷之会谋伐楚)、平乱(首止之会谋宁周)、救患(柽之会谋救郑)、立约(葵丘之盟定公约)、寻盟(牡丘之盟寻葵丘之盟);晋文公被正式任命为霸主之后召集举行了三次诸侯会盟,会议主题包括尊王(践土之盟宣誓共奖王室)、讨罪(温之会讨不服、翟泉之会谋伐郑)、裁决(温之会裁决卫国君臣纠纷)、寻盟(翟泉之盟寻践土之盟)。

（四）平乱。平乱是指霸主运用外交、军事手段干预政局失控的诸侯国（含周王室）的内部事务，以求平息政治动乱、恢复政权稳定，可以说是霸主为同盟诸侯提供的一项兼具"管控"和"服务"性质的"公共产品"。诸侯内乱按原因分主要有二类，第一类是君位继承安排出了问题，第二类是君臣关系出了问题，前者比如鲁公子庆父之乱、晋里克之乱等，后者比如宋华父督之乱、卫元咺之乱等。《左传》记载的第一个成功的"平乱"案例，就是"小霸"齐襄公率诸侯平定卫左右公子之乱，使得流亡在外的卫惠公得以归国复位（参见《齐桓篇》页173）。

（五）救患。救患是指霸主独自或组织诸侯救助遭受自然灾害或戎狄荼毒的诸侯国（含周王室），可以说是霸主为同盟诸侯提供的一项以"服务"性质为主的"公共产品"。春秋时期最为人乐道的霸主"救患"案例，应该是齐桓公率领诸侯紧急救援被赤狄围攻的卫国、邢国，并帮助流亡的国人异地复国、重建家园（参见《齐桓篇》页241）。

（六）讨罪。讨罪是指霸主独自或率领诸侯对某同盟诸侯国违反国际公约的行为进行惩罚，可以说是霸主为同盟诸侯提供的一项以"管控"性质为主的"公共产品"。"讨罪"经常与"平乱"交织在一起，因为要想真正平息政治动乱，就必须惩处"乱臣贼子"之罪。不过,自晋、楚争霸格局形成之后,中原霸主晋国最常发动的武力讨罪行动,则是讨伐郑国这个中间地带"二心国"的叛晋服楚之罪。

(七)裁决。裁决是霸主国承担起类似于"国际法庭"的责任,对同盟诸侯提交的国内或国际争端进行审判或仲裁,可以说是霸主提供的一项以"管控"性质为主的"公共产品"。根据传世文献的记载,"霸主国际法庭"第一次行使功能,是温之会期间审理和裁决卫君成公与卫卿元咺之间的纠纷(参见页250)。

(八)立约。立约是指霸主在处理具体国际事务的基础上加强制度建设,以国际公约的形式确立同盟诸侯都要遵守的一系列国家内政准则和国际关系准则,可以说是霸主提供的一项以"管控"性质为主的"公共产品"。霸主为具体议题组织的历次会盟中达成的盟约可以看作是专题性的国际公约,而前六五一年葵丘之盟的盟约则是春秋时期第一个"集大成"的国际公约,标志着齐桓霸业达到巅峰。

三、齐桓晋文霸业的历史地位

自从周人灭商,并通过分封天下诸侯建立起中国历史上第一个大一统政权之后,"平天下"就成为了中国古典政治的顶级大业。当然,从后代大一统政权的角度来看,周人 1.0 版"平天下"的水平是不高的:一方面,周王室能够有效管控的区域向南最多到达淮河,楚国、徐国等南方大国虽然名义上接受周人封号,实际上是与周王并立的王国;另一方面,就算是在周王室能够有效管控的区域,它能够实施的管控也是间接的、间断的、较为粗放的,主要通过诸侯君主定期朝见周王、王室向诸侯国征收岁贡、王室讨伐作乱诸侯国等方式加以实现。

前二二一年秦人灭六国,并通过在天下设立郡县建立起中国历史上第二个大一统政权,再次成就了"平天下"大业。与周人相比,秦人 2.0 版"平天下"的水平有了很大提高:一方面,秦政权能够有效管控的区域北到长城沿线,南到南海之滨,将周人一直想要统一的"南土"完全囊括在内;另一方面,在秦政权能够有效管控的区域,它所实施的管控是直接的、连续的、较为精细的,主要通过中央—郡—县—乡—里—什伍的庞大官僚体系加以实现。

如果我们把春秋前期的齐桓晋文霸业放在从 1.0 版"平天下"大业崩溃(前七七一年)到 2.0 版"平天下"大业成功(前二二一年)这一长达五百五十年的历史进程中来考察的话,可以清楚地看到,齐桓晋文霸业是 2.0 版"平天下"大业的启动阶段。具体说来,齐桓晋文霸业从如下三个方面勾勒了 2.0 版

"平天下"大业的基本框架,规划了春秋后期及战国时期历史发展的基本走向。

第一,齐桓晋文霸业明确回答了诸侯国能不能"平天下"的问题。简而言之,齐国、晋国先后"平中原"的霸业实践表明,诸侯国完全有能力成就"平天下"的顶级大业。

在西周晚期之前,周王室严格控制东土诸侯国的规模,就算是卫、鲁、晋、燕、齐这样的"列国",其疆土面积也不过是"一同"(方百里),根本无法与王畿疆土面积达到"一圻"(方千里)的周王室相抗衡,这时期的诸侯国是无法想象"平天下"这种专属于周王室的丰功伟业的。

然而,周王室崩溃、"礼乐征伐自天子出"宣告终结之后,各主要诸侯国纷纷抓住顶层管控者缺位的战略机遇期,通过开疆拓土和内政改革迅速壮大自身实力。这些诸侯国中的佼佼者齐国、郑国很快脱颖而出,开始在国际事务中尝试性地扮演先前由周王室扮演的顶层管控者角色。随着时间的推移,"礼乐征伐自诸侯出"逐渐从创新变成常态,最终由齐桓公率先称霸,摘得"平中原"的桂冠。

齐桓公能有效管控的"中原"实际上大概就是西周时周人能有效管控的"天下",而齐桓公管控诸侯国的主要手段是诸侯国君朝见齐桓公、诸侯国君参加齐桓公组织的会盟、齐桓公向诸侯国君征收贡赋、齐桓公征伐不服管控的诸侯国,其实与周王室管控诸侯国的方式也没有本质的不同,虽然前者由于身份的限制,要更加重视协商和共识。实际上,在葵丘之盟期间,齐桓公已经有了僭越周王的欲念,认为自己已经"九合诸侯,一匡天下"。不过,当时南方楚国正在北上进逼中原,已经无法被中原诸侯排除在国际政治主场之外,真实的"天下"已经不得不将南土包括在内。

齐桓霸业的成功,可以说是"诸侯国能够成就'平天下'大业"的"概念验证(proof-of-concept)实验",它在晋、秦、楚、宋等国君主心中都激起了超越本国崛起、在国际舞台上成就更大功业的欲念。可是,齐桓公去世后齐国迅速丧失霸主地位,因此,诸侯国是否能稳定地"平中原"都成为了一个不确定的问题。但是,在中原霸主缺位十一年之后,受到齐桓霸业激励的晋文公不仅再次"平中原",而且开启了晋国长期称霸的序幕,这使得晋国可以开始严肃地设想去夺取并长期治理一个更大的天下。实际上,晋文公刚取得平定周王室内乱的初步胜利、称霸中原还只是个奋斗目标的时候,就已经想要通过要求隧道葬礼的曲折方式僭越周王,这说明,晋文公"平天下"、当新王的欲念比齐桓公还要更强烈。

就在齐国、晋国先后"平中原"的同时,南土大国楚国通过大肆侵略扩张、率先实施中央集权的县制等有力举措,一直在稳步推进"平南土"伟业,而且在南土范围内根本看不到实质性的对手,成功只是时间问题。这个不被中原诸侯所认同、但同时又对自己信心满满的大国在春秋初期就已经通过楚武王称王表明了自己将要"平天下、做新王"的远大志向,后来又在前六〇六年楚庄王问鼎中原时非常明确地将这种志向表达了出来。

到晋襄公殽之战稳定了晋国中原霸业之后,晋国和楚国都已经明确了接下来的总体战略:那就是在各自巩固"平中原"和"平南土"成就的基础上,进一步通过消灭对方来实现比周人更高水平的"平天下",这个"天下"既包括周王室曾经有效管控的中原,也包括楚国所在的南土。如果晋国取胜,那么他将完成"从中原霸主向天下王"的飞跃;如果楚国取胜,那么它将完成"从南土王向天下王"的飞跃。

当然,当晋国和楚国为"平天下"而长期争战的时候,他们怎么也不会想到,秦国,这个曾经在秦穆公时期也曾"不自量力"地想要东进中原参与称霸、却被晋国打得大败而归的国家,也同样怀揣着和晋国、楚国一样远大的"平天下"梦想,并最终将其变为现实。

第二，齐桓晋文霸业初步回答了诸侯国中谁能"平天下"的问题。齐国、晋国先后"平中原"的实践表明，日后最有可能成就 2.0 版"平天下"大业的，应该是位于中原腹地外围的、具有广阔发展空间的大国。

在整个春秋前期，各主要诸侯国都或多或少地通过吞并周边小国来开疆拓土，诸侯国的数量急剧减少。然而，对于中原腹地的鲁、卫、郑、宋等中等国来说，灭了周围一圈小国之后，就已经和其他中等国接壤了，进一步开疆拓土的难度变得很大；而对于位于中原外围的晋、楚、齐、秦四国来说，晋国在北、东两个方向上，秦国在北、西两个方向上，齐国主要在东这个方向上，楚国在西、东、南三个方向上，都没有其他主要诸侯国阻挡，可以通过吞并小国和驱逐夷狄实现大规模的开疆拓土。

两组国家所处的地缘形势如此不同，经过一百多年的发展，到晋文公称霸之时，晋、楚、齐、秦四大国占据中原外围的北、南、东、西四方，包围着鲁、卫、郑、宋、陈、蔡等一系列中等国的格局已经形成。在此之后，主导历史进程的必然是外围四大国，这在当时各国高层人士看来已无悬念。正因为如此，所以前五四六年，晋、楚、齐、秦四大国达成停战协议之后，就直接给其他诸侯发通知，叫它们来参加弭兵之盟，因为一旦四大国敲定了，这件事就成了。

进入战国时期以后，战国七雄之中，除了最晚加入、一直也没有进入主场的燕国，一直身处兼并战争主场的齐、楚、秦、赵、魏、韩六雄全部来自于春秋四大国（其中赵、魏、韩来自于晋国的分裂），而最终统一天下的秦国也来自于春秋四大国。从某种意义上来说，战国时期大国兼并战争的基本形势，其实在春秋前期齐桓晋文霸业之后就已经确定了。

第三，齐桓晋文霸业初步回答了"平天下"是靠"文统"还是"武统"的问题。从晋文公通过两场战争"平中原"开始，战争在"平天下"中的决定性作用不断得到强化，"武统"逐渐成为大国重新统一天下的唯一选项。

西周灭亡是一场发生在关中盆地的局部动乱，基本上没有波及到处在关东地区的各中原诸侯国。中原诸侯国贵族和民众长期享受周王室提供的安全保障，没人愿意陷入、甚至没人能够想象一场像战国时期那样你死我活的兼并战争，他们都渴望在一种与旧秩序类似的、有顶层管控者的、以和平为基调的国际秩序下生存和发展。齐桓公团队抓住了中原各国贵族和民众向往旧日和平的人心所向，在"平中原"的过程中重视采取"文统"的手段，所谓"九合诸侯，不以兵车"（《论语·宪问》），最终以一场完全和平的、"既盟之后，言归于好"的葵丘会盟来宣示中原国际新秩序的建立。

然而，齐国的接班者是一直在太行山以北凭借武力侵略扩张、为保政权稳定不惜杀尽亲人、尚武精神十分突出的晋国。在晋献公大举攻灭小国、晋惠公"作州兵"实行全民皆兵的基础上，晋文公在即位之后立即建立起一套"先军政治"色彩浓厚的军卿领导体制，同时全力扩军备战。晋文公之所以能够在四年时间内"平中原"，很重要的原因是，他采取的手段是成败分明、高下立见的战争：先是前六三五年第一次率军南下平定周王室内乱，向中原各国显示晋国的威力；然后在前六三二年再次率军南下侵曹、伐卫，最终在城濮之战中大败楚国，赢得周王室和中原主要诸侯国的一致拥戴，成就"平中原"的伟业。

晋楚城濮之战不仅是晋文公的"平中原"之战，也是晋楚两国为"平天下"而展开争夺的第一战。不过，在将近一百年的争霸战争中，晋楚双方势均力敌，最终晋国走向分裂，没能完成"从中原霸主向天下王"的飞跃；楚国也走向中衰，没能完成"从南土王向天下王"的飞跃。进入战国时期之后，七大国在春秋时期晋楚百年争霸战争的基础上，以决绝的态度展开了史无前例的大规模兼并战争，最终由春秋时国力较弱、战国时改革又较迟的秦国成就2.0版"平天下"顶级大业。

春秋霸主的制度溯源

西伯昌由伯而王的历程

侯伯/霸主是春秋时期特有的政治现象,然而它的渊源,则可以从商朝晚期的"方伯"(一方诸侯之长)说起。

《诗经·鲁颂·閟宫》追述周人发展史时说:"后稷的子孙,就是这位太王。住在岐山以南,开始削弱殷商。""太王"是建立王朝后的周人为先君古公亶父追加的尊号。自从古公亶父带领周人离开豳地、迁至岐山南面的周原定居之后,周国进入了一个快速发展的阶段。古公亶父去世后,继任的周君季历开始大举攻伐戎人、开疆拓土。据古本《竹书》记载:

后稷之孙,实维大王。居岐之阳,实始翦商。

商王武乙三十四年,周王季历①来朝,武乙赐地三十里,玉十毂,马八匹。

武乙三十五年,周王季讨伐西落鬼戎,俘虏了二十个翟王。

太丁(应为"文丁")二年,周人讨伐燕京之戎,

① 季历并未称王,"周王"为后世作者所加。

313

周师大败。

太丁（应为"文丁"）四年，周人讨伐余无之戎，战胜了它。周王季被商王任命为殷牧师。

文丁任命季历为"牧师"，一方面是承认周国的西土强国地位，另一方面也是希望能利用周国加强对西土诸侯的管控。然而，季历似乎并无意为商王室镇守西土、牧养民众，而是充分利用这个职位带来的特权，加紧攻伐戎人，扩大地盘。据古本《竹书》记载：

太丁（应为"文丁"）七年，周人讨伐始呼之戎，战胜了它。

太丁（应为"文丁"）十一年，周人讨伐翳徒之戎，抓获了戎人的三位大夫。

周人的大肆扩张使商王室忍无可忍，终于导致了"文丁杀季历"（据古本《竹书》）的恶性事件，季历的"牧师"地位应该也被剥夺了。继位的周君是季历的儿子昌，也就是我们熟知的周文王。关于他的事迹，《史记·周本纪》里有如下记载：

西伯曰文王，遵后稷、公刘之业，则古公、公季之法，笃仁，敬老，慈少。礼下贤者，日中不暇食以待士，士以此多归之。

公季死后，他的儿子昌即位，就是日后的西伯。西伯就是文王，他遵奉后稷、公刘的事业，严守古公、公季的法则，笃行仁义，尊敬长者，慈爱幼小。他能屈节礼遇贤人，为了接待士人忙到中午还顾不上吃饭，贤士因此纷纷投奔他。伯夷、叔齐在孤竹

314

国,听说西伯善于敬养老人,就一起投奔了他。太颠、闳夭、散宜生、鬻子、辛甲大夫等人也都去投奔他。

崇侯虎向商纣进西伯的谗言说:"西伯积善累德,诸侯都向往他,将不利于王。"纣于是把西伯囚禁在羑里。闳夭等人很担心,于是搜求有莘氏的美女,骊戎的彩色骏马,有熊氏的九套驾车马,以及其他种种奇珍异宝,通过纣的宠臣费仲进献给他。纣大喜,说:"有这里面的一件东西就足以让我释放西伯,何况还有其他许多呢!"于是就赦免了西伯,还赐给他弓箭斧钺,使西伯有权征伐周边诸侯,宣告说:"说西伯坏话的人,是崇侯虎。"西伯于是把洛水以西的土地献给商纣,而请纣废去炮烙之刑。纣答应了他。

西伯暗自行善,诸侯都来请他裁决是非。当时虞、芮两国之人有讼事不能裁决,于是前往周国。他们进入周国疆界后,看到耕种的农夫都互让田界,民俗都谦让长者。虞、芮两国的人还没见到西伯,都觉得惭愧,相互说:"我们所争的,正是周人所耻的。还去干什么,只是自取羞辱罢了!"于是返回,互相谦让而去。诸侯听说此事,议论说:"西伯应该是领受上天之命的君主。"

次年,西伯讨伐犬戎。又次年,西伯讨伐密须。

又次年,西伯打败耆(即黎)。殷臣祖伊听说后,害怕了,把情况报告给纣。纣说:"不是有天命助我吗?他能怎么样?"又次年,西伯攻伐邘。又次年,西伯攻伐崇侯虎,并开始营建丰邑①,从岐山下迁都到丰邑。又次年,西伯去世,太子发即位,就是武王。

西伯大概在位五十年。在他被囚禁在羑里期间,也许曾把《易》的八卦增益为六十四卦。从《诗》的作者对西伯的称颂看,西伯大概是在宣称承受天命那一年称王,裁决虞、芮两国纠纷。十年后去世,谥为文王。从此修改法度,制定正朔,追称古公为太王,公季为王季,这恐怕是因为称王的祥瑞是从太王开始的。

上博简第二辑《容成氏》的记载如下:

纣不遵循先王之道,自己想怎么做就怎么做。于是建造了九层的高台,并且对民众实行炮烙之刑:将炭火盆放在下面,在上面搭起圆木,使民众踏在上面走,能通过者就过,如果不幸失足,将会坠入火盆中而烧死。民众不服从命令的,就用桎梏铐起来,于是制作了三千个铜制桎梏。制作好铜桎梏之后,又建造了酒池,沉湎酒中,彻夜宣淫,不听国家政事。

这时西方九国群起叛变:丰、镐、舟、鼍、于、鹿、

① 丰见地图一。

316

黎、崇、密须氏。囚禁在夏台的文王得知后说："即使君上无道，臣下怎敢不服事呢？即使父亲无道，儿子怎敢不服事呢？有哪个天子可以背叛呢？"纣听到了，便将文王从夏台之下释放，并问他说："九国可以来归服吗？"文王说："可以。"

文王于是带缟冠，穿素衣、素屦、素裳等凶礼之服巡行九国，七国前来归服，只有丰、镐不服。文王于是兴兵前往丰、镐，击鼓三声然后前进，击鼓三声然后退兵，然后说："我所知道的大多是令人哀怜之事：君王一人无道，百姓有什么罪呢？"丰、镐的民众听到文王的话，便向文王投降了。文王遵循古老的历法来教授民众农时，地形高低、土地肥瘠的利害民众都知晓了，使民众知晓天道，知晓地利，使民众不疾苦。以前文王辅佐纣时就是这样的情形。

一九七七年，在岐山周原宫殿基址的窖穴中出土了成批的有字甲骨，其中的两片甲骨上出现了"典醹周方伯""醹周方伯"的文字，有学者认为这正印证了商王册命周君昌为"西伯"（西方诸侯之长）的史事[1]。除了"周方伯"，甲骨卜辞中还出现过"盂方伯""夷方伯"，应该也是其他商王畿外其他地区的诸侯之长[2]。

清华简第一辑《程寤》篇详细记载了西伯昌及太子发受命于天的细节：

① 参见常耀华：《是商卜辞，还是周卜辞？——关于周原 H:11 四片字甲的性质》，《中国社会科学院研究生院学报》2002 年第 1 期；曹定云：《周原甲骨"二王"同猎与"文王囚羑里"——兼论周原卜辞族属》，《甲骨文与殷商史》第 3 辑，
② 参见王坤鹏：《由伯而王：论周代政治秩序的建立》，《石家庄学院学报》2013 年第 5 期。

在王元年正月既生霸这一天，文王夫人、太子发母亲太姒梦见商朝王廷长满了荆棘，居然小子发取了周廷的梓树种在商廷荆棘之间，化为松柏棫柞。太姒从梦中惊醒，把梦告诉文王。文王不敢占卜，于是召唤太子发，命令灵巫总负责蔽志，祝祈为文王蔽志，巫率为太姒蔽志，宗丁为太子发蔽志，以币帛告于宗庙社稷，向天地四方山川祈祷，向商人的神祇攻解，望承在明堂占卜，结果为吉梦，文王及太子发一起拜谢吉梦，从皇天上帝那里领受本来属于商的天命，然后站起来，说：

"发！你要恭敬地听吉梦。殷商朋比荆棘（比喻奸佞小人），仇视梓松（比喻周），梓松柏育生了柞棫（比喻周能招致贤人），柞木化为丹臒保护梓松（比喻贤人可以保护周）。

何警非朋？何戒非商？何用非树？

"呜呼！要警惕什么，不是朋比的小人吗？要戒惧什么，不是殷商吗？要用什么呢，不是树木（比喻人才）吗？用树木（人才）要依据我们的愿望要求，但不能违背树木（人才）的本质。违背本质，就好像上天降下恶疾，人违背自然规律，吃多了有害健康的甘美食物，因此不可救药，死亡之时不远了（比喻殷纣宠信奸佞，不可救药）。

唯商戚在周，周戚在商。择用周，果迁不忍，绥用多福。

"商人的忧虑来自于周，周人的忧虑来自于商。上天选择了周，我们要果断地改变不忍让民众战斗

318

死亡以灭商的心,伐纣灭商以获得多福。

"唯有梓树败毁不宜,在商廷茁壮茂盛,才能使行事没有匮乏。昭明的上天在上监临,我们是要接纳荆棘(比喻奸佞小人)呢,还是只要接纳柏树(比喻贤人)?梦中的话徒然放肆鄙野,又忽微渺茫,一味修明武威或可得一时之利,但如同椷柞丛生而无根,则不能长久。

"呜呼!要恭敬啊!我听说君长忠信恒长没有二心,会导致败亡的事不要做,不要忌恨、使人畏惧,而要谦卑柔和恭顺,这么做,生民不会受到灾殃,这话非常可信。

"呜呼!要监督什么,不是'时'吗?要从事什么,不是'和'吗?要敬畏什么,不是'文'吗?要保有什么,不是'道'吗?要爱惜什么,不是己身吗?要让谁为你出力,不是民众吗?人图谋再高强也不足以确保后人顺利。后人要戒惧,要继续采用你的谋略。要爱惜日子,因为日子不够用。"

何监非时?何务非和?何畏非文?何保非道?何爱非身?何力非人?

这篇文献开头便称当年为"王元年",说明它的作者认为西伯昌就是在占梦受命的同年称王的,与《史记·周本纪》的说法一致。据《清华简〈程寤〉与文王受命综考》一文的分析,"所谓'文王受命'……是受皇天上帝之命以取代殷人对天下的统治。文王受命、称王、改元三位一体,奏响了东进伐商的序曲"。

西伯昌在生前称王之事，不仅见于传世文献的记载，也得到了周原甲骨文的印证。比如下面三条意思比较清楚的[1]：

王若商。（H11：164）
王顺服商。

顺服于商的王，只可能是周王。武王继位之后，周人对商朝采取攻势，不可能顺服商，因此这里的王只可能是文王。

衣（殷）王田，至于帛，王唯田。（H11：3）
殷王田猎，到了帛，王参与田猎。

殷王与王对言，这里的王也只可能是周王。周王与殷王共同田猎，也是顺服殷商的举动，因此也只可能是文王。文王虽然称王，却仍然顺服殷王，此时殷、周之间的关系正处在非常微妙的阶段。

今秋，王斯克往密。（H11：136）
今秋，王能够前往密。

密，又作"密须"，如上引《史记》所述，是文王曾

① 参见杜勇：《清华简〈程寤〉与文王受命综考》，《叩问三代文明——中国出土文献与上古史国际学术研讨会论文集》，中国社会科学出版社，2014年。

经讨伐过的国家。这段卜辞记载的应该就是文王伐密须的事。

综合上述来自于传世文献和新出土文献的信息，并充分考虑周代文献有意丑化商纣、美化西伯昌/周文王的倾向性，可概述西伯昌/周文王"由伯而王"故事如下：

季历被杀后，他的儿子昌继位。此时他还不是西伯，也不是文王，只能被称为"周君昌"。商帝乙二年，周人伐商，报复商文丁杀季历之仇。此后周国与商王室和解。周君昌吸取季历开疆拓土过快而招致杀身之祸的教训，致力于"内涵建设"，修明内政、积德行善、吸纳贤才，将岐山下的周原建设成了"先秦版延安"。

商纣意识到周君昌如此发展下去将对商朝政权稳定构成威胁，于是将其逮捕，囚禁在殷都附近的羑里。然而，在失去周君昌震慑之后，丰、镐、舟、豐、于、鹿、黎、崇、密须等西土九国发动叛变。商纣急于借助周君昌平定叛乱，又有闳夭送上重礼，于是释放周君昌，正式任命他为"西伯"，也就是西方诸侯之长，赋予他武力征伐叛变诸侯的权力。

西伯昌归国后，一方面致力于推行德政、化解纠纷、争取诸侯归附，一方面散布自己承受天命取代殷商的神奇故事，树立起"受命贤君"的高大形象,在得到西土诸侯拥戴、宣称承受天命的基础上称王,不过仍然奉商王为共主。称王之后,周文王通过攻灭叛商方国"私事公办"扩大疆土,在去世前一年从岐山周原东迁至渭水南岸的原丰国旧地。

从西周方伯到春秋侯伯/霸主

武王灭商、建立周朝之后,在当时的经济、军事、交通条件下,周王室能够直接控制的只有西都宗周、东都成周的王畿地区,还不具备后世中央集权帝国的强大治理能力。对于王畿之外广大的新征服/归顺地区,周王室除了对诸侯国进行直接管控(比如要求诸侯定期到宗周朝觐述职、派遣王室军队直接讨伐有罪诸侯等),也采取了与当年商王室相似的方式,即通过任命"方伯"来间接管控。

所谓"方伯",就是介于周王室和一般分封诸侯之间的、对王朝疆域内某一大区拥有一定管控权力的一方诸侯之长。这种管控权的核心,是根据王室命令、以武力征伐周边蛮夷戎狄以及有罪诸侯的权力。周王室通过将各大区部分管控权授予相应的方伯国,构建起"周王室—方伯—诸侯"三级治理结构。各方伯国一方面是王室在各自大区的"代理人",担负着抵御周边夷狄、管控一方诸侯的职责;一方面也借助着这种政治特权优先发展起来,成为周王室仰仗的主要地方政治势力①。

西周时期的方伯国主要有齐、鲁、卫、晋、(北)燕这五个国家。这五个国家都位于控制殷商遗民、抵御夷狄侵袭的战略要冲,始封君也都是王室懿亲功臣,可以说是稳定周朝天下最重要的五颗"棋子",其基本情况如下表所示②:

国名	始封君	封地战略意义
齐	吕尚,姜姓吕国君长,王室异姓姻亲、股肱重臣	齐国封地原为商朝方国蒲姑,周初东土叛乱主要策源地之一。附近有莱夷。
鲁	周公旦(留佐王室,其长子实际就封),周文王之子,周武王之弟,王室同姓宗亲、股肱重臣	鲁国封地原为商朝方国奄,周初东土叛乱主要策源地之一。其都城曲阜曾为商朝国都。附近有淮夷。
卫	康叔封,周文王之子,周武王之弟,王室同姓宗亲	卫国封地原为商朝晚期核心区域("殷墟"),周初东土叛乱主要策源地之一。其都城沫曾为商纣王行都朝歌。附近有赤狄。
晋	唐叔虞,周武王之子,周成王之弟,王室同姓宗亲	晋国封地原为夏朝核心区域之一("夏墟"),后有商朝方国唐国,周初曾发动叛乱。四面皆有戎狄。
(北)燕	召公奭(留佐王室,其长子实际就封),王室同姓宗亲、股肱重臣	(北)燕国封地原为商人发祥地,周初商纣太子武庚叛乱失败后曾逃窜至此。附近有北戎/山戎。

① 关于西周方伯国的概况,参见王健:《西周政治地理结构研究》,中州古籍出版社,2004年;邵蓓:《西周伯制考索》,《中国史研究》2008年第2期。

② 参见葛志毅:《周代分封制度研究(修订本)》,黑龙江人民出版社,2005年。

下面我将重点探讨与春秋霸政关系密切相关的齐、鲁、卫、晋四国。在这四个国家中，齐国可以被确认是西周王室正式赋予了征伐权力的"方伯"。据《左传·僖公四年》记载（参见《齐桓篇》页247），管仲在回答楚成王使者质问齐国为何率领诸侯来讨伐楚国时，说了这样一番话："当年召康公向我们的先君太公宣命说：'五侯九伯，你都有权征伐他们，以与我一同辅周王室。'赐给我们先君征伐的范围，东边到大海，西边到河水，南边到穆陵，北边到无棣。"《史记·齐太公世家》也说"齐国由此得到征伐特权，成为大国"。这是周王室赋予齐太公方伯特权的直接证据。此外，对于西周铜器史密簋铭文的分析也表明，周王曾命令齐国重臣师俗、史密率领以齐军为主力的诸侯军队讨伐东夷，这也是齐国作为方伯、代表周王室管控东方的证据。齐国在西周初年被王室任命为东方诸侯之长，殆无疑问。

从前文叙述可知，在商朝晚期，周国就是利用其"西伯"特权迅速发展壮大、最终以武力颠覆商朝政权。如今周王室决不能让当年周国"由伯而王"的历史重演，因此它一方面需要倚重齐国发挥方伯功能、管控鞭长莫及的东部地区，一方面又在齐国卿大夫体系中设立直属周王室的监国上卿，用来加强王室对齐国公室的管控。对一般诸侯国来说，国内卿大夫的任命由国君负责,是国君的臣下。然而,齐国的两个世袭卿族国氏、高氏却是由周王直接任命的监国上卿,称为"天子之二守",世代拥有与国君相差无几的高位(国君也是天子守土之臣),掌控齐国政事,并在春秋朝聘时节前往周王室反馈齐国内政情况。

国、高二氏的特殊地位,直到春秋早中期还没有改变。比如说,在齐桓公/管仲内政改革方案中(参见《齐桓篇》页 289),国都分为十五个士乡,国君、国子、高子各掌管五个;相应组成的三军中,国君、国子、高子各掌管一军。又比如说,前六四八年,当周襄王想用上卿之礼款待正处于权力巅峰期的管仲时,管仲提醒周王,自己只是个地位低下的办事官员,如果用上卿之礼款待自己,那么天子任命的上卿国、高二氏在春秋朝聘时节前来承奉王命时,将没有合适的礼数可用(参见《齐桓篇》页 268)。需要指出的是,这种监国制度本身随着时间推移,逐渐流于形式:监国上卿的封地、俸禄都来自齐国,他们的利益逐渐与齐国一致,而与远在镐京的周王室则逐渐没有关系了(参见《齐桓篇》页 31)。

除了齐国这个异姓诸侯国之外,鲁国、卫国、晋国这几个周王室同姓诸侯国在西周封国体系里的地位也特别重要。据《左传》记载,前五三〇年楚灵王在讨伐徐国之时，与楚右尹然丹（原为郑大夫）有这么一段对话：

楚灵王问："当年我国先王熊绎，与齐国第二任君主吕伋、卫国第二任君主王孙牟、晋国第二任君主燮父、鲁国首任君主禽父共同事奉周康王。其他四国都得到了周王室颁赐的珍宝器用，唯独我国没有。如今我派人去周王室，要求大鼎作为颁赐，周王会给我吗？"然丹回答说："会给君王的！当年我国先王熊绎，处在偏僻的荆山，乘柴车、穿破衣来开辟丛生的杂草，跋涉山林以事奉天子，只能用桃木弓、枣木箭作为进贡。齐国，是周王的舅家；晋国、鲁国、卫国，是周王的同母弟。楚国因此没有得到颁赐，而其他四国都有。现在是周王室和四国顺服事奉君王，将要唯命是听，难道还会爱惜鼎？"

前五〇六年晋国召集诸侯在召陵会盟，当时晋国为了拉拢叛离楚国、请求晋集团伐楚的蔡国，准备让蔡国在会盟期间排在卫国前面。《左传·定公四年》详细记载了卫国与周王室交涉的过程：

卫灵公让大夫祝佗与周王室大夫苌弘私下沟通时说："我们在路上听说，不知道是否确实：好像听说蔡国将先于卫国，确实吗？"苌弘说："确实。蔡国始封君蔡叔，是卫国始封君康叔的哥哥，蔡国位次先于卫国，不也是可以的吗？"祝佗说：

"如果根据先王的标准来看，那么安排位次的依据是崇尚美德而不是长幼排行。

从前武王战胜商朝，成王平定天下，选择有明德的王室宗亲建立诸侯国，以作为周王室的藩篱屏障。所以周公辅佐王室以治理天下，诸侯也和周王室和睦相处。

"颁赐给周公旦的长子伯禽大路车、大旂旗、夏后氏的玉璜、封父的繁弱弓、六个殷商遗民家族——条氏、徐氏、萧氏、索氏、长勺氏、尾勺氏。使伯禽率领其直系后裔，集合这些直系后裔所分出的家族，带领附属于伯禽家族和其它分族的民众，以周公作为效法的榜样，因而听取周王室的命令，命令内容是使他前往鲁承担职事，以昭明周公的明德。颁赐给他附庸小国、太祝、宗人、太卜、太史、礼服器物、典籍简册、百官有司、宗庙礼器，依靠商奄的民众，作《伯禽》来告诫他，而分封在少皞的故城。

"颁赐给康叔封大路车、少帛旗、綪茷旗、旃旌旗、大吕钟、七个殷商遗民家族——陶氏、施氏、繁氏、锜氏、樊氏、饥氏、终葵氏。封疆从武父以南到圃田北部边境，取得了有阎氏的旧地以执行王室赋予的职务，取得了商人先君相土的东都以协助天子在东方巡视。周司空聃季载授予土地，周司徒陶叔振铎授予民众，作《康诰》来告诫他，而封在殷商的

以先王观之，则尚德也。

昔武王克商，成王定之，选建明德，以蕃屏周。故周公相王室，以尹天下，于周为睦。

327

故城。

[鲁、卫]皆启以商政，疆以周索。

"鲁、卫两国行政都沿用商朝制度，而疆土区划则按照周朝制度。

"颁赐给唐叔虞大路车、密须的鼓、阙巩的甲胄、沽洗钟、九个怀姓狄人家族、五正的职官。作

[晋]启以夏政，疆以戎索。

《唐诰》来告诫他，而封在夏朝的故城。晋国行政沿用夏朝制度，疆土区划则按照戎狄制度。

"周公旦、康叔封、唐叔虞三位的排行都是叔，而具备美好的德行，因此王室用颁赐贵重器物来宣扬他们的美德。不然，周文王、周武王、周成王、周康王的王子排行靠前的还很多，却都没有获得颁赐，正是因为不崇尚年龄而崇尚美德的缘故。"

王室用颁赐贵重器物来宣扬鲁、卫、晋三国始封君的美德，实际上是表明：这三国在周初封国体系中特别重要，因此要将它们分封给周王宗亲兄弟中最有德行的三位。需要指出的是，祝佗没有提到齐国，并不是因为齐国不重要，也不是因为齐太公没有美德，而是因为，祝佗这番话的本意是要说明，王室同姓宗亲封国在盟会中的排序先后是根据始封君的德行，而不是根据兄弟排行，所以他没有必要提到齐国这个异姓功臣封国。

这两段来自《左传》的材料都说明，除了齐国之外，鲁、卫、晋三国也是西周初年周王室最为倚重的

诸侯国。到了两段材料所属的春秋晚期,鲁、卫与齐、晋相比已是小国,但是它们曾经的辉煌和尊贵仍然是各国高层所熟知的"历史常识"。综合传世文献中的这些记载,以及金文中周王命令诸侯征伐周边国家的材料,可以认为在西周时期,鲁、卫、晋三国与齐国一样,都是具有大区管控权的方伯国。王国维在《殷周制度论》里也指出:"鲁、卫、晋、齐四国,又以王室至亲为东方大藩。"

需要注意的是,周王室与这几个方伯国的关系并不总是融洽的,甚至会有兵戎相见的情况发生。以齐国为例:西周中期,周夷王三年,夷王听信纪侯(齐国邻国纪国君主)的投诉,召集诸侯,当着他们的面将齐哀公投入鼎中烹杀。齐哀公被杀之后,周夷王立了哀公的弟弟静,就是齐胡公。之后不久,公子山(齐哀公同母弟)不服这个周夷王所立的君主,率营丘人袭杀齐胡公而自立为君,就是齐献公。根据学者对西周铜器"五年师�事簋"铭文的研究,很可能在周夷王五年,夷王又派大臣师事率军讨伐齐国,其目的应该就是惩罚齐献公弑君自立之事。不过,齐献公上位后继续统治了八年才去世,说明这场周王室对齐国的讨伐很可能是以失败告终的(参见《齐桓篇》页 30)。又以鲁国为例:周宣王时,鲁武公带着长子括、少子戏去朝见周宣王,宣王在王廷上废了长子括而立少子戏，是为鲁懿公；二十年后，宣王又讨伐鲁国，杀掉了弑懿公上位的懿公侄子伯御，并立懿公弟称为君，是为鲁孝公（参见《齐桓篇》页37）。

周王室采取强硬手段干预方伯国内政，一方面是强调王室权威、巩固王室与方伯之间的尊卑关系；另一方面也是"杀鸡儆猴"，震慑方伯级大国所管控的周边小国，这一点在周夷王当着诸侯的面烹杀齐哀公这一事件中体现得尤为明显。

周王室对于方伯国除了惩戒、讨伐，当然还有赞许、嘉奖。如前所述，周平王在东都成周安顿下来后，就曾赐命嘉奖立有拥立、护送大功的方伯晋文侯，为晋国后来攻灭周边小国、开疆拓土提供了依据（见页5）。

上面我们已经回顾了从商朝晚期到西周时期的"方伯"。《史记·周本纪》里这样概述平王东迁后的天下形势："平王之时周室衰微，诸侯强并弱，齐、楚、秦、晋始大，政由方伯。"也就是说，司马迁认为春秋时期的"侯伯"与之前的"方伯"是一脉相承的。对照本书详细叙述的春秋时期"侯伯"，我们的确可以看出这两者之间清晰的传承脉络：

第一，商、周王室任命方伯、赋予他们特权，成为春秋时期周王室任命侯伯/霸主、赋予他们特权的礼法依据。以方伯/侯伯拥有的最核心特权——武力征伐和刑杀权为例：商朝晚期，商纣在任命周君昌为西伯的仪式上，赐给周君昌弓、箭，赋予他征伐权，赐给他斧、钺，赋予他刑杀权(参见页305)。春秋初年，周平王在答谢方伯晋文侯拥立大功的赐命仪式上，赐给晋文侯红弓一张、红箭一百支，黑弓一张、黑箭一百支，重申他的征伐权(参见页6)。前六三二年城濮之战后，周襄王在任命晋文公为侯伯的仪式上，赐给晋文公红弓一张、红箭一百支，黑弓十张、黑箭一千支，赋予他征伐权；赠给他鍼钺，赋予他刑杀权(参见页242)。前六五六年齐桓公率领诸侯征伐楚国时，管仲援引西周初年周王室赋予齐太公方伯征伐权的策命，来作为齐桓公作为霸主攻伐楚国的礼法依据(参见《齐桓篇》页247)。

第二，春秋早中期周王室任命的正式侯伯/霸主国，都是从西周时期的方伯国发展而来。齐、晋、鲁、卫四个主要西周方伯国中，齐国、晋国在齐桓公、晋文公的领导下先后称霸，都成为了春秋四大国之一；鲁国虽然没有成为霸主国，但鲁桓公、鲁庄公也曾经试图与齐襄公、齐桓公竞争，此后鲁国一直是中原主要诸侯国之一；只有卫国境遇最为凄凉，外部有赤狄长期侵袭，内部公室祸乱不断，沦为四国中实力最弱的一个。

不过我们也要注意到，还有四个重要的春秋诸侯国并不是西周方伯国，一个是楚国，它长期在南方发展、春秋早期开始大肆侵略扩张、在齐桓公去世后几乎成就中原霸业、终成春秋四大国之一；一个是秦国，它在占据宗周旧地的过程中不断壮大、秦穆公争霸失败后遂霸西戎、终成春秋四大国之一；一个是郑国，它在春秋早期异军突起、郑庄公时期曾小霸中原；还有一个是宋国，齐桓公去世后，它在宋襄公领导下曾试图称霸。上述四个"先发"诸侯国和四个"后发"诸侯国一起，共同构成了春秋早中期地缘政治大戏的"主演阵容"。

第三，春秋早中期齐桓公、晋文公这两位侯伯/霸主试图僭越周王的"一闪念"（参见《齐桓篇》页263），其实可以从西伯昌/周文王"由伯而王"故事中找到思想根源。前六五一年齐桓公在葵丘之盟期间就认为，自己的侯伯/霸主功业与夏、商、周三代承受天命为王的夏禹、商汤、周文王相比已经毫不逊色（这当中最贴切的肯定是曾为西伯、后来称王的周文王），因此可以坦然接受周王主动奉送的僭越机会而不下拜。前六三五年晋文公成功挫败王子带叛乱后，请求周襄王赐予自己去世后使用天子规格葬礼的待遇，恐怕也是基于类似的思路，因为周襄王驳斥晋文公时使用的理由就是"晋国还没有足以取代周王室的大德",而具备"足以取代前朝王室大德"的标杆人物也非西伯昌／周文王莫属。

《史记·周本纪》《史记·殷本纪》所记载的西伯昌"由伯而王"故事应该是周代广泛流传的官方版本,因为里面特别强调以下两点:一,西伯昌已经具备了足以取代商王的大德;二,天命已经抛弃商王室而选择西伯昌。官方版本强调"代德"和"天命"非常重要,因为这样一方面将西伯昌故事定位于证明周取代商的终极合理性,另一方面也为试图援引此事作为僭越依据的野心家设置了几乎高不可攀的门槛:若要觊觎王权,代德、天命缺一不可。这也就是为什么管仲用祥瑞不至、"天命"未改来劝阻齐桓公,而周襄王则用晋文公尚未具备"代德"来驳斥晋文公。

总之,平王东迁后的周王室和主要诸侯国在为天下秩序乱局寻求解决方案时,并不是从头创造出一个无所依凭的全新制度,而是将自商朝以来就已经存在的方伯制度加以扩大升级,从而建立起侯伯／霸主制度。方伯是一方诸侯之长,是管控能力有限的商、周王室在王畿外的大区代理人;而侯伯／霸主则是天下诸侯之长,是春秋时期丧失管控能力的周王室的全权代理人。

周王室也意识到,任命大国英主为侯伯／霸主只是权宜之计,仍然不能满足大国英主的终极政治理想。因此,周襄王在面对主动求索天子待遇的晋文公时,说了这么一段"摊底牌"的话:"先民有言道:'改变佩玉就要改变行为。'叔父如果能光扬伟大的美德,变更姬姓周朝而改换服物,来创造新制度在天下推行,自己宣布大功告成,从而收取周王生前死后享用的所有待遇用来安定抚养百姓,我一人即使被流放居住到边远荒地,又能有什么话可说?"

　　周襄王知道周王室已经没有任何硬实力可以阻止晋文公觊觎王权,于是表示:晋文公若是能具备足以"变更姬姓周朝而改换服物,来创造新制度在天下推行"的大德,那自己愿意让出王位给晋文公坐。可是,直到前五三三年的晋平公／周景王时期,当晋人与周王室爆发领土纠纷之时,晋大夫叔向对执政卿韩宣子说:"我国即使在晋文公称霸的巅峰时期,又怎能改变根本政治制度,还是继续辅佐拥戴周天子,并且更加恭敬。自晋文公以来,世代晋君德行衰败,而残暴蔑视周王室,以宣扬展示自己的骄横。诸侯对晋国离心离德,不也是很合适的么?"

　　也就是说,作为大国霸主的晋国始终没能达到当年周襄王开出的"天价",没能像西伯昌／周文王那样实现"由伯而王"的历史性突破。成为一统天下的新王者,这个萦绕在争霸大国英主心目中的终极政治理想,将由春秋时期最为低调的西土大国——秦国在前二二一年最终实现。

大国称霸/争霸的动力来源

对于春秋时期的诸侯国而言,要想成为霸主,或是与现任霸主争霸,在内政方面要尽全力推进的无非两大关键任务:第一,通过开疆拓土,扩大本国的经济和人力资源总量;第二,通过综合改革,将本国的经济和人力资源更高效地转化为政治和军事实力。下面我们就从这两个方面来回顾一下春秋时期四大国——齐国、晋国、楚国、秦国的政治实践和所取得的成就。

开疆拓土与四大国称霸/争霸

华夏诸侯国的经济结构都是以农耕为主、渔猎采集为辅,而这两者都是以疆土和人口为基础的。因此,国家疆土越广阔,拥有的民众越多,经济和人力资源总量就越大,实力就越强。处于中原腹地的某个主要诸侯国如果想要大规模开拓疆土谋求发展,就不得不侵略周边其他主要诸侯国。这种从根本上破坏中原封国体系稳定的行动在国际上会引发周王室和周边主要诸侯国的政治批判和军事讨伐,在国内会引起务实派卿大夫的反对,基本上没有现实可操作性。这也就是为什么在整个春秋早中期,中原各主要诸侯国之间保持了相对稳定,没有发生互相侵略吞并的情况。

中原腹地已没有发展空间,那么有野心的国家就只能向外谋求发展。如果我们观看春秋时期的地图,就会发现,齐、晋、楚、秦四个春秋大国都位于中原外围,很可能就是因为这种地缘形势能够提供较为广阔的开疆拓土空间。总结四大国的开拓史,主要有两种主要方式:

一、"攘夷"。处于中原外围的主要诸侯国向外攻伐蛮夷戎狄、夺取其居地,或者从戎人手中夺回被占领的华夏土地,对周王室而言是警示四夷、扩展/收复王土的大功,对中原其他诸侯而言是消弭蛮族入侵风险的善政,对本国而言则是开疆拓土的伟业,可以说是"名利双收"的大好事。

二、"侵小"。四大国开疆拓土的首选目标,并不是蛮夷戎狄所散居的山陵、荒漠、薮泽,而是占据了宜居土地、建有中心城邑、拥有一定数量农耕人口的小国。如果说蛮夷戎狄居地是需要花大力气殖民和建设的"宅基地"的话,那么这些小国就是可以拎包入住的"精装房"。当然,从军事行动难度来考虑的话,攻灭小国的难度自然是大于攻占蛮夷戎狄居地。此外,攻灭小国在原则上说也是损害封国体系的"违规"行为,具有一定的政治风险。

基于上述考量,我们下面将逐一分析四大国在春秋早中期的开疆拓土策略和实践:

一、齐国。齐国在西周时期已是方伯国,然而它在春秋早中期的开疆拓土行动在四大国中是最为克制的,见于记载的有齐庄公灭祝,齐襄公并纪,齐桓公灭谭、灭遂、降鄣、迁阳。然而,如前所述(参见《齐桓篇》页55),齐桓公在成就服鲁、救卫、救邢、救杞等霸业功绩的同时,也付出了限制齐国在南、西、东三个方向进行疆土扩张的代价。《国语·齐语》也宣称,齐国曾经大量退还先前侵占的土地以亲近鲁国、卫国、(北)燕国等邻国(参见《齐桓篇》页298)。此外,齐国北部、东部都是大海,这也为它的开疆拓土划定了地理上的极限。虽然齐国拥有其他内陆国家所不具备的海盐、海鱼资源,然而在农耕经济占绝对统治地位的春秋时期,鱼盐之利终究敌不过农耕之利,行军作战时人马吃的也毕竟是粮草而不是鱼盐,齐国在失去霸主地位后虽然一再尝试、却再也没能重新称霸,这跟它开疆拓土规模不大、农耕经济的纵深逊于其他三个大国有一定关系。

二、晋国。晋国在西周时期已是方伯国,在春秋初年拥立平王、护送王室东迁立了大功,晋文侯获得平王赐命,其方伯征伐特权得到重申和确认。晋文侯仗恃着"方伯＋王室恩人"的地位,攻灭韩国,拉开了"侵小"序幕。曲沃小宗篡夺政权后,晋武公、晋献公抓住周王室衰微、中原多事无暇北顾的"战略机遇期",在广阔的北方、东方大肆开疆拓土:"侵小"方面,晋国攻灭了河水以西、太行山以东的全部小国;"攘夷"方面,晋国向西击败骊戎,向南击败赤狄东山皋落氏,向北攻占白狄居地。晋惠公时与秦争战失利,河外、河内领土有所缩减。晋文公上位后,有效控制了周王室主动奉送的南阳地区,同时继续"攘夷"向北、向东攻占狄人居地。

晋国在晋文公去世没有重蹈齐国的覆辙,而是开创了绵延百年的霸业,这其中很重要的一个原因就是,它建立起了一个以开疆拓土为原动力的"可持续发展"国家战略。从卿族角度来看,由于晋文公确立了将全部土地封赏/委托给卿大夫的土地分配制度,攻占而来的小国疆土、狄人居地能够直接变为封地,强大的利益驱动使得身为军队将佐的诸卿积极率军攻城略地。从晋国整体角度来看,卿族为了私利而进行的开拓行动从客观上不断增强晋国的战略纵深和经济实力,支撑了晋国同时对抗楚国、秦国并压制齐国的政治军事行动。当然，这种制度也造成晋国卿族势力不断壮大，逐渐成为国中之国，并最终导致了"三家分晋"。

需要指出的是，晋国在春秋中期建立了县制，主要是在新开辟的疆土上设立县。前六三六年晋国占据河水以北的南阳地区之后，晋文公在南阳设立温县、原县，任命狐溱为温大夫，赵衰为原大夫，似乎是想学习楚国、秦国灭国设县、加强公室实力的"先进经验"（详见下），将他们定位成为国君守县的大夫，而不是以温县、原县为采邑。

然而，晋国的县制并未能按照晋文公的意愿发展下去，而是被裹挟入晋国封赏土地给卿大夫的大流中，逐渐转化为卿大夫的采邑。比如，温县传至郤至已经变为采邑，郤至又被称为"温季"，这是以采邑为氏。原县传到赵衰的儿子赵同时也已经变为采邑，赵同又被称为"原同"。据《左传·昭公三年》记载："当初，州县是栾豹的采邑。等到栾氏灭亡之后，范宣子、赵文子、韩宣子都想要获得它……"。又据《左传·昭公五年》记载："卿族韩氏有七个采邑，都是大县。"从上述材料可以看出，春秋中晚期的晋县仍然是封赏给卿大夫的封地，而不像楚县那样直属于楚王室，县制的建立并没有改变晋国以分地、分权为基本原则的土地分配制度[①]

① 关于晋国县制的概述，参见吕文郁：《春秋时代晋国的县制》，《陕西师大学报（社会科学版）》1992 年第 4 期；衣保中：《春秋时期晋国县制的形成及特点》，《吉林师范学院学报》1995 年第 2 期；葛志毅：《周代分封制度研究（修订本）》。

三、楚国。在春秋早中期，楚国抓住周王室衰微、中原多事无暇南顾的"战略机遇期"，在广阔的南方大肆攻灭小国、驱逐蛮夷，一方面巩固和扩大汉水以西的"上国"基地，一方面渡过汉水开拓"东国"，并向北进逼中原。

在处置被灭小国的问题上，楚国采取了与晋国截然不同的策略：它较少将新领土分封给卿大夫作为他们的采邑，而主要是在被灭小国的基础上成立直属于公室的县，见于《左传》记载的有权县、申县、息县、吕县、商县、期思县、郧县、析县、陈县、蔡县、叶县、白县等。楚国是春秋时期最早建立县制的国家，楚武王统治初期灭权国后设立的权县号称"中华第一县"[①]。楚国县制是后来中央集权帝国体制根本制度之一"郡县制"的源头[②]，具体体现在：

第一、楚县的最高长官——县公职位由楚王任免，一般不世袭。比如说，据《左传》记载，楚臣斗班、叔侯、屈巫臣、王子牟、寿余等人都担任过申县县公，屈御寇、王子朱都担任过息县县公。

第二，位于边境地区的楚县可以说是听从楚王命令、服务国家战略的直辖军镇，楚县的自有军队是楚国边境防御和侵略扩张的重要军事力量。比如说，前六三五年秦国、晋国讨伐楚国属国鄀国时，戍守鄀国的是申公子仪率领的申县县师和息公子

① 参见顾颉刚：《春秋时代的县》，《禹贡》1937年6、7期合刊；李柏武：《楚国权县是"中华第一县"考述》，《荆楚学刊》2013年第4期。
② 关于楚国县制的概述，参见谭黎明：《春秋时期楚国的县制》，《吉林师范大学学报（人文社会科学版）》2005年第2期；葛志毅：《周代分封制度研究（修订本）》。

边率领的息县县师。前六三二年城濮之战失败后，楚成王质问主帅子玉说："大夫如果回国，怎么面对申县、息县的父老？"这说明在此次晋楚争霸的大决战中，楚军的主力又是来自于申县、息县的县师。前四七九年发动叛乱的白公王孙胜，他所掌管的白县也位于吴、楚边境地区。

据《左传·成公七年》记载，"楚国围宋之役结束后，楚军回国，统帅子重请求从申县、吕县的土田中求取一部分作为赏田。楚庄王答应了他。申公屈巫臣说：'不可以。这些土田是申、吕成为县邑的基础，国家从这些土田征调军需人员物资，来抵御北方。如果子重取得了这些土田，那就没有申、吕了。晋、郑一定会打到汉水的。'"这段材料不但说明申县、吕县提供的军需物资和兵员对于楚国防御北方的重要性，还说明楚国也有封赏土地给卿大夫的制度，而且这种封邑制和县制之间是存在着冲突和斗争的。总体而言，在春秋时期的楚国地方政治体制中，灭国设县是主流，分封采邑是辅助，封邑制发展得不充分，从而有效遏制了大族在地方上的势力[①]。

因此，支撑楚国长期与晋国争霸的最重要原动力同样是持续性的开疆拓土，然而在这个过程中，楚国由于实行县制，一直保持了较高的中央集权和

① 参见田成方：《试论楚国封邑制的起源及其特点》，《殷都学刊》，2014 年第2 期

较强的中央财政,与中原各国(包括晋国)土地被卿族瓜分形成了鲜明对比①。

四、秦国。秦国在西周时期是一个被周王室安排到宗周王畿以西抵御戎人的小国,西周时期发展缓慢。春秋初年护送王室东迁有功,周平王将当时已经被戎人攻占的岐山以西土地赐给秦人,并使秦襄公正式位列诸侯。在春秋早期,秦人通过艰苦的"攘夷"战争兑现了周平王开出的"空头支票",占据了岐山以西的周人旧地。接下来,秦人进一步驱逐戎人、向东发展,到了秦德公时期已经基本上占据了河水以西的原宗周王畿地区。在此基础上,秦穆公试图东进中原争霸,在城濮之战被晋国击败后又专注于通过攻伐西戎,在广阔的西方继续开疆拓土。

秦国是春秋时期继楚国之后较早设立县的诸侯国。前六八八年秦武公灭邽戎、冀戎后,在其居地设立邽县、冀县(当时楚武王已去世两年);前六八七年秦武公攻占荡社、郑国旧地之后,设立杜县、郑县②。秦县的性质类似于楚县,是由公室直辖的,县的设置同样达到了巩固和增强公室实力的目的③。不过,秦国县制在春秋时期发展应该是比较缓慢,秦武公之后,下一个见于传世文献记载的就是前四五六年秦厉公在频阳设县④,分封采邑可能

① 参见马卫东:《春秋楚国政不下移原因新探》,《郑州大学学报(哲学社会科学版)》2009 年第3期。

② 参见何捷:《春秋战国时期秦国郡县制发展概述》,《贵阳学院学报(社会科学版)》2013 年第3期。

③ 参见顾颉刚:《春秋时代的县》;吕文郁:《周代的采邑制度(增订版)》。

④ 参见张卓琳:《秦郡县制度研究》,陕西师范大学 2009 年硕士论文

还是春秋时期秦国的主流。

总之，在开疆拓土方面，晋国、楚国的规模都很大，在本书叙事结束时，它们成为天下的两个超级大国，开始了长期的南北争霸；秦国的规模次之，完成了从一个西周小国到春秋大国的跨越，并促使它短暂地试图谋求东进争霸；齐国的规模最小，这是齐国霸业止于齐桓公一世的重要原因之一。

综合改革与齐、晋称霸

与开疆拓土一样，齐、晋、楚、秦四大国在综合改革方面也都进行了艰苦卓绝的努力，限于现有文献材料的限制，我们下面将重点回顾将齐、晋两国推上霸主宝座的重要改革举措：

一、齐桓公/管仲改革

齐国是四大国中开疆拓土最为节制的国家，它能在春秋早中期率先成就霸业，重要原因之一就是齐桓公重用管仲，进行了成效显著的综合改革。齐桓公/管仲改革的细节我们已在"成就齐桓霸业的管仲改革"章详细讨论过，其中最有特色的举措包括：

（一）行政规划改革——"叁其国而伍其鄙""定民之居、成民之事"：也就是重新规划国都和鄙野地区，建立士人、工匠、商人、农民聚居区，促进行政、教育、手工业、商业、农业的专业化发展。这项举措使得齐国各产业的水平得以迅速提高，为齐国称霸提供了产业保障。

（二）军事制度改革——"作内政而寄军令""轻过而移诸甲兵"：将平时行政组织体系和战时军队组织体系进行精确对应，构建"军政一体"的国都地区治理结构，在日常行政和狱讼工作中不露声色地推进军队建设和军备制造。这项举措为齐国称霸提供了军力保障。

（三）人事制度改革——"三选"：建立基层组织、中央政府、国君三个层次的人才选拔体制，从基层士人中选拔优秀文武人才充实中层官僚队伍，此外还从鄙野农民阶层中选拔优秀分子进入士人阶层。这项举措在不触动国氏、高氏等世袭卿族利益的前提下，将"任人唯贤"的新机制引入到齐国官僚体系中，为齐国称霸提供了人才保障。

（四）财税制度改革——"相地而衰征"：优化赋税制度，考察土地禀赋而按相应的等差征收赋税，并用富饶地区的收入来补贴贫瘠地区，缩小不同禀赋农业区的贫富差距，从而控制人口迁徙、促进社会公平和稳定。这项举措为齐国称霸提供了社会保障。

此外，拥有濒海鱼盐之利的齐国很可能在商贸流通领域也进行了一些改革,比如说实施盐铁专卖、发展对外贸易等①,但是由于缺乏可靠的文献记载,齐桓公／管仲在这个领域具体有哪些改革举措已经很难确知。

二、晋献公／惠公／文公改革

齐国的改革基本上集中于齐桓公一代,其改革举措是由贤臣管仲在英主桓公全力支持、国内政局安定的条件下设计并实施的,改革的预期目标和实际成效是比较一致的。与之形成鲜明对比的是,晋国的改革经历了晋献公、晋惠公、晋文公三代,而且献公、惠公两代的改革颇有些"种瓜得豆""歪打正着"的意味,直到晋文公时才得以实现"英主贤臣引领""顶层周密设计"的综合改革。

(一)晋献公改革

晋献公统治时期,内政方面最重要的改革措施就是"驱逐(近支)公族、重用外族"。前六六九年,晋献公依靠异姓能臣士蒍,杀光了曾祖曲沃桓叔、祖父曲沃庄伯所生的群公子,用这种"肉体消灭"的极端方式扼杀了短期内再次发生小宗篡夺大宗君权政变的祸端。前六五四年,在逼死太子申生、逼走公子重耳和公子夷吾之后,年老多疑的晋献公在骊姬的怂恿下,决定将先前打击群公子防止小宗篡权的思路用制度固定下来,颁令禁止非太子的群公

① 参见邱文山:《春秋时期齐国的全方位改革》,杨剑虹:《试论齐桓公的经济改革》。

子及其族人留在国内,所谓"国无公族"。不用亲人,就只能用外人,一大批远支公族、非公族的宗主和族人依靠德行、能力、功绩得到重用,进入到卿大夫体系中。晋献公的这道禁令原本主要是出于"维稳"的目的,却产生了预料之外的正面效应,"歪打正着"地在主要诸侯国中率先打破了近支公族占据卿大夫主体的"任人唯亲"旧体制,推进了官员选拔任用制度改革,为晋文公称霸奠定了基础。

(二)晋惠公改革

晋惠公统治时期,内政方面最重要的改革措施是"作爰田""作州兵"。前六四五年韩之战失败后,晋惠公被扣押在秦国。他的党羽吕甥、郤乞为了增加和谈时晋国的筹码,而且为晋惠公回国复位营造良好的政治氛围,因此召集国人,以晋惠公的名义宣布:

1."作爰田",将大量原本属于公室的土地赏赐给担任官职的国人,以扭转晋惠公背弃承诺不分土地给群臣的恶名,增强国人对他回国的支持,并减少国人对"作州兵"的反对情绪;

2."作州兵",打破只在国人中征赋征兵的旧制,向居住在国都郊外"州"里的野人征赋征兵,迅速扩大军队规模,从而威慑秦国和其它想要趁晋国内乱侵犯的势力。

这两条改革举措都是晋惠公党羽为了迎回主子而实施的"权宜之计",却又"歪打正着"地促进了晋国的军队建设,为晋文公称霸铺平了道路。

(三)晋文公/郭偃改革

晋文公在初步稳定了政局之后,参考齐桓公/管仲改革的模式,重用贤臣郭偃进行综合改革。晋文公/郭偃改革的细节我们已在"晋文霸业的兴起"章详细讨论过,其中最有特色的举措有两条,都是在晋献公、晋惠公既有改革举措的基础上发展深化而来:

1. 官员任用制度改革——"胥、籍、狐、箕、栾、郤、柏、先、羊舌、董、韩,实掌近官;诸姬之良,掌其中官;异姓之能,掌其远官"。无论是十一个国中旧族,还是"姬姓之良""异姓之能",它们都是远支公族或者非公族,是在晋献公杀死/驱逐群公子、禁绝近支公族的背景下,凭借着德行、才能、功绩得到重用而壮大起来的。晋文公/郭偃全面任命这些家族成员担任各类高级官员,标志着晋国不可逆地破坏了传统宗法制"任人唯亲"的原则,在此基础上正式确立了"国无(近支)公族""尊贤""尚功"的官员任用制度。与其他仍然秉承宗法制传统、由世袭公族把持卿官的中原诸侯国比起来,晋国任官制度改革的突破性是显而易见的,它造就了赵氏、魏氏、韩氏、知氏、范氏、中行氏、郤氏、栾氏等一系列叱咤春秋政坛的显赫卿族,为晋国长期称霸提供了人才保障。

2. 土地/收入分配制度改革——"公食贡,大夫食邑,士食田"。这项改革举措明确,公室收入来自于贡赋,大夫收入来自于采邑,士人收入来自于禄田。晋文公/郭偃在晋献公分封新开辟疆土、晋惠公作"爰田"进一步封赏公室土地的基础上,突破了传统分封制下公室和卿大夫共享土地的格局,将国内全部(或至少绝大部分)公室土地封赏/委托给卿大夫和士人,公室完全依靠来自于下级贵族的贡赋生存,可以说是把诸侯国内部的分封制推行到了极致。相比之下,作为中原主要诸侯国之一的鲁国直到前五三七年季氏、孟氏、叔孙氏"四分公室"之后,才建立起类似的制度。如前所述,这项制度与晋国北方、东方广阔的开疆拓土空间结合起来,就形成了一个激励卿族率军持续性开疆拓土、保证晋国整体实力不断增强的可持续发展机制,为晋国长期称霸提供了动力保障。

3. 军事制度改革。晋文公即位之后,在晋献公尚武好战、晋惠公"作州兵"打下的坚实基础上,

(1)大力推进军队建设,先后建立三军、三军三行、五军,使得晋国军队在较短的时间内达到了与

其争霸中原雄心相匹配的体量；

（2）在被庐阅兵期间确立富有"先军政治"色彩的卿官体制，并建立加强卿大夫职级爵禄管理的"执秩之法"，使得晋国军队的指挥管理水平上了一个大台阶。

这些扩军、整军、强军举措的贯彻实施塑造出了一支高水平的军队，支撑晋文公在他短暂的执政期间取得了出定襄王、占据南阳、城濮之战大败楚国的胜利，支撑晋襄公取得了殽之战大败秦国的胜利，为晋国长期称霸提供了军事保障。

从上面的概述我们可以看到，齐桓公／管仲改革虽然当时成效显著，但是它并未触及宗法制、分封制等导致周代核心制度，改革所释放的红利在二人去世后就逐渐衰减。此后，齐国保持住了春秋大国的地位，但再也未能重新称霸。相比之下，晋国历经三代改革，对宗法制、分封制进行了重大调整，一方面禁止近支公族留在国内，极大地削弱了根据宗法血缘任命卿大夫的传统；一方面将分封土地给卿大夫的制度发展到了极致，公室不再直接拥有土地，而是全部封赏／委托给卿大夫和士人。在此基础上，晋国建立了一套客观上保证卿官高水平、调动卿族积极性的体制机制：来自于远支公族或非公族的卿族宗主依靠德行／能力／功绩谋求在卿官体系中向上升迁，无能/有罪者则会被排挤、罢黜，甚至导致宗族整体覆灭，这种"强者生存"的体制在较长时间保证了晋国卿官体系的整体高水平；各大卿族为了获得更多封地而积极率军开疆拓土，国家因此在较长时间内保持旺盛的发展动能。这套体制机制支撑了绵延百年的晋国霸业，而它架空公室、分裂国家的负面效应在春秋晚期逐渐盖过了正面效应，最终导致"三家分晋"的崩盘结局。

我们还可以跳出春秋史的范围，从更为宏观的角度来评价这场跨越晋献公、惠公、文公三代国君的深刻改革。

首先，晋国改革取得的成就对春秋时代影响巨大。这场改革造就了中华文明轴心突破期前半期的轴心国家——晋国，它作为中原霸主，以一己之力对抗楚国、压制秦国、管控齐国，在整个春秋中期和后期一直是天下最强大的国家。

更重要的是，晋国改革造成的恶果对中国历史的走向影响深远。这场改革埋下的"炸弹"在春秋末年引爆，不仅炸死了晋国公室，也炸出了赵、魏、韩三雄。其中，魏文侯深刻吸取晋国深度分权导致君弱臣强、卿族专权、国家分裂的历史教训，明确了加强中央集权、狠抓富国强兵的总体改革方向，在前455年任用李悝进行全面改革，主要举措有：

"夺淫民",破坏"任人唯亲"、世袭、君臣分权的宗法贵族体系,

　　"使有能",建设"任人唯贤"、非世袭、君主集权的新官僚体系,

　　"行《法经》",建设以公开成文法律为核心的法治体系,

　　"尽地力",推行重农经济政策,

　　"善平籴",进行经济宏观调控,

　　"以盐养兵",建设在战国早期一度横扫中原的"魏武卒"。

　　魏文侯/李悝改革成效显著,使魏国一跃成为战国早期一流强国,用事实证明了改革的可行性和有效性,引得其他各国先后下决心效仿,从而拉开了战国时期列国改革的大幕。

　　当魏国改革在魏惠王时期逐渐停滞之时,魏相公孙痤最看好的下属公孙鞅带着《法经》进入秦国,得到秦孝公重用,启动了全面改革。秦国改革始于秦孝公的父亲秦献公,而秦献公之所以会具有强烈的改革意识,一个重要原因是他先前在魏国流亡了二十多年,亲身经历了魏文侯/李悝改革。商鞅改革推动秦国不仅实现"反超",还最终成就了统一天下的伟业。在这个过程中,中国古典政治完成了从封建分权到郡县集权的"U形大转折"。

自秦朝开始,中国历代政权在整体上选择了中央集权、君主专制的政治体制,而且集权专制的程度和水平在整体上呈现逐步提高的趋势,在清朝达到巅峰。在中国不断完善集权体制的同时,西方从分权封建体制演变到分权议会体制,走了一条不断完善分权体制的道路。晋国改革深度分权导致国家崩裂、由此产生的魏国吸取历史教训决心建立集权国家,无疑是使得中国走上与西方截然不同发展道路的"扣扳机事件"。

春秋国际新秩序的创建历程

春秋初年：王道政治崩溃后的"迷茫期"

西周初年，周王室在建立封国体系时就赋予了诸侯高度的自治权，而且还任命了齐、鲁、卫、晋等国作为方伯分担责任，因此周王室本身对于诸侯地方事务的直接管控是非常有限的，这种"王室有限管控、诸侯高度自治"的政治结构给了各诸侯国相对宽松的发展环境，是得到诸侯认同和拥护的。到了西周晚期，一方面，周王室以不断缩水的中央财政来支撑管控天下的巨大开支，厉王、宣王、幽王试图增加中央财政收入的新政又都在既得利益集团的阻挠下失败，宗周政权不可避免地走向衰落和覆灭；另一方面，王畿之外的各主要诸侯国享受着周王室提供的军事保护等各项"公共服务"，在各自疆域内开拓荒地、发展经济，都保持着稳步发展的态势。王室和诸侯实力的一消一涨，预示着一个新国际秩序的到来。

前七七一年犬戎攻占镐京、荼毒宗周王畿的战乱虽然惨烈，却并没有波及到渭河平原以外的绝大多数诸侯国，天下并未大乱。实际上，宗周覆灭后，王室在诸侯军队护送下安全迁到了东都成周，与平王并立的携王在位二十一年被晋文侯所杀，西申国也在春秋初年灭亡（应该是被诸侯所攻灭），宗周王畿外的诸侯国体系在这次史无前例的"压力测试"中显示出强大的缓冲能力，使得周王室没有重蹈商王室战败后无处可逃、迅速灭亡的覆辙，也使得各主要诸侯国进一步增强了"诸侯治天下"的信心。

周王室这个"顶层管控者"的出局，对中原主要诸侯国来说既带来了机遇，又带来了挑战：

一方面，在周王室管控天下的西周时期，王畿外的封国体系由齐、卫、鲁、晋等方伯国和大量小国组成。王室为防止方伯国发展壮大"由伯而王"，严格限制它们兼并小国。在王室管控废弛之后，各方伯国和其他实力较强的诸侯国（比如楚国、秦国、郑国）都迎来了攻灭小国、开疆拓土的"战略机遇期"。

另一方面，由于王室的出局，许多本来由王室承担的公共安全事务，比如说平定主要诸侯国内乱、调停主要诸侯国间争端、率领诸侯抗御和攻伐四夷等，都迫切需要有新的管控者来"接盘"，不然的话，在内忧外患共同作用下，中原地区长期享受的和平和安全将会逐渐瓦解。

在这样一个"三百年未有之大变局"（从西周建立算起）的笼罩下，各主要诸侯国一边利用"战略机遇期"攻灭小国、谋求发展，一边又忧虑没有任何顶层管控的天下会逐渐陷入争斗和混乱。"后王道政治时代"的天下"新常态"到底是什么，或者说得更实际一点，中原国际秩序的"新常态"到底是什么（除去从来就没有被周王室有效管控的南方），是一个只能靠实践来回答的问题。

齐郑小霸：春秋霸道政治的"探索期"

正如我们在《齐桓篇》"齐、郑小霸的启动"一节所讲述的那样，郑庄公、齐僖公逐渐从处于"迷茫期"的中原诸侯群体中脱颖而出，形成了一个"G2"同盟，在国际事务中发挥起主导作用，成为有实无名的诸侯之长，并在这个过程中越来越清楚地在诸侯心目中勾勒出"霸主"的轮廓：

前七一五年，齐僖公在去年斡旋工作的基础上，召集宋殇公、卫宣公在周王畿温邑会面、瓦屋盟誓，宋、卫两国承诺不再与郑国对抗，结束前七一九年以来的军事冲突。召集和主持诸侯盟会，在盟会上通过政治手段调解诸侯间矛盾，这是未来霸主需要承担的一项重要任务："主会"。

前七一五年七月齐僖公在周王畿举行会盟，八月郑庄公带领齐僖公去朝见周桓王,前七一四年郑庄公以宋殇公不朝觐周王为名讨伐宋国。这一系列行动奠定了未来霸主对待周王室的基本态度,就是继续尊奉周王为名义上的天下共主,也是未来霸主需要承担的一项重要任务:"尊王"。

前七一四年郑庄公率军队击败南下入侵郑国的戎人,前七〇六年郑太子忽又率领军队救援齐国再次击败戎人。作为主力组织诸侯抵御戎狄蛮夷对中原的进攻,甚至主动出击进行征伐,这是未来霸主需要承担的一项重要任务:"攘夷"。

前七一三年齐僖公、郑庄公联合鲁隐公讨伐宋国,惩罚它不服王命的罪过,前七一二年,齐僖公、郑庄公又联合鲁隐公讨伐并占领许国,理由还是惩罚它不服王命的罪过。在会盟、协商等政治手段无法达到目的的前提下,率领诸侯军队以武力讨伐某个"有罪"的诸侯国,这是未来霸主需要承担的一项重要任务:"讨罪"。

前七〇一年郑庄公去世后,郑国陷入长达二十多年的君位传承乱局中,国君五次易主(郑昭公—郑厉公—郑昭公—郑子亹—郑子婴—郑厉公),庄公四子中三人因政争死于非命(郑昭公、郑子亹、郑子婴),郑国也因此退出小霸之争。与此形成鲜明对比的是,前六九八年齐僖公去世后,齐襄公顺利继位,齐国小霸中原的事业也得以继续向前推进。

　　然而,郑国退出争霸之后,鲁国又加入进来:鲁桓公多次与宋庄公会盟,试图调停宋、郑矛盾,在宋庄公反悔后又与郑厉公联手讨伐宋国(前七○○年);联合纪武侯、郑厉公击败齐僖公、宋庄公、卫惠公、燕人联军(前六九九年);与齐襄公会面商议稳定许国局势(前六九七年);联合宋庄公、蔡桓侯、卫惠公、陈庄公四国讨伐郑国,试图支持郑厉公复辟(前六九六年);与齐襄公、纪哀侯会面试图挽救纪国,并与齐襄公商议如何应对卫国内乱(前六九五年);在与齐襄公合作同时,又坚决抵抗齐国的边境军事挑衅(前六九五年)。然而,前六九四年,齐襄公派力士在国宾馆门口杀死了登车赴宴的鲁桓公,用突破底线的狠毒手法除掉了这个颇具实力的竞争对手。

　　齐襄公虽然背负着"无常"的恶名,甚至在《管子》中被描述成一个一无是处的昏君(详见《齐桓篇》页 280),但实际上他在巩固和发展齐国霸业这方面是颇有建树的。前六九○年,他逼迫纪国君主出走,以一种"和平接收"的方式吞并了纪国,在道义层面报了西周时期纪侯以谗言害死齐哀公的旧仇,在利益层面上为齐国向东增加了一块不小的疆土(包括纪国拥有的丰富海盐资源),并打开了齐国向东继续扩张的大门。从前六九六年卫国内乱、卫惠公出奔开始，他就在积极推动帮助卫惠公复辟之事，终于在前六八八年联合鲁、宋、陈、蔡讨伐卫国，成功将卫惠公送回国都即位，重要的是，此后卫国内乱平息，卫惠公又在位十八年，寿终正寝。率领诸侯以武力方式平定某国内乱，稳定该国局势，从而促进地区和平与稳定，这是未来霸主要承担的一项重要任务："平乱"。

齐桓霸业：创建中原国际秩序"新常态"

当前六八六年齐襄公被叛党所杀时，天下早已不是春秋初年那个"群龙无首"的混沌状态。在中原地区，在郑庄公、齐僖公、齐襄公长期的小霸探索基础上，中原各主要诸侯国已经逐渐适应和接受一个新的国际政治体系，这个新体系中的顶层管控者不再是周王室，而是有实力、有意愿的诸侯大国。但是，这个大国是否一定是齐国，在当时并没有定论。一方面，齐襄公与妹妹通奸，杀鲁桓公，杀郑子亹，车裂郑卿高渠弥等一系列"无常"举动使他无法得到其他诸侯国君臣的真心拥戴和归服，而他在内乱中被杀更使齐国陷入到霸业中衰的险境。另一方面，背负着杀父之仇的鲁庄公一直在韬光养晦、等待时机。从齐襄公死后鲁庄公迅速行动、武力干预齐国君位继承的史事来看,他是有心借此机会超越齐国、实现其父鲁桓公的称霸理想的。公子小白正是在这样的时代背景下逃过管仲截杀,赶在鲁国拥立的公子纠之前进入齐都当上国君,就是齐桓公。

一、前六八五年—前六七九年:霸业启动期

从前六八五年齐桓公即位,到前六七九年诸侯在鄄之会上拥戴齐桓公为实际上的中原霸主,是齐桓霸业的"启动期"。其中,从前六八五年齐桓公即位到前六八一年齐鲁柯之盟这五年最为关键。在这五年间,齐桓公在与鲁庄公的争霸中最终占据上风,与此同时,他也与奇才管仲完成了"各管一摊"到"同心同德"的磨合。

从国际层面看,前六八五年到前六八一年是齐桓公和鲁庄公的争霸期。前六八五年齐国在国都附近击败鲁国干涉军,随后鲍叔率军逼迫鲁国交出管仲;前六八四年齐军讨伐鲁国,鲁国起用士人曹刿击退齐军,同年鲁军入侵宋国,并再次在鲁都附近击败齐、宋联军中的宋军。从前六八四年到前六八一年,齐、鲁继续争战,曹刿用兵再无"惊喜",齐军三战三胜,夺取了汶水以北大片鲁国土地。最终,在前六八一年的柯之盟上,鲁庄公∕曹刿用卑劣手段要回失地后,黯然退出竞争;齐桓公在管仲指

导下上演"诚信秀",令各诸侯国感到耳目一新。

从国内层面看,前六八五年到前六八一年是齐桓公和管仲的磨合期。齐桓公在他师傅鲍叔的强力举荐下捐弃前嫌、重用管仲,但是一开始并没有全面接受管仲的内政外交战略,而是将国内治理交给管仲,自己主抓国际事务,尚武好战,连续攻灭小国扩张领土(前六八四年灭谭、前六八一年灭遂),并与鲁国连年交战、争夺霸权。这种"各管一摊"的局面一直到柯之盟后,才发生重大转折:被曹刿用利刃劫持的齐桓公终于意识到,一味强硬好战会招致诸侯"狗急跳墙"的反抗,管仲给他规划的才是正确的称霸道路。

在郑国、鲁国相继退场,齐桓与管仲确立了精诚团结的君臣关系之后,齐桓霸业的启动进入快车道。前六八一年齐桓公"主会"召集宋人、陈人、蔡人、邾人在北杏会面,就稳定宋国局势达成协议;前六八〇年"讨罪"联合陈人、曹人讨伐宋国,追究宋人背约之罪,并在此过程中"尊王"请王室出兵与诸侯联手,最终于同年冬天与王卿单伯、宋桓公、卫惠公、郑厉公在鄄地会面,使宋国明确表示愿意遵守盟誓。前六七九年春,齐、宋、卫、郑、陈五国君主再次在鄄地会面,会上诸侯一致尊奉齐桓公为诸侯之长,为后来周王室正式任命他为侯伯/霸主奠定了

"国际民意基础"。

二、前六七九年—前六六七年：霸业转正期

从前六七九年鄄之会齐桓公始霸，到前六六七年周惠王正式任命他为侯伯／霸主，是齐桓霸业的"转正期"。在这期间，齐桓公初步建立起包括齐、鲁、宋、卫、陈等主要诸侯国在内的同盟体系，并开始熟练运用"主会""讨罪"等政治、军事手段，有效管控住了搅动中原国际秩序、又与南方楚国勾搭的郑国。

前六八〇年，郑厉公从长期割据的栎邑杀回国都，夺回君位。这位在郑庄公时期就屡立战功、又经过了二十多年流亡历练的成熟政治家，一上台后就继承其父郑庄公的强硬风格，前六七九年趁齐、宋、邾讨伐郳国的机会入侵宋国，清算旧怨。作为霸主，齐桓公一方面不能允许郑厉公搅乱中原国际秩序，一方面也要防备郑国再与齐国争霸，于是前六七八年联合宋人、卫人讨伐郑国，同年冬天与鲁庄公、宋桓公、陈宣公、卫惠公、郑厉公、许穆公、滑伯、滕子在幽地同盟试图逼郑国顺服；前六七七年又以郑厉公没有亲自前来朝见为由，扣留来齐国访问的郑卿叔詹。

前六七三年郑厉公联手王室卿士虢公丑攻入王城，平定王子颓之乱，与齐桓公争当中原霸主的

势头达到顶峰,可惜天不假年,同年五月猝然去世。继位的郑文公仍然不愿顺服,在中原霸主齐桓公和南方霸主楚成王之间"首鼠两端",前六六七年一方面根据齐桓公指令讨伐服从楚国的蔡国,一方面又与楚国暗地里沟通取得楚成王谅解。为了稳定中原局势,齐桓公在前六六七年又召集鲁庄公、宋桓公、陈宣公、郑文公在幽地会盟,商议前六六九年郑国与楚国联络、前六七二年陈国内乱两大问题,并使得郑文公、陈宣公表态同意会议做出的决议,顺服盟主齐桓公。同年,周惠王派遣卿士召伯廖颁赐诰命给齐桓公,正式任命他为侯伯/霸主。

三、前六六七年—前六五一年:霸业昌盛期

从前六六七年齐桓公被周王室正式任命为侯伯/霸主,到前六五一年葵丘之盟正式建立中原国际新秩序,是后人怀念和称颂的齐桓霸业昌盛期,齐桓公大量彪炳史册的霸政功绩都是在这一时期建立的。

(一)抗楚服郑

楚国前六八〇年将蔡国收为自己的仆从国之后,又盯上了位于中原腹地的郑国。如前所述,前六七二年郑文公在幽之盟时表示服从齐国。前六六六年楚令尹子元讨伐郑国,齐人、鲁人、宋人救援郑国。前六五九年,楚人讨伐郑国。同年八月,齐

桓公、鲁僖公、宋桓公、郑文公、曹昭公和邾人在宋地柽会盟，谋划救援郑国。前六五八年，南方小国江、黄派代表在宋地贯与齐桓公、宋桓公会盟，表示服从齐国。同年冬天，楚人讨伐郑国。前六五七年，齐桓公、宋桓公、江人、黄人在齐地阳谷会面，商议如何讨伐楚国。同年冬天，楚国又讨伐郑国，郑文公想要求和，国卿孔叔劝他坚定跟从齐国。前六五六年，齐桓公、宋桓公、鲁僖公、陈宣公、卫文公、郑文公、许穆公、曹昭公共同率军入侵蔡国，随后讨伐楚国，在方城外的召陵与楚成王使者屈完盟誓。齐桓公率领中原诸侯"攘夷"抗击楚国，在此时达到最有利的局面。

前六五五年，齐桓公召集诸侯在卫国首止会面支持王太子郑，使周惠王十分恼恨，因此挑唆在齐、楚间居心不定的郑文公逃离会场。前六五四年，齐桓公、鲁僖公、宋桓公、陈宣公、卫文公、曹昭公率军讨伐郑国，同年秋天，楚成王包围许国以救援郑国。中原诸侯转而救援许国，楚成王率军回撤。前六五三年，齐军讨伐郑国，同年秋天，齐桓公、鲁僖公、宋桓公、陈太子款、郑太子华在鲁地宁母会盟，希望使郑国归顺。在会上，郑太子华企图出卖国家利益、与齐国里应外合除掉郑国三个骨干卿族。齐桓公听从管仲建议，拒绝了太子华。这一举动打动了郑文公,他在前六五二年主动参与齐桓公在曹地洮组织的会盟,请求服从齐国。齐桓公经过长期不懈的努力,终于争取到郑国的诚心归服。

(二)伐戎救患

从春秋初年到齐桓公时期,入侵中原的戎狄主要有两支,一支是来自于晋国以东太行山区的赤狄,一支是位于于山西北部、河北西部的北戎／山戎。比如,前七一四年,北戎侵犯郑国,被郑庄公打败。前七〇六年,北戎侵犯齐国,被郑太子忽打败。

位于中原的齐、郑各国尚且时常遭受戎人侵扰,与北戎／山戎紧邻的(北)燕国就更是深受其害。前六六四年,齐桓公与鲁庄公在济水边会面,谋划讨伐山戎,拯救(北)燕国。鲁庄公没有同意出兵,齐桓公就独自率军长途跋涉北伐山戎,并击溃了山戎属国令支、孤竹后返回,要求(北)燕国修明内政、恢复向王室纳贡。

齐桓公的北伐行动震慑了北戎／山戎的嚣张气焰,来自于此部戎人的危险暂时得到缓和,但是"按下葫芦浮起瓢",位于晋国东部的赤狄又大举入侵太行山区以西的卫国、邢国。前六六二年,赤狄讨伐邢国。前六六一年,齐人救援邢国。前六六〇年,赤狄讨伐卫国。为政昏聩的卫懿公亲自率军出城出战,一败涂地,卫懿公被杀,狄人攻入卫国都城。

前六八八年卫惠公重新即位时，年纪很小，无法生育。"小霸"齐襄公为了稳定卫国政局，强迫卫惠公的庶兄昭伯与父亲卫宣公的夫人宣姜婚配，生了卫戴公、卫文公、宋桓夫人、许穆夫人。到了卫人大败时，齐襄公当年的布局发挥了巨大作用：卫国女婿宋桓公夜里帮助卫国遗民渡过河水，在曹邑建立临时政权，立卫戴公为君。许穆夫人也为卫国积极奔走。齐桓公随后派长子无亏率军戍守曹邑，给卫戴公、夫人配备服饰器物，给民众配备牲畜和门材。

前六五九年，齐军、宋军、曹军救援邢国，邢人放弃都城逃入诸侯营垒中。诸侯军队赶走狄人，帮助邢人迁到河水南面、靠近齐国的夷仪修筑城邑，重建邢国。前六五八年，齐国率领诸侯在更靠近齐国的楚丘为卫人修筑城邑，重建卫国。

（三）平定鲁乱

前六八一年柯之盟后，鲁庄公抛弃争霸幻想，搁置杀父之仇，决定顺服齐国。前六八〇年，鲁庄公娶齐公室女子为夫人，是为哀姜。然而，鲁庄公宠爱的仍是鲁大夫党氏之女孟任，与她生有公子般，想要立子般为君，而与哀姜一直没有子嗣。哀姜则与鲁庄公太弟公子庆父私通，想要拥立庆父为君。

前六六二年鲁庄公病重时,二弟公子牙以鲁国君位继承有"一继一及"传统为由,表示要拥立庆父为君;三弟公子友则忠于鲁庄公遗愿,遵从周代宗法制"父死子继"正礼,表示要拥立公子般为君。公子友先下手毒杀公子牙,在鲁庄公去世后立公子般为君。公子庆父指使圉人荦杀了公子般,公子友出奔到陈国。齐桓公在此时已经介入,支持鲁国内部维护"父死子继"正礼的卿大夫集团,立了鲁庄公庶子、哀姜陪嫁叔姜所生公子启方为君,就是鲁闵公,当时不到七岁,完全为亲齐卿大夫集团所掌控。

前六六一年,鲁闵公集团与齐桓公一唱一和,从陈国召回公子友。同年冬天,齐卿仲孙湫到鲁国探察内乱状况,他打消了齐桓公试图趁乱吞并鲁国的念头,促使齐桓公下决心促使公子庆父倒台,而扶植公子友安定鲁国。前六六〇年,不甘心坐以待毙的公子庆父杀鲁闵公,公子友带着鲁庄公庶子公子申逃到紧邻鲁国的邾国,而公子庆父也在反对他的卿大夫集团压迫下逃到较远的莒国。公子友回到国都,拥立公子申为君,就是鲁僖公。局势基本稳定后,鲁人贿赂莒人送回公子庆父,庆父自杀。冬天,齐桓公派上卿高傒派军队来到鲁国,与鲁僖公盟誓稳定他的君位,并帮助鲁人修筑国都城墙。

前六五九年,齐人逮捕事败逃到邾国的哀姜,在夷国杀了她,将尸体带回齐国,后来应鲁僖公请求才将尸体还给鲁国。

齐桓公在鲁国内乱之时,没有趁机牟利,而是坚定地支持公子友一方,确保鲁国按周代宗法制正礼立嗣君,破除了鲁国自西周以来不合正礼的"一继一及"传统,取得了"平乱"的重大成就,也进一步得到诸侯信任和拥护。

(四)匡正王室

周惠王的王后宠爱少子带,并且说动了周惠王,想要废黜王太子郑而立王子带为太子。前六五五年,齐桓公召集鲁僖公、宋桓公、陈宣公、卫文公、郑文公、许僖公、曹昭公在卫国首止与王太子郑会面,展现诸侯对正牌太子的支持,希望迫使周惠王及惠后打消废嫡立庶的计划,从而安定王室。周惠王怨恨齐桓公干涉王政,于是挑唆郑文公逃离会场,如上文所述。

前六五三年闰月,周惠王去世。继位的周襄王(王太子郑)担心王子带得知消息后会发动叛乱夺取政权,因此秘不发丧,而是急忙派使者去齐国寻求援助。前六五二年春正月,齐桓公召集鲁僖公、宋桓公、卫文公、许僖公、曹共公、陈太子款一道与王室大夫在曹地洮结盟,就王位继承一事达成共识,支持襄王继位。襄王在王位稳定之后,这才向各诸侯国发出讣告。郑文公也派出使者来到盟会现场,请求服从齐国,与诸侯结盟。

四、前六五一年—前六四三年:霸业盛极而衰期

前六五一年由齐桓公、鲁僖公、宋襄公、卫文公、郑文公、许僖公、曹共公和王室卿士周公孔出席的葵丘之盟是齐桓霸业的巅峰,标志着中原主要诸侯国经过一百多年的体制机制探索和国际共识构建,彻底走出了周王室管控的国际旧秩序,建立了霸主管控的中原国际新秩序,可以说是一种给中原地区带来相对稳定和安宁的"新常态"。这里说的"中原",包括了周王室和所有尊奉周王为共主、承认周代封国名分的中原诸侯国,可以细分为六个层次:

(一)周王室:天下共主。王室此时已经没有任何硬实力可言,它之所以能够继续存在下去,主要就是因为它与霸主齐国之间形成了一种"相互需要"的关系,一方面王室依靠齐国管控天下,为周朝续命;另一方面齐国直接援引王室授权统领诸侯,而无需冒改朝换代的巨大风险。这就是齐桓公虽然在葵丘之盟上表现出明显的僭越之心、却能被管仲劝住继续"尊王"的深层次原因。

(二)齐国:侯伯/霸主。齐桓公作为诸侯之长，主持诸侯会盟，率领诸侯尊崇王室、抗御夷狄、平定内乱、救助灾患、讨伐罪行、遵守公约，共同维护中原国际秩序。

（三）鲁、宋、卫、曹：稳定服从齐国的"一心国"。这四国在意识形态上都高度认同自己是中原列国，而且距齐国近、距楚国远，与楚国之间还有众"二心国"加以阻隔，因此都选择了稳定服从齐国的地缘政治策略。

（四）郑、陈、蔡、许：在齐、楚之间摇摆不定的"二心国"。这四国虽然在意识形态上自认为是中原列国而不愿服从"荆蛮"楚国，但都距齐国远而与楚国毗邻，为了国家的生存，不得不采取"谁强服谁"的地缘政治策略。

（五）晋、秦：认同王室和封国名分的"观察员国"。秦国是通过重新占据宗周王畿发展起来的新兴国家，与晋国交往较为密切，而与中原则绝少来往。晋国本是拱卫宗周王畿的甸侯国，此时尚未取得沟通中原的南阳地区，除了偶尔介入王室事务之外，也基本上与中原没有来往。齐桓公邀请晋献公参与葵丘之盟，晋献公半路返回，已经充分说明晋国在此时还没有正式纳入中原国际政治体系。

（六）江、黄：身处楚国势力范围却向往中原体系的"投诚国"。这两个小国饱受楚国压榨欺凌，又不愿意接受被吞并的宿命，垂死挣扎中试图抓住中原霸主齐国这根"救命稻草"，然而远水解不了近渴，最终于前六二三年、前六四八年分别被楚国攻灭。

葵丘之盟的盟约规定了中原国际秩序"新常态"下各主要诸侯国的基本行为准则，可以说是春秋时期第一个"国际公约"：

（一）"诛不孝，无易树子，无以妾为妻"：诛责不孝之人，不要换掉已经立为继承人的儿子，不要把妾立为正妻。

（二）"尊贤、育才，以彰有德"：尊重贤人、培育人才，来表彰有德之人。

（三）"敬老、慈幼，无忘宾旅"：敬养老人、慈爱幼小，不要忘记善待过路的宾客。

（四）"士无世官，官事无摄，取士必得，无专杀大夫"：士人不要享受世袭的官职，公家职务不要兼任，录用士人一定要得当，不要专擅地杀戮大夫。

（五）"无曲防，无遏籴，无有封而不告"：不要筑堤防截留水资源，不要阻遏邻国采购粮食，不要封赏土地给卿大夫而不报告盟主。

（六）"凡我同盟之人，既盟之后，言归于好"：所有我们参与盟会的国家，从订立盟约以后，完全回归到旧日的友好氛围。

然而,在葵丘之盟代表周王赐予齐桓公祭肉的周公孔已经看出齐桓霸业盛极而衰的端倪,所以劝说半路遇上的晋献公不必急着加入中原诸侯联盟,而是赶快回国防备内乱。

葵丘之盟后,晋献公于同年去世,晋国发生君位继承危机,紧邻晋国的秦穆公抓住机会发兵护送公子夷吾归国即位,齐桓公闻讯后急忙率领诸侯军队讨伐晋国,试图将这个新兴国家拉入自己的诸侯联盟体系。齐桓公到达晋国境内时得知秦国已先下手为强,于是派隰朋离开大部队与秦国会合,上演了一出"霸主主导、秦国配合"护送公子夷吾进国都的政治秀,前六五〇年又指使周王室代表周公忌父、王子党配合隰朋正式拥立晋惠公。然而,不管齐桓公如何大做表面文章,齐国毕竟距离晋国遥远,鞭长莫及,在这之后真正有能力干预晋国内政的仍然是秦国。

前六五〇年,先前灭卫、灭邢的晋东赤狄又攻入河北王畿的苏国都城温,苏子出奔卫国。有意思的是,齐桓公不去对付这股为害甚大的赤狄势力,而是拉上远在南方的许僖公又去讨伐先前已被削弱的北戎。

前六四九年,盘踞在中原伊水、雒水流域的各部戎人在王子带鼓动下讨伐王城,秦国、晋国南下讨伐戎人、救援周王室,晋惠公试图调停戎人和王室之间的紧张关系没有成功。

前六四八年,齐国组织诸侯帮助卫国修筑城墙防备赤狄,收留了在王室内乱中被周襄王逐出的王子带,又派出管仲、隰朋成功调停了周襄王、晋惠公与戎人之间的紧张关系。

前六四七年,手中掌握着王子带的齐桓公派仲孙湫试图调停周襄王和王子带之间的仇怨没有成功。根据齐桓公、鲁僖公、宋襄公、陈穆公、卫文公、郑文公、许僖公、曹共公在咸之会上达成的共识,诸侯派出军队戍守王畿防备戎人,又在前六四六年修筑齐邑缘陵城墙,将饱受淮夷侵扰的杞国迁到缘陵。

前六四五年,楚人讨伐亲附齐国的徐国,中原八国君主又在齐地牡丘会盟,随后诸侯率军救援徐国,徐国仗恃齐国救援,在娄林被楚军击败。同年,管仲去世,年老昏聩的齐桓公重用易牙、竖刁、堂巫等奸臣,内政混乱,诸子争立,霸业也开始走向衰败。

前六四四年,齐桓公与鲁僖公、宋襄公、陈穆公、卫文公、郑文公、许僖公、邢侯、曹共公在淮水边会盟,这是齐桓公组织的最后一次中原诸侯大会。会后诸侯帮助被淮夷侵扰的鄫国修筑城墙,军中就开始流传"齐国内乱"的消息,修城任务还没结束就草草结束,各自回国。

前六四三年十月,齐桓公在公宫中被活活饿死,尸体腐烂,蛆虫爬出宫门。易牙杀太子昭党羽,立公子无亏为国君,太子昭出奔到宋国。

前六四二年,先前受齐桓公嘱托护佑太子昭的宋襄公率领诸侯讨伐齐国,与支持太子昭的齐国内部势力携手杀死公子无亏,拥立太子昭即位,就是齐孝公。

晋文霸业:与楚共创天下国际秩序"制衡态"

从齐、郑小霸中原开始,中原主要诸侯国已经逐渐习惯了后周王时代背景下"诸侯自治"的国际秩序。在此基础上,齐桓公/管仲经过三十多年的不懈努力,建立起霸主管控的中原国际秩序"新常态",也在有实力的强国君主心目中树立起"称霸中原"这个比"独善其国"更为宏大的政治理想。前六四三年齐桓公去世后,齐国霸业中衰,中原成为强国争霸的"角斗场"。

在本书中,我们从"晋国视角"着眼,详细讲述了晋国霸业的起点、奠基、孕育、兴起、巅峰、延续和终结。在这里,我们将始终保持"中原视角",重新梳理一下楚成王如何节节胜利、几乎成就霸业,晋文公如何力挽狂澜、城濮之战一战而霸,从而与楚成王共同开创天下国际新秩序"制衡态",以及晋国霸业如何渡过传承危机,殽之战后确立天下国际新秩序。

一、前六四二年—前六三七年:宋襄公称霸落败,楚成王收服郑国

前六四二年,宋襄公率诸侯讨伐齐国,拥立出奔到宋国的太子昭。郑文公一见齐国内乱,马上前往楚国朝见楚成王。在成功地将太子昭推上君位之后(就是齐孝公),宋襄公认定天命已经抛弃建立周朝的姬、姜二族,而重新眷顾子姓商王族,于是开始一意孤行地推行他的"复古兴商"称霸计划。

前六四一年,宋襄公称霸正式启动。他派人逮捕了滕宣公,召集曹人、邾人在曹国会盟,又指使邾文公逮捕了鄫子,杀了他当作祭品祭祀睢水边的东夷神社。邾国是东夷国,而鄫国在几年前饱受东夷侵扰、曾得到齐桓公组织诸侯保护。宋襄公此举表明,他的称霸理念不是继承齐桓霸业的衣钵"尊王攘夷",而是反其道而行之。

同年冬天,齐、鲁、陈、蔡、楚、郑国代表在齐国都城会盟,公开的主题是不忘齐桓公的大德,重修齐桓公时期各国之间的友好。宋国的缺席表明,这次会盟的真正意图是表达对宋襄公称霸的一致反

对；楚国的出现表明，在中原没有哪个国家可以与之武力抗衡的情况下，楚成王认为楚国已经可以从容地作为一个"正常国家"参与到中原国际政治中来，也许他希望通过这种方式洗刷掉中原体系长期加在楚国身上的"荆蛮"标记，从而名正言顺地当上中原霸主。

前六三九年春，宋襄公在宋地鹿上与齐人、楚人会盟，希望楚国能同意自己召集诸侯会盟，楚人同意了。同年秋天，宋襄公果真召集楚成王、陈穆公、蔡庄公、郑庄公、许僖公、曹共公在宋地盂会盟。会上，楚成王捉拿了宋襄公，押着他讨伐宋国。秋天，楚卿子西前往鲁国进献伐宋的战利品。冬天，诸侯在宋地薄会盟，释放了宋襄公。经过这一系列闹剧式的行动，中原各诸侯国很可能加深了对楚成王的服从意愿，而宋襄公早已被他们当作顽固不化的狂人来看待了。

楚成王"中原首秀"成功之后，前六三八年春，郑文公再次朝见楚成王，表明郑国正式服从楚国。夏天，宋襄公联合卫文公、许僖公、滕子讨伐郑国以示惩罚，陪着宋襄公征战的这几位诸侯君主到底有多少真心已经无从知晓。冬天，宋襄公在泓水边与楚人交战，宋军大败，宋襄公受重伤。战后，郑文公派夫人到军营里慰劳楚成王，又在国都内设最高规格的享礼款待他,楚成王娶了两位郑公室女子为妾后班师回国。此时郑国已经成为楚国的亲密盟国。

齐孝公不敢与风头正盛的楚成王对抗,却对宋襄公落井下石,于前六三七年讨伐宋国,讨伐他没有参与先前的齐都之盟。夏五月,宋襄公伤重不治去世,他所主导的"复古兴商"称霸闹剧也宣告收场。秋天,楚司马子玉率军讨伐陈国,讨伐它曾有过服从宋国的念头。此时的楚成王很可能认为,成为中原霸主只是个时间问题了。

二、前六三六年—前六三二年:晋文公出定襄王,楚成王几成霸业

前六三六年,郑国与周王室围绕滑国存亡发生激烈冲突:郑国出兵讨伐滑国,想要逼迫滑国臣服,周襄王派出两位大夫到郑国,请求郑国放过滑国,郑文公不但不听周王的命令,还逮捕了两位王室大夫。周襄王发怒,下决心惩处郑国。由于周王室自身的军事力量已经很薄弱,周襄王不听劝阻,派出颓叔、桃子两位大夫请来狄人讨伐郑国,占领了栎邑。周襄王很感激狄人,立狄女隗氏为王后。隗氏与前六三八年得到赦免回到王城的王子带通奸,襄王知情后无法忍受,又废了狄后。颓叔、桃子担心狄人会怨恨他们两人,于是奉王子带为主,率领狄军两次攻打襄王,襄王出逃到郑国,王子带和隗氏

也离开王城，住在一直不顺服王室的河北王畿温邑。周襄王派出使者到各国告难，中原各国大多袖手旁观，而秦穆公、晋文公决定共同出兵干预。

这年冬天，宋襄公的儿子宋成公前往楚国朝见楚成王，表明宋国也服从楚国。

前六三五年春，秦穆公率军到达河水岸边，准备与晋文公会合后共同东进中原。然而，晋文公在狐偃建议下，一面派人回绝秦穆公，一面买通阻挡在晋国和河北王畿之间的戎狄，独自率军抄近道南下，迎回周襄王，杀死王子带，平定了叛乱，取得"尊王""平乱"之功。周襄王将王室一直无法有效控制的南阳八邑赐给晋国，晋人抓住机会，晋文公亲自坐镇，软硬兼施、稳扎稳打，实际占有了南阳地区。秋天，秦、晋讨伐楚属国鄀国，秦军攻占鄀国都城，抓获楚国重臣申公子仪、息公子边，"攘夷"扳回一局。楚令尹子玉追击秦师失败，于是包围陈国。此时晋、秦在表面上仍是联盟国，然而实际上已经为称霸中原展开了竞争。

此时的卫国在卫文公的领导下，国力显著增强，前六三五年春攻灭邢国，冬天成功调停鲁国和莒国之间的紧张关系，前六三四年春，卫、鲁、莒三国在莒邑向会盟。鲁国、卫国此时都已经倒向楚国。齐国认为自己仍然是区域的霸主，不能容忍鲁、卫另组同盟，因此两次出兵讨伐鲁国，卫国于是讨伐齐国以示报复。让局势更为复杂的是，宋国看到晋国迅速崛起，于是背叛楚国，改投晋国。于是，鲁卿东门襄仲、臧文仲前往楚国，请求楚人出兵讨伐齐国、宋国。冬天，楚人讨伐宋国，包围缗邑；鲁僖公带领楚军讨伐齐国，攻占谷邑，让齐桓公之子公子雍住在谷邑，由楚申公叔侯戍守。

前六三三年夏，齐孝公去世，齐桓公之子公子潘杀孝公之子而自立，就是齐昭公。冬天，楚成王、陈穆公、蔡庄公、郑文公、许僖公包围宋国都城，十二月，鲁僖公也加入进来，与楚集团诸侯在宋国境内会盟。

此时天下各主要诸侯国情势大致如下：

（一）楚集团

楚国：君主为楚成王，积极争取称霸中原

郑国：君主为郑文公，此前为齐集团"二心国"

陈国：君主为陈穆公，此前为齐集团"二心国"

蔡国：君主为蔡庄公，此前为齐集团"二心国"

许国：君主为许僖公，此前为齐集团"二心国"

鲁国：君主为鲁僖公，此前为齐集团"一心国"

卫国，君主为卫成公，此前为齐集团"一心国"

曹国：君主为曹共公，此前为齐集团"一心国"

（二）晋集团

晋国：君主为晋文公，积极争取称霸中原，此前为齐集团"观察员国"

宋国：君主为宋成公，此前为齐集团"一心国"

（三）秦国：君主为秦穆公，积极争取称霸中原，此前为齐集团"观察员国"

（四）齐国：君主为齐昭公，曾为中原霸主，自诩仍拥有霸主地位

由此可见，在齐国霸业衰落、宋国称霸失败之后，除齐国、宋国外的所有中原主要诸侯国都已经认为，长期与齐国争霸、国力强盛、君王英明的楚国将成为下一个中原霸主国，楚成王距离实现"称霸中原"的宏伟目标似乎已经只有一步之遥。

三、前六三二年：城濮之战，楚成王功败垂成，晋文公称霸中原

当楚集团诸侯包围宋国时，晋国高层在谋求称霸中原的总体战略指引下，决定武力介入此次危机，采用"攻甲救乙"策略，通过讨伐曹国、卫国吸引楚国来救援，从而解救宋国。

前六三二年春，晋文公派出使者到卫国，提出借道卫国讨伐曹国。卫国不同意，这就给晋人讨伐卫国提供了理由。晋文公率领晋军从卫国以西渡过河水，向东讨伐卫国，夺取了五鹿。

二月,晋文公、齐昭公在卫地敛盂结盟。卫成公想参加此次会盟,晋人不答应。卫成公又想投靠楚国,国人不同意,于是将卫成公驱逐出国都。

作为卫国关系密切的盟国,鲁国派出国卿公子买率军戍守卫国,等待楚国前来救援。可是,楚军救援卫国没有成功。鲁僖公一方面惧怕晋国惩罚,于是派人刺杀了公子买作为交待;另一方面又不愿意得罪楚国,于是告诉楚人说,杀掉公子买是因为他没到期限就擅自回国。

三月八日,晋文公攻入曹国,数落曹共公不用贤人僖负羁、滥授官职,当年偷看他洗澡,为自己的军事行动寻找理由。

这时,已被围四个月的宋人派人到晋军营垒中告急。晋国高层决定:一方面逮捕曹共公,并宣称要把曹国、卫国的领土赐给宋人;一方面要求宋国去给齐国、秦国送重礼,请他们向楚国游说放过宋国。这样一来,一方面宋国得到晋国的赐地承诺,更加坚定地跟从晋国;一方面楚国由于要力保新近加入楚集团的曹国、卫国,绝不会放过宋国;一方面齐国、秦国收了宋国的重礼,却无法说服楚国,会对楚国的顽固感到愤怒。晋国通过这样的"激将法"促使齐国、秦国出兵支持晋国,成功地将所有不服楚国的力量整合到了一起。

楚成王不愿与急于求战的晋文公进行正面决战，于是自己离开宋国回到方城以内的申县，然后命令申公叔侯从齐国谷邑撤军，命令令尹子玉从宋国撤军。子玉拒绝撤军坚决请战，楚成王发怒，减少了子玉所统帅的军队数量。

　　子玉派出使者宛春前往晋军营垒，向晋人提出：如果晋人将卫成公送回国都公开恢复其君位，并且公开恢复曹国的国家地位，楚国就从宋国撤军。而晋人则私下同意恢复曹国、卫国，促使曹国、卫国公开宣布与楚国断绝关系，并故意违背外交规则逮捕了使者宛春。值得注意的是，此时卫国已经分为两股政治势力，国都内的国人已经宣布与楚国断绝关系，而流亡在外的卫成公则派遣他的党羽参与了楚集团联军。

　　这些行动成功地激怒了子玉，他率领全部军队离开宋国，北上卫国追赶晋军，寻求正面交战。晋人按照当年公子重耳对楚成王的承诺退避九十里后，在卫地城濮停下，准备与楚人决战。当时双方的参与国分别是：

　　晋集团：晋（主力）、齐、秦、宋、群戎

　　楚集团：楚（主力）、郑、卫、陈、蔡、群蛮夷

　　夏四月二日，晋军运用"佯败诱敌""各个击破"的战术，在城濮大败楚军，取得了城濮之战的历史

性胜利。之后,晋军讨伐了郑国。二十七日,晋军到达郑地衡雍,在附近的践土为前来慰劳的周襄王修建行宫。郑文公派子人九到晋军营垒求和,晋卿栾枝进入郑国都城与郑文公盟誓,五月九日,晋文公与郑文公在郑地衡雍结盟,曾经是楚国最亲密盟国的郑国转投晋国。

五月十日,晋文公在践土行宫向周襄王进献楚俘,周襄王正式任命晋文公为侯伯(诸侯之长,也就是霸主)。五月二十六日,晋文公、齐昭公、鲁僖公、宋成公、蔡庄公、郑文公、卫夷叔(卫成公同母弟)、莒兹丕公在践土会盟。陈穆公在会盟结束后赶到。卫成公出奔到楚国。

六月,晋人将卫成公送回国都复位,夷叔被杀,守城国卿元咺出逃到晋国。

冬,晋文公、齐昭公、鲁僖公、宋成公、蔡庄公、郑文公、陈共公、莒兹丕公、邾文公、秦人在温地会面。会上,晋文公设立了"国际法庭",听取卫成公与元咺的诉讼,判定罪在卫成公,将其关押在王城。晋文公又召来周襄王,带领诸侯朝见他,并邀周王到河水以北地区狩猎,为自己成功占领的南阳新区"剪彩"。

十月十二日,根据会上形成的决议,诸侯包围许国,声讨它不参加践土之盟、温之会,最终无功而返。

四、前六三二年—前六二八年：晋文公巩固霸业，与秦穆公矛盾激化

前六三二年，晋文公在称霸中原同时，着手加强针对晋国周边山区狄人的军事力量。对付狄人须用步兵，晋国在前六五〇年时已经建立了左行、右行两支步兵军队，晋文公在此基础上又增加一行，成为左、中、右三行。

前六三一年夏，王室卿士王叔文公、鲁僖公、晋卿狐偃、宋卿公孙固、齐卿国庄子、陈卿辕宣仲、秦卿小子慭、陈人、蔡人在翟泉会盟，重温去年的践土之盟，而且谋划讨伐仍在晋、楚间摇摆不定的郑国。

前六三〇年春，晋人入侵郑国，试探郑国的军事能力强弱。九月，晋文公、秦穆公包围郑国，理由是郑文公当年对路过郑国的公子重耳不礼敬，而且在晋、楚之间摇摆不定，后面一条显然是真正的原因。郑大夫烛之武夜见秦穆公，挑破秦、晋之间的竞争关系，指出秦国讨伐郑国是"损秦利晋"错误举动，提出郑国愿做秦国东进中原的接待国。他成功说服秦穆公抛开晋文公单独与郑人盟誓，还留下杞子、逢孙、杨孙戍守郑都，然后单方面撤军回国。晋军如果继续讨伐郑国就等于与秦国开战，晋文公此时还下不了这个决心，于是决定撤军回国。郑国从

晋国迎回郑公子兰立为太子,以向晋国示好求和。

前六二九年秋,晋国在清原举行大阅兵,撤销三行,成立中、上、下、新上、新下五军,与"天子六军"仅有一军之差。

五、前六二八年—前六二七年:殽之战,确立天下国际秩序"制衡态"

前六二八年,戍守郑都的秦大夫杞子派人回到秦国报告说,郑都秦人已经掌握了北门管钥,如果秦军前来偷袭的话,可以攻占郑国。虽然遭到蹇叔、百里奚等老臣的极力劝阻,秦穆公还是决定抓住晋文公、郑文公去世、郑国有秦人内应的机会东进中原、占领郑国,为自己称霸中原的梦想放手一搏。孟明视、西乞术、白乙丙率秦军沿宗周—成周道东进,前六二七年春经过王城,到达滑国时消息走漏,郑穆公逼走杞子、逢孙、杨孙。秦军见郑国已有防备、自身没有后援,于是在攻入滑国之后沿原路回国。四月十三日,身穿染黑丧服的晋襄公率军在宗周—成周道的殽山段截住秦军,与山区冲杀下来的姜戎步兵前后夹击,大败秦军,俘获三位统帅。在晋襄公嫡母、秦女文嬴的劝说下,晋襄公放走了三位统帅。

殽之战使秦穆公意识到,晋国政局稳定、实力强大,而且牢牢掌握着宗周—成周道这一秦国东进中原必经之路，自己有生之年称霸中原已无可能。此后，秦穆公一方面重用孟明视等人，专心在西方开拓；另一方面派使者与楚国沟通，结成同盟共同对付晋国。

殽之战晋国的胜利，打破了秦国称霸中原的最后一线希望，使得晋文霸业没有重蹈齐桓霸业止于一世的覆辙，而是真正成为绵延百年的晋国中原霸业的开端。晋文公和楚成王共同开创的、晋襄公确立的、以晋楚争霸为核心矛盾的天下国际秩序一直延续到前五四六年晋、楚弭兵之盟，可以说是一种基本稳定但又充满张力的"制衡态"，其基本特征可以归纳如下：

（一）在国际政治中发挥主要作用的诸侯国分为三个层次：超级大国（晋、楚）、大国（齐、秦）和中原主要诸侯国（鲁、宋、卫、郑、陈、蔡等）。从地理格局上看，晋、楚、齐、秦雄踞天下北、南、东、西四方，围绕着鲁、宋、卫、郑、陈、蔡等中原各主要诸侯国。

（二）晋国是周王室全权代理人、名义上的天下霸主、实际上的中原霸主，势力范围是北方河、济地区。楚国僭越称王，是实际上的南方霸主，势力范围是南方江、淮地区。晋国与楚国这两个超级大国长期争霸，它们都想要成为实际上的天下霸主，但谁也无法战胜另外一方，实际上形成了一种长期制衡的关系。齐、秦两大国和中原各主要诸侯国在晋楚双霸"各自管控，互相竞争，长期制衡"这个基本格局下谋划自己的地缘政治策略。

（三）秦国名义上属于楚集团，与楚国联手对抗晋国，但拥有较大的独立性，并不受楚国控制。齐国在名义上属于晋集团，在晋国强盛时服从它，但当晋国衰弱时就图谋摆脱控制、称霸东方，重现昔日齐桓霸业的辉煌。

（四）中原各主要诸侯国在名义上属于晋集团，根据对待霸主晋国的态度可分为两类：1、较为稳定服从晋国的"一心国"，包括鲁、宋、卫；2、在晋、楚之间摇摆不定的"二心国"，包括郑、陈、蔡。

在将近一百年的争霸斗争中，晋、楚双方都试图战胜对方，成为天下霸主，进而代替周王成为天下新王，然而最后都以失败告终。这个最高政治理想的升级版——消灭诸侯，结束分封，成为比周王更有权柄的天下新王，最终由春秋四大国中最不起眼的秦国在前二二一年实现。

参考文献

春秋左传

沈玉成：《左传译文》，中华书局，1981 年

左丘明、杜预、孔颖达：《春秋左传正义》，北京大学出版社，2000 年

杨伯峻：《春秋左传注》，中华书局，2009 年

刘勋：《春秋左传精读》，新世界出版社，2014 年

其他典籍

金启华：《诗经全译》，江苏古籍出版社，1984 年

程俊英、蒋见元：《诗经注析》，中华书局，1991 年

王守谦、喻芳葵、王凤春、李烨：《战国策全译》，贵州人民出版社，1992 年

王锳、王天海：《说苑全译》，贵州人民出版社，1992 年

张觉：《韩非子全译》，贵州人民出版社，1992 年

张觉：《商君书全译》，贵州人民出版社，1993 年

黄永堂：《国语全译》，贵州人民出版社，1995 年

周才珠、齐瑞端：《墨子全译》，贵州人民出版社，1995 年

谢浩范、朱迎平：《管子全译》，贵州人民出版社，1996 年

关贤柱、廖进碧、钟雪丽：《吕氏春秋全译》，贵州人民出版社，1997 年

白本松：《春秋穀梁传全译》，贵州人民出版社，1998 年

梅桐生：《春秋公羊传全译》，贵州人民出版社，1998 年

杨伯峻：《孟子译注》，中华书局，2005 年

杨伯峻：《论语译注》，中华书局，2009 年

韩兆琦：《史记笺证》，江苏人民出版社，2009 年

刘尚慈：《春秋公羊传译注》，中华书局，2010 年

杨伯峻：《孟子译注》，中华书局，2010 年

研究专著

方诗铭、王修龄：《古本竹书纪年辑证》，上海古籍出版社，1981 年（附有王国维
　　《今本竹书纪年疏证》）

顾颉刚、刘起釪：《春秋三传及国语之综合研究》，巴蜀书社，1988 年

山东省兖石铁路文物考古工作队：《临沂凤凰岭东周墓》，齐鲁书社，1988 年

何浩：《楚灭国研究》，武汉出版社，1989 年

晁福林：《霸权迭兴——春秋霸主论》，生活·读书·新知三联书店，1992 年

杨宽：《西周史》，上海人民出版社，1999 年

陈美兰、苏建洲、陈嘉凌：《〈上海博物馆藏战国楚竹书（二）〉读本》，万卷楼，
　　2003 年

王健：《西周政治地理结构研究》，中州古籍出版社，2004 年

葛志毅：《周代分封制度研究（修订本）》，黑龙江人民出版社，2005 年

吕文郁：《周代的采邑制度（增订版）》，社会科学文献出版社，2006 年

白国红：《春秋晋国赵氏研究》，中华书局，2007 年

陈思婷、张继凌、高佑仁、朱赐麟：《〈上海博物馆藏战国楚竹书（四）〉读本》，万
　　卷楼，2007 年

李峰：《西周的灭亡：中国早期国家的地理和政治危机》，上海古籍出版社，
　　2007 年

马保春：《晋国历史地理研究》，文物出版社，2007 年

王美凤、周苏平、田旭东：《春秋史与春秋文明》，上海社会科学文献出版社，
　　2007 年

王国维：《殷周制度论》，《王国维全集》，浙江教育出版社，2009 年

尹弘兵：《楚国都城与核心区探索》，湖北人民出版社，2009 年

季旭昇：《说文新证》，福建人民出版社，2010 年

晁福林：《春秋战国的社会变迁》，商务印书馆，2011 年

雷晋豪：《周道：封建时代的官道》，社会科学文献出版社，2011 年

童书业：《春秋史（校订本）》，中华书局，2012 年

何景成：《西周王朝政府的行政组织与运行机制》，光明日报出版社，2013 年

苏建洲、吴雯雯、赖怡璇：《清华二〈系年〉集解》，万卷楼，2013 年

王瑜桢、黄泽钧、李雅萍、金宇祥：《〈清华大学藏战国竹简（壹）〉读本》，艺文印
　　书馆，2013 年

张富祥：《〈竹书纪年〉与夏商周年代研究》，中华书局，2013 年

李孟存、李尚师：《晋国史》，三晋出版社，2015 年

刘光胜：《清华简〈系年〉与〈竹书纪年〉比较研究》，中西书局，2015 年

马楠：《清华简〈系年〉辑证》，中西书局，2015 年

清华大学出土文献研究与保护中心：《清华大学藏战国竹简（陆）》，中西书局，
　　2016 年

清华大学出土文献研究与保护中心：《清华大学藏战国竹简（柒）》，中西书局，
　　2017 年

学位论文

李龙海:《商代的继承制度》,郑州大学 2002 年硕士学位论文

王泽文:《春秋时期的纪念铜器铭文与〈左传〉的对照研究》,中国社科院研究生
　　院 2002 年博士学位论文

池万兴:《〈管子〉研究》,西北师范大学 2003 年博士学位论文

金学清:《东周王室研究》,华东师范大学 2003 年博士学位论文

辛田:《春秋战国时期社会转型研究》,山西师范大学 2006 年博士学位论文

徐峰:《西周时期的淮夷——以安徽江淮地区为中心》,南京师范大学 2007 年
　　硕士学位论文

张卓琳:《秦郡县制度研究》,陕西师范大学 2009 年硕士学位论文

赵晓斌:《春秋官制研究》,浙江大学 2009 年博士学位论文

陈文丽:《〈曹沫之陈〉与曹沫》,西北大学 2010 硕士学位论文

姜鹏:《春秋晋国韩氏研究》,河南大学 2010 年硕士学位论文

沈琳:《秦国与戎狄关系研究》,河北师范大学 2010 年硕士学位论文

苏勇:《周代郑国史研究》,吉林大学 2010 年博士学位论文

孙飞燕:《〈容成氏〉文本整理及研究》,清华大学 2010 年博士学位论文

王治国:《金文所见西周王朝官制研究》,北京大学 2013 年博士学位论文

谢伟峰:《从血缘到地缘:春秋战国制度大变革研究》,陕西师范大学 2013 年
　　博士学位论文

赵炳清:《楚国疆域变迁之研究——以地缘政治为研究视角》,复旦大学 2013
　　年博士学位论文

刘进:《〈韩非子〉论晋国》,山西师范大学 2014 年硕士学位论文

钱冬勤:《春秋时期的齐鲁关系研究》,苏州大学 2014 年硕士学位论文

孙志超：《先秦秦汉时期"王—霸"观念的演变》，华东师范大学 2014 年硕士学
位论文

期刊论文

顾颉刚：《春秋时代的县》，《禹贡》1937 年 6、7 期合刊

吴文祺、张其海：《莒南大店春秋时期莒国殉人墓》，《考古学报》1978 年第 3 期

范毓周：《试论灭商以前的商周关系》，《史学月刊》1981 年第 1 期

李学勤：《试论孤竹》，《社会科学战线》1983 年第 2 期

王敬泽：《晋文公登位年岁考》，《晋阳学刊》1982 年第 6 期

张玉勤：《晋作州兵探析》，《山西师大学报(社会科学版)》，1985 年第 1 期

胡德经：《两京古道考辨》，《史学月刊》1986 年第 2 期

邹昌林：《晋文公的大分封和晋国中期贵族土地所有制的变化》，《中国社会科
学院研究生院学报》1986 年第 4 期

周苏平：《春秋时期晋国政权的演变及其原因之分析》，《西北大学学报(哲学社
会科学版)》1987 年第 2 期

晁福林：《论郑国的政治发展及其历史特征》，《南都学坛(社会科学版)》1992
年第 3 期

胡家聪：《〈管子〉中"王、霸"说的战国特征——简论〈管子〉并非管仲遗著》，《管
子学刊》1992 年第 3 期

吕文郁：《春秋时代晋国的县制》，《陕西师范大学学报(社会科学版)》1992 年
第 4 期

彭邦本：《"执秩之法"与春秋中期晋国的霸业》，《河南大学学报(社会科学
版)》，1992 年第 1 期

周兴：《重评宋襄公》，《辽宁师范大学学报(社科版)》1992 年第 4 期

钱林书：《春秋战国时齐国的疆域及政区》,《复旦学报(社会科学版)》,1993 年
　　第 6 期

杨朝明：《"文姜之乱"异议》,《管子学刊》1994 年第 1 期

周兴：《宋襄公用人祭原因辨析》,《烟台师范学院学报(哲学社会科学版)》1994
　　年第 2 期

衣保中：《春秋时期晋国县制的形成及特点》,《吉林师范学院学报》1995 年第
　　2 期

臧知非：《齐国行政制度考源——兼谈〈国语·齐语〉的相关问题》,《文史哲》
　　1995 年第 4 期

杨朝明：《鲁国"一继一及"继承现象再考》,《东岳论丛》1996 年第 5 期

杨秋梅：《晋国的始盛之君——晋献公》,《山西师范大学学报(社会科学版)》
　　1999 年第 3 期

江林昌：《周先祖古公亶父"至于岐下"与渭水流域先周考古学文化》,《考古与
　　文物》2000 年第 2 期

常耀华：《是商卜辞,还是周卜辞? ——关于周原 H:11 四片字甲的性质》,《中
　　国社会科学院研究生院学报》2002 年第 1 期

丁岩：《岐丰"周道"及相关问题》,《文博》2003 年第 4 期

赵瑞民：《晋国与陆浑戎》,《晋阳学刊》2003 年第 3 期

谭黎明：《春秋时期楚国的县制》,《吉林师范大学学报(人文社会科学版)》2005
　　年第 2 期

白国红：《晋文公"五贤士"考》,《山西师范大学学报(社会科学版)》2006 年第
　　2 期

黄文新：《先秦马车乘坐方式与乘员》,《江汉考古》2007 年第 3 期

李玉洁：《春秋时代晋国尊贤尚功与世卿世禄制度探析》,《郑州大学学报(哲学

社会科学版）》2006 年第 1 期

贾景峰：《曲沃篡晋与古典宗法制政治功能的消亡》，《吉林师范大学学报（人文
社会科学版）》2007 年第 1 期

邱文山：《春秋时期齐国的全方位改革》，《山东理工大学学报（社会科学版）》
2007 年第 5 期

邵蓓：《西周伯制考索》，《中国史研究》2008 年第 2 期

谢乃和：《金文所见西周王后事迹考》，《华夏考古》2008 年第 3 期

马卫东：《春秋楚国政不下移原因新探》，《郑州大学学报（哲学社会科学版）》
2009 年第 3 期

史磊：《春秋初期鲁国与齐国的争衡》，《齐齐哈尔师范高等专科学校学报》2009
年第 2 期

杨建敏：《从〈世本〉记载看郑国四都三迁》，《黄河科技大学学报》2009 年第
4 期

赵晓龙：《子犯编钟铭文补释》，《文物世界》2009 年第 1 期

宫芳：《试析管仲的改革思想与实践》，《管子学刊》2010 年第 2 期

郭丽：《齐襄公考——从马王堆汉墓帛书谈起》，《管子学刊》2010 年第 4 期

尉博博、王向辉：《春秋鲁国"一继一及，鲁之常也"辨》，《社会科学论坛》2010
年第 10 期

杨善群：《论春秋战国间的"爰田"制》，《晋阳学刊》2010 年第 5 期

张磊：《〈曶壶〉与周代司徒军事职掌新论》，《中国历史文物》2010 年第 2 期

曹嫄：《异说纷纭的"寤生"》，《安徽文学》2011 年第 5 期

莫凡：《春秋霸政时代中的晋国南阳地略述》，《首都师范大学学报（社会科学
版）》2011 年增刊

钱益汇：《杞国都城迁徙及相关历史地理问题疏证》，《首都师范大学学报（社会

科学版)》2011 年第 4 期

吴伟华：《鲁北地区考古发现与春秋时期齐国灭纪》，《中原文物》2011 年第
　　2 期

曹定云：《周原甲骨"二王"同猎与"文王囚羑里"——兼论周原卜辞族属》，《甲
　　骨文与殷商史》第 3 辑，上海古籍出版社，2013 年

何捷：《春秋战国时期秦国郡县制发展概述》，《贵阳学院学报(社会科学版)》
　　2013 年第 3 期

景红艳：《论晋国历史上的土地赏赐》，《宝鸡文理学院学报(社会科学版)》2013
　　年第 4 期

李柏武：《楚国权县是"中华第一县"考述》，《荆楚学刊》2013 年第 4 期

李岩：《春秋中期晋国田制变革中的"国人"问题新解》，《农业考古》2013 年第
　　3 期

刘芳：《姬姜关系与西周的兴亡》，《周原》第 1 辑，三秦出版社，2013 年

陶兴华：《从清华简〈系年〉看"共和"与"共和行政"》，《古代文明》2013 年第
　　2 期

王坤鹏：《由伯而王：论周代政治秩序的建立》，《石家庄学院学报》2013 年第
　　5 期

杨剑虹：《试论齐桓公的经济改革》，《楚简楚文化与先秦历史文化国际学术研
　　讨会论文集》，湖北教育出版社，2013 年

姚磊：《北戎山戎考辨》，《内蒙古农业大学学报(社会科学版)》2013 年第 1 期

尹弘兵：《商代的楚蛮与西周初年的楚国》，《华夏考古》2013 年第 1 期

余全介：《春秋晋国霸业探因》，《江西社会科学》2013 年第 6 期

张天恩：《西周社会结构的考古学观察》，《考古与文物》2013 年第 5 期

杜勇：《清华简〈程寤〉与文王受命综考》，《叩问三代文明——中国出土文献与

　　上古史国际学术研讨会论文集》,中国社会科学出版社,2014 年

吉家友:《国力的增长与秦国国都东移》,《信阳师范学院学报(哲学社会科学
　　版)》2014 年第 4 期

田成方:《试论楚国封邑制的起源及其特点》,《殷都学刊》,2014 年第 2 期

张宁:《由春秋时期晋文公分封看晋国土地私有制的发展》,《农业考古》2014
　　年第 4 期

刘洁:《重识历史上的文姜》,《管子学刊》2015 年第 4 期

马楠:《〈系年〉第七章与城濮之战史事补证》,《简帛研究》2015 年秋冬卷,广西
　　师范大学出版社,2015 年

王坤鹏:《清华简〈系年〉相关春秋霸政史三考——兼说〈左传〉"艳而富"》,《殷
　　都学刊》2015 年第 3 期

王伟:《清华简〈系年〉"周亡王九年"及其相关问题研究》,《中原文化研究》2015
　　年第 6 期

王先福:《汉水中游西周考古遗存与早期楚国中心的探索》,《湖北文理学院学
　　报》2015 年第 3 期

徐少华:《从〈楚居〉析楚先族南迁的时间与路线》,《楚文化研究论集》第 11 辑,
　　上海古籍出版社,2015 年

张德恒:《郑伯克段于鄢——并释〈叔于田〉两首》,《太原大学学报》2015 年第
　　2 期

徐少华:《"平王走(奔)西申"及相关史地考论》,《历史研究》2015 年第 2 期

李守奎:《〈郑武夫人规孺子〉中的丧礼用语与相关的礼制问题》,《中国史研究》
　　2016 年第 1 期

清华大学出土文献读书会:《清华六整理报告补正》,清华大学出土文献研究与
　　保护中心网站,2016 年 4 月 16 日

王红亮：《清华简(六)〈郑武夫人规孺子〉有关历史问题解说》，复旦大学出土文
献与古文字研究中心网站，2016 年 4 月 17 日

王宁：《由清华简六二篇说郑的立国时间问题》，复旦大学出土文献与古文字研
究中心网站，2016 年 4 月 20 日

王宁：《清华简六〈郑武夫人规孺子〉宽式文本校读》，复旦大学出土文献与古文
字研究中心网站，2016 年 5 月 1 日

王宁：《清华简六〈郑文公问太伯〉的"縈輈""遗阴"解》，复旦大学出土文献与古
文字研究中心网站，2016 年 5 月 16 日

王宁：《清华简六〈郑文公问太伯〉"函""訾"别解》，复旦大学出土文献与古文字
研究中心网站，2016 年 5 月 20 日

王宁：《清华简六〈郑文公问太伯〉(甲本)释文校读》，复旦大学出土文献与古文
字研究中心网站，2016 年 5 月 30 日

子居：《清华简〈郑武夫人规孺子〉解析》，中国先秦史网站，2016 年 6 月 7 日

马楠：《〈晋文公入于晋〉述略》，《文物》，2017 年第 3 期

孙战伟：《〈春秋〉与〈左传〉中所见的戎及相关问题》，《文博》，2017 年第 3 期

子居：《清华简七〈晋文公入于晋〉解析》，中国先秦史网站，2017 年 7 月 14 日

伊诺：《清华七〈子犯子余〉集释》，复旦大学出土文献与古文字研究中心网站，
2018 年 1 月 18 日

政者，正也。子率以正，孰敢不正？

——孔子